U0503800

国家社科基金项目（项目号：06BSS010）
"冷战时期美国文化扩张与渗透"

冷战时期美国文化扩张与渗透

肖华锋 等著

中国社会科学出版社

图书在版编目(CIP)数据

冷战时期美国文化扩张与渗透/肖华锋等著.—北京：中国社会科学出版社，2016.10
ISBN 978 – 7 – 5161 – 9367 – 9

Ⅰ.①冷…　Ⅱ.①肖…　Ⅲ.①冷战—文化侵略—研究—美国
Ⅳ.①K712.03

中国版本图书馆 CIP 数据核字(2016)第 272975 号

出 版 人　赵剑英
责任编辑　吴丽平
责任校对　季　静
责任印制　李寡寡

出　　版　中国社会科学出版社
社　　址　北京鼓楼西大街甲 158 号
邮　　编　100720
网　　址　http://www.csspw.cn
发 行 部　010 – 84083685
门 市 部　010 – 84029450
经　　销　新华书店及其他书店

印　　刷　北京明恒达印务有限公司
装　　订　廊坊市广阳区广增装订厂
版　　次　2016 年 10 月第 1 版
印　　次　2016 年 10 月第 1 次印刷

开　　本　710×1000　1/16
印　　张　20.5
字　　数　325 千字
定　　价　79.00 元

凡购买中国社会科学出版社图书,如有质量问题请与本社营销中心联系调换
电话:010 – 84083683
版权所有　侵权必究

谨以此书献给恩师 丁淦林 先生

目　　录

绪论 ……………………………………………………………………（1）

  一　美国文化扩张与渗透：不正式的帝国行为? …………………（1）

  二　软实力与"美国化" ……………………………………………（9）

  三　"门户开放"与美国文化扩张 ………………………………（15）

上　篇

第一章　外扩必先凝内：国内"美国化"与美国文化渗透 …………（29）

  一　关于"美国化" …………………………………………………（29）

  二　"美国化"：民间自觉 …………………………………………（32）

  三　"美国化"运动：官方推广 …………………………………（37）

  四　反思"美国化"运动 …………………………………………（44）

第二章　美国对外文化扩张与渗透：文化帝国主义视角 …………（49）

  一　关于帝国主义的类型 …………………………………………（50）

  二　美国对外文化扩张的战略设计 ………………………………（59）

  三　美国对外文化扩张与渗透的基本模式 ………………………（69）

  四　美国对外文化扩张与渗透的基本内容和路径 ………………（81）

下　篇

第三章　冷战时期美国对外广播研究

　　——以自由欧洲电台和自由电台为例 ……………………（113）

　　一　美国外宣工作的历史考察 ……………………………（114）

　　二　对苏广播的自由电台 …………………………………（127）

　　三　自由欧洲电台和自由电台的真实身份 ………………（134）

　　四　自由欧洲电台与"空飘行动" ………………………（163）

　　五　美国对外广播与"和平演变" ………………………（169）

第四章　冷战时期好莱坞电影与美国文化渗透 ……………（182）

　　一　电影与意识形态生产 …………………………………（182）

　　二　美国政府与好莱坞电影的全球传播 …………………（185）

　　三　好莱坞电影的营销与传播策略 ………………………（192）

　　四　好莱坞电影与美国文化 ………………………………（202）

　　五　美国电影文化的渗透与抵制 …………………………（212）

第五章　冷战时期美国大众文化的扩张与渗透 ……………（216）

　　一　"米老鼠"与"唐老鸭"的世界之旅 ………………（218）

　　二　美国流行音乐的世界飞行 ……………………………（225）

　　三　牛仔裤的文化影响 ……………………………………（236）

第六章　冷战时期美国对外文化教育交流与文化渗透 ……（242）

　　一　美国对外文化交流政策的确立与演变 ………………（242）

　　二　美国对外文化交流的层次和路径 ……………………（247）

　　三　美国私人基金会与对外文化交流 ……………………（249）

　　四　冷战期间美国对外文化交流活动 ……………………（257）

后语 ·· （277）

　　一　美国强大的"硬实力"支持 ······················· （278）

　　二　自"古"以来的"美国梦想"推动 ··················· （282）

　　三　美国外交中的"树敌"策略刺激 ····················· （287）

参考书目（含论文） ··· （298）

　　一　英文部分 ··· （298）

　　二　中文部分（含译著） ································· （305）

鸣谢 ··· （319）

.

绪　　论

　　本书以"冷战时期美国文化扩张与渗透"为题进行研究，其中两个关键词是"扩张"和"渗透"。学界不少研究者经常混淆它们的概念，甚至等同为一。实际上，这是两个不同阶段但又紧密相连发生的文化传播行为。它们是一种递进的传播关系，"扩张"的目的是"渗透"，两者是一个从量变到质变的过程。"扩张"是表面行为和形式，它强调的是传播过程，着重传播策略和手段，而"渗透"侧重传播目的和效果，关键在于"洗脑"，这点难以科学地进行统计学意义分析，但某些国家和地区被"和平演变"或发生"反美主义"，这在某种程度上可以旁证美国文化渗透的程度和效果。当然，不可否认，美国文化扩张和渗透的终极目标是追求全球"美国化"。美国对其文化扩张的目标国一旦被"渗透"成功了，该国的人民，包括其生活方式、价值观念、意识形态等就被"美国化"了。

　　在当今国内外学术界，"美国化"成为热门词汇，原因是"全球化"时兴的结果。不少具有民族情感或反美情绪的人时刻感觉到"狼来了"，认为"全球化"的趋势乃至最终结果就是"美国化"。经济帝国主义、好莱坞帝国主义、麦当劳帝国主义、可口可乐帝国主义、肯德基帝国主义、电子帝国主义、媒介帝国主义、消费帝国主义、语言帝国主义、意识形态帝国主义、文化帝国主义，乃至当下时髦的网络帝国主义，等等，都变成了美国文化扩张和渗透的代名词，成为人们反美主义的充分且合理的借口。

　　由此，如何理性地认识美国文化扩张行为？成为我们先要面对的问题。

一　美国文化扩张与渗透：不正式的帝国行为？

　　历史上，美国官方乃至民间多数人一直不认为美国是一个"帝国"。大多数政治家都认同历史学家查尔斯·比尔德早在 1939 年的论点："美国不会成为罗马也不会成为大英帝国。美国就是美国。"① 尼克松总统在其回忆录中持类似观点："美国是唯一一个没有对其周边邻国进行帝国统治的大国。"用克林顿的国家安全顾问塞缪尔·R. 桑迪·博格的话来说，"我们是有史以来第一个不是帝国的全球大国"。令人深思的是，2003 年②皮尤全球民意态度调查显示，4/5 的美国人认为"美国理念和习惯在世界传播是好事"。但是，当同样的人被问及这种现象是不是美帝国主义导致的结果时，几乎无人认可。③ 他们的理由是美国本身就是在反抗英帝国殖民统治的斗争中独立的国家，④ 而且肩负"天赋使命"建立"山巅之城"，美国是一个"例外"，它不可能自己会成为一个侵略扩张的帝国。他们的理论依据是"美国例外论"和美国"孤立主义"外交传统。笔者认为，他们是以传统的眼光观察传统的帝国。

韩德在梳理有关"帝国"的大量历史研究之后，将"帝国"的传统定义概括为：中央直接控制的政治形态，它采用强制手段（含暴力或者威胁使用暴力）来征服一块特定的领土。帝国建立以后，将会有其他结构性特点。维护帝国需要宗主国与殖民地精英阶层的合作，以及其他的一些机制，如前沿的军事基地、帝国的行政管理阶层、能使国内外统治合理化的正统意识形态等。⑤ 菲利普·泽利科夫在《国家利益》杂志上同样撰文写道："真正的

---

① 不容否认，查尔斯·比尔德在其名著《美国文明的兴起》第 26 章里专门以"美利坚帝国"为题，探讨美国在以古巴为代表的拉美地区和以菲律宾为代表的亚洲地区的帝国行为，并认为至 19 世纪末，美国已经完全走上了帝国的轨道，但美国的对外扩张主要是为了其经济利益。[参见［美］查尔斯·A. 比尔德、玛丽·R. 比尔德《美国文明的兴起》（下册），许亚芬译，商务印书馆 2012 年版，第 1332—1387 页]。笔者认为，比尔德实际上是从传统意义上的"帝国"含义，即"直接控制"层面，认为美国不可能成为罗马式或英国式帝国。许多持"帝国否定说"的美国学者认为美国只是从 1898 年吞并菲律宾到 20 世纪 30 年代之间匆匆玩了一把正式帝国的游戏（Niall Ferguson, *Colossus: the Rise and Fall of American Empire*, London: Penguin Books, 2004, p. 8）。

② 原文为"去年"。根据弗格森著作出版年（2004），并核对其引文出处，作者所指"去年"应该是 2003 年。——笔者注

③ Niall Ferguson, *Colossus: the Rise and Fall of American Empire*, London: Penguin Books, 2004, pp. 6–7.

④ Herbert I. Schiller, *Mass Communication and American Empire* (second edition), San Francisco: Westview Press, 1992, p. 46.

⑤ ［美］韩德：《美利坚独步天下：美国是如何获得和动用它的世界优势的》，马荣久等译，上海人民出版社 2011 年版，中文版"序言"部分第 5 页。

帝国权力……意味着对某个组织拥有直接的垄断性控制权并动用武力。它意味着直接控制其司法行政及其内涵。它将操控该组织所卖所买、贸易条款和贸易许可。……（所以）我们不要再谈论什么美帝国了，现在不是，将来也不会出现这样的事情。"① 甚至有人认为作为帝国，必须要有皇帝（emperor），言外之意，没有皇帝就不能称其为"帝国"。

即使在当代，美国一些政坛人物仍然把军事占领作为帝国的行为标志。小布什就是把"军事占领"作为帝国的唯一标志，从而对其对外军事侵略进行辩解。他认为美国"可能是历史上唯一一个可以有机会成为帝国而拒绝成为帝国的大国"。在 2004 年 4 月 10 日对伊拉克人民的电视讲话中，他再三强调美国并无帝国企图，他声称："我们会帮助你们建立一个和平的代议制政府。这个政府会保护全体公民的权利。然后，我们的部队将会撤离，伊拉克将成为一个统一的、独立的主权国家。"5 月 1 日，他登上亚伯拉罕·林肯号航空母舰发表演说时，把话讲得更透彻："历史上其他的国家在别人的土地上打了胜仗都会驻留下来，占领并剥削这些国家。美国人打完仗后除了回家，什么都不做。"② 从目前整个伊拉克的混乱形势看，小布什的言行不仅欺骗了伊拉克人还欺骗了美国人自己。

从小布什的言论可以看出，不管小布什发动伊拉克战争的动机如何，他声称"打败敌人之后，我们留下的不是军队而是宪法和议会"，这恰恰证明他在伊拉克追求的是美国文化扩张和渗透，企图把伊拉克作为一个伊斯兰国家完全按照美国的政治模式来运转。小阿瑟·施莱辛格曾经指出："单纯的思想和价值跨国界的传播本身并不是一种帝国主义"，但那种"传播伴随着政治、经济、军事压力"有目的地将一种文化"强加"于另一个国家就是帝国主义了。③

扩张是美国的历史经验和传统。不可否认，绝大部分美国人并不企图从传统意义上去"统治"某个国家，但他们确确实实企图别的国家以美国的

① Philip Zelikow, "The Transformation of National Security: Five Redefinitions," *National Interest*, 71 (Spring 2003), p. 18. Cited From Niall Ferguson, *Colossus: the Rise and Fall of American Empire*, London: Penguin Books, 2004, p. 8.

② Niall Ferguson, *Colossus: the Rise and Fall of American Empire*, London: Penguin Books, 2004, p. 7.

③ 转引自刘青《试论新美利坚帝国史研究的兴起》，《世界历史》2011 年第 5 期。

方式实行自我"统治"。① 这就是通常所说独具美国扩张特色的"间接控制（indirect control）"。

弗格森认为，除军事占领外，"帝国"也意味着在某个疆域内（有时甚至没有疆域）拥有经济、文化和政治的统治地位。按此定义，弗格森在其《巨人：美帝国的兴衰》里雄辩地认为美国自始至终就是一个帝国。

随着进步主义史学的兴起，美国一些历史学家开始反思美国作为一个帝国的扩张历史，"最先承认帝国存在的是美国外交史学家"，因为他们在考察美国对外关系时必须对美国的外交行为做出合理解释。但他们基本不承认美国是一个"正式的殖民帝国"，主要有两种观点：一种观点认为美西战争后美国出于"一种短暂的帝国的冲动"，把菲律宾变成它的殖民地，有过一段时间"正式帝国"的历史，这是一种比较现实的历史解读；另一种观点以进步主义外交史家威廉·威廉斯为代表，认为美国是一个"非正式帝国（an informal empire）"，美国在 19 世纪 50—60 年代完成大陆帝国之后，它就开始其海外帝国的准备和建立过程，但主要是对外经济扩张。② 这种观点无疑受到进步主义历史学家查尔斯·比尔德的"经济决定论"观点的影响。但不管怎样，"非正式帝国"已成为现时美国的最恰当的代名词。弗格森认为，美帝国历史迄今除少数例外，它更偏向实行间接统治而非直接统治，更愿意成为一个非正式帝国而不是正式帝国。③ 按伦德斯塔的观点，冷战时期美国的霸权，最好把它理解为一个"受邀请的帝国"。④

随着新帝国史研究的兴起，有关"美利坚帝国"的研究视角开始转向社会文化维度。1993 年，文化研究学者艾米·卡普兰在一篇文章中尖锐批评道："美国的帝国研究中缺少了文化，文化研究中缺少了帝国，后殖民研究中又缺少了美国。"三个"缺少"引发了当时美国学术界的强烈反响，既是对"帝国研究"方向的一个调整，同时也顺应了当时历史研究的潮流。⑤

① Niall Ferguson, *Colossus*: *the Rise and Fall of American Empire*, London：Penguin Books, 2004, p. X.
② 刘青：《试论新美利坚帝国史研究的兴起》，《世界历史》2011 年第 5 期。
③ Niall Ferguson, *Colossus*: *the Rise and Fall of American Empire*, London：Penguin Books, 2004, p. 12.
④ Geir Lundestad, *The United States and Western Europe Since 1945*：*From "Empire" by Invitation to Transatlantic Drift*, New York：Oxford University Press, Inc., 2003, pp. 27 – 59.
⑤ 刘青：《试论新美利坚帝国史研究的兴起》，《世界历史》2011 年第 5 期。

"文化帝国主义"重新粉墨登场，成为解读"美利坚帝国"扩张历史的主要理论依据。其实，从古至今，历史上那些炫耀一时的帝国，尽管是靠武力攻城略地，但要实现对被征服者的长治久安，不能光靠军事力量，而是要靠宗主国的文化对被征服者的心灵"洗礼"，使他们最终对宗主国文化产生认同。①

有关"文化帝国主义"的理论探讨肇始于 20 世纪 60 年代，风行于后冷战时期。20 世纪 60 年代是西方尤其是美国激进主义思潮流行的年代。当时西方社会动荡不安，民权运动、反主流文化运动等席卷美国乃至整个西方，促使学术界开始对西方资本主义进行反思，其中包括对美国外交政策给予了激烈的批评。② 批评家们认为"美国大众文化已经成为一种统治世界的麻醉工具"，"美国正在利用自己的超级大国影响操纵国际机构管理全球电信、卫星通信、邮政系统和知识产权的议程"。最终，这些批评家们取得共识：大家并没有把美国当作一个国家，而是将其视为一股帝国势力。③ "文化帝国主义"理论应运而生，对美国的文化扩张和渗透行为进行了较为深刻的批判。该理论最初主要是对当代西方大国，主要指美国，通过文化输出谋求对不发达国家的文化霸权和文化控制的一种批判。但因为研究者的兴趣相异，对其理解也就不同。威廉·威廉斯的"非正式帝国"理论"在某种意义上将成为'文化帝国主义'话语出现的先声"。但正式阐述"文化帝国主义"理论的杰出学者当是赫伯特·席勒和汤林森。

席勒作为一位传播学者，着重从美国跨国传媒公司对第三世界尤其是拉丁美洲的文化扩张与渗透进行批判，所以，席勒是在媒介帝国主义的基础上完善其"文化帝国主义"理论体系的。1969 年，席勒在其代表作《大众传播与美利坚帝国》（1992 年修订）一书中明确地阐述了"媒介帝国主义"的思想。他认为，19 世纪的领土帝国主义发展到 20 世纪，已经被一个更富有侵略性的强有力的工业－电子联合体所取代，这个工业－电子联合体正在

---

① 王晓德：《"文化帝国主义"命题源流考》，《学海》2009 年第 2 期。

② 王晓德、张晓芒：《历史与现实：世界文化多元化研究》，天津人民出版社 2007 年版，第 217 页。

③ ［加拿大］马修·弗雷泽：《软实力：美国电影、流行乐、电视和快餐的全球统治》，刘满贵等译，新华出版社 2006 年版，第 4—5 页。

"从空间上和意识形态上致力于向外扩展美国的社会经济制度"。① 1976 年，他在其另一部代表作《传播与文化统治》中正式使用"文化帝国主义"概念，阐述发达国家主要是美国对发展中国家文化发展的控制，认为在这一控制过程中，包括传媒在内的跨国公司起了主要角色。继而他把"文化帝国主义"界定为"一个综合的过程，通过这个过程，把一个社会带入现代世界体系。这个过程具有一种社会机制，即通过吸引、压迫、强制，有时是贿赂手段使该社会主导的社会阶层形成符合现有世界体系统治中心的价值观，增强现有世界体系统治的结构"。② 不可否认，经过"二战"末期及以后美国"先入为主"的操纵，③ "现有世界体系统治中心的价值观"实际上是以美国价值观为主。针对美国传媒大亨亨利·卢斯 1941 年有关"美国世纪"的预言，④ 席勒认为，"美国世纪"的到来由卢斯宣布是非常合适的，因为卢斯掌控了美国最有实力和影响力的传媒公司。作为公司总裁，卢斯最早懂得"把经济实力和信息控制或形象塑造、舆论营造等结合起来是一个国家国内外影响力的最新基础构件"。经济实力和传播技术技巧相得益彰，将会有效推动一个"美国世纪"的出现。正如此，席勒将其《大众传播与美利坚帝国》第一章标题直接叫做"服务于一个美国世纪的电子和经济"，并断言美国"拥有"一个世纪就等于拥有一个帝国。⑤ 这里的"电子"是指广播、电视、电影等现代媒体。席勒因为这两部著作而奠定了他作为"媒介帝国主

---

① Herbert I. Schiller, *Mass Communication and American Empire* (second edition), San Francisco: Westview Press, 1992, p. 58.

② 转引自关世杰《国际传播学》，北京大学出版社 2004 年版，第 100 页。

③ 指联合国、国际货币基金组织、世界银行、关贸总协定、布雷顿森林体系、UNESCO 等机构和制度，基本上都是在美国操纵下产生的。——笔者注

④ 卢斯（1898—1967），时代出版公司创始人。1923 年创办《时代》周刊，1929 年出版国外版。之后陆续创办《财富》《生活》等著名杂志，并成立美国最大出版业的托拉斯——时代出版公司，20 世纪 60 年代，涉足图书出版业，并在数十个国家设立了子公司，成为当时美国最有影响力的出版界权威人士。1941 年，他在《生活》杂志社论中"督促美国人要全身心接受承担世界最强和最重要国家的担当和机会，并由此在全世界施加我们的全部影响力，因为我们的目标是崇高的、手段是合理的"。"美国该成为全世界传播（美国）理想发电房的时候到了。"这就是著名的卢斯"美国世纪"预言。转引自 Herbert I. Schiller, *Mass Communication and American Empire* (second edition), San Francisco: Westview Press, 1992, p. 45。

⑤ Herbert I. Schiller, *Mass Communication and American Empire* (second edition), San Francisco: Westview Press, 1992, pp. 45 – 46, 49.

义"或"文化帝国主义"理论倡导者的地位。

英国学者约翰·汤林森的代表作直接以《文化帝国主义》为名,出版于1991年。此书是一部有理论深度的著作,被一些评论家称为文化讨论中的"上乘之作"。作者采取福柯的话语分析方法,运用解释学的理论,对当今世界的文化格局进行了较为深入的讨论。① 随着汤林森著作的出版,"文化帝国主义"理论在后冷战时代又一次风行起来。但汤林森认为"文化"和"帝国主义"本身就难以界定,这两个"母词"放在一起,就更加"抽象""繁复"了,所以,"从一开始就'定义'什么是文化帝国主义,其实没有什么价值,即便只是粗略地提出现成而可供运作化的定义"。② 虽如此,他还是比较全面地从以下四方面对文化帝国主义展开了学理分析:一是从媒介帝国主义角度来论述,二是作为一种"民族国家"的话语来论述文化帝国主义,三是从批判全球资本主义的角度来论述;四是把文化帝国主义作为现代性的批判来进行讨论。③ 实际上,汤林森所运用分析的这四个方面并不是彼此分割的,而是互相联系的。西方的文化帝国主义实质上就是美国的文化帝国主义,美国企图借助其资本、技术和市场的优势以实现美国文化的全球性扩张。

从20世纪60年代到20世纪90年代,随着"文化帝国主义"理论的提出、发展和成熟,相关命题研究丰富多彩,通过梳理,笔者认为,各种"文化帝国主义"理论对我们研究美国文化扩张和渗透的历史颇有借鉴和指导意义,但主要理论流派所讨论的美国文化扩张和渗透对象基本是以第三世界为参照系,④ 这不符合"二战"以来美国谋求全球文化霸权的历史。

---

① 赵修艺:《解读汤林森的〈文化帝国主义〉》,第3页,引自[英]汤林森《文化帝国主义》,冯建三译,上海人民出版社1999年版。

② [英]汤林森:《文化帝国主义》,冯建三译,上海人民出版社1999年版,第14页。

③ 同上书,第41—57页。

④ 中国学者王晓德认为,"文化帝国主义"的施加对象更倾向于发展中国家(参见王晓德《"文化帝国主义"命题源流考》,《学海》2009年第2期)。洪晓楠和邱金英认为,文化帝国主义理论最早产生于20世纪60年代美国电视节目进入拉丁美洲国家后的影响的研究。后多用于发展中国家传播现象和理论的研究。它的锋芒指向西方文化侵略,尤其是美国廉价电视节目倾销第三世界,以及西方通讯社对外电新闻的支配和垄断,从而抨击这种文化冲击使得资本主义文化扩张一路畅通,导致西方"文化霸权",以及第三世界对西方的"文化依附",最终造成全球资本主义化,或者说,使资本主义成为令全球同质化的力量。参见洪晓楠、邱金英《文化帝国主义理论产生的背景及概念辨析》,《大连理工大学学报》(社会科学版)2007年第4期。

　　事实上，随着冷战的开始，美国无论是"杜鲁门主义""马歇尔计划"还是"第四点计划"，都表明杜鲁门政府为了赢得这场"争夺灵魂的战争"，他的对外援助是全球性的。"马歇尔计划"虽然是援助西欧重建，甚至也被一些人批评为"经济帝国主义"。20世纪80年代，欧洲的电影和电视节目处于劣势，在欧洲放映的80%的电影和播放的75%的电视节目均是从美国进口的。尤其是美国各大电影公司和电视网络利用美国影星，甚至高薪吸引欧洲的著名导演和明星移民美国，重拍欧洲原片，欧洲元素和美国元素交叉展现，以适合美国观众的口味，结果使得英、法、意这样传统的欧洲电影生产国的电影在美国没有市场。难怪在20世纪80年代整个西欧的电影生产商、节目导演，乃至政府部长们越来越气愤，极力反对美国与他们国家的这种单边文化关系。尤其是一个多世纪来，欧洲人一直担心欧洲的民风民俗在美国的影响下正在消失。对大多数欧洲人而言，这是美国文化帝国主义的"可恶"后果。所以，欧洲人，尤其是法国人，为了维护自身民族文化，他们也发起了抵制美国"文化帝国主义"的运动。1981年，法国文化部部长雅克·朗在墨西哥出席联合国教科文组织会议时，猛烈抨击产生毒害文化影响的美国电视节目，如《达拉斯》，还指责美国是一个"庞大的利润帝国"，它不仅仅要占领别国的领土，还要统治各国人民的思想和生活方式，为此而引发了一场外交事件。① 对法国来说，其反美的目标不仅仅是抵制美国电影和电视节目的进口，关键是净化法语，减少美语外来词，提升法语的地位。② 1982年，雅克·朗把"文化帝国主义"定义为"不再是争夺领土……而是改变意识、思维方式和生活方式的帝国主义"。③

　　冷战时期从美国对其西方同胞的文化扩张和渗透可以看出，虽然苏联是其必须"和平演变"的主要目标，但美国政府一直在努力追求一种全球战

---

　　① ［加拿大］马修·弗雷泽：《软实力：美国电影、流行乐、电视和快餐的全球统治》，刘满贵等译，新华出版社2006年版，第6页。

　　② Richard Pells, *Not Like Us*: *How Europeans Have Loved*, *Hated*, *and Transformed American Culture since World War Ⅱ*, New York: Basic Books, 1997, pp. 267 – 270.

　　③ 转引自王晓德、张晓芒《历史与现实：世界文化多元化研究》，天津人民出版社2007年版，第220页。

略，且采取的主要是间接统治，目的是建立一个"文化的帝国"，①它"并不谋求直接控制海外领土"。②这既符合美国"孤立主义"的外交传统，也满足了美国人"天赋使命"的理想主义传教士情节，某种意义上，也巧合了美国人对"美国例外论"的历史狡辩。③所以，美国谋求一个"文化帝国"，在美国是有雄厚的舆论支持基础的。

由此可以看出，人们仅把"帝国主义"理解为强国与弱国的一种国际关系有失片面，这仅仅是从军事帝国主义或领土帝国主义角度观察的结果，但从经济扩张和文化扩张角度看，美国的帝国主义扩张对象不仅仅是亚非拉等第三世界国家，也包括欧美一些发达国家。

二　软实力与"美国化"

随着"文化帝国主义"理论在后冷战时期的复兴，有关"硬实力""软实力"乃至21世纪的"巧实力"等术语成为学术界和政界关注的热门词汇。不容否认，经过"二战"，美国成为世界第一强国。虽然在整个冷战时期，美国一直视苏联为强有力的竞争对手，我们从小也被教育为"美国和苏联是世界上两大超级大国"，但无论从经济抑或军事实力比照，苏联不是美国的对手。

小约瑟夫·奈于1990年在《外交政策》上刊文指出：与其他大国不同，美国实力因"二战"而增强。虽然其他国家和地区经过战后重建而得以经济复苏，但在过去15年间，美国经济占全球产品的份额保持了相对不变。竞争力委员会发现，自20世纪70年代中期以来，美国占世界产品份额年均23%。中央情报局采用反映不同货币购买力的数据进行统计，认为美国占世

---

①　有关"文化的帝国"，可见王晓德《文化的帝国：20世纪全球"美国化"研究》（上、下册），中国社会科学出版社2011年版。

②　［美］克里斯托弗·莱恩：《和平的幻想：1940年以来的美国大战略》，孙建中译，上海人民出版社2009年版，第46页。

③　美国"孤立主义"外交只是针对其军事扩张而言，虽然美国是个"好战的"国家，但国内反对战争的公民不少，尤其是朝鲜战争和越南战争的失败使得冷战时期美国军事上不敢轻举妄动，但是，美国有史以来举国上下基本上都支持其经济扩张和文化扩张，这样，不仅可以为美国带来财富，而且还可以传播美国的精神和制度，完成其"山巅之城"的"天赋使命"。——笔者注

界的产品份额从 1975 年的 25% 略增至 1988 年的 26%。① 这还是奈教授在确定美国实力下滑的背景下得出的数据。他保守地估计，美国在"二战"之后占世界 GDP 1/3 强，至 20 世纪 80 年代下滑至 1/5 强。但从绝对比例看，自罗马帝国以来，没有一个国家像美国这样强大。冷战期间，美国的军事开支几乎相当于其他国家的总和，美国的经济规模大于紧随其后的三大国之和，美国的文化——从好莱坞到哈佛大学的全球影响力远远超过其他国家。② 可以看出，冷战时期美国的综合实力一直独占鳌头。

冷战被杜鲁门总统称为一场"争夺灵魂的战争"，主要是指美国和苏联围绕资本主义和社会主义两大制度之间的争夺，虽然双方竭尽全力扩军备战，但在核武器年代，谁也不敢贸然发动第三次世界大战，冒毁灭人类的危险而成为历史罪人，所以，冷战实际上是一场意识形态领域的战争。正如苏联专家英克尔斯所言："第二次世界大战结束后不久，美国和苏联在很大范围内开始了意识形态之争，其中的武器是宣传，战场就是国际传播渠道，代价就是跨越全世界的男人和女人的诚实和效忠。无疑，这场战斗中最重要的方面是它对人的精神的作用，这些作用牵连着国家稳定和国际和平。在研究这些作用时，媒介专家和舆论有着直接的责任。"③

但是，按照尼克松的说法，第三次世界大战在"二战"结束以前就开始了，并贯串整个冷战时期，其中发生了两次战役："朝鲜战争和越南战争。第三次世界大战是第一次真正的全球战争……也是第一次真正的全面战争。它是在生活和社会的每一个方面进行的。""军事力量、经济力量、意志力量、一国的激励性思想的力量及其目的感的明确性以及其他一些无形的东西——所有这些中每一点，对于这场战争的结局都是十分重要的。"④ 利西奇金和谢列平认为，第三次世界大战是一场信息心理战，表面上是美苏两个超级大国的战争，但实际上是资本主义和社会主义两个世界体系、两种生活方式之间的战争，这场战争持续了 40 多年（1946—1991）。交战双方均使用

---

① ［美］约瑟夫·S. 奈：《硬实力与软实力》，门洪华译，北京大学出版社 2005 年版，第 98 页。

② 同上书，第 8 页。

③ ［法］阿芒·马拉特：《世界传播与文化霸权》，陈卫星译，中央编译出版社 2005 年版，第 102 页。

④ ［美］尼克松：《真正的战争》，常铮译，新华出版社 1980 年版，第 21—24 页。

了对人们攻心及对社会意识施加影响的若干手段，出现了展开公开宣传的技术手段和方法。使用它们不仅可以操纵个体意识，而且可以操纵整个民族的意识。这些技术和方法的运用最终将会导致社会经济进程和社会经济关系的破坏，从而使国家毁灭。它们可以使民心涣散，从而无力抵抗。[①] 难怪 1988 年，在社会主义阵营出现西方"自由化"思潮之时，尼克松出版了一部著作《1999：不战而胜》，他认为意识形态的力量在和平演变中起决定性作用，宣称"最终对历史起决定作用的是思想，而不是武器"。所以，在冷战时期，美国建立并使用了一支"巨大的非军事力量"，同社会主义国家打了一场没有硝烟的"思想战争"。[②]

按照奈的"软实力"理论，我们可以认为，冷战实际上就是美苏双方一场"软实力"的战争，军事和经济等"硬实力"的较量也是为各自赢得"软实力"服务的。从苏东剧变可以看出，"软实力"的巨大作用不可小觑，真有所谓"以软克硬"之效。由此，小约瑟夫·奈在其《注定领导》（*Bound to Lead*）里宣称"美国必定要领导 21 世纪"，最有说服力的武器就是美国的软实力。而且，美国要确保它在世界的领导地位，必须要依靠软实力来维护，即靠美国生活方式、文化、娱乐方式、规范和价值观对全球的吸引力来维护。[③]

表面看，小约瑟夫·奈的"软实力"理论是为后冷战时期美国的外交政策出谋划策，提供理论依据，[④] 但实际上是"新瓶装旧酒"。[⑤]"二战"后初期苏联就从软实力资源如共产主义意识形态不可避免的神话和共产主义制

① ［俄］B. A. 利西奇金、п. A. 谢列平：《第三次世界大战：信息心理战》，徐昌翰译，社会科学文献出版社 2003 年版，第 1—2 页。

② 刘洪潮：《西方和平演变社会主义国家的战略、策略、手法》，湖北人民出版社 1989 年版，第 74—75 页。

③ ［加拿大］马修·弗雷泽：《软实力：美国电影、流行乐、电视和快餐的全球统治》，刘满贵等译，新华出版社 2006 年版，第 3—9 页。

④ 当时布什政府的新国家安全战略在新保守主义思潮的影响下，过度强调运用军事实力来强迫其他国家遂美国愿行事，奈教授认为这将会适得其反，故提出"软实力"理论，该理论强调国家间的多边合作将有助于解决一些全球性难题，对后冷战时期的美国外交政策产生了很大的影响。——笔者注

⑤ 奈教授认为软实力和软实力资源（文化吸引力、意识形态、国际制度）并不是全新的，但当今的诸多趋势使得软实力和软实力资源变得更加重要了。——笔者注

度的国际化中获益匪浅。① 为赢得这场"争夺灵魂的战争"，历届美国朝野在着重加强其军事和经济等"硬实力"建设的同时，也一直高度重视"软实力"建设，努力提升美国的国家形象及其文化的影响力和吸引力，并积极甚至带有攻击性（offensive）地对外文化扩张和渗透，企图在全球实现"美国化"。

当下学界有个不恰当的观点，"全球化"等于"西方化"，而"西方化"就是"美国化"。这一观点无疑是从美国的文化影响力和吸引力角度得出的，所以，笔者认为，"美国化"是个文化概念。通俗讲，就是传播美国文化，以美国的"软实力"吸引和影响其他民众。

"美国化"进程大致可以分为两个阶段：一是"二战"以前以美国本土为主，主要是对其本土外来移民的"同化"；② 二是战后主要侧重对外文化扩张和渗透。③ 美国追求全球"美国化"实际上是在追求美国文化霸权，是一种文化帝国主义行为。但是，一般来讲，"美国化"进程很少涉及美国采取强制性手段迫使其他国家接受美国生活方式，而是靠着美国文化产品的吸引力使外国公众产生一种难以抵制的"诱惑"来实现美国价值观的传播。④

学界基本认可：美国自殖民地时期开始，其历史就是在扩张过程中铸就的。有学者认为，美国的扩张历史大致可以分为三个阶段：领土扩张、商业扩张和文化扩张，换句话说，也是三种帝国主义形态：领土帝国主义、商业帝国主义和文化帝国主义。而且，美国的扩张手段一直是刚柔相济，按照西奥多·罗斯福总统的扩张理念，就是"嘴巴说话要甜蜜一些，但背后必须手握一根大棒"。该扩张政策被叫作"胡萝卜加大棒"政策，其实质就是"武力威胁和战争讹诈相结合"。不能否认，罗斯福的"胡萝卜加大棒"政策在美国扩张过程中屡试不爽，尤其是对当时的拉丁美洲达到了侵略扩张的目的。这是美国凭借其"硬实力"扩张的典型案例。

---

① ［美］约瑟夫·S. 奈：《硬实力与软实力》，门洪华译，北京大学出版社 2005 年版，第 107 页。

② 详见第一章"外扩必先凝内：国内'美国化'与美国文化渗透"。——笔者注

③ 王晓德教授或许从 20 世纪是"美国世纪"的角度对整个 20 世纪的"美国化"现象进行了全面而深入的研究。详见王晓德《文化的帝国：20 世纪全球"美国化"研究》（上、下册），中国社会科学出版社 2011 年版。

④ 王晓德：《"文化帝国主义"命题源流考》，《学海》2009 年第 2 期。

塞缪尔·亨廷顿在《外交》杂志 1997 年 10 月号刊文写道："美国现在是、以后仍然是一个全球霸主。然而这种支配作用的性质正在改变，就像其他霸权国家所起作用的性质已有改变一样。霸权国家的影响在初期往往来自其花钱的能力。它们向他国部署军事力量、搞经济投资、提供贷款、行贿、派遣外交官，并常常将这些国家的领土和人民置于自己的直接控制或间接控制之下。在建立霸权后的第二阶段，花钱的能力便被吸引力所取代。到 20 世纪 70 年代，美国的霸权就开始进入这一阶段。① 此时，美国霸权的第一阶段的向外扩张让位于向内吸引的特点了。"② 亨廷顿如此武断地划分阶段，有点牵强，不符合美国一直强调文化扩张和渗透的历史，尤其是他错误地认为软实力只是建立在硬实力基础之上的一种实力。根据历史上一些国家或地区文化的影响力来看，软实力并不完全与硬实力成正比。③

奈教授认为，美国大部分"软实力"出自其民间组织，而非政府，从大学、基金会到好莱坞电影、流行文化，等等，一切都是美国的"软实力"。有时，虽然美国政府采取一些军事行动，比如入侵伊拉克，会削弱美国的"软实力"，但因为美国社会的公民性和新闻自由而仍然能够保留一定程度的"软实力"，而且，因为"巧实力（smart power）"战略的灵活运用，"硬实力"和"软实力"在美国外交中总能相得益彰，互相强化其效果。④

但是，奈教授的"软实力"理论只强调国家的文化影响力和吸引力，而认为他人把"软实力"视为"仅仅是可口可乐和牛仔裤的影响力"是对其理论的误读。⑤ 2013 年 4 月 29 日，奈教授在讨论中俄软实力问题时进一步概括"软实力"的构件：文化、政治价值和外交政策。⑥ 不能否认，可口可乐和牛仔裤既代表了美国产品也代表了美国文化符号和精神。作为美国流

①　主要指卡特政府推行的"人权外交"，以此"争取第三世界国家内部的民心，促其政府进行民主改革，减少苏联插手的机会和可能"。——笔者注

②　转引自李希光、周庆安《软力量与全球传播》，清华大学出版社 2005 年版，第 130 页。

③　刘颖：《相互依赖、软权力与美国霸权：小约瑟夫·奈的世界政治思想研究》，中国社会科学出版社 2010 年版，第 168 页。

④　Joseph Nye, Jr. , "What China and Russia Don't Get About Soft Power", http：//www. foreignpolicy. com/articls/2013/04/29/what_ china_ and_ russia_ don_ t_ get_ about_ soft_ power.

⑤　[美] 约瑟夫·S. 奈：《硬实力与软实力》，门洪华译，北京大学出版社 2005 年版，第 7 页。

⑥　Joseph Nye, Jr. , "What China and Russia Don't Get About Soft Power", http：//www. foreignpolicy. com/articls/2013/04/29/what_ china_ and_ russia_ don_ t_ get_ about_ soft_ power.

行文化或大众文化的代表，它们也是美国"软实力"的不可或缺的内容，是美国文化扩张的重要媒介。

"美国化"的最终目标是"同化"，巧合的是"软实力"被奈教授称为一种"软性的同化力（a soft co-optive power）"。前者的英文是"assimilate"，意指"民族、语言文化方面的同化，有政府强制同化也有自身入乡随俗的含义"，而后者是"co-opt"，意指"因为某种文化的吸引力而使他者被说服，有选择性地吸收、同化"。由此可见，"软实力"一旦形成，"其他国家将更愿意跟随其后"，它可能无须以高昂的代价来运行其强制性权力或硬实力。①

1992 年 2 月 4 日，《洛杉矶时报》刊有一篇报道，这样写道："在整个欧洲，虽然美国的政治影响力可能在下降，但是，没有任何迹象表明美国的文化影响力在下滑。位于巴黎的法兰西国际关系研究所副所长 D. 莫西说道：'总的来说，美国在法国的（文化）影响从来没有像今天这样强过。''汉堡王②都成了我们文化的一部分了。'同样景象其它地方也类似。德国的邮购商号到处推销琳琅满目的美国商品，从洛杉矶湖人队的啦啦队员的帽子到身穿星条旗衣服儿童的午餐盒。第二德国电视台节目采购员曼弗列德·舒尔茨说，（德国所购）美国电视节目数量在下降，但是，美国电影的数量一直保持在 75% 左右。德国唯一的具有全球影响的摇滚乐团蝎子乐团却是在用英语演奏严格的美国硬式重金属摇滚音乐（hard 'n' heavy rock）。"③

上述报道既可以说是美国"软实力"的体现，也可以说是"美国化"的表现，但不管怎样，都是美国文化扩张与渗透的结果。

西方学术界围绕美国文化扩张和渗透的效果主要有两种论点：依附性（dependency paradigm）和自由市场性（free-market paradigm）。前者属于激进的西方马克思主义学派观点，认为美国正在利用其大型跨国公司，通过大众传媒摧毁发展中国家的文化自治，发展中国家受众和消费者只能被动地消费和接受美国产品和生活方式。依附性论者主要集中在拉丁美洲的学者当

---

① ［美］约瑟夫·S. 奈：《硬实力与软实力》，门洪华译，北京大学出版社 2005 年版，第 106—107 页。

② 英文是"Burger King"，与麦当劳、肯德基一起，号称美国快餐连锁三巨头。——笔者注

③ Herbert I. Schiller, *Mass Communication and American Empire*（second edition）, San Francisco：Westview Press，1992，p. 31.

中。但如上述，对美国文化产生依赖的不仅仅是发展中国家。有加拿大学者认为全球政治经济大变革实际上使加拿大更加依附美国。① 由此，世界文化"同质化"成为历史的必然。席勒和汤林森基本持这种观点，属于比较保守的学术观乃自由市场范式。该派认为美国文化产品之所以在全球受欢迎，乃是自由市场规律决定，而并非"受到意识形态动机的影响"。故而他国消费者是"合作的受众"，但他们在"合作"的过程中也在追求"文化整合"（cultural integration），故美国文化的渗透效果是微小的。王晓德也认为，美国大众文化的全球扩张给其他文化的发展构成了很大的威胁，但不会消除不同文化的特性，带来一种全球同质文化的形成。社会的"美国化"只限于物质文化层面上，很难完全改变人们心灵深处的信仰文化，更不会取代全球多元文化的发展趋势。②

三 "门户开放"与美国文化扩张

这一部分将会牵涉到一个历史悖论：对一个国家来说，闭关锁国只有死路一条，但一旦"门户开放"，就无形中为美国文化扩张和渗透打开了方便之门。

作为一个年轻"帝国"，美国的对外领土扩张的标志性事件是1898年的"美西战争"。该战争与1899年英布战争、1904年日俄战争一起并称为人类历史上第一次新老帝国主义列强重新瓜分殖民地的战争。通过美西战争，美国吞并了菲律宾，占领了古巴、波多黎各和关岛。正是因为这一段扩张历史，美国被称为是一个"正式的"殖民帝国。

在美国出于"一种短暂的帝国冲动"，发动美西战争的时候，1899年，针对中国，美国政府首创了"门户开放"外交政策。表面看，美国的"门户开放"政策是一个贸易政策，美国以此寻求与其他列强在华贸易"机会均等、利益均沾"，但因为该政策，后来美国与其他列强一样获得了不菲的

---

① 王晓德：《文化的帝国：20世纪全球"美国化"研究》（上册），中国社会科学出版社2011年版，第33页。

② 王晓德：《美国大众文化的全球扩张及其实质》，《世界经济与政治》2004年第4期。

"庚子赔款"。美国利用这些赔款选送中国学生到美国留学并创建按美国模式办学的清华学堂（清华大学前身）等，[1] 这是美国政府积极在为其文化扩张和渗透创造条件。尤其是，通过这三次帝国主义列强之间的战争，中国人认识到，后起帝国战胜了老牌帝国，立宪制国家战胜了专制国家。由此，中国政界和知识界兴起了一股立宪改革运动，最终推翻了清王朝政府的专制统治。

针对美国对华"门户开放"政策，有论者认为，"门户开放"作为一项政策，不仅仅是针对中国的一项举措，而是美国旨在建立海外商业殖民帝国的世界性"大政策"，是美国进行海外扩张的外交总原则和战略总方针。该政策是一种新型殖民主义政策，与旧殖民主义在手段和模式上有着根本区别：不主张以武力手段从空间上对殖民地实行独占，而倾向于建立"无边界"的殖民体系；不谋求对殖民地实行直接统治，而提倡保留殖民地原有的行政实体，实行间接统治。"门户开放"所体现的是一种开放的、无形的殖民体系。正因为是无形的，所以它才具有较强的竞争力和渗透力，成为无所不在、不可抵御的无边界的殖民帝国。[2]

笔者认为，"门户开放"政策是针对中国而提出的，但实际上逐渐成为美国实行其全球扩张的主要政策手段。一开始，"门户开放"是为了获取在华的平等贸易权，表面看是在实行商业扩张，这反映了时至 19 世纪末 20 世纪初，美国开始意识到它的经济实力和竞争力，正如西奥多·罗斯福所言，"美国商业的力量将要横扫整个世界，一切壁垒都无法阻挡"。1901 年 12 月，在其"总统咨文"中，罗斯福呼吁："手中握有最大资源的企业财团……必须在（美国）争夺世界商业老大的斗争中带头。美国刚在国际企业界获得指挥地位，但我相信，这种权力越来越会在美国手里。"[3] 但实际上，"门户开放"渐渐地演变为美国对外文化扩张和渗透的重要政策支持。

---

① 王玮认为，美国退款兴学是其"门户开放"政策的延续和发展，被认为是西奥多·罗斯福总统在开放"文化门户"，标志着文化渗透也成为美国对华政策的一项重要内容。其根本目的是培养和控制亲美的中国知识分子，进而达到控制中国的目的。见王玮、戴超武《美国外交思想史：1775—2005》，人民出版社 2007 年版，第 230—233 页。

② 王玮、戴超武：《美国外交思想史：1775—2005》，人民出版社 2007 年版，第 210—212 页。

③ William Appleman Williams, *The Tragedy of American Diplomacy*, New York：W. W. Norton & Company, 2009, p. 63.

美国对外扩张采取的是"经济搭台、文化唱戏"策略，最终企图以"文治"手段来实现其全球霸权并建立一个美国"文化帝国"。表面上声称传播具有"普世价值"的文明，但实际上是在刻意传播美国价值观。在"门户开放"政策的支持下，美国在华文化传教事业成绩突出。进入 20 世纪没几年，美国在华兴办教育就形成高潮，传教事业也由单纯拯救个人灵魂转变为兴教办学为主，美国人开始以教育作为打开中国门户的钥匙。湘雅医学院、东吴大学、岭南大学、圣约翰大学、文华大学等均是在该时期建立起来的。①

随后，塔夫脱总统的"金元外交"、威尔逊总统的"理想主义外交"、20 世纪 20 年代的"华盛顿体系"以及富兰克林·罗斯福总统的"睦邻外交"，等等，都是"二战"前历届美国政府为了实现海外扩张和世界霸权而采取的"门户开放"政策和手段。

正如玛丽·安·海丝所言，"当 20 世纪开始时"，美国"已经做好了准备，利用其新获取的国际地位（地区性霸权）作为跳板来扩大其在世界各地的影响和利益，换句话说，美国已经准备好将其西半球霸权扩大为全球性霸权"。② 但莱恩认为，"美国并非万能或天下无敌"，当下美国并不是一个"世界帝国（universal empire）"，而是一个超地区霸权国家。莱恩在其专著里，运用"超地区霸权理论（extraregional hegemony theory）"来阐述 1940 年以来美国的大战略，认为"门户开放"是美国追求超地区霸权的动力。"门户开放"是一个有用的解释工具，因为"它将霸权、安全、扩张、经济主导权和意识形态等不同的织线编织成了一个完整的可谓天衣无缝的解释性织锦"。"门户开放"理论在解释美国冷战期间的大战略行为上特别有用。③

威廉·威廉斯认为，"门户开放"在不同时期具有不同的内容。1823 年，门罗总统提出"门罗宣言"，要求拉丁美洲对美国实行"门户开放"，整个美洲最终变成了它的"后花园"，实现了美国地区性霸权战略。时至 20

---

① 王玮、戴超武：《美国外交思想史：1775—2005》，人民出版社 2007 年版，第 220 页。

② Mary Ann Heiss, "The Evolution of the Imperial Ideas and U. S. National Identity", *Diplomatic History*, 26, No. 4 (Fall 2002), p. 528，转引自 [美] 克里斯托弗·莱恩《和平的幻想：1940 年以来的美国大战略》，孙建中译，上海人民出版社 2009 年版，第 4 页。

③ [美] 克里斯托弗·莱恩：《和平的幻想：1940 年以来的美国大战略》，孙建中译，上海人民出版社 2009 年版，第 11、42—43 页。

世纪初，美国对中国实行"门户开放"政策，企图拓展美国觊觎多年的巨大的中国市场，1898 年美国把菲律宾变成它的殖民地，目的也是为便于扩张中国而建立一个"桥头堡"。当时的美国人一般认为，没有菲律宾作为商业和军事基地，我们就不能够执行各国在华贸易均等的"门户开放"政策。攫取了菲律宾，为在远东的经济活动提供了一个极好的基地，从而更加接近于实现美帝国政治家的一个古老梦想。① 实际上，西奥多·罗斯福总统习惯把对华"门户开放"政策称为"亚洲的门罗宣言（the Monroe Doctrine for A-sia）"，② 按莱恩的说法，其目的是要建立一个超地区霸权国家。"二战"期间，富兰克林·罗斯福总统针对法西斯的暴政，希望借助美国"民主兵工厂"的力量，在全世界实现"四大自由③"。为此，罗斯福为了实现他心目中宏伟的"世界秩序"蓝图，在生前积极活动，设计出一系列国际规则和组织。按托尼·史密斯的论点，美国是在"把门罗宣言全球化（Globalizing the Monroe Doctrine）"，④ 其终极目的是实现其全球霸权的大战略。

从上述门罗、西奥多·罗斯福到其远房侄子富兰克林·罗斯福这不同时期的三位总统的扩张战略，可以看出，历届美国领导人已经把美国"门户开放扩张（open-door expansion）"的理论、必要性和道义内化于心，并奉为信条了。他们无须再去解读"门户开放"。对他们来说，无论是文化传播还是经济扩张，"门户开放扩张"的哲学和实践就是他们的世界观。"认识不到或不接受这一事实的人不仅被认为是错误的，而且还被认为是白痴。"⑤ 于是，在杜鲁门任内，美国政府迅速发动建立了一系列国际组织和贸易协定，

---

① ［美］查尔斯·A. 比尔德、玛丽·R. 比尔德：《美国文明的兴起》（下册），许亚芬译，商务印书馆 2012 年版，第 1342 页。

② William Appleman Williams, *The Tragedy of American Diplomacy*, New York：W. W. Norton & Company, 2009, p. 64.

③ 发表言论和表达意见的自由；人人有以自己的方式崇拜上帝的自由；免于匮乏的自由和免除恐惧的自由。1941 年 1 月 6 日由罗斯福总统在其国会咨文中提出。——笔者注

④ Tony Smith, *America's Mission：the United States and the Worldwide Struggle for Democracy in the Twentieth Century*, New Jersey：Princeton University Press, 1994, pp. 113 – 145.

⑤ William Appleman Williams, *The Tragedy of American Diplomacy*, New York：W. W. Norton & Company, 2009, p. 206.

进一步具体贯彻落实美国的"门户开放"大战略。①

　　由此，美国大战略的最终目标始终是创造一个"门户开放"的世界———一种国际体系或者"世界秩序"。"门户开放"意味着世界各国"不仅仅对美国的自由价值和制度开放，而且还拥护美国的自由价值和制度，同时还允许美国的经济渗透"。由此，"门户开放"的世界依赖于两大支柱：经济上的"门户开放"和政治上的"门户开放"，前者是为了维持一个开放的国际经济体系，后者是为了能够在海外传播美国民主和自由主义思想。②莱恩认为威廉斯的《美国外交的悲剧》是"一部研究美国门户开放学派的专著"。③

　　莱恩认为，"门户开放"不仅涵盖了经济扩张和意识形态扩张内容，而且还促使它们与美国的国家安全联系在一起。这里有一个明显的悖论："美国实力的增强不仅没有增加美国的安全感，反而使得其必须面对威胁的紧迫感不断增大。"④从传统的国家安全来讲，美国因为拥有得天独厚的地缘优势，它是世界上有史以来最安全的大国。欧亚历史上每一个帝国皆因战争而最终衰落，而唯独美国，因为战争而迅速崛起，"二战"后更是成为世界超级强国。但随着美国的强大，美国为什么还时刻认为其国家安全受到威胁呢？尤其在冷战时期。这就说明一个国家的"硬实力"和"软实力"并非成正比。更重要的是，我们不能简单地把美国的"经济扩张"理解为贸易逆差、顺差和市场占领等，而是更深层次的美国式自由市场经济体制扩张，所以，美国的"经济扩张"实际上也是一种文化扩张，是在扩张美国资本主义自由市场经济体制。

　　杜鲁门总统把冷战描绘为一场"争夺灵魂的战争"，老布什总统也曾写道："冷战所争夺的正是人心的向背，这是一场对生活方式的斗争。"而美苏两国领导人不仅相信自己的国家体现了更优越的生活方式，而且他们的观

---

① Thomas G. Paterson, *Meeting the Communist Threat*: *Truman to Reagan*, New York: Oxford University Press, 1988, pp. 20 - 21.

② ［美］克里斯托弗·莱恩：《和平的幻想：1940 年以来的美国大战略》，孙建中译，上海人民出版社 2009 年版，第 43 页。

③ 同上书，第 60 页"注解 80"。

④ 同上书，第 94 页。

念和回忆也影响到了他们对"现实"的构建——他们在这个动荡不安的世界中对威胁和机遇的认识。全球各个民族也都在努力思考自己的未来，也在争辩不同生活方式的益处。① 冷战时期的"生活方式"主要为两种：资本主义生活方式和社会主义生活方式。这就意味着美国是从意识形态及其生活方式角度认为它的安全受到"威胁"，担心美国的文化安全。由此，美国一直高度重视美国文化扩张与渗透。它认为唯有美国文化得以成功扩张和渗透，"美利坚帝国"才能长治久安，"美国世纪"才能得以为继。正如梅尔文·P. 莱弗勒指出，"国家安全不仅仅意味着保卫领土安全"，它还意味着"保卫着国家的核心价值、主要意识形态以及自由的政治与经济制度"。②

正如此，虽然冷战时期东西方两大阵营之间分别有"铁幕"和"竹幕"③ 阻隔，但美国一直在努力冲破这些隔断，建立一个自由的"门户开放"世界秩序，从而达到美国文化扩张和渗透的最终目的。

为了建立一个"门户开放"的世界秩序，在"二战"还未结束的时候，美国就操纵并主导制定了一系列国际游戏规则，以至于20世纪"主要的国际协议均是美国价值观的具体体现"。④ 譬如，1944年布雷顿森林体系创建了国际货币基金组织和世界银行两大国际金融机构，同时确立了各国货币自由兑换原则，使美元成为各国外汇储备最主要的国际货币。该体系被认为"美国由此建立了有利于世界史上最广泛最成功的国际贸易和金融的主要原则和机制"。⑤ 在富兰克林·罗斯福总统的提议和斡旋下，1945年10月24日，《联合国宪章》最终通过，一个新的国际组织"联合国"产生了。联合国成立的目的是给各个主权国家提供一个对话平台，维护世界和平和安全。通过国际制度反映、体现和延伸美国梦是美国人的惯性思维，而联合国作为

① ［美］梅尔文·P. 莱弗勒：《人心之争：美国、苏联与冷战》，孙闵欣等译，华东师范大学出版社2012年版，"序言"第1—5页。

② 转引自［美］克里斯托弗·莱恩《和平的幻想：1940年以来的美国大战略》，孙建中译，上海人民出版社2009年版，第11页。

③ 冷战时期美苏之间被认为被"铁幕（iron curtain）"隔断，而美中之间的阻挡物被西方人称为"竹幕（bamboo curtain）"，该两术语被认为是闭关锁国的代名词。如今，随着"改革开放"，这些术语已成为历史名词。——笔者注

④ ［美］亨利·基辛格：《大外交》，顾淑馨、林添贵译，海南出版社2012年版，第3页。

⑤ Tony Smith, *America's Mission: the United States and the Worldwide Struggle for Democracy in the Twentieth Century*, New Jersey: Princeton University Press, 1994, pp. 114 – 115.

美国决策者的战略杰作，作为美国领导和见解的产物，其基本原则和议事程序反映了美国的价值观和传统，美国甚至将其视为自己的"一系列伟大实验之一"。① 相当长一段时期里，联合国基本被美国操纵，美国"挟联合国以令天下"，实际上把联合国看作自己的国务院。② 20 世纪 60 年代，联大甚至成为美国的"表决机器"了。③ 1947 年签署的关贸总协定（WTO 的前身）为世界贸易"自由化"做出了相关规定，某种程度上，加入了关贸总协定组织，就意味着进入了世界经济一体化轨道。这些都是在冷战之初乃至之前美国按照罗斯福总统生前的"世界秩序"构想④"先入为主地"主导并建立起来的一系列国际规则和组织，并为美国进一步促使世界"门户开放"、实现其世界霸权提供了制度保障和组织保障。托马斯·G. 佩特森认为，美国官员们总能利用关贸总协定、世界银行和国际贸易组织的规制来反攻那些对世界贸易的限制。⑤ 依靠这些游戏规则，美帝国的凝聚力"更多地是仰仗迅速发展的世界资本主义经济，而非武力和军事同盟"。至肯尼迪政府时期，美国在非共产主义世界的至高无上的霸主地位确立了。肯尼迪总统就此提出了他的"新边疆"理念，开始"信心十足地向世界其他地区扩张了"，重点在第三世界。⑥

其中为美国文化"门户开放"服务的典型机构是联合国教科文组织（UNESCO）。该组织于 1946 年成立，其宗旨是促进教育、科学和文化方面的国际合作，以加强各国人民之间的相互了解，维护世界和平。UNESCO 组织由英法草创，但美国对成立 UNESCO 一开始就非常支持，动机和手段有

---

① 罗斯福总统在生前即认为，美国应该而且可以在这个世界里，通过联合国组织维护集体安全的结局取代大国均势和势力范围，确保美国的世界领袖地位。历史学家小阿瑟·施莱辛格称罗斯福总统有关战后世界秩序的重建为"世界主义"。见刘明福《中国梦》，中华书局（香港）有限公司 2010 年版，第 148 页。

② 门洪华：《霸权之翼：美国国际制度战略》，北京大学出版社 2005 年版，第 171、177 页。

③ 资中筠：《20 世纪的美国》，生活·读书·新知三联书店 2007 年版，第 287 页。

④ 详见 Tony Smith, *America's Mission: the United States and the Worldwide Struggle for Democracy in the Twentieth Century*, New Jersey: Princeton University Press, 1994, Chapter Five "FDR and World Order: Globalizing the Monroe Doctrine", pp. 113 – 145.

⑤ Thomas G. Paterson, *Meeting the Communist Threat: Truman to Reagan*, New York: Oxford University Press, 1988, p. 21.

⑥ Enrico Augelli and Craig Murphy, *America's Quest for Supremacy and the Third World: a Gramscian Analysis*, London: Pinter Publishers, 1988, p. 138.

点类似于 20 世纪初对华"门户开放"政策。它要确保该组织能为美国所用,① 向英法等老牌帝国争夺国际信息传播权。

为促进各国人民的相互了解,国际信息传播是 UNESCO 组织的一项重要工作。"二战"前乃至战争期间,英法的国际传播一直优于美国,英国的路透社和法国的法新社分别控制着国际新闻的阀门。为此,UNESCO 成立伊始,美国就提出了"信息自由流通"原则,目的是通过这一原则打破英法对国际信息传播的垄断地位。而且因为人们长期生活在受压抑的战争状态下,一直接受欺骗性的战争宣传和严格的书报检查制度,所以,当美国宣扬国际间"信息自由流通"的原则时,得到了世界广泛的响应。此时"自由"的概念对饱经战火的人们太有吸引力了!1946 年,UNESCO 很快就接受了美国的提议,把"信息自由流通"作为国际传播的重要原则。② 但他们根本没有意识到,"信息自由流通"乃是美国"门户开放"大战略的重要手段。美国凭借其超强的经济实力和技术条件,很快取代英法等老牌帝国的位置,成为"信息自由流通"的最大受益者。通过创建一个"信息帝国(an information empire)",美国的"门户开放"传统得到进一步完善,世界上其他文化的人们只能被动地接受由美国传播出来的新闻、资讯、电影和其他有关美国思想、价值观的影响手段。而 UNESCO 只是清除障碍,确保美国文化的传播不受干扰。③

自"二战"结束以来,美国依靠其经济和科技的优势,在"信息自由流通"的原则下,利用大众传播媒介工具,对发展中国家进行控制。许多不结盟的小国家已感觉到美国媒体优势资源和传播力的威胁和滥用。甚至英法等欧洲国家也对美国表示怀疑。法国像第三世界国家一样,一直在讨论"大众媒介帝国主义(mass media imperialism)"问题,英国人也认为自由流通的动议实际上是"美国想通过其广泛的媒介网络传播美国文化的努力"。

有论者认为,美国的信息战略成功地打开了苏联和东欧等封闭社会,其

---

① Robert Phillipson, *Linguistic Imperialism*(语言领域的帝国主义),上海外语教育出版社 2000 年版,第 154 页。

② 关世杰:《国际传播学》,北京大学出版社 2004 年版,第 66—67 页。

③ William Preston Jr., Edward S. Herman and Herbert I. Schiller, *Hope & Folly: the United States and UNESCO*(1945 –1985), Minneapolis: University of Minnesota Press, 1989, pp. 51 –52.

对于美国及西方国家冷战制胜的重要性丝毫不亚于政治上的封锁、经济上的制裁及军事上的对抗和军备竞赛。对苏联、波兰、古巴等冷战时期主要威胁来源而言，成功的信息战略是美国最终获胜的重要原因。①

据 UNESCO 一项独立研究表明，由于欧洲其他国家饱经战火，经济凋零，仅新闻纸，美国即控制了全世界 60% 以上，新闻纸的分布被认为是"财力和自由市场控制之间关系的完美范例"。1948 年，马歇尔计划专门规定"协助美国出版物和美国思想在欧洲的传播"，进一步加剧了信息的不对称。从美国通讯社的迅猛增长就可见一斑。至 1949 年，美联社总共为海外 1493 家媒体提供服务，合众社的客户从 485 家飙升至 1058 家，而后来与合众社合并的国际新闻社的客户也从 100 家上升至 495 家。同时，每周好莱坞电影的海外观众达到 1.1 亿人，而国内观众是 9 千万人。各大新闻周刊在海外的发行量也有大量增加。毫无疑问，信息流动自由了，但只是在单向流动。②

从上述可以看出，UNESCO 一成立，世界信息交流就严重失衡。这与该组织成立的宗旨是相违背的。UNESCO 成立的目的是促进各国人民的相互了解，更好地维护世界和平与安全，"相互了解"的一个主要手段是"双向信息交流"，以实现"信息对称"。但美国追求的是国际信息传播垄断。作为 UNESCO 最重要的成员国之一，③ 它与 UNESCO 的关系一直龃龉不断。其中最大的分歧就是信息流通问题。美国重视"大众传播"和"思想的自由流通（free flow of ideas）"，认为它们是增强人们互相理解和人类团结所必须的条件。但是，在冷战时期，美国企图把 UNESCO 政治化，④ 使该机构成为美国反共的帮手。美国政府要求甚至强迫 UNESCO 至少从以下三个方面体现其反共立场：一是必须在两种意识形态之间做出选择，不能"中立、漠不关心或游离在外"，必须起到"冷战政治工具"的作用，要寻求一种方法挖掘

---

① 蔡翠红：《美国国家安全信息战略》，学林出版社 2009 年版，第 107 页。

② William Preston Jr. , Edward S. Herman and Herbert I. Schiller, *Hope & Folly*: *the United States and UNESCO*（1945 – 1985）, Minneapolis: University of Minnesota Press, 1989, pp. 54 – 55.

③ UNESCO 组织依靠各会员国缴纳会费维持运行，美国是缴纳会费最多的国家，高达总会费的 22% 。UNESCO 一旦不与美国配合，美国政府动辄以不缴会费相威胁。——笔者注

④ 详见 William Preston Jr. , Edward S. Herman and Herbert I. Schiller, *Hope & Folly*: *the United States and UNESCO*（1945 – 1985）, Minneapolis: University of Minnesota Press, 1989, pp. 48 – 87。

自由世界的所有资源并学会使用各种大众传媒手段讲述自由的光辉故事。同时揭露共产主义侵略成性、削弱共产主义势力并"使自由世界一体化"。二是阻止共产党国家乃至代表共产主义世界的 NGO 组织加入 UNESCO。三是 UNESCO 必须利用其基础教育项目来协助"阻止共产主义传播"。[①] 结果，人们想当然地认为"UNESCO 不是和平的平台，而是东西方意识形态冲突的战场"。

美国要求 UNESCO 组织必须政治态度鲜明的做法遭到许多成员国的反对，甚至英法等美国盟友也极力反对，故从美国企图把该组织变成反共工具的效果看，不是很明显，1954 年苏联加入，东欧各国在朝鲜战争之后也重新回到了该组织。但从上述信息传播角度看，美国借助 UNESCO "信息自由流通"原则，在冷战期间尤其是后阶段基本上掌控了国际信息话语权。

从当前世界各国"美国化"现象可以看出美国文化扩张和渗透的程度，但某种程度上讲，也是各国与美国互为"门户开放"的后果。正如此，欧美等西方国家"美国化"程度更高，那是因为这些国家开放程度更高更早，而相对来讲，社会主义阵营"开放"较晚，主要集中在 20 世纪 70—80 年代，但从美国刮来的新奇而颇有吸引力的西方文化之渗透力不可小觑，往往具有颠覆性作用。尤其是对"自我封锁"太久的国家而言，对外来信息缺乏判断力，对外来文化缺乏免疫力。正如马克思曾在英国报纸发表时评，对当时的清王朝评价说，闭关锁国的中国，就像一具木乃伊，一直密闭在棺材里，不与外界接触，一旦与新鲜空气接触，就立即腐烂。[②] 导师之言形象深刻，值得我们认真思考。

冷战的结束、苏联的解体，其原因众说纷纭、莫衷一是，但耶鲁·里士满很肯定地认为是苏联 35 年时间里与西方尤其是美国接触交流的结果。在与苏联政府签署了相关文化交流协议后，美国公开且主动地进行了大部分的文化、教育、信息、科技的交流，其代价与美国同时期国防开支和情报花费

---

① 详见 William Preston Jr. , Edward S. Herman and Herbert I. Schiller, *Hope & Folly*: *the United States and UNESCO* (1945 - 1985), Minneapolis: University of Minnesota Press, 1989, p. 60.

② 转引自樊树志《国史十六讲》，中华书局 2006 年版，第 279 页。

相比微乎其微。但大大提升了西方尤其是美国对苏联精英——知识分子的影响。① 里士满教授专门研究冷战时期美苏文化关系，其观点难免有失偏颇，但我们不可否认，文化交流是美国进行文化扩张和渗透的重要手段，是美国"门户开放"大战略不可或缺的内容。

"开放"是世界不可逆转的历史潮流，关键是如何客观而正确地认识自身民族文化并理性甄别外来文化。中国自"对外开放"以来，中西文化交流日益频繁，加入 WTO，中国也进入世界经济发展的快速轨道。但美国的文化同时也在中国深度传播，"美式英语"成为了中国的"疯狂英语"，消费主义文化侵蚀中国大众等，这些都需要我们冷静思考。目前，美国国际教育协会每年会发布一份《门户开放报告》，专门对世界各国人到美国留学的情况进行详细的统计学分析，并供美国国务院教育与文化事务局决策参考。其隐含动机和它的战略意义只有等待历史去评判了。

伊多·奥伦在其专著《美国和美国的敌人》中文版前言里写道，19 世纪，成千上万的美国研究生蜂拥至德国，当时德国的大学是世界上最先进的。美国几乎所有学院的社会科学包括政治学的奠基人都到德国留过学。回国后，这些学者试图把德国研究性大学的方法移植到美国本土。他们对德国的学术顶礼膜拜，并要求其学生掌握德语。20 世纪，美国两次打败德国，继而成为世界上最强大的军事、经济和学术大国。英语成为了学术界的通用语，美国的大学成了世界一流的研究中心，吸引着包括中国在内的世界各地的成千上万的研究生。②

奥伦的总结是否巧合了近代中国仁人志士提出的"以夷制夷"救国之道呢？至少从上述结论看，美国取得了这种效果。

---

① Yale Richmond, *Cultural Exchange & the Cold War*: *Raising the Iron Curtain*, Pennsylvania, 2003, p. xiv.

② ［美］伊多·奥伦：《美国和美国的敌人：美国的对手与美国政治学的形成》，唐小松、王义桅译，上海人民出版社 2004 年版，中文版"前言"第 1 页。

上　篇

第一章

外扩必先凝内：国内"美国化"与美国文化渗透

文化扩张与渗透一直是美国的历史经验。某种程度上，该传统决定了美国文化的生命力，其发生、发展到发达等过程，均是靠其文化扩张的动力来完成的。"美国化"是美国历史上文化扩张与渗透的重要路径。当下，"美国化"成为学界热议话题，其背景乃是"全球化"时兴之故。许多人似乎达成这样一种不太恰当的"共识"："全球化"实际上是"西方化"，而"西方化"最终就是"美国化"。其实，这种"共识"是西方语境下对"美国化"的后殖民主义诠释。

不可否认，"美国化"的历史路径和企图确实存在。最早是发轫于美国本国文化塑造。随着美国作为一个大国的崛起，迄今，"美国化"实际上包含了对内和对外两方面内容。从概念上，其文化经历了从"自觉"到"自信"的发展过程。我们可以大胆地设想，美国"文化自觉"过程是对美国本土"美国化"的过程，而"文化自信"则意味着美国文化开始对外扩张和渗透，实行美国本土外的"美国化"战略。

一　关于"美国化"

"美国化"在美国原本是一个具有特定历史意义的专有名词，主要是指

20 世纪前半期美国社会掀起的一场对外来移民的同化运动。① 它是与美国民族主义的发展密切相关的。但综观美国崛起的历史过程，"美国化"是一个文化概念，更是一个动态的过程。通俗讲，"以文化之"，简称"文化"。那么，"美国化"实际上是以美国的文化去"开化"美国人认为不如他们的民族。所以，"美国化"的过程就是一个美国文化扩张和渗透的过程。它有两层递进有时叠进的含义：首先是"化"居住在美国的外来移民；其次是通过文化扩张与渗透"化"不同于美国生活方式的其他国家和地区的人们。

当下，"美国化"成为学界热议话题，其背景乃是"全球化"之故。许多人似乎达成这样一种不太恰当的"共识"："全球化"实际上是"西方化"，而"西方化"最终就是"美国化"。其实，这种"共识"是在西方语境下对"美国化"的后殖民主义诠释。实际上，在如今世界文化多样性和多元化的大趋势下，这种所谓的"共识"不光是大多数发展中国家不予认可，即使如法国、加拿大等一些与美国具有共同西方话语体系的现代资本主义发达国家也会予以抵制。

美国是个移民国家，从民族构成来讲，是个非常松散的国家，应该是世界上民族最多、结构最复杂的国家，但我们习惯讲美国是个"大熔炉"（a melting pot），把所有加入美国籍的各色人种统称为美利坚民族，把各种文化熔铸成一种被认为是"更加优越的"美利坚文化。② 美国作为一个"理念之国"（an idea-state），美国人的身份更多是信仰而非血缘，其中包括清教信仰、立国理念、自由与平等的观念和个人主义精神，③ 由此，万花筒里各种各样的民族融合为一：美利坚民族。某种程度上，美国是靠文化立国的，虽然其历史短暂，且在相当长的时间里被欧洲人尤其是欧洲的精英阶层斥之为文化"荒漠"。④ 所以，严格意义上讲，"美国化"过程是美利坚民族文化建立、发展和成熟过程，也是美国文化的扩张与渗透过程。

---

　　① 王晓德：《文化的帝国：20 世纪全球"美国化"研究》（上），中国社会科学出版社 2011 年版，第 57 页。

　　② 黄兆群：《熔炉理论与美国民族同化》，《山东师大学报》（社会科学版）1990 年第 2 期。

　　③ John J. Miller, *The Unmaking of Americans*: *How Multiculturalism Has Undermined the Assimilation Ethic*, New York: the Free Press, 1998, p. 6.

　　④ 王晓德：《文化的帝国：20 世纪全球"美国化"研究》（上），中国社会科学出版社 2011 年版，第 114—115 页。

美国是个意识形态很强的国家。① 按照亨廷顿的说法，对国家的理解，美国人的意识形态强于疆域。世界其他国家的人往往把国家与某块地域联系在一起，在他们心目中，"祖国""故乡"或"圣地"观念特别浓厚，一旦失去这些，就被认为是"亡国"。犹太人文化凝聚力非常强，犹太人坚持一千多年的"复国主义"即是典型的"故土"或"圣地"情愫。美国人对美国的认同，在于政治理念和体制而不在于疆域。众所周知，自古以来，无论再强大的国家，都没有叫"……国主义"的，而唯独年轻的美国却有"Americanism（美国主义）"一说。该术语不仅反映了美国强烈的意识形态性，更折射出美国人强烈的推广其意识形态的动机。② 作为美国历史上最著名的"国家主义"和"扩张主义"政治家和鼓吹者，西奥多·罗斯福总统就偏爱使用"简单的"，对他而言是"美丽的"词汇："美国主义"，并以此来概括美国文化的自信。③ 美国历史经验表明，"美国主义"思维正式登场应该是在世纪之交的罗斯福时代，此时，美国作为新兴国家开始对外扩张，"美国主义"的扩张和渗透本性由此可见一斑。

正是因为美国民族的多样性，并且，某种程度上，美国是在侵占印第安人土地的基础上立国的，所以，美国人一直强调其文化意识，目的在于通过"美国信念"来塑造美国的国家特性和国民身份认同，④ 从而增强其多民族的文化聚合力。总之，美利坚民族的形成过程就是美利坚文化的凝练和提升过程，这一过程实际上是美国特色文化的扩张与渗透过程，即"美国化"过程。

对"美国化"的理解，我们可以从形式、对象和内容三方面来理解。历史上，"美国化"有民间自觉和官方推广两种形式；对内和对外两大对象；内容上有精英文化和大众文化。

---

① 王立新认为，意识形态有强烈的行动指向、将现实简单化、排他性和对理想世界的设计等四个特点。这些特征比较符合美国文化扩张的历史。参见王立新《意识形态与美国外交政策：以20世纪美国对华政策为个案的研究》，北京大学出版社2007年版，第3—5页。

② 有关"美国主义"的详细含义，可参考 Horace M. Kallen, *Culture and Democracy in the United States*, New Brunswick: Transaction Publishers, 1998. pp. 36 – 58。

③ Edmund Morris, *The Rise of Theodore Roosevelt*, New York, 1979, p. 461.

④ ［美］塞缪尔·亨廷顿：《美国国家特性面临的挑战》，程克雄译，新华出版社2005年版，第41页。

二　"美国化"：民间自觉

美利坚民族这个万花筒中的各色人种是在不同的历史时期抱着不同的目的来自不同的地方，但不管怎样，其文化历练是共同的：不满于现状、具有冒险精神、有着个人的执着追求，无论是来到新大陆寻求宗教自由、建立精神家园还是企图到这里来寻求黄金白银，以求物质上的成功。这些都可以看作是美国文化元素之圭臬。

美国历史上第一批立足的外来移民，是 1607 年由伦敦公司资助，冒险来到北美企图发财的 114 名开拓者。他们出身卑微，"既无才干，又乏品德"，在寻求金银财宝的愿望破灭后，居然还有相当一部分人好逸恶劳，个个想做新大陆的"贵族"。殖民据点几乎面临自然消失之虞。后来，由于他们从印第安人那里学了种烟草并将烟草出口到欧洲，殖民地的经济状况得以改善，同时，公司引进了一批契约奴，尤其是从 1619 年开始，大量贩卖非洲黑奴，由此解决了殖民地的劳动力问题。北美第一个英属殖民地弗吉尼亚才得以生存，奴隶制种植园经济也因此在美国南部地区发展起来，某种程度上延搁了主流的美利坚清教文化的扩张过程。

历史上被认为最重要的一批美国移民是 1620 年乘坐"五月花号"船来到北美的 102 位清教徒。他们文化程度高，信仰坚定，冒险来到北美大陆的目的并非寻求黄金白银，而是摆脱英国的封建专制和宗教迫害，到新大陆来实现他们的宗教自由和政治梦想。为了更好地管理他们的殖民地，他们在协商的基础上共同签署了"五月花公约"，确立了美国自治和民主管理的优良政治传统。这批人被誉为"清教徒之父"。清教文化是美利坚民族文化的根基，即源于此。"五月花公约"也应该是美国民主政治传统的最早践行。而美国人一直自觉地传播他们的理念、扩张他们的文化，也与这些清教徒的传教士情结（missionary complex）密切相关。正因为如此，该批移民被认为是美国历史上最重要的一批移民，他们由此被尊称为"清教徒之父（the Pilgrim Fathers）"。从中可以看出，美国人是从文化角度来认同其祖先的，而非从简单的血脉延续角度。

有些学者试图证明美国的自由主义精神或"信念"是源于洛克的思想

或欧洲的启蒙运动，但亨廷顿认为，美国"自由主义精神与其说是从欧洲进口的，不如说是北美这里建立的新教社会自身的产物"。因为美国的创建始于17世纪30（应该是20）年代，而洛克1632年才诞生。①

在17、18世纪，定居的美利坚人都以《圣经》为依据阐述他们在新大陆的使命，声称他们是上帝的"选民"，"出使至原野"，要在上帝的"应允之地"建造"新以色列"或"新耶路撒冷"。这种神圣使命感很自然地进一步扩展成为千禧年式的主题，认为美国是"救世之国"，是"有远大眼力的共和国"。② 这可以说是美国"例外论"的基本内涵。

宗教热情最高的无疑是清教徒。早期清教徒中最有力地推广清教文化的重要人物当属约翰·温斯洛普。他毕业于剑桥大学，研习法律，原本有个温馨和睦的家庭和令人羡慕的治安官职务，还有不少家族地产等他去继承并经营。但他却最终皈依清教，期望按照清教的要求重塑世界。1630年，他如摩西率领其希伯来同胞出埃及一般，率领1000名清教徒浩浩荡荡横跨大西洋，历经数月颠簸，来到现在的波士顿北边，建立起马萨诸塞海湾殖民地，自任首任总督。在途中，他也如摩西颁布"十诫"般向其同胞发表了一篇充满使命感的布道辞："我们必须考虑我们将会成为一座山巅之城，全世界所有人的眼睛都会注视着我们。如果我们在实现这一伟大事业的工作中欺骗了我们的上帝而使上帝不再帮助我们的话，我们将会成为全世界的笑柄。"这篇演说词无疑是这1001位朝圣者与上帝签订的一份集体契约（a collective covenant）。可以说，他们的据点还未建立，温斯洛普就确立了美国"例外论"（exceptionalism）和"天定命运论"（manifest destiny）文化传播之传统。作为一种文明，建立美国的目的就是完成上帝的夙愿，为世界其他地区提供指导。由此，其宗教、经济和政治的实践都将成为所有人，甚至包括非基督徒学习的典范。③ 这使得美国人有种"上帝特殊子民"的感觉。正如赫尔曼·梅尔维尔在其小说《白夹克》里写道："我们美国人是独特的上帝选

---

① ［美］塞缪尔·亨廷顿：《美国国家特性面临的挑战》，程克雄译，新华出版社2005年版，第54—55页。

② 同上书，第55页。

③ Robert M. Crunden, *A Brief History of American Culture*, New York, 1994, pp. 3 – 4.

民——我们时代的以色列；我们承运着世界各种自由的方舟。"① 美国人积极对外输出其文化与他们这种历史有直接关联。②

"山巅之城"的梦想既可看出美国人传播其文化的传教士情结，也可看出美国对外文化扩张和渗透的哲学基础：例外论和天定命运论。可以说，温斯洛普凝练并提升了美国早期的清教文化。其"山巅之城"的理念也成为历代美国人所追求的伟大梦想。丹尼尔·布尔斯廷认为，迄今为止，美国还没有人"能像温斯洛普那样，把美国人的命运感表达得如此确切"。而以清教精神为主要元素的"新英格兰方式"也被认为是当代"美国生活方式"的一个早期缩影。③

从 1607 年到 1733 年，沿大西洋海岸，从北到南，英国所有殖民据点最终形成 13 个殖民地。按区域划分，三大区：新英格兰区、中部区和南部区；按经营模式分，也是三大块：特许殖民地、皇家殖民地和业主殖民地。这 13 个殖民地的文化是欧洲文化尤其是英国文化在北美的延伸。WASP④ 文化是当下美国核心主流文化，这与美国早期的殖民文化构成密切相关。但美利坚文化之所以有其特色，既有别于英国文化又独具凝聚力，关键是英国文化与北美的环境实现了绝妙结合。

北美大陆地广人稀，环境恶劣。早期欧洲开拓者不仅要接受恶劣的自然环境挑战，还要随时面对印第安人的反抗。在这种特殊背景下，不管是富人还是穷人，要生存，任何事情都要亲力亲为，自由是他们的信仰追求，但如何生存是他们首先要应对的事情。生存的唯物性和实用性成为了美利坚文化的哲学核心。共同的移民背景塑造了共同的美利坚民族性格：自由、独立、平等、竞争、合作、开拓、创新和宽容等，个人主义成了美国精神的核心。

18 世纪 70 年代，美国人对英国的挑战第一次把意识形态引入近代政治。"1776 年，意识形态，而不是种族、语言或宗教，成了（美国）国民身

---

① Loren Baritz, "God's Country and American Know-How", cited from *Conflict & Consensus in Modern American History* (eighth edition), edited by Allen F. Davis and Harold D. Woodman, Lexington: D. C. Heath and Company, 1992, p. 478.

② 丁一凡：《美国批判：自由帝国扩张的悖论》，北京大学出版社 2006 年版，第 2 页。

③ ［美］丹尼尔·布尔斯廷：《美国人：开拓历程》，生活·读书·新知三联书店出版社 1993 年版，第 3、17 页。

④ White Anglo-Saxon Protestants 的缩写。

份的试金石。美国人心目中的英国敌人形象也成了近代历史上第一次出现的意识形态敌人的形象。"从此，"美国信念"一直是美国特性的一个重要组成部分。①

随着北美独立战争的胜利，美利坚民族文化开始自成体系。美国一些有识之士们开始著书立说，大力呼吁必须建立自己的美利坚民族文化，实现美国文化的独立。文化层面的美国民族主义呼声越来越强烈。约翰·杰伊在《联邦党人文集》里写道："同样高兴的是，我常常注意到，上帝一直乐于把这个互为关联的国家赐予一个统一的民族，一个来自相同祖先、说相同语言、信相同宗教、守相同政治信仰、过非常类似的生活方式和习俗的民族。"② 1789 年，第一届美国联邦政府刚组建，诺亚·韦伯斯特就发表《论英语》，呼吁建立一种美国统一的、与英国英语有所区别的美式英语，并吁请作家们担任美式英语的传播角色。语言是文化的基本象征，也是一个民族的文化黏合剂，一个民族的凝聚力如何，除其文化的向心力外，最关键的是其语言是否统一。美利坚民族是个万花筒、大杂烩，但历史上没有出现过民族分裂活动，这与其语言统一有关，无论是日常交流、学校教育、官方文件还是媒体宣传，使用的都是美式英语。无论你来自世界哪个角落，来到美国，必须说英语，否则你就难以生存，不管你的英语标准不标准。某种程度上可以说，韦伯斯特为温斯洛普的"山巅之城"梦想的推广开创了语言传播的基础路径。18、19 世纪，德裔人分别在宾夕法尼亚、威斯康星试图实现德语和英语平起平坐，在学校实行德语教学，但最终均以失败告终。③ 英语一直被认定为美国公民的基本构成要件。

如今，美式英语风靡全球，不能否认，这也是美国文化扩张与渗透的手段和美国文化帝国主义的表现。④

从理论上呼吁建立美国民族文化的是拉尔夫·爱默生。作为 19 世纪美

---

① ［美］塞缪尔·亨廷顿：《美国国家特性面临的挑战》，程克雄译，新华出版社 2005 年版，第 42—43 页。

② Alexander Hamilton, James Madison and John Jay, *The Federalist Papers*, New York：New American Library of World Literature, Inc. , 1961, p. 38.

③ ［美］塞缪尔·亨廷顿：《美国国家特性面临的挑战》，程克雄译，新华出版社 2005 年版，第 52 页。

④ 詹园媛：《"美语热"在中国：对美国文化霸权的思考》，硕士学位论文，四川大学，2006 年。

国著名的文学批评家、诗人、一代超验哲学宗师，目前时尚并被认为是典型美国文化元素之一的"DIY（Do-It-Yourself）"精神，就是他首创的。在《论自助》中，他提倡"自助"精神，呼吁美国人要相信自己，不要依赖别人或已有的知识，"要说出自己的心里话"。在《论美国学者》中，爱默生更是为建立美国民族文化大声疾呼。他非常动情地说道："我们从属别人的日子，我们长期学习其他国家文化的日子已经结束。我们对于欧洲宫廷文艺女神已经倾听得太久了。"爱默生大力提倡美国作品要描写美国的主题、歌颂美国的事物、树立美国的风格。在此，按照当下说法，爱默生实际上是在思考如何借助美国作品来构建美国特色文化、树立美国国家形象、提升美国文化软实力。《论美国学者》一度被誉为美国"思想上的独立宣言"。

　　至19世纪末，有一位年轻的历史学家特纳提出了"边疆学说"，虽然特纳着重讨论"边疆在美国历史中的作用"，但他无疑从历史角度整合并提炼出独具特色、符合美国历史经验的"美国精神"，即围绕边疆的冒险、创业、个人奋斗、追求自由和财富、务实开拓、乐观进取的精神。这些精神实质的形成与美国曾拥有地广人稀的"西部边疆"有关。所以，要了解美国精神，不能忽略其西部开拓的历史，而美国西部开拓的过程实际上也是北美大陆的"美国化"过程。美国人一度认为，要实现"美国梦"，就必须到西部去。由此，我们不能简单地从地理概念来理解美国的"西部边疆"。实际上，特纳在生前就已经提出了科技边疆、文化边疆等概念。他认为，边疆的扩张主义精神是美国扩张主义外交政策的根源。某种程度上，在特纳心目中，"边疆"与"扩张"是对等的。19世纪90年代，美国本土的边疆已经消失，美国国内一些对外扩张理论应时而生，如马汉的"海权论"、海斯的"门户开放论"等。特纳借"边疆学说"来整理美国的国民性和美国精神，从而继续演绎出美国"边疆"的扩张隐含，无疑可把他的边疆学说认定为美国文化帝国主义理论之滥觞。美国开始从"文化自觉"走向"文化自信"。理查德·库索尔认为，美国化是一个历史过程，始于1890年后的第一个十年。[1] 从"美国化"对象外移维度看，其观点不无道理。

---

　　① ［德］乌尔里希·贝克等：《全球的美国？——全球化的文化后果》，刘倩等译，河南大学出版社2012年版，第215页。

20 世纪 60 年代，肯尼迪总统提出"新边疆"施政纲领，进一步演绎特纳"边疆"理论的现实内涵，对第三世界地区派出"和平队"，对拉美地区实行"争取进步同盟"等，均体现了"边疆"在美国人和政府中的扩张本义。

19 世纪，民族主义思潮风靡全世界。在此大环境下，美国实现了文化民族主义，建立了独立的美利坚民族文化。之后，美国文化和经济并驾齐驱，以一道独特的风景展现在世人面前。20 世纪被喻为"美国世纪"，[1] 其历史依据不光是美国的经济和军事实力，而恰恰是美国的文化软实力。美国的大众文化、高等教育和民主政治成为现代世界人，尤其是年轻人趋之若鹜的 20 世纪三大"美国"符号。[2]

三　"美国化"运动：官方推广

在美国人自觉呼吁并积极推广美利坚文化的同时，美国政府也在通过各种形式和手段强势推行"美国化"。

不可否认，种族歧视问题一直存在于美国历史和社会之中。从开始的歧视土著印第安人到歧视黑人再到当今歧视拉丁裔美国人，其间也包括歧视其他少数民族，19 世纪下半叶疯狂的排华运动就是对我们同胞的一种歧视。种种歧视都表明，美国文化骨子里存在"白人种族优越论"，具体而言即盎格鲁 – 撒克逊民族优越论。[3] 由此，虽然今天该民族在美国民族成分中并未占绝对优势，但其文化确是美国主流文化，即 WASP 文化。美国历届政府努力推行"美国化"，实际上推行的是 WASP 文化，难免有种族歧视之嫌。

实际上，"美国化"运动最早是针对其国内移民的同化运动，研究美国移民历史的专家一般把美国历史上对移民的同化运动称之为"美国化运

---

① 拉斐伯等三位作者直接以"美国世纪"给其专著命名，见［美］沃尔特·拉斐伯、理查德·波伦堡、南希·沃洛奇《美国世纪：1890 年代以来的美国史》（英文第 5 版），黄磷译，海南出版社 2008 年版。

② 且东：《一个超级美国的诞生》，中国友谊出版公司 2006 年版，前言。

③ 参见王晓德《美国文化与外交》，世界知识出版社 2000 年版，第五章"'白人的负担'与美国对外关系"。

动"。①

历届联邦政府针对移民同化或美国化问题先后采取了一些举措。早在美国建国时期，开国元勋们就注意到移民同化的重要性。他们要求移民群体必须分散在美国各地，以利于同化。乔治·华盛顿曾要求移民与"我们的人"混居，这样，"他们或他们的后裔就会同化到我们的习俗、规律和法律，一句话，就是成为同样的人"。托马斯·杰斐逊也指出过移民"应分散到本地人中间，以便更快结成一体"。富兰克林要求将移民"均匀地分散到讲英语的人当中，并在移民太密集的地方建立英语学校"。在他们的影响下，国会批准成立新的州的一个基本标准就是，该地区说英语的人口必须占大多数。此后，要求移民分散居住也一直成为美国同化政策的一个基点。②

美国历史上经历两次明显的政府强制国民"美国化"运动，一次是"一战"期间及战后"百分之百美国人"运动，另一次是20世纪50年代杜鲁门政府时期的"忠诚"运动和麦卡锡主义。巧合的是，无论是美国国内的"美国化"运动，还是它在国外的"美国化"行为，居然都与共产主义思潮有关。一些学者甚至把"美国化"等同于"赤色恐怖（Red Scare）"。③

这两次"美国化"运动与美国历史上比较显著的两次"赤色恐怖"密切相关。

第一次官方"美国化"运动发生于"一战"期间。在大战前期，美国政府持中立立场，对交战双方都态度暧昧，互有贸易往来。但在国内，19世纪末20世纪初移居美国的大量欧洲移民却态度鲜明，各大族裔都表现出明显的政治倾向和强烈的民族主义情结。英裔美国人要求美国政府支持英国，而人数最多的移民族群德裔美国人居然在美国国土上公开表示亲德立场，宣扬日耳曼民族沙文主义。这使得正统美国人无法忍受。西奥多·罗斯福作为退役总统，公开反对"带连字号的"美国人，如 German-Americans，

①　王莹：《20世纪初美国政府强制同化移民政策的形成与实施》，《东北师大学报》2008年第2期。

②　[美] 塞缪尔·亨廷顿：《美国国家特性面临的挑战》，程克雄译，新华出版社2005年版，第161页。

③　王晓德：《文化的帝国：20世纪全球"美国化"研究》（上），中国社会科学出版社2011年版，第62页。

并成为第一位首次提出"百分之百美国人"口号的政治人物。① 1915 年 5 月 10 日，威尔逊总统在费城归化公民大会上公开宣称："一个认为自己是属于在美国的特别民族集团的人，他就还没有成为一个美国人。"

随后，美国政府宣布，为了美国的安全，对所有外来移民实行"百分之百美国人"政策，成立"全国美国化委员会"，宣布 1915 年 7 月 4 日为"美国化运动日"，并提出"英语第一""美国第一""美式生活标准"等要求。② 1916 年，有关机构出版公民读本，免费发放给那些参加美国化课程班的外侨人，同时说服各学校开设美国化课程并要求外侨人参加学习。③ "一战"期间，许多州通过法律禁止在课堂上、大街上和教堂内讲德语。战后许多州还立法把英语列为教学的基本语言，禁止在初级小学讲授外语。④ 1917—1918 年间，为强化"美国化运动"，美国联邦政府及近 30 个州先后颁布了"反煽动法"。

该次"美国化"运动在 1918 年 7 月 4 日达到高潮。当日，纽约市 7 万多人的游行队伍在数十万市民面前走过第五大道，其中最引人注目的是来自该市 40 多个移民团体的代表团。他们以各自方式表达对美国的"忠诚"。德裔美国人打出的标语是"美国是我们的祖国"和"生于美国，成于美国"。立陶宛裔人的标语是"山姆大叔是我们的大叔"。委内瑞拉裔人高奏美国国歌。《纽约时报》评论说："在这一次万花筒式的盛装游行中，服饰绚丽夺目，百姓队伍漫长，精神庄严抖擞，让观众清楚看到诸多民族编织成充满斗志的美国图景，这是血统多样，理想统一。"⑤

从上述壮观场面可以看出，美国政府的"美国化"效果立竿见影。

① John F. McClynmer, *The Federal Government and the Americanization Movement*：1915 – 24. cited from *Americanization*, *Social Control and Philanthropy*, edited by George E. Pozzetta, New York：Garland Publishing, Inc. , 1991, p. 235.

② 王莹：《20 世纪初美国政府强制同化移民政策的形成与实施》，《东北师大学报》2008 年第 2 期。

③ John F. McClynmer, *The Federal Government and the Americanization Movement*：1915 – 24. cited from *Americanization*, *Social Control and Philanthropy*, edited by George E. Pozzetta, New York：Garland Publishing, Inc. , 1991, p. 237.

④ 转引自王晓德《文化的帝国：20 世纪全球"美国化"研究》（上），中国社会科学出版社 2011 年版，第 63 页。

⑤ ［美］塞缪尔·亨廷顿：《美国国家特性面临的挑战》，程克雄译，新华出版社 2005 年版，第 166 页。

所以，对这次运动的评价，历史学界褒贬不一，但很少有人完全否定其在改变或转换新移民的身份或对美国主流文化认同过程中所起的重要作用。①

随着十月革命的一声炮响，革命火种在世界各地燃烧起来。美国政府的"美国化"运动渐趋变质。20 世纪初，美国正处于社会转型阶段，各种社会问题涌现，"对当时大多数白人中产阶级来说，工业城市的社会冲突、种族暴力和女权运动似乎都是社会动乱和革命运动的不祥之兆"。尤其是 1917 年俄国革命的成功，美国人认为"共产主义不仅仅是一种理论，而且是一个不容忽视的国家政权"。② 社会党左翼约翰·里德描写十月革命的《震撼世界的十天》成为名著，一度畅销美国。列宁的一些重要著作于 1918—1919 年间陆续在美国出版。③ 1919 年，美国共产党正式成立。不少美国人把共产主义看作"洪水猛兽"，并利用各州甚至联邦政府的"反煽动法"，在美国各地人为地制造了一场"来势凶猛的赤色恐怖"，随意搜捕抓人，并制造广为人知的"萨柯-万泽蒂事件"，铸成"永远无可挽回的过错"。④

第一次"美国化"运动从 1915 年开始一直延续到 20 世纪 20 年代中后期，发起运动的初衷是对外来移民的强制同化，其实，如前述，该运动对移民多少取得了一些效果，但这种手段是"错误的，也是不可取的"，因为要改变移民的文化认同并不是一朝一夕的事情，更何况，源源不断的移民原本就是美国社会发展的原动力。⑤ 之后，"美国化"运动发生质的转变，对移民的归化转向极端的"赤色恐怖"，由民族沙文主义转向了反共产主义，使运动充满对抗的意识形态色彩。

20 世纪 50 年代的"美国化"运动直接起源于"赤色恐怖"。严格来讲，

---

① 王晓德：《文化的帝国：20 世纪全球"美国化"研究》（上），中国社会科学出版社 2011 年版，第 63 页。

② ［美］艾伦·布林克利：《美国史（1492—1997）》（英文第 10 版），邵旭东译，海南出版社 2009 年版，第 669 页。

③ 张友伦、陆镜生：《美国工人运动史》，天津人民出版社 1993 年版，第 557 页。

④ ［美］艾伦·布林克利：《美国史（1492—1997）》（英文第 10 版），邵旭东译，海南出版社 2009 年版，第 672 页。

⑤ 王莹：《20 世纪初美国政府强制同化移民政策的形成与实施》，《东北师大学报》2008 年第 2 期。

学界只把1915—1925年美国政府对移民的强制同化运动称为"美国化"运动,① 而不提及20世纪50年代杜鲁门政府的"忠诚"运动和麦卡锡主义。本书之所以把它们看作美国历史上第二次本土"美国化"运动,基于两点考虑:一是为了证明美国政府"美国化"政策的意识形态色彩。事实上,无论是20世纪初的"百分之百美国人"运动,还是20世纪中叶的"忠诚"运动和麦卡锡主义,均与美国历史上比较明显的两次"赤色恐怖"密切相关;二是为了说明美国文化扩张与渗透的历史连贯性和递进性。美国政府首先在国内制造反共气氛,目的是遏制共产主义在全世界的扩张营造国内舆情基础。先在本土"美国化",然后在海外"美国化",最终集为一点:颠覆社会主义政权,企图实现全球"美国化"。

自下而上,从普通移民的"美国化"到美国政府人员的"美国化"。第一次"美国化"运动针对的是普通外来移民;第二次运动则是直接针对美国政府人员或文化精英阶层,而且名义上称为"反颠覆运动",实际上直接与反共挂钩,其自始至终都处于一种"歇斯底里的状态"。② 为什么?冷战思维使然。

共产主义发展到20世纪50年代,让美国人感觉到,它已经不是简单的政权了,而是成为了美国强大的"劲敌"。尤其是朝鲜战争的失利、中华人民共和国的成立、苏联开发原子弹,等等这些,都让美国政府感到非常恐惧,共和党、民主党之间互相猜忌、互相指责对方被共产党势力渗透,甚至认为"共产主义已经渗透到好莱坞,并对那里的美国人进行洗脑宣传"。可以说,当时美国高层相当一部分官员患了"政治忧郁症"。

首先,共和党操纵国会,于1947年成立"众议院非美活动调查委员会",着手调查以证明执政党民主党在宽容共产党势力"泛滥"。好莱坞成为第一个被调查对象。许多电影制片人和剧作者被调查,相当一批人被逐出

---

①　如王莹在文中认为,随着"民族来源限额法"的实施,1929年开始,美国入境移民逐年减少,人们对"美国化"不再热衷,"美国化"也成了避讳之词被载入史册。参见王莹《20世纪初美国政府强制同化移民政策的形成与实施》,《东北师大学报》2008年第2期。另参见John F. McClynmer, *The Federal Government and the Americanization Movement*:1915 – 24. cited from *Americanization*, *Social Control and Philanthropy*, edited by George E. Pozzetta, New York:Garland Publishing, Inc. , 1991。

②　［美］艾伦·布林克利:《美国史(1492—1997)》(英文第10版),邵旭东译,海南出版社2009年版,第817页。

电影界，甚至有些人因拒绝接受调查而被关进监狱，最终，好莱坞不得不接受一份"共产可疑分子（所谓'好莱坞十人团体'）"黑名单。更使民众吃惊的是，委员会开始着手调查国务院高官阿尔杰·希斯。"莫须有"的罪名使希斯入狱数年，"不仅断送了一位杰出的年轻外交家，而且在一代自由派民主党头上罩上疑云，使许多人相信共产主义确实已渗透到美国政府内部"。①

为确保自身以及民主党的执政安全，杜鲁门同年开始实施广为人知的所谓"忠诚"调查计划，要求政府机关职员、高等学校教员和研究人员等，必须对政府宣誓效忠，并对他们的忠诚进行检验。反共浪潮迅速高涨。据估计，美国有 1350 万人，约占全部劳动力的 1/5 受到某种形式的忠诚或安全调查。② 任何人一旦受到调查，亲朋好友几乎不再来往，事业前途几乎要被断送。其时情景与我国"文化大革命"时期相比有过之而无不及。"赤色恐怖"笼罩整个美国，所有人不仅恐惧共产党渗透，而且恐惧成为共产党嫌疑。每个人都想洗清自己。到 1951 年，2000 多名政府雇员因不堪精神重压而辞职，212 人遭政府解雇。③

在"忠诚"运动的怂恿下，"荒谬绝伦"的麦卡锡主义横空出世，使 20 世纪 50 年代美国反共运动达到登峰造极的地步。

在希斯被判有罪两周后，新任参议员约瑟夫·R. 麦卡锡在西弗吉尼亚惠林市林肯纪念日的演讲中，大肆攻击共产党，并挥舞着一份据说记录有 205 名"国务院里所有积极的共产党员和间谍分子"名字的名单，从而引发全场骚动。可以说，麦卡锡的演说开始了美国反共迫害的积极阶段。④ 由此，"麦卡锡揭开了利用共产主义威胁为饵而信口雌黄的黑暗时代的序幕"。

---

① ［美］艾伦·布林克利：《美国史（1492—1997）》（英文第 10 版），邵旭东译，海南出版社 2009 年版，第 818 页。

② 刘绪贻等：《美国通史》（第 6 卷），人民出版社 2002 年版，第 67—68 页。

③ ［美］艾伦·布林克利：《美国史（1492—1997）》（英文第 10 版），邵旭东译，海南出版社 2009 年版，第 818 页。另一说：至 1952 年，有 470 万人受到忠诚审查，其中约 1 万人未能获得参与机密工作的许可。大多数人悄然辞职，真正以安全理由被解雇或遭拒绝的共 560 人。见［美］沃尔特·拉斐伯等《美国世纪》（英文第 5 版），黄磷译，海南出版社 2008 年版，第 350 页。

④ ［英］保罗·约翰逊：《美国人的历史》（下册），秦传安译，中央编译出版社 2010 年版，第 103 页。

他利用国会议员的种种特权以及所任参议院常设调查委员会主席的职务，向各个阶层全面开火。先攻击国务院，再进攻中央情报局，同时诬陷各知识精英和文化娱乐阶层，似乎在向世人暗示"麦卡锡正在代表美国发动一场真正民众性运动"。① 民主党执政 20 年被他说成是"叛卖的二十年"。罗斯福总统被认为在珍珠港故意牺牲美国海军，在雅尔塔会议上向苏联"叛卖"。② 时任国务卿迪安·艾奇逊被诬蔑为"国务院红色迪安""优雅的异己者——感情上的苏联人，风度上的英国人"。而马歇尔计划被说成是"马歇尔被蒙骗而支持了一个重大阴谋，一个规模如此巨大致使人类历史上一切类似冒险相形见绌的阴谋"。"因其诋毁，这两位外交风云人物被迫辞职"。一批中国问题专家、同情中国革命的人同样遭到迫害。"美国人彼时人人自危，谈共色变。"③ 麦卡锡主义的猖獗甚至侵蚀到了普通美国人日常生活中，如出现了"禁书""恐红"等现象。印第安纳波利斯市从公立图书馆把"有争议的"图书撤走，其中包括《罗宾汉》，因为罗宾汉劫富济贫的行为有共产主义倾向。辛辛那提市棒球队原本叫"红腿队"，不得不改名为"炮兵队"，因为"红色"象征共产主义。密歇根州迪尔伯恩市一场选美大赛，其获奖选手最终居然以"忠诚小姐"加冕。④

1953 年 3 月，麦卡锡身边"可怕的哼哈二将"罗伊·科恩和大卫·沙因来到欧洲，在查看了美国新闻署设在 7 个国家的图书馆后宣布，在 200 万册上架图书中有 3 万册是亲共作家的著作，要求立即下架。是年，美国新闻署运往海外的书籍从每年平均为 119913 种骤降到 314 种。颇具讽刺意味的是，许多曾遭到德国纳粹分子焚毁的书籍居然也被从图书馆撤下。其中，"萨特的所有著作均须从一切美国机构的藏书中撤下"。诺贝尔奖获得者、著名反纳粹战士托马斯·曼曾逃脱极权主义统治来到美国，但其新获得的美国公民身份并未让他享受到自由。其之前被纳粹分子焚毁的代表作《魔山》

---

① ［英］弗朗西斯·斯托纳·桑德斯：《文化冷战与中央情报局》，曹大鹏译，国际文化出版公司 2002 年版，第 212—238 页。

② Donald A. Ritchie, *Heritage of Freedom：History of the United States*, New York：Macmillan, 1985, p. 695.

③ 赵凤岚：《麦卡锡主义探源》，《湘潭师范学院学报》1995 年第 2 期，第 61 页。

④ ［美］沃尔特·拉斐伯、理查德·波伦堡、南希·沃洛奇：《美国世纪：1890 年代以来的美国史》（英文第 5 版），黄磷译，海南出版社 2008 年版，第 351—352 页。

（*Magic Mountain*），在美国"再度遭受焚书之灾"，因此，"他极想离美国而去"。禁书运动还波及托马斯·潘恩、爱因斯坦、弗洛伊德、海伦·凯勒、约翰·里德、亨利·梭罗等众多健在或死去的名人作品。①

　　当时，大多数美国人"害怕讲述非流行观点，甚至对有争议的问题不敢发表意见"。可以说，美国上下一片"顺从"。② 对一个以个人主义为精神圭臬的国家来说，这种"顺从"现象无疑是一种荒唐的表现。由此可见，当时的共产主义被"妖魔化"到怎样的程度。全国处于一片恐怖的气氛之中。人们相互猜疑，一听到共产主义就害怕。成千上万的民主进步人士以至于政府、军队里的普通成员受到迫害，他们的亲属和朋友遭到株连，在政治上长期受到压抑。③ 就连须承担纵容之责的杜鲁门总统也在其回忆录中写道："这种攻势的范围如此之广，似乎每个人都免不了要受攻击。这是我们这个时代的悲剧和耻辱。"在麦卡锡大呼小叫之后，大约有 100 名教授在 1952—1954 年间因为共产党嫌疑而被解雇。1951—1954 年间，有 324 名好莱坞人上了美国众议院非美调查委员会的黑名单。④

　　历史证明，麦卡锡是一个政治痞子，他"从来就不是一个严肃的颠覆活动调查人，而是一个试图吸引人们关注的政客"。1954 年 12 月 2 日，参议院以 67 票赞成、22 票反对通过了对他的不信任决议。⑤ 美国历史上一个荒唐的黑暗时代及时得以结束。

四　反思"美国化"运动

　　美国是一个特殊的国度，作为一个移民国家，自其第一批开拓者开始，就在凝练并传播独具"美国例外"的文化，实际上一直在推行它的"美国

---

① ［英］弗朗西斯·斯托纳·桑德斯：《文化冷战与中央情报局》，曹大鹏译，国际文化出版公司 2002 年版，第 215—217 页。

② ［美］沃尔特·拉斐伯、理查德·波伦堡、南希·沃洛奇：《美国世纪：1890 年代以来的美国史》（英文第 5 版），黄磷译，海南出版社 2008 年版，第 351 页。

③ 刘绪贻等：《美国通史》（第 6 卷），人民出版社 2002 年版，第 109 页。

④ ［英］保罗·约翰逊：《美国人的历史》（下册），秦传安译，中央编译出版社 2010 年版，第 104 页。

⑤ 同上书，第 103、105 页。

化"进程。老移民对新移民的同化，是其本国文化的自然同化，美国政府对新移民的强制同化，则是有组织性的"美国化"。原本美国作为一个多种民族、多样文化的国家，为了提升其国内文化凝聚力，其政府采取一些强制手段来推广其核心文化，从国家管理和文化软实力建设来讲，情有可原，但问题是，为什么两次政府"美国化"运动居然都与反共相关联起来呢？

首先，美国人一直过分强调美国"例外论"和美国文化的意识形态性，而忽略了其文化多元化和多样性的最根本特征。这无形中纵容了一些打着爱国主义的旗号，实际是在宣扬美国文化优越论的极端组织和运动出现，如美国历史上的三次"3K 党"运动。① 不无巧合的是，后两次"3K 党"运动居然与美国历史上两次"恐赤"风暴和美国政府有组织性的"美国化"运动几乎相始终。杜鲁门曾告诉新闻界，麦卡锡是"克里姆林宫在美国最大的一笔资产"。他还请人对美国历史上的"歇斯底里和政治迫害"进行研究，最后得出结论：美国长期存在"仇恨与不宽容"的潜流，周期性地产生像麦卡锡主义这样的爆发。②

其次，美国人在"文化自觉"过程中，还没有完全发展到"文化自信"的程度。"攘外必先安内"也许成了一些美国人的"梦魇"。麦卡锡主义实际上是一种基于"忌妒"的更大意义上的平民主义表现形式。③ "麦卡锡主义得以兴起，是因为美国存在着一种情绪"，1945 年和平时代到来之时，"一个新的原子弹时代也同时来到，加之一个强大的对手苏联正在兴起"，"美国一夜之间丧失了（它的）安全感"。所以，虽然麦卡锡主义的出现令人遗憾，但还是应当把它看成是美国"坚持不懈地追求新形势下的国家安

---

① 美国学术界一般认为，从该组织成立肇始，共经历三次 3K 党运动。第一次开始于 1866 年，肆虐于美国内战之后的重建时期。在这一时段，3K 党组织的性质从最初的兄弟会团体演变成恐怖主义组织，他们主要的仇视对象是黑人群体和共和党成员。第二次开始于 1915 年，在 20 世纪 20 年代达到了顶峰。这一时期 3K 党运动的仇视对象主要是外来移民中的天主教徒和犹太人等群体。第三次 3K 党运动始于 1951 年，盛行于 20 世纪五六十年代。这一时期 3K 党兴起的最主要的动力来源于美国的反共产主义运动和民权运动。该组织的宗旨是奉行白人至上主义，维护白种人的利益。该组织惯用暴力、恐吓、暗杀等手段。参见李国庆《美国第三次三 K 党运动的大众传媒方略》，《史学集刊》2009 年第 4 期。

② ［英］保罗·约翰逊：《美国人的历史》（下册），秦传安译，中央编译出版社 2010 年版，第104 页。

③ Christopher Lasch, *The New Radicalism in America* （1889 - 1963）：*the Intellectual as a Social Type*, New York：Alfred A. Knopf, Inc. , 1965, p. 315.

全，追求一个安全而民主的新世界所作出的努力"。① 这是不少当时人的共识。正如此，一些代表自由主义或国际主义思潮的知识精英或政界精英首当其冲，成为麦卡锡攻击和诬陷的对象。事实上，麦卡锡主义本身就是美国大多数人一种冷战思维的结果。由于恐惧和敌对情绪，人们难以做出正确判断。威廉·富布莱特曾强调："反共意识形态使我们不必承担对具体事实和具体情节进行分析的任务。"桑德斯甚至直接问道：如果没有杜鲁门主义，会出现麦卡锡主义吗?②

最后，歇斯底里的政治运动总是难以避免地使整个社会陷入一种"沉默的大多数"怪圈。传播学上有个"沉默的螺旋"理论。该理论认为，如果看到自己赞同的观点有多数人认可，就会越发大胆地传播；而发觉某一观点只有少数人支持，可能会出于防止被孤立而保持沉默。几经反复，就会形成一方声音越来越大，而另一方声音越来越沉默的螺旋式过程。多数时候，"成见"在这个"螺旋"中都居于强势地位，人多势众。但实际上，"开口是银、沉默是金"，反对者都成了"沉默的大多数"。"沉默"成为多数人在不正常政治运动中的不正常传播手段。在禁书运动加速进行之时，美国国务院为谨慎起见，根本不想为美国海外图书馆提供保护，还下令禁止"一切有争议的人物、共产党人、共产党同情者等的材料，包括绘画"。③ 甚至在1953年7月10日，艾森豪威尔总统举行内阁会议专门讨论文化审查问题时，其话语都有些不理直气壮："我们的审查工作不能做得像一个莽汉或纳粹分子。如果有足够的时间，也不要急于求成，那样我们可以不动声色地去做。现在必须新选出一些书籍来，使之符合法律。"④

如今，美国政府虽然没有开展一些"歇斯底里式""美国化"运动，但官方对移民申请加入美国国籍仍然有些基本硬性条件，简而言之，如下：

　　（1）在美国合法居住五年；

---

①　[英] 弗朗西斯·斯托纳·桑德斯：《文化冷战与中央情报局》，曹大鹏译，国际文化出版公司2002年版，第215—216页。

②　同上书，第237页。

③　同上书，第215—217页。

④　同上书，第219页。

（2）品行端正，无犯罪记录；

（3）能说、读、写普通英语；

（4）对美国政治体制和历史一般了解，"公民测验"及格。

其中关键的两条是对英语以及美国的历史和政治要有基本的了解。它们体现出美国国家特性尚存的两个组成部分，即英语文化遗产以及"美国信念"的自由民主原则。① 即便如此，亨廷顿围绕美国国家特性面临的挑战，大声疾呼："我们是谁？"由此表示对当下美国国家特性或国民身份认同表示怀疑。不可否认，移民是否决定申请公民身份，政府的物质福利起着关键作用。亨廷顿认为，他们申请公民身份，不是因为他们受到美国文化和信念的吸引，而是因为受到政府的社会福利和赞助性行动计划的吸引。②

由此可见，美国真正意义上的国内"美国化"还有漫长的道路。正如萨义德所认为的，或许因为有了帝国，所有文化互为交织，没有一种文化单一纯净。所有文化都是混杂而多样，甚至极不相同的，不可能铁板一块。③这种状况对当代美国来说更是如此。

随着美国成为世界最强大的国家，其野心自然是想借"全球化"之风，推广其美国文化，实现"全球美国化"。

美国虽然历史短暂，但美国人的文化优越感特别强烈。许多美国人的文化传播思维模式往往是单向的，而且总是带有进攻性扩张和渗透的"使命"意识，所以，他们对他们自己文化对其他国家的冲击总是不以为然。对他国抵制美国文化的行为难以理解，更"不能理解欧洲人所谈的文化帝国主义是何意"。④ 正如此，一开始美国人对"美国化"问题并没有系统性的思考，美国学界也没有把"美国化"问题作为一大文化传播现象进行理论上的思考或探讨。但随着美国作为世界大国继而"世界领袖"出现在国际舞台上，

---

① ［美］塞缪尔·亨廷顿：《我们是谁：美国国家特性面临的挑战》，程克雄译，新华出版社2005年版，第177—178页。

② 同上书，第181页。

③ Edward W. Said, *Culture and Imperialism*, New York：Alfred A. Knopf, Inc., 1993, p. xxix.

④ Richard Pells, *Not Like Us：How Europeans Have Loved, Hated, and Transformed American Culture since World War Ⅱ*, New York：Basic Books, 1997, p. 264.

美国大众文化的全球传播对实现美国对外战略目标的重要作用越来越凸显出来。美国如何有效利用文化武器对外扩张、如何应对由此引起的强烈反美主义情绪。诸如此类问题开始成了一些美国学者重点讨论的对象，"试图从理论上阐释美国文化对实现美国对外战略目标的重要作用"。所以，世界的"美国化"总是与美国大众文化向外传播密切联系在一起。① 而"美国化"现象越来越受到关注，又是与全球的"反美主义"情绪密切相关的。

---

① 王晓德：《文化的帝国：20 世纪全球"美国化"研究》（上），中国社会科学出版社 2011 年版，第 3—13 页。

第二章

美国对外文化扩张与渗透：文化帝国主义视角

从前面的论述，我们可以看出，"美国化"是一个文化概念，更是一个动态的过程。通俗讲，"以文化之"，简称"文化"。那么，"美国化"实际上是以美国的文化去"开化"美国人认为不如他们的民族。这是那些信奉"天定命运说"的美国人自以为是的看法，所以，"美国化"的过程就是一个美国文化扩张和渗透的过程。

文化扩张一直是美国的历史经验。从 1607 年第一批英国移民冒险来到北美伊始，历代美国人不管抱着什么目的，不管是有意无意，还是善意恶意，在实现其"美国梦"的过程中，实际上都在实施他们的文化扩张和渗透行为。某种程度上，该传统决定了美国文化的生命力，其发生、发展到发达等过程，均是靠其文化扩张来完成的。从其民族主义到普世主义、孤立主义到国际主义，从本土到海外，美国的文化扩张与渗透战略企图和行径无一不在其中。

在上一章，我们重点探讨美国人如何在其本土实施"美国化"，提升其民族凝聚力。"外扩必先凝内。"通过美国国内"美国化"，美国人的意识形态性进一步得到加强，尤其是在冷战时期，"妖魔化"社会主义，遏制共产主义的发展，成为了美国人的共识。"二战"结束后，美国从"孤立主义"外交走向"国际主义"外交，开始对全球性事物颇感兴趣，肆意对外扩张其各方面势力。可以说，随着美国国力的增强，美国不仅是一个经济帝国和军事帝国，而且还成为世界上一大"文化帝国"。①

　　资中筠教授认为，当前，随着其他国家和地区的发展和兴起，美国实行其"霸道"的困难日增，但无形的、客观的美国影响仍将以强大的势头在全世界扩散。……美国人的创新精神、进取精神和促成这种精神的社会机制，他人或许难以"拿来"，但美国的高消费生活方式、低品位的粗俗文艺却有不可抗拒的吸引力。何取何舍则取决于每个国家本身。②

一　关于帝国主义的类型

　　美国国际政治学奠基者汉斯·摩根索从国际政治角度认为，帝国主义涵盖三种：军事、经济和文化。③ 自古以来，人类历史上出现了大大小小不同类型的"帝国"，④ 按摩根索的分类，最具代表性的有古代的罗马帝国、近代的大英帝国和现代的美利坚帝国。

　　罗马帝国代表古代类型，典型的军事帝国主义。古罗马人崇尚黩武主义，借助罗马军团的威力，并通过强有力的中央集权制度，建立了一个横跨欧亚非、地中海变为其"内湖"的高效行政的罗马帝国，而且，其间实现了200多年的"罗马帝国治下的和平"（the Pax Romana）。⑤ 但罗马帝国的长期存在某种程度上得益于罗马法律。罗马法可以说是古罗马人对人类最大的文化贡献。

　　大英帝国属于近代帝国代表，典型的经济帝国主义。从"伊丽莎白时代（1559—1603）"到"维多利亚时代（1837—1901）"，英国历史上两位女王统治的黄金盛世，正是英国大肆对外扩张和殖民时期。英国先通过一些贸易

---

① 随着中国、日本、欧盟等多个经济实体的强大，相比较而言，美国的"文化帝国"性质越来越凸显。就此，笔者同意王晓德教授的学术观点。

② 资中筠：《20世纪的美国》，生活·读书·新知三联书店2007年版，第290—291页。

③ ［美］汉斯·摩根索著，肯尼迪·汤普森修订：《国家间政治：寻求权力与和平的斗争》（英文影印版），北京大学出版社2005年版，第73—77页。

④ 弗格森推算，历史上合计不超过70个帝国，而美国应该是第68个。见 Niall Ferguson, *Colossus: the Rise and Fall of American Empire*, London: Penguin Books, 2004, p. 14.

⑤ L. S. Stavrianos, *The World to 1500: a Global History*, Englewood Cliffs: Prentice-Hall, Inc., 1970, p. 134.

公司，如伦敦公司、东印度公司等，后又借助其率先实现"工业革命"所带来的巨大产业实力，实行全球性的扩张和殖民，最终建立了一个其殖民地遍布全球的"日不落大英帝国"，殖民地面积3350万平方公里，统治世界人口39350万人，占当时全球人口1/4。英国虽然被称为"殖民帝国主义"，但它主要靠对外资本投资吃红利。至19世纪70年代，英国对外资本输出40亿英镑，占各帝国主义国家对外总投资的一半。英国获得的海外投资利息和红利，"在1830年代后期每年能不费劲地达到或超过800万英镑，到1870年代每年超过5000万英镑"，且大部分收入再向海外投资，"这样不但使英国越来越富，而且不断地推动全球的贸易和交通"。①它一度成为世界贸易中心。19世纪被称为"英国世纪"，政治学者和历史学者甚至给1815—1914年这一时期冠名为"不列颠治下的和平"（the Pax Britanica）。在该时期，大英帝国不仅输出商品、人和资本，而且输出英国的社会与政治制度，成功地为经济全球化提供了动力。② 由此，我们把英国的"帝国"行为称之为"经济帝国主义"。

20世纪被称为"美国世纪"，③ 甚至有学者使用"美国治下的和平"（the Pax America）这一专有名词。④ 从各方面看，美国已经是一个现代帝国了。⑤ 但从美帝国的建立过程来看，其经历和战略重点确实与世界历史上的其他帝国有所不同，虽然军事帝国主义和经济帝国主义在美国外交政策和实践中有充分表现。西奥多·罗斯福的"大棒"外交和塔夫脱的"金元"外交充分暴露出美国早在20世纪初就企图通过军事手段和资本输出在美洲建立一个美利坚帝国。而且，美国历史上经历过许多战争，某种程度上可以

---

① ［美］保罗·肯尼迪：《大国的兴衰》，王宝存等译，求实出版社1988年版，第191页。

② Niall Ferguson, *Colossus：the Rise and Fall of American Empire*, London：Penguin Books, 2004, p. 15.

③ 1941年，美国《时代》杂志创办人亨利·卢斯断言：20世纪将是美国世纪。47年之后，三名知名历史学者出版《美国世纪》，为卢斯的这一观点作了最好的诠释。见［美］沃尔特·拉斐伯、理查德·波伦堡、南希·沃洛奇《美国世纪：1890年代以来的美国史》（英文第5版），黄磷译，海南出版社2008年版，译者序。

④ 有关 Pax Americana 的不同解读可在 http：//en. wikipedia. org/wiki/Pax_americanahttp：//en. wikipedia. org/wiki/Pax_americana 网站中查阅。

⑤ 美国官方一直不承认美国是一个帝国，但弗格森却通过其专著证明"美国从来就是一个帝国"。见 Niall Ferguson, *Colossus：the Rise and Fall of American Empire*, London：Penguin Books, 2004, pp. 1 – 29.

说，美国的成功得益于这些战争，美国是"一个好战的国家"。① 但即便如此，美国历届政府都"懂得如何以保卫民主和人权的崇高目的，为其发动的几乎所有的战争去辩解"。② 即使参加第二次世界大战，富兰克林·罗斯福总统都把美国标榜为"民主兵工厂"（arsenal of democracy），其富有美国特色的"四大自由"③ 由此成为"普世性"国际口号。④ "二战"以来，美国扮演的是"世界警察"的角色，名义上维护世界秩序，实际上是在肆意干涉国际事务乃至他国内政。

"警察"是用来维护秩序的，表面上必须"公平、正义"，唯如此，才能有威信。按照美国人的历史观念，美国并不是一个典型的帝国主义国家，而是全世界的"错误纠正者"。"它不分地点、不惜代价地追杀暴君，捍卫自由。"⑤ 美国基本上都是以它的价值观和制度去"维护"所谓的"美国治下的和平"。有种论点认为美帝国的力量与大英帝国有本质区别。美国的力量不仅包括其军事和经济力量，而且还包括它的"软实力"。⑥

约瑟夫·奈曾当面对马特尔言道："美国文化无论是'高雅的'还是'低俗的'，是艺术的还是娱乐的，是来自哈佛的还是好莱坞的，都总是处在影响力的中心地位。"⑦ 这里的"影响力"就是奈所说的"软实力"。军事、经济等方面的力量为"硬实力"，而价值理念、生活方式、制度规则等文化方面的力量乃是"软实力"。韩德认为，第二次世界大战不仅给美国带

---

① 近来美国有项目组民意调查表明，几乎有 80% 的美国人认为，"在某些情况下，战争是实现正义的必要手段"，而这一比例在法国、德国、意大利和西班牙为 20%。为此，卡根认为，美国人认为战争是一种合法的甚至是基本的外交政策工具，远甚于当今世界其他任何民主国家的人们。转引自［美］罗伯特·卡根《美国缔造的世界》，刘若楠译，社会科学文献出版社 2013 年版，第 14 页。

② ［德］妮科勒·施莱等：《美国的战争：一个好战国家的编年史》，陶佩云译，生活·读书·新知三联书店 2006 年版，前言第 1 页。

③ 1941 年 1 月 6 日罗斯福总统在给国会的咨文中阐述了"建立一个在四项人类基本自由之上的世界"的期望：言论和表达自由，信仰上帝的自由，不虞匮乏的自由和免除恐惧的自由。史称"四大自由演说"。——笔者注

④ Bernard Bailyn, et al., *The Great Republic: A History of the American People* (third edition), Volume 2, Lexington: D. C. Heath and Company, 1985, p. 771.

⑤ Edward W. Said, *Culture and Imperialism*, New York: Alfred A. Knopf, Inc., 1993, p. 5.

⑥ Niall Ferguson, *Colossus: the Rise and Fall of American Empire*, London: Penguin Books, 2004, p. 19.

⑦ ［法］弗雷德里克·马特尔：《主流：谁将打赢全球文化战争》，刘成富等译，商务印书馆 2012 年版，"序言"部分第 3 页。

来了重建西欧和日本的机会，也带来了建立国际秩序的良机。① "二战"以来的主要国际游戏规则和机构，包括联合国、② 国际货币基金组织、关贸总协定、世界银行、美元的制度性地位，甚至欧洲经济合作组织等，都是基于美国领导建立起来的，虽然制度并不十分完善，但充分显示了战后美国的"至高地位"，③ 实际上都是美国"先入为主"构建的"软实力"体系。这种通过制定国际组织规章制度来发挥影响是美国战后"领导"世界的主要模式。④ 这些游戏规则的制定无疑为冷战时期美国文化扩张提供了许多便利。它们"不仅有助于提升美国的海外影响力，而且在创造一个国际自由资本主义秩序方面起了决定性作用"。⑤

　　不可否认，任何帝国主义形式无法以绝对的单一形态来叙述。随着恺撒的"我来了、我看见、我征服"，罗马帝国靠罗马军团建立起来了，但西方文化遗产中的法律、拉丁语、基督教，甚至今天通行的历法，都是罗马帝国的文化产物。英国的东印度公司貌似对外贸易公司，但它"拥有可怕的和有威胁性的军事力量"，1840 年，因走私鸦片，与中国发生了"鸦片战争"，1773 年，因"波士顿茶叶事件"，刺激了北美独立战争的爆发，而且，该公司对印度的直接行政管理一直延续到 1857 年印度民族大起义之后。可以说，"日不落大英帝国"的建立过程无不都是军事开道的。当然，随着大英帝国的形成，英语、新教、习惯法、代议制等成为世界性文化元素。

　　对"美帝国"持否定说的人们普遍认为，美国本身是反抗大英帝国统

---

　　① ［美］韩德：《美利坚独步天下：美国是如何获得和动用它的世界优势的》，马荣久等译，上海人民出版社 2011 年版，中文版"序言"部分第 1 页。

　　② 资中筠教授认为，"门户开放"表明美国只想在亚洲与各列强均摊利益；威尔逊的"国联"表明美国有谋求"领导"世界之意；到了 1945 年，罗斯福发起成立联合国，表明美国开始实现这一雄心了。相当长时期内，联合国基本上被美国操纵。在 20 世纪 60 年代，联大甚至有美国"表决机器"之称。从 the United States of America 到 the United Nations of the World，我们不能排除美国设计师们潜在的帝国野心。——笔者注

　　③ Geir Lundestad, *The United States and Western Europe Since 1945：From "Empire" by Invitation to Transatlantic Drift*, New York：Oxford University Press, Inc., 2003, p. 29.

　　④ 资中筠：《20 世纪的美国》，生活·读书·新知三联书店 2007 年版，第 287 页。

　　⑤ Joseph Michael Gratale, Geir Lundestad. The Rise and Decline of the American "Empire"：Powerand its Limits in Comparative Perspective, *European Journal of American Studies*［Online］, Reviews 2012 – 2, Document 4, Online since 14 November 2012, Connection on 10 July 2013.（http：//ejas. revues. org/9853；DOI：10. 4000/ejas. 9853）

治的产物，它永远不可能自己会成为一个帝国。[①] 这种论断只能是一种推断，不符合美国历史经验。事实上，北美独立战争胜利后美国"开国之父"们在考虑制定宪法之时就已萌发帝国意识了。汉密尔顿在《联邦党人文集》里阐述制定美国宪法的重要性时写道：它不仅能保证全国各方面的安全和福祉，而且也将决定"在许多方面是世界最有意思的帝国的命运"。[②] 对华盛顿而言，美国先是一个"初生的帝国"（nascent empire），后来成长为一个"婴儿的帝国"（infant empire）。杰斐逊对中央集权制持反对态度，对美国联邦宪法颇有微词，认为宪法赋予联邦政府的权力太大，但他告诉麦迪逊，对广袤帝国的延伸和自治而言，我们的宪法设计水平史无前例，就这点来说，我被说服了。[③] 可见，美国《联邦宪法》制定之初就已经考虑如何适用于帝国管理了。美国联邦制的确立是其"开国之父"们的创造。"美利坚合众国"国名的确定本身就预示着最初的 13 个州将会成为"整个美洲的发源地，从此，南北都会人丁兴旺"。[④]

受"天定命运说"的影响，"美国梦"中的"山巅之城"不仅仅是一种理念，关键是要把这种理念传播出去。这种理念暗示美国是世界其他地方的道德示范。[⑤] 如果说帝国主义的本质就是扩张的话，那么，美国从一开始就在实行它的帝国主义战略，因为"美利坚合众国从存在之初就是一个扩张的国度"。[⑥] 正如华盛顿、汉密尔顿和杰斐逊的愿景所表明的，美国并不是以

---

①　转引自 Niall Ferguson, *Colossus: the Rise and Fall of American Empire*, London: Penguin Books, 2004, p. 33。

②　Alexander Hamilton, James Madison and John Jay, *The Federalist Papers*, New York: New American Library of World Literature, Inc., 1961, p. 33.

③　转引自 Niall Ferguson, *Colossus: the Rise and Fall of American Empire*, London: Penguin Books, 2004, p. 34。

④　State 本义是"国家"的意思，自从美国独立后，它变成了"州"，但对其国名来说，人们一直叫作"美利坚合众国"，其本身就有"帝国"的隐含，甚至我们可以怀疑美国"开国之父"们把"the United States of America"作为其国名，是否有"美洲合众国"之意？——笔者注

⑤　Loren Baritz, "God's Country and American Know-How", cited from *Conflict & Consensus in Modern American History* (eighth edition), edited by Allen F. Davis and Harold D. Woodman, Lexington: D. C. Heath and Company, 1992, p. 478.

⑥　［美］艾伦·布林克利：《美国史（1492—1997）》（英文第 10 版），邵旭东译，海南出版社 2009 年版，第 579 页。

一种隐居的低调，而是带着国家扩张的宏伟梦想进入19世纪的。① 当时，来自美国各个地方和阶层的领导人以"近乎傲慢的自信态度"认为，即使不是全北美，也是北美大多数地方，包括加拿大、墨西哥、古巴和波多黎各各岛屿等，都将是美利坚合众国的"天然"领土。②

到了1823年，门罗总统宣称"美洲是美洲人的美洲"，强烈反对欧洲"神圣同盟"对拉丁美洲事务的干涉，其美洲老大的心态溢于言表。《门罗宣言》虽一度保护了拉丁美洲民族的独立，但随着美国的飞跃发展，该宣言逐渐成为美国自己在整个美洲扩张的政策保护，为实现"美洲是美国人的美洲"服务。③ 至19世纪中叶，通过掠夺、兼并、廉价购买等手段，美国从大西洋沿岸扩展到太平洋沿岸，完成了北美大陆的领土扩张。19世纪上半叶美国政坛风云人物、众议院议长亨利·克莱不仅倡议"美国体系"（American System），④ 通过"内部改进"（internal improvement），实现"交通革命"（Transportation Revolution），建立便利而广泛的交通网络，从而促进美国领土和经济扩张，⑤ 而且主张通过道德影响和"好伙伴关系"（good fellowship）来构建西半球国家共同体，由此被认为是泛美联盟早期设计师之一，但他宣称"我们是美洲大家庭当然的头"。⑥ 不可否认的是，克莱所谓的"道德影响"和"好伙伴"关系正是在强调以美国"软实力"来影响整个美洲。可以说，克莱作为一代政治明星，他是美国历史上最早鼓吹文化帝国主义的美国人之一。

有学者认为，美帝国主义经历了三个阶段：领土帝国主义、商业帝国主

---

①　[美] 罗伯特·卡根：《危险的国家：美国从起源到20世纪初的世界地位》（上），袁胜育等译，社会科学文献出版社2011年版，第167页。

②　早期美国人把现在中美洲均算作北美洲。——笔者注

③　有人认为《门罗宣言》正式确立美国孤立主义外交原则，但实际上，恰是该宣言暴露了美国企图把美洲作为其"后院"和势力范围的野心，其本质是扩张主义。再者，America的称谓原本取自伟大航海家Amerigo Vespucci，他于1497—1507年先后四次到现在的南美洲探险，确认这是一块新大陆，并非哥伦布所认为的印度。故这块新大陆取名叫America（美洲），但美国人一直就用America自称。——笔者注

④　有学者从美国对外扩张角度，把"American System"翻译成"美洲体系"，但笔者认为，该"体系"包含国家银行、全国性交通网和保护性关税三大内容，主要目的是建立独立的美国经济体系，故译成"美国体系"为妥。

⑤　肖华锋：《试论19世纪上半叶美国交通建设》，《山东师大学报》（社会科学版）1992年第2期。

⑥　Clement Eaton, *Henry Clay and the Art of American Politics*, Boston：Little，Brown，1957, p. 195.

义、文化帝国主义。弗格森从领土扩张、国家管理、经贸往来、语言文化传播等各方面论证，美国具备历史上多数帝国的诸多特征，尤其是与罗马帝国和大英帝国相比，它们之间的共性不少。但相对其他帝国海外领土扩张和占领的特征，美国"对海外领土扩张缺乏贪欲"。历史上"除了几个少数例外（指军事占领和传统殖民手段。——笔者注），美帝国迄今为止一直偏向间接统治而非直接统治，[①] 更想成为非正式帝国而不是正式帝国"。美国实行间接统治，实现非正式帝国的主要手段很大程度上依赖非政府组织、跨国企业和本土精英。"美国化"成了海外民族"皈依"美国的主要手段，而"二战"后美国在海外实行"美国化"的途径主要是"通过消费品和娱乐产品的出口，而非传统的基督教传教方式"。[②] 美国消费品和娱乐产品在某种程度上代表了美国的某种符号，代表了他们的价值观和生活方式。如今风行大众社会的消费文化在一定程度上不能不说是"美国化"的结果。弗格森认为，在当今混乱的世界格局里需要美帝国主义，且美帝国主义"做得不够"。这一观点，我们不敢苟同。但他在论证美帝国主义的历史和特征上，我们认为有一定道理。间接统治和非正式帝国符合美国"例外"的追求，恰恰说明美国对外扩张和渗透的狡猾性和隐蔽性。冷战期间，美国分别在西欧、日本、韩国等地区和国家有军事基地，这明显侵犯了他们的国家主权，但美国居然被理解为"受邀请的帝国"（empire of invitation），因为他们认为，正是在美国的保护下，他们得以繁荣起来。正因为如此，许多美国人否认美国是帝国主义，而自以为是"慈善家""救世主"。

通过对外文化扩张与渗透，按照美国模式建立一个"文化帝国"，这应该是美国真实的海外扩张的远景。

著名的《时代》杂志创办人和主编卢斯1941年断言，20世纪将是"美国世纪"，实际上是从文化角度预测的。他认为历史赋予了美国全球领导者的使命，美国必须积极接受这一使命，但历史赋予美国的是世界性的和普遍的权力，而非特指领土上的权力，所以，他更喜欢用"美国世纪"，而非

---

① 20世纪美国以传统殖民手段推行其发展模式的唯一对象是菲律宾。菲律宾被认为是美式改革的一大胜利。引自［挪］文安立《全球冷战：美苏对第三世界的干涉与当代世界的形成》，牛可等译，世界图书出版公司2012年版，第17页。

② Niall Ferguson, *Colossus: the Rise and Fall of American Empire*, Penguin Books, 2004, pp. 12 - 19.

"美帝国"。① 卢斯把打败希特勒与推广一种强大的、有吸引力的美国模式联系起来。美国应"与各个民族分享我们的人权法案、独立宣言、宪法、卓越的工业产品以及我们的技术技巧"。② 他认为，"美国世纪"是指通过"美国的爵士音乐、好莱坞电影、美国俚语、美国机器和专利产品"来实现美国文化的全球延伸。这些文化元素"才是世界上每一个社区，从坦桑尼亚的桑给巴尔到德国的汉堡，都认可的东西"。③ 他敦促美国人"寻求并构造美国作为一个真正属于美国的世界大国的愿景……作为不断扩大的事业范围的动力源；作为人类技术人员的培训中心；做个善良的撒玛利亚人，④ 真正信仰奉献比索取更蒙神恩；同时也是自由和正义理想的发电站——所有这些元素肯定能拼凑成一幅20世纪的美好景象……第一个伟大的美国世纪"。⑤ 卢斯认为，教育美国及其人民认识他们的力量和责任的时机业已成熟。就他而言，"有人说提出'美国世纪'将会导致美国'权力太重'，这一说法是'彻底的胡言乱语'，美国的'危险恰恰在于权力太少'。"他的"美国世纪是崇高的观念，一如我们的文化、价值观和能量是正确无比的一样具有说服力。世界将按照我们的条件和根据我们的定义产生相同的需要。扩大这个力量是我们的责任"。⑥ 可以看出，卢斯的"美国世纪"不是简单意义上的文化力量构建，关键是要扩大并传播这种力量，把美国人本土性的个体"美国梦"提升到美国作为一个国家共同体在全球的"美国梦"。与卢斯预言相呼应，不同的美国企业家代表纷纷强调企业必须成为"传播美国资本主义和民主的使者"。⑦ 由此，"美国化"成为"二战"后美国为了实现"美国治下的和

---

① ［英］大卫·哈维：《新帝国主义》，初立忠、沈晓雷译，社会科学文献出版社2009年版，第43页。

② ［美］韩德：《美利坚独步天下：美国是如何获得和动用它的世界优势的》，马荣久等译，上海人民出版社2011年版，第165页。

③ Geir Lundestad, *The United States and Western Europe Since 1945 : From "Empire" by Invitation to Transatlantic Drift*, New York：Oxford University Press, Inc. , 2003, p. 24.

④ 指行善的人，源自《圣经·新约》的《路加福音》。——笔者注

⑤ Niall Ferguson, *Colossus : the Rise and Fall of American Empire*, London：Penguin Books, 2004, pp. 65 – 66.

⑥ ［美］戴维·哈伯斯塔姆：《媒介与权势：谁掌管美国》（上卷），尹向泽译，国际文化出版公司2006年版，第34页。

⑦ William Appleman Williams, *The Tragedy of American Diplomacy*, New York：W. W. Norton & Company, 2009, p. 231.

平"以进入"美国世纪"而采取的文化扩张行为了。两次世界大战使得美国大发战争财，牢固确立其世界军事和经济的霸主地位，为其文化"软实力"的构建和扩散提供了"硬实力"基础。

颇具讽刺意味的是，"二战"后美国是公认的经济大国、军事强国，恰恰在这一时期，美国遭受了从未经历过的两次战争惨败：朝鲜战争和越南战争。但不争的事实是，冷战时期美国的"人心之争"、文化战争在某种程度上却是成功的，其文化扩张和渗透的成果显著。苏东社会主义解体在一定意义上归咎于美国的"和平演变"战略。正如弗格森所说，"软实力"，或其他作者言之"美国化"的东西，能起到硬实力所起不到的作用。① 《大国的兴衰》作者保罗·肯尼迪1999年撰文指出："在过去的100年期间，美利坚合众国比任何其他国家对我们的世界具有更大的影响，在这种意义上说，这个世纪可以简称为'美国的世纪'，甚至比16世纪是西班牙的世纪、18世纪是法国人的世纪和19世纪是英国的世纪更为准确。"② 所以，经过一个世纪的发展，美国已经从19世纪后半叶的"托拉斯帝国主义"发展成为20世纪后半叶的"文化帝国主义"了。正如哈罗德·拉斯基所言，美国将很快"在世界事务中驾驭自如宛若巨人，无论是权力巅峰时刻的罗马抑或是经济最强时期的大不列颠，其影响力都无法如现时的美国那样直接、深刻和全面"。③

有论者认为，文化帝国主义的文化渗透有三种方式：一是从理论层面推行以西方中心主义为基础的人文、哲学和社会科学理论，宣扬西方社会制度和价值观；二是在大众文化层面上通过大众文化传媒传播他们的文化，使目标受众耳濡目染；三是在文化性的物质产品和人们衣食住行等日常用品等上面大做文章，使人们的环境和生活方式日益西化。④

帝国主义的根本特征就是扩张。按发展路径，基本上是先军事，后经

---

① Niall Ferguson, *Colossus*: *the Rise and Fall of American Empire*, London: Penguin Books, 2004, p. 20.

② Paul Kennedy, "The Next American Century?", *World Policy Journal*, Vol. 16, No. 1, Spring 1999. 转引自王晓德《"美国世纪"命题及影响》，《当代世界与社会主义》2007年第2期。

③ Niall Ferguson, *Colossus*: *the Rise and Fall of American Empire*, Penguin Books, 2004, p. 68.

④ 杨金海：《从文化帝国主义到军事帝国主义》，2006 – 3 – 24 (http://blog. voc. com. cn/blog _ showone_ type_ blog_ id_ 54139_ p_ 1. html)。

济，最终达到文化扩张和渗透。文化有物质和精神之分，具体而言，可以包含人类所拥有的器物、制度和观念。从这点讲，文化帝国主义一般涵盖如下三层意义。第一，器物上扩张。人类创造的物质文化主要反映在器物的发明和演进上，其目的是提升人类的生存能力和改善人类的生活质量与环境，所以，器物上的扩张除了一些相关政府的贸易壁垒干扰外，一般不会遭遇抵制。历史上，英国的蒸汽产品、美国的电器产品等迅速遍及整个世界，即可说明这一点。"二战"后，世界各地因政治因素而不时会出现抵制"美货"的运动，但基本上是昙花一现，难以阻止人类物质文明的进步。第二，制度上扩张。制度主要包括经济制度和政治制度。美国企图把美国式自由市场经济制度和政治民主制度强加到其他国家和地区，由于意识形态性较强，往往会遭遇目标国和地区较大的阻力。"二战"后的反美主义盛行，基本上基于此原因。第三，观念的扩张。这是最隐蔽也是最狡猾的。美国的观念可以既包括自由、平等、民主的人权观念，也可以包括美国的生活方式、美国的价值观念、"美国梦"的诱惑和追求等。如今世界各地个人主义和消费主义文化盛行，在一定程度上是美国文化扩张与渗透的结果。

美国历史是一部扩张的历史。20世纪以前，美国以领土扩张为主，借助各种手段，掀起绵延一个世纪的"西进运动"，使美国发展成为一个从大西洋沿岸伸展到太平洋沿岸的泱泱美利坚合众国。在"西进运动"过程中，"美国梦"不仅得到传播和实践，而且其内涵进一步获得凝练和提升，特纳的"边疆精神"即是"美国梦"的时代产物。进入20世纪后，美国扩张以文化为主。无论是其器物上的扩张抑或制度上的扩张，其最终目标是为了观念上的扩张和渗透，实现它所谓的"普世价值"。用美国一位扩张主义分子的话来说："其他国家依靠军队的征服，而我们则依靠思想的征服。"①这大概是美国向外扩张所表现的明显特征之一。

二 美国对外文化扩张的战略设计

在国际关系中，"文化扩张"主要指一国将其传统价值观传播或强加给

① 转引自王晓德《美国文化与外交》，世界知识出版社2000年版，第181页。

其他国家，以达到"不战而屈人之兵"的目的。历史上许多国家都程度不同地以自己的文化观念影响着国际关系，但是，在当下，没有一个国家能像美国那样，把文化扩张和渗透作为外交战略的重要组成部分，在对外关系中极力推行"文化帝国主义"。

文化帝国主义，是帝国主义的新形态，也可以说，是帝国主义采取的新战略。帝国主义的本质就是扩张，故文化帝国主义实际上就是文化扩张。正如上述，任何形式的帝国主义都多少伴随着文化扩张和渗透。从这点来看，文化帝国主义自古即有，但重点发展于"二战"结束以后。它是西方主要大国尤其是美国推行"文化外交"战略的结果。按照宁柯维奇的评价，战后美国对外文化战略的指导方针是由历史学家拉尔夫·特纳制定的。1942年，特纳在给美国政府递交的备忘录中不仅提出了"文化外交"新概念，而且认为"战后世界将要求美国在文化上，如同在政治和经济上一样，在全世界担负起领导的责任"。他还特别强调要对像中国这样的发展中国家培养具有现代文化素质的"贩卖人"。①"二战"结束以来，美国通过文化外交，借助其新闻媒介、文化交流、好莱坞电影、跨国公司等，积极扩张美国的政治文化和大众文化，目的在于在全球实现美国文化霸权。

冷战时期，"文化霸权"在美国历届政府的对外战略中占有重要地位。从杜鲁门的"遏制战略"、艾森豪威尔的"解放战略"，到肯尼迪的"和平战略"，再到尼克松的"不战而胜"，均把实现其"文化霸权"作为美国对外政策中的重要一环。② 有论者认为，美国文化霸权是在与苏联争霸过程中建立起来的。从这个意义上来说，美国文化霸权是冷战的产物。③

资中筠教授认为，冷战时期美国政治外交与它的文化外交是反方向的。政治外交路线是：前期上升，越战达到顶峰，后有所下降，到里根时期跌到谷底，后虽有所回升，但基本平稳；文化外交的路线是：冷战初期，以遏制政策为主，主要为守势。防止共产主义蔓延和麦卡锡主义的猖獗均体现其守

---

① ［美］弗兰克·宁柯维奇：《美国对外文化关系的历史轨迹》，钱存学编译，《编译参考》1991年第8期。

② 张骥、刘中民等：《文化与当代国际政治》，人民出版社2003年版，第328页。

③ 李剑林：《美国文化霸权建立轨迹考察》，《长沙理工大学学报》（社会科学版）2007年第3期。

势策略，外加中国共产党的胜利及马克思主义在世界的影响均迫使美国采取守势，但不可否认，美国也采取了以守为攻的文化外交战略。至20世纪60年代中期后，美国文化扩张攻势尤甚，主要是因为中苏关系破灭，而新独立的第三世界国家由于贫穷落后，急需发达国家的经济援助，美国正好借助其强大的经济力量推行它的文化扩张。① 西方文化帝国主义理论正是在这种背景下进入学术界。所以，美国"二战"后文化影响是：20世纪50年代平稳上升，至60年代中期，尤其是80年代后急剧上升。②

笔者比较赞同上述论点。战后美国政治外交和文化外交，一"硬"一"软"，软硬兼施，相辅相成，构筑了灵活有效的战后美国外交体系。美国一直有对外文化扩张的传统，其对外文化宣传工作之规模和宏大是历史上任何国家无与伦比的。这与美国历届朝野"对该项工作高度重视"有关。③

冷战时期美国文化扩张和渗透战略的顶层框架设计基本上在杜鲁门政府时期就已完成，而后经过历届政府的实践和补充。数十年有条不紊、一脉相承地贯彻这些顶层设计，最终取得了苏东"和平演变"的效果。

不可否认，杜鲁门执政期间，美国政府的外交重点在军事和经济上。但是，文化外交开始受到重视，并通过相关法律文件和政府文件，确立了文化在外交上的重要地位。杜鲁门总统先后签署了不少有关美国对外宣传和交流的文件，笔者认为，其中三部文件和法案最重要，基本上完成了美国文化扩张的战略设计。

1. NSC4号文件。1947年12月18日由杜鲁门总统签署。正式文件名称为"协调对外信息宣传措施"。该文件认为，苏联正在发动"一场强烈的主要针对美国的宣传运动，并正在运用协调统一的心理、政治和经济措施来瓦解所有国家的非共元素。这场运动的最终目标不只是破坏美国的声望及其国家政策的有效性，而是旨在削弱和分化世界舆论以致任何政治、经济或军事

---

① 参见［挪］文安立《全球冷战：美苏对第三世界的干涉与当代世界的形成》一书相关内容，牛可等译，世界图书出版公司2012年版。

② 资中筠：《二十世纪后半叶世界舞台上的美国——〈美国战后外交史：从杜鲁门到里根〉》，《美国研究》1993年第2期。

③ 同上。

手段都无法有效抵制苏联模式"。苏联通过其卫星国、共产党及其他易受共产党影响的各级组织，使用各种手段来开展宣传。而相比之下，美国并没有协同宣传的任何举措，现有政府部门里也没有任何机构来负责对外宣传的统一协调工作。为此，该文件要求"美国政府立即加强和协调所有对外宣传活动，以便影响外国舆论朝有利于美国政策的方向转变并抵消反美宣传的效果"，同时，建议首先把所有的外宣政策协调起来、所有现有宣传设施更加有效地予以整合、所有的外宣措施进一步强化，统一协调工作由国务卿负责，具体执行由负责公共事务的助理国务卿负责。①

表面看，NSC4 号文件似乎是一个美国对外宣传工作的内部分工和协调的管理文件，但该文件的批准"使得对外宣传成为美国国家安全政策的一部分，并明确了国务院负责主持美国对外宣传的工作，这为美国和平时期对外宣传的开展提供了契机"。② NSC4 号文件是美国国家安全委员会出台的第一份在全球范围内对苏联及其势力范围进行宣传和心理战的文件。文件提出要在世界各地加强与美国盟友的合作，在心理宣传方面展开对苏联共产主义的攻势。同时又通过"绝密级"的 NSC4/A 号文件，名为"心理宣传行动"，直接指导中央情报局的对外宣传行动。在 NSC4 号系列文件的指导下，美国政府各相关机构在全球范围内开始了井然有序且有战略性的心理宣传行动。③

后来于 1950 年 3 月 9 日，又颁布题为"对外信息宣传项目和心理战计划"的 NSC59/1 号文件，进一步明确了公开的心理宣传战主要由国务院协调指挥的原则。

2. 《史密斯—蒙特法案》。NSC4 号文件陈述了当时苏联宣传的强势和美国宣传的弱势等现状，但美国对外宣传到底落后到什么程度，并未言明。为此，1947 年夏天，国会成立由众议员卡尔·E. 蒙特和参议员 H. 亚历山

---

① National Security Council Memorandom：*Report by the National Security Council on Coordination of Foreign Information Measures*，December 17，1947.（http：//www.fas.org/irp/offdocs/nsc - hst/nsc - 4.htm）

② 郭又新：《穿越"铁幕"：美国对"苏东国家"的冷战宣传（1945—1963）》，博士学位论文，东北师范大学，2003 年，第 37 页。

③ 于群：《"特洛伊计划"——美国冷战心理宣传战略探微》，《东北师大学报》（哲学社会科学版）2007 年第 2 期。

大·史密斯领衔的联合委员会，以调查美国新闻处在欧洲 22 个国家的运行情况。通过调查，委员会一致认为，欧洲再次成为宣传主战场。苏联人正在"发动一场诋毁和歪曲美国的运动"。共产主义影响力"甚嚣尘上"。[①] 他们进一步强调：不仅苏联加紧宣传，英法两国虽然遭受战争破坏严重，经济凋零不堪，他们发动的宣传攻势和努力也比美国大得多。[②] 由于美国没有足够的对外宣传工作，不仅苏东集团误解美国的社会，甚至美国在欧洲的盟友也怀疑美国的动机。[③] 因此，当务之急，美国除了加紧对外宣传外，别无他法。

基于该次调查，美国国会两党就成立合法宣传机构意见高度统一，于 1948 年 1 月 16 日，以压到多数通过《史密斯—蒙特法案》，27 日，杜鲁门总统签署并使该法案成为正式法律。

该法案正式名称为《1948 年美国信息和教育交流法案》，开宗明义，声明该法案的目的在于"使美国政府有能力赢得在其他国家更多的理解并增进美国和其他国家的相互理解"。为此，该法案要求国务院充分利用现代传媒手段对外"宣传美国及其人民以及国会、总统、国务卿和其他负责外事的官员所发布的政策，如新闻社、出版物、广播、电影及其他宣传媒介等"。并要求政府在互惠的基础上开展教育交流，"在人员、知识、技能交流；提供技术和其他服务以及教育、人文科学和自然科学领域的开发交流等方面与其他国家进行合作"。[④]

虽然该法案把对外宣传和教育交流的权力完全赋予给国务卿，但它明确表示，要最大限度地发挥民间组织的作用，禁止政府部门从事民间组织可以

---

① 1947—1948 年，除了东欧一系列国家在苏联帮助下先后建立共产党政权外，欧洲边缘地区希腊和土耳其的内战激烈，出现了共产党和左派工人力量武装夺取政权的形势。在西欧中心地区，也出现了共产党和左派力量的影响和力量日益扩大的形势。苏联政府和各国共产党利用战后欧洲经济恶化、社会混乱的局面，展开了大规模的共产主义宣传活动，并取得了可喜的结果。1947 年 1 月，法国社会党政府组阁，共产党员在内阁中出任四位部长，其中包括政府副总理和国防部长。转引自于群《"特洛伊计划"——美国冷战心理宣传战略探微》，《东北师大学报》（哲学社会科学版）2007 年第 2 期。

② Walter L. Hixson, *Parting the Curtain: Propaganda, Culture and the Cold War* (1945–1961), Basingstoke: Macmillan, 1997, pp. 10–11.

③ 指"马歇尔计划"等一揽子美国对欧洲援助的动机。——笔者注

④ "United States Information and Educational Exchange Act of 1948 (Smith-mundt Act)". (http://www..state.gov/pdcommission/library/177362.htm)

同样做好的任何活动。① 而且"禁止专门为外国公众而筹划的节目在国内散播",所以,"美国之音"在美国是收听不到的。② 由此可以看出,该法案是一部完完全全的对外宣传的法律文件。该法律打算运用所有现代传播手段来传播有关美国的信息,如印刷品、广播、电影、交流计划和展览等。③ 依据法案,美国国务院设立了两个新机构:国际新闻处和教育交流处,统归助理国务卿管辖。时任助理国务卿乔治·艾伦对《史密斯—蒙特法案》给予了高度评价,认为它是"我们对外关系史上作出的最重要甚至具有革命性的决定之一",它从法律上确立了美国文化外交的重要地位。④ 某种程度上也是一部确立美国和平演变战略的法律文件。

如果 NSC4 号文件解决的是外宣工作的协调问题,那么,《史密斯—蒙特法案》解决了对外宣传的策略和合法性问题,实际上,该法案是美国冷战时期对外宣传的一部纲领性文件。尤其是它着重强调民间外交的不可替代性,综观美国对外文化交流史,民间外交是美国文化外交的一大特色,由此更显示美国文化扩张和渗透的全民性和隐蔽性。

3. NSC68 号文件。1950 年 4 月 14 日签署,题为"美国国家安全的目标和计划"。该文件共分 10 章,外加"结论"和"建议",其中花了非常大的篇幅对比分析美苏之间的军事力量、经济能力以及各自动机等,然后论证了美国在所有不同的战略选择中,为什么要选择遏制战略,并提出了具体的政策建议。从此,"美国的冷战战略轨迹基本确定"。⑤

事实证明,NSC68 号文件是美国推行冷战的蓝图。⑥ 该文件第一次非常全面地阐述了美国冷战构想,并"把宣传工作与经济、军事、资源并列作为

① 韩召颖:《输出美国:美国新闻署与美国公众外交》,天津人民出版社 2000 年版,第 63 页。
② 赵鸿燕、林媛:《媒体外交在美国的表现和作用》,《现代传播》2008 年第 2 期。
③ Walter L. Hixson, *Parting the Curtain: Propaganda, Culture and the Cold War* (1945 - 1961), Basingstoke: Macmillan, 1997, p. 11.
④ 杨友孙:《波兰社会主义演变中的美国因素》,博士学位论文,外交学院,2004 年,第 76 页。
⑤ 周建明、王成至:《美国国家安全战略解密文献选编 (1945—1972)》(第一册),社会科学文献出版社 2010 年版,第 51 页"编者按"。
⑥ [美]沃尔特·拉费伯尔:《美国、俄国和冷战 (1945—2006)》,牛可等译,世界图书出版公司 2011 年版,第 81 页。

美国冷战战略"。① 不可否认，政治、经济、军事力量的构建仍然是美国国家安全战略首先考虑的重点，② 但是，在该文件里，心理宣传战略首先被纳入与经济和军事战略并驾齐驱的地位。从下列论述就可见一斑："除了确保我们的价值观以外，我们的政策和行动必须是促使苏联体制发生根本性改变，这种破坏苏联模式的变化是我们追求的第一步，可能是最重要的一步。如果苏联社会内部势力足以导致这一改变，那很清楚，不仅代价更小，而且更有效果。""出于目前现实和意识形态考虑，我们必须通过建设性应用手段来展示自由思想的优越性，同时，尽力通过战争以外的手段来改变世界形势，以便挫败克里姆林宫的企图，加速苏联体制的衰亡。"由此可以看出，"和平演变"开始成为美国冷战的主战略了。该战略同时也在苏联卫星国里适用。文件里继续写道："在经济战和政治心理战领域，通过秘密手段加强准确而及时的措施和行动，以便在那些有选择的具有战略意义的（苏联）卫星国里制造不安和煽动叛乱。"③

　　更详细的对外宣传计划还体现在 NSC68 号系列文件里。1950 年 12 月 8 日，NSC68/3 号文件通过，该文件包括 7 个附件，④ 其中附件五即是"对外宣传计划"。该附件由国务院提交，明确规定"对外知识和教育交流的任务首先是确保美国挫败克里姆林宫计划行动的心理影响得到全面的强化，其次使之有效地渗入各种团体和个人的心理与情感"。"政治、经济和军事上的考虑将要求新闻行动尽可能地造成美国所采取的承诺和行动与另一个国家或人民是相呼应的。""宣传计划必须揭露并解释苏联军事能力与苏联共产主义的侵略性质和意图的关系。""为了不断纠正一再出现的对美国的误解和

---

① 资中筠：《二十世纪后半叶世界舞台上的美国——〈美国战后外交史：从杜鲁门到里根〉》，《美国研究》1993 年第 2 期。

② 1984 年，斯蒂文·里尔登在其专著《美国战略性宣言的演进：保罗·H. 尼采和苏联的挑战》里概括了 35 年来关于 NSC68 文件的评价，他写道："毫无疑问，NSC68 号文件是'二战'后美国基本安全政策演变过程中一部开创性并带有孵化性的重要文件。有些学者视之为杜鲁门政府冷战军事布局的基本蓝图，而其他人认为这部文件是在公开而响亮地号召美国承担全球警察的角色。大家总的认为其影响深远。"至 20 世纪 80 年代末至 90 年代初，学界对它的评价更高，有些作者把它吹捧为"使美国赢得冷战的总体规划"。转引自 Ernest R. May, edited, *American Cold War Strategy：Interpreting NSC*68，Boston：Bedford Books of ST, Martin's Press, 1993, p. 16。

③ Ernest R. May, edited, *American Cold War Strategy：Interpreting NSC*68，Boston：Bedford Books of ST, Martin's Press, 1993, pp. 29, 32, 74.

④ 这 7 个附件分别是军备计划、对外军事和经济援助计划、民间防务计划、战略物资储备计划、对外宣传计划、国外情报活动计划和国内治安计划。

误会……我们需要在海外持续令美国的人民、历史和制度的性质众所周知。"为达到目标，"……集中运用一切可以利用的媒介：电台、报纸和出版物、电影、书籍和其他文化材料、人员交往"。"由于广播电台现在是唯一能够影响铁幕之内大批听众的媒介，必须尽快建设……广播的中继和播送设施"，同时增加广播语种和通过合适机构和途径向"铁幕"背后乃至之外的国家和地区"散发廉价的小型收音机"，① 等等，"对外宣传计划"可谓非常周密全面，其中还包括"目标地区"和"目标团体"。

　　NSC68 号系列文件标志着美国冷战战略规划的完成。虽然它们是在杜鲁门政府时期制订出来的，而且之后历届政府根据不同的冷战形势和战略需要，也颁布了不少对外文化交流或援助的法令或文件，但笔者认为，它们都是从 NSC68 号文件"孵化"出来的，其地位至多应该是在 NSC68 号文件所设定的战略框架下所采取的一些具体的战术。② 如："二战"后相当长一段时间，西方对社会主义国家军事上包围和遏制、经济上禁运和封锁，东西方之间几无往来。此时承担"和平演变"的任务主要落在"美国之音"、自由欧洲电台和自由电台等国际广播身上，因为广播是唯一不受地域限制的大众媒介，所以，美国有一段时期尤其是 20 世纪 50 年代重点发展美国对外广播事业。③ 但是，后来美国认识到，应该同社会主义国家加强接触，利用"人

---

　　① 周建明、王成至主编：《美国国家安全战略解密文献选编（1945—1972）》（第三册），社会科学文献出版社 2010 年版，第 913—921 页。

　　② 但并不是所有人对 NSC68 号文件评价很高。如梅尔文·莱弗勒就看不出该文件与早期文件在有关"遏制"问题上有多少区别；"新冷战史学"代表人物约翰·刘易斯·加迪斯认为 NSC68 号文件是一部"颇有瑕疵的文件"，"就文件里分析的这些目标和能力与制定前后一致的战略到底有多少关联，该文件并没有提出太多的指导性意见"。转引自 Ernest R. May, edited, *American Cold War Strategy: Interpreting NSC68*, Boston: Bedford Books of ST, Martin's Press, 1993, pp. 16 – 17。

　　③ NSC68 号文件通过后，主要针对如何突破苏联对"美国之音"的电波干扰，美国国务院启动了一项研究项目"特洛伊项目"（Project TROY）。该项目由麻省理工学院和哈佛大学 22 位学者和科学家承担，研究小组于 1950 年 10 月首次集合，按照项目组召集人、麻省理工学院校长詹姆斯·吉里恩的话来说，该项目的主要目的是研究"把信息传送到铁幕后的路径"。1951 年 2 月 15 日，高度机密的"特洛伊项目"终极报告被递交到国务院。该报告为美国"发动全面冷战提供了知识框架（intellectual framework）"。研究小组力促发动一场心理宣传战。他们认为，心理宣传战可以"避免武装冲突但能达到我们的目的"。报告提出的心理宣传战方法包括广播、传单气球、充分利用反共逃亡者等。特洛伊项目特别强调，美国物质上的优越"对俄罗斯人影响深刻"，但，作为美国人，"美国之音"不应该刻意强调，否则，会引起一批有民族自豪感的苏联人的反感。特洛伊项目基本上为美国冷战时期心理宣传战提供了较为详细的实施方案，而且事实上，后来的美国冷战宣传基本上是按照该方案来实施的。特洛伊项目成为了高校与国家安全机构合作的典范之作。参见 Walter L. Hixson, *Parting the Curtain: Propaganda, Culture and the Cold War* (1945 – 1961), Basingstoke: Macmillan, 1997, pp. 16 – 17；于群《"特洛伊计划"——美国冷战心理宣传战略探微》，《东北师大学报》（哲学社会科学版）2007 年第 2 期。

员往来"作意识形态的载体，在"铁幕上打洞""播撒自由的种子"，搞思想和文化渗透。尤其是从 20 世纪 70 年代末 80 年代初开始，世界主要社会主义国家先后实行"开放"政策，此时美国的"和平演变"侧重点在于"人员往来"，大大推动了"演变"的进程。① 目标地区也有所侧重。如以 NSC68 号文件为基础的"真理之战"侧重对欧洲宣传，与苏联开展了一场"心灵之争""解放战略"针对苏东集团，而"和平队项目"是针对亚非拉第三世界"援助"。

　　学界之所以认为 NSC68 号文件是美国"冷战战略蓝图"，那是因为其主基调仍是贯彻凯南先前提出的"遏制"战略。众所周知，"遏制"战略是整个冷战时期美国对待社会主义阵营的基本基调。但此"遏制"非彼"遏制"。该战略的倡议者凯南在回忆录中谈到"苏联行为的根源"一文时说道："……当我谈到对苏维埃政权实行遏制时，所指的并不是使用某种军事威胁手段的遏制，而是使用某种政治威胁手段的政治性遏制……"② 可以说，凯南提出的是"有限遏制"战略，基本风格算是温和的。但是，起草 NSC68 号文件的保罗·尼采属于强硬派，在他强调政治、经济和军事力量的同时，也强调了宣传的力量，可谓"全面遏制"。尼采在通篇假设性分析的基础上，直接把苏联描绘成"张牙舞爪的敌人"，"苏联体制向我们提出了你死我活的挑战"，到 1950 年，美国决策集团基本达成共识：不能仅仅依靠物质手段来对抗苏联的威胁，而且需要积极使用宣传来支持美国政府的政策目标。③ 该时期，美国政府文件里居然罕见地出现了美国人忌讳莫深的"Propaganda"一词，这"或许是因为赞成在自卫战中使用原子弹的美国人比赞成使用宣传来阻止战争的人多"。为避免战争，强化宣传的作用，美国宣传人员只好孤注一掷了。事实上，在尼采起草 NSC68 号文件的同时，分管公共事务的助理国务卿爱德华·巴雷特正在准备一份题为"重夺宣传主动

---

① 刘洪潮：《西方和平演变社会主义国家的战略、策略、手法》，湖北人民出版社 1989 年版，第 98 页。

② 转引自刘洪潮《西方和平演变社会主义国家的战略、策略、手法》，湖北人民出版社 1989 年版，第 8 页。

③ 郭又新：《穿越"铁幕"：美国对"苏东国家"的冷战宣传（1945—1963）》，博士学位论文，东北师范大学，2003 年，第 44 页。

权"的文件，该文件呼吁大规模扩大外宣项目，特别是重点加强"美国之音"的建设。该文件的英文标题就是"Recapturing the Propaganda Initiatives"。① 由此，美国的宣传开始带有"攻击性"（offensive）了。从 NSC68号文件本身的用词可以看出，美苏对抗的对比分析，有关"美国"，用的是"the United States"，而有关"苏联"，却在不少地方，尤其是"目录"里，用的是"the Kremlin"。为什么？因为"克里姆林宫"代表的是"苏联政府"而不是"苏联人民"。一旦战争来临，"我们要令苏联人民明白我们是致力于反对（苏维埃）政权及其侵略力量，而不是反对苏联人民的利益"。② 正文里有关煽动性的对立修辞语更是比比皆是，如"自由"对"奴役"、"民主"对"独裁"、"宽容"对"强制"、"多样性"对"统一性"，这些无非是强调美苏之间意识形态的根本对立。③

　　不容否认，NSC68 号文件的基本规划以美国国防建设为主，重在扩军备战。因为 1949—1950 年三件大事刺激了美国政府：1949 年 8 月苏联第一个原子弹试爆成功、1949 年 10 月中华人民共和国成立和 1950 年朝鲜战争的爆发，美国充分感觉到共产主义的威胁和挑战。为保证所谓"自由世界"的安全，美国必须采取"全面遏制"。由于心理宣传被提升到与政治、经济、军事并列的地位，美苏对抗的意识形态性越来越浓厚，冷战对抗双方不仅局限于美苏两个国家的对抗，而是资本主义和社会主义两种制度的影响力争夺。军事、经济等"硬实力"逐渐变为冷战幕后的威慑力，而"心灵的争夺"走向前台，成为整个冷战时期的主要目标。

　　从上面资中筠教授的论断可以看出，整个冷战期间，美国文化宣传基本上是"进攻性"的，数十年一脉相承，基本风格未变、基本传播手段未变，无论是杜鲁门的"真理之战"、艾森豪威尔的"解放战略"、肯尼迪的"和平队"和"争取进步同盟"、尼克松的"不战而胜"，还是卡特的"人权外

---

　　① Ernest R. May, edited, *American Cold War Strategy*：*Interpreting NSC68*, Boston：Bedford Books of ST, Martin's Press, 1993, p. 163.

　　② Ibid. .

　　③ 郭又新：《穿越"铁幕"：美国对"苏东国家"的冷战宣传（1945—1963）》，博士学位论文，东北师范大学，2003 年，第 28 页。

交"、里根的"广播星球大战"、"民主工程"① 和布什的"超越遏制战略"，基本上都是围绕实现美国文化霸权而进行的文化扩张和渗透，其中以"和平演变"社会主义阵营为中心目标，同时辐射欧洲和亚非拉等其他地区，目的在于"遏制"社会主义势力的扩散，为美国实现全球文化战略做好铺垫。

美国是个两党制国家，共和党和民主党轮流执政，虽然它们都是资本主义政党，其执政理念多少有些偏差，所代表的阶级利益也有所侧重，譬如，共和党代表的是大财阀等中上层阶级利益，而民主党代表的是产业工人、妇女、青年、少数民族等相对"弱势"的群体。两党执政理念的偏差主要体现在国内治理和军事外交、经济外交上，但在文化外交上，两党理念高度一致。可以说，美国人对其自身国家的管理一直在按照"求同存异"的方式在发展运行。当然，每个国家都重视对外文化宣传，其目的无外乎是树立本国形象、宣传本国的成就和文化、促进与他国人民的了解等。美国之与众不同处在于其对外文化宣传工作之规模宏大、历史悠久以及其朝野对该项工作的高度重视等，这是其他任何国家无与伦比的。②

三　美国对外文化扩张与渗透的基本模式

西方学界认为，冷战时期美国文化扩张大致有两种模式：强制型和受邀请型。

强制性扩张主要体现在德意志联邦共和国、日本等国的民主体制改造上。美国对德日等战败国的政策因受反共意识形态的支配，前后自相矛盾，先是强制性打压并按照美国式标准进行制度改造，但最终却转变为扶植和利用，目的是防止共产党的渗透，并把它们培养成对付苏联和中国的缓冲地带。

奈尔·弗格森认为，在麦克阿瑟的统治下，日本快速变成了一个民主的

---

①　1983 年里根政府推出，成立"全国民主基金会"，专门资助发展中国家的民运活动。——笔者注

②　资中筠：《二十世纪后半叶世界舞台上的美国——〈美国战后外交史：从杜鲁门到里根〉》，《美国研究》1993 年第 2 期。

国家。麦克阿瑟带领他的"改造团队",① 几年时间里发动并赢得了一场自上而下的"革命",将美国"政治文明"硬生生强加给一个他们多数人认为劣等的民族身上。由美国人制定的 1947 年日本"和平宪法"规定,天皇保留,但只是一个傀儡。权力集中在对两院立法机构负责的政府手里。公民、政治和宗教自由被奉为最高信条。妇女获得选举权、商会得以合法化、新闻媒体也逐渐自由化了,现代教育体制也开始建立起来。但由于美国对日本改革明显带有强制性,日本主流社会几乎没有参与到改革过程当中,所以,美国人企图改造日本人的生活方式和思维方式以及"想要促使日本人信仰基督教"的努力几乎一无所获。②

战后日本由美国独家接管,麦克阿瑟实际上是那里的殖民总督,其手中权力宛如美国总统,"无所不能"。所以,对日本的改造很大程度上取决于麦克阿瑟的个人喜好。而在西德,情形有所不同,该国由整个西方盟军接管,卢修斯·D. 克莱只是作为"军事地方长官"被派往西德进行军事管制,具体如何改造西德、采取什么政策?克莱一片茫然,也毫无兴趣。所以,克莱将军作为代理人,在西德的改造构想和行动基本上是按照美国政府的要求和标准来进行。但不管是克莱还是美国政府,均相信"德国政府应尽量早地在可操作时刻过渡到公民组织手中",希望"迅速从军事管制转型到民主自治"。所以,西德民主化被认为是美国战后政策成功创举之一。③

西德制宪会议于 1948 年 9 月 1 日召开,经过磋商与磨合,于 1949 年 5 月 8 日,通过基本法。基本上按照美国模式,确定西德为联邦制国家,1949 年 9 月 20 日,德意志联邦共和国成立。但早在 6 月 20 日,美、英、法三国签署了成立盟国最高委员会的协议,它享有在西德的最高权力。联邦德国必

---

① 一开始只有 1500 人,之后三年才翻了 3 倍。他们大多数工作、生活范围只限于在东京自己的"小美国"圈子里,"对日本的历史、文化或者神话几乎一无所知",据说,长达 5 年时间里,麦克阿瑟所见到的日本只是每天坐在他的专车里,从第一劝业大厦到其美国大使馆住处的上下班路上所见到的日本,路程仅 1 英里左右。而且,5 年时间,真正与麦克阿瑟说话超过两次的日本人只有 16 人。引自 Niall Ferguson, *Colossus: the Rise and Fall of American Empire*, London: Penguin Books, 2004, p. 71。

② Niall Ferguson, *Colossus: the Rise and Fall of American Empire*, London: Penguin Books, 2004, pp. 69 – 70.

③ Ibid. , pp. 72 – 75.

须在盟国允许下就国内问题或其他问题立法。[①] 可见，对战后西德的改造，所谓"强加"一个民主自治政府是有保留的。从当时情况看，尚可理解，因为"二战"，任何人都可看出法西斯主义和军国主义给人类带来的灾难，改造的目的就是绝不允许它们死灰复燃。

在经济发展上，盟军原计划是彻底打压德日，其"策略的初衷是直接或间接地阻止而非刺激它们的经济增长"，甚至"削弱它们的经济实力，使其人民贫穷不堪"。尤其对日本，美国上下出于报复心理，认为"日本人作为一个种族就该灭绝"。[②]

但，实际上，美国政府在设计其"打压"计划[③]的同时，也在争论着是否扶持它们的经济复苏。主张扶持的一派认为：随着美苏对抗的加剧和冷战形势的严峻，美国政府必须调整战略，培养和扶持德日经济的发展，使这两个国家分别在欧洲和亚洲变成冷战时期对付和遏制社会主义势力的前哨。[④]该观点逐渐成为美国战后对德日政策的主导思想。

在日本，1945 年 8 月至 1946 年 12 月间，美国援助日本 1.94 亿美元用于购买进口食品和化肥。虽然美国人设计了各种方案来"缩小"日本经济，但他们对日本经济复苏却饶有兴趣。1947 年 1 月至 12 月美援翻了一倍多，达 4.04 亿美元，1948 年又升至 4.61 亿美元，1949 年飙至 5.34 亿美元。数年间美国对日援助超过 15 亿美元，为日本经济复兴提供了强有力的推进作用。[⑤] 从以上数据可以看出，美国对日本与对德国援助相比，甚至"有过之而不及"，但对德援助更受关注，原因在于德国被纳入了马歇尔计划当中。

---

① 刘金质：《冷战史》（上），世界知识出版社 2003 年版，第 187 页。

② Niall Ferguson, *Colossus: the Rise and Fall of American Empire*, London: Penguin Books, 2004, pp. 71 – 76.

③ 典型"打压"行动是"摩根索计划"，旨在限制德国工业化，利用战败国赔款来扶持西欧经济发展。由时任美国财长小亨利·摩根索于 1944 年提出。——笔者注

④ "二战"后初期，美国政府面临的最大挑战是如何处理德国问题。大多数决策者认为应该采取"双重遏制"（double containment）战略，即德国的复兴必须有利于欧洲的复兴和对苏联的遏制，但绝不允许这种复兴使德国能够重新获得战前的霸权地位。转引自［美］克里斯托弗·莱恩《和平的幻想：1940 年以来的美国大战略》，孙建中译，上海人民出版社 2009 年版，第 144 页。

⑤ Niall Ferguson, *Colossus: the Rise and Fall of American Empire*, London: Penguin Books, 2004, pp. 72, 80 – 81.

在德国①，从一开始美国就有许多尝试，企图改变美占区的经济政策。克莱的金融顾问路易斯·道格拉斯率先发声，他斥美国原有政策为"经济学白痴"想出来的东西，因为他们"将会禁止欧洲最有技术的工人尽其所能为一个百废待兴的大陆进行生产"。后经过多方调研和舆论压力，1945年12月，美国政府来了个政策大调整。新政策规定不再"消灭或削弱带和平性质的德国产业"，而且，美国唯一期望是"确保德国经济适应到世界体系之中"。随着1947年1月美英两占区的合并，目标变成了"只要外围条件许可……德国（产品）出口也要迅速扩大"。随着政策的改变，德国经济复苏虽然没有"强心针"那般立竿见影，但至1948年第四季度，在美英占区，德国工业产出水平已恢复到战前的75%，至1949年3月，跃至89%。同时期的年出口量几乎翻了一番。②

无论是西德还是日本，"二战"后居然出现"经济奇迹"，这与美国直接经济援助和体制改造是密不可分的。③

可以说，西德和日本因为"二战"而被彻底打败，"元气消无"，但因为冷战的战略需要，美国又在短时间里把它们扶持起来，甚至后来成长为美国的经济竞争对手。很明显，同样作为战败国，美国并没有花同样多力气在意大利身上，④ 而对西德和日本的经济复苏，可以说是不遗余力，美国的地缘战略一目了然。⑤ 从这点来讲，该两国的复兴得益于冷战。⑥ 没有美苏对

---

① 指盟军占领区或西德，下同。——笔者注

② Niall Ferguson, *Colossus: the Rise and Fall of American Empire*, London: Penguin Books, 2004, pp. 77 – 78, 81.

③ 学界对美国的经济援助（指马歇尔计划）和经济体制改革（如1948年德国货币改革）的作用，到底孰大孰小，争论不休。笔者认为，两者缺一不可，一个是"标"，另一个是"本"，唯有标本兼治，"经济奇迹"才能出现。

④ 不可否认，为了防止意大利共产党上台执政，美国杜鲁门政府出台了针对该国的NSC1号文件，并通过经济援助、政治行动、情报活动和隐蔽行动等手段，大肆干涉1948年意大利大选，最终阻止了意共的上台。参见汪婧《美国杜鲁门政府对意大利的政策研究》，博士学位论文，陕西师范大学，2009年。

⑤ 弗格森认为，美国积极扶植德日经济复苏，并成功重建该两国，并非出于促进和平的动机，而恰恰是出于对一个对手帝国（指苏联——笔者注）的恐惧。参见 Niall Ferguson, *Colossus: the Rise and Fall of American Empire*, London: Penguin Books, 2004, p. 78。

⑥ 以阿登纳为代表的西德第一代领导人都充分认识到：这个新的国家完全仰仗美国的经济和军事援助，无论他们是喜欢还是讨厌美国人。引自 Peter Duignan and L. H. Gann, *The USA and the New Europe: 1945 – 1993*, Oxford: Blackwell Publishers, 1994, p. 71。

抗的冷战，德日的命运难以预测。伦德斯塔认为，因为冷战，西德的经济复兴、政治自治以及加入西欧一体化的进程明显加快。[①]

正如此，学界有论点认为，美国对战后欧洲乃至日本的援助和重建是一个"受邀请的帝国"（empire by invitation）行为，但弗格森认为是"强制性的"，美国在该两国"与其说是一个受邀请的帝国，还不如说是一个即兴创作出来的帝国"。美国采取的是"反帝国主义的帝国主义"行为。[②] 这或许是美国扩张行为之狡猾和隐蔽的地方，正如美国自由国际主义和新保守主义流派所认为，美国具有"仁慈"霸权的性质，主张美国对外政策应该反映自由民主的价值理念，致力于维护美国霸权、扩展自由秩序。[③] 因此，美国多数人不承认美国是一个帝国。

持美国在战后尤其是在战后欧洲是一个"受邀请型帝国"观点的代表学者是盖尔·伦德斯塔。[④] 伦德斯塔之所以认为美国在战后欧洲是一个"受邀请型帝国"，一是因为战后欧洲重建需要美国经济援助。从1945年7月到1952年末，美国政府对外国政府（主要是欧洲国家）的贷款和捐款在376亿美元以上，其中有278亿美元是捐款，大约有99亿美元是要偿还的债款。[⑤] 其中受惠最多的前三个国家分别是英国、法国和西德。二是苏联成为美欧共同的敌人和威胁，欧洲需要美国来遏制苏联势力的扩张。因为经济形势一片混乱、凋零不堪，共产党在战后初期的欧洲颇有舆论基础，随时都有可能在大选中获胜。为此，美国及时予以经济干预，阻止了相关国家共产党上台执政，其中最明显的是意大利、希腊和土耳其。美国政府曾向法国和意大利政府明确表示，如果允许共产党加入执政联盟，美国将对他们停止实施

① Geir Lundestad, *The United States and Western Europe Since 1945：From "Empire" by Invitation to Transatlantic Drift*, New York：Oxford University Press, Inc. , 2003, p. 40.

② Niall Ferguson, *Colossus：the Rise and Fall of American Empire*, London：Penguin Books, 2004, pp. 65 – 83.

③ ［美］罗伯特·卡根：《美国缔造的世界》，刘若楠译，社会科学文献出版社 2013 年版，"导读"部分第 4 页。

④ 伦德斯塔在其系列成果中均有阐述这一论点，最终在其代表作《1945 年以来的美国和西欧：从受邀请的"帝国"到跨大西洋漂移》（Geir Lundestad, *The United States and Western Europe Since 1945：From "Empire" by Invitation to Transatlantic Drift*, New York：Oxford University Press, Inc. , 2003）给予了深入系统的论述。具体可参见该书第 2 章。

⑤ ［美］福克纳：《美国经济史》（下卷），王锟译，商务印书馆 1989 年版，第469 页。

马歇尔计划。① 三是美国的"帝国"行为不像历史上其他帝国追求领土霸占，实行的是直接统治，而"美帝国"却大都由独立国家组成，它靠其影响力实行间接控制。② 这也是欧洲各国"邀请"美国的重要背景。不失国家主权，但又能获得大量援助。西欧实际上成为美国的"势力范围"。正如北约首任秘书长伊斯梅勋爵所言，成立北约的目的是"排斥苏联人、打压德国人，请进美国人"。③ 这才是美欧合作数十年的共同心理。

当然，战后欧洲"反美"舆论不断，但不可否认，战后大西洋共同体（the Atlantic Community）的历史是一部特别成功的历史，至少西欧地区发展特别成功。对欧洲来说，20 世纪上半叶因两次世界大战而充满灾难，但在下半叶，因为美国的帮扶而享受了数十年的和平发展。按 1990 年价格标准，西欧人均收入增长了 300% 多，从 1950 年年均 4860 美元增长到 1990 年的 20880 美元。西欧人预期寿命从 67 岁提高到 76 岁。按照英国《经济学人》杂志所言，"西欧人如此幸运完全归功于美国人解放了（或者打败了）他们"。④

"二战"后"邀请"美国主动干预欧洲事务，甚至督促美国政府放弃其传统"孤立主义"外交政策最积极的国家当属英国，⑤ 其次是西德和法国。据不同时期的民意调查显示，1946 年 1 月，70% 英国人认为英国应该接受美国贷款。1948 年 4 月，63% 英国人支持英国政府的亲美政策；1947 年 10 月，63% 的美占区德国人相信美国会公正对待德国，45% 相信英国，而只有 4% 相信法国，对苏联没有任何人信任；1945 年 7 月，47% 的法国人赞同美国拥有更大影响力，而赞同苏联的只有 23%。⑥

但是，伦德斯塔同时认为，美国战后对外政策并不真正受欧洲的"邀

---

① ［美］克里斯托弗·莱恩：《和平的幻想：1940 年以来的美国大战略》，孙建中译，上海人民出版社 2009 年版，第 140 页。

② Geir Lundestad, *The United States and Western Europe Since 1945：From "Empire" by Invitation to Transatlantic Drift*, New York：Oxford University Press, Inc., 2003, p. 1.

③ Ibid., pp. 7 – 8.

④ Peter Duignan and L. H. Gann, *The USA and the New Europe：1945 – 1993*, Oxford：Blackwell Publishers, 1994, p. 32.

⑤ Geir Lundestad, *The United States and Western Europe Since 1945：From "Empire" by Invitation to Transatlantic Drift*, New York：Oxford University Press, Inc., 2003, p. 34.

⑥ Ibid., p. 54.

请"所左右。美国的外交政策主要受其自身利益决定，欧洲的"邀请"必须要与美国自己的利益结合起来。① 莱恩从超地区霸权理论视角，甚至认为，战后美国对欧大战略从根本上讲是由"门户开放"而非冷战所驱动。②

经过"二战"，美国综合实力如日中天，英法等传统帝国"一蹶不振"，谁也无法统领欧洲事务了。欧洲人认识到，大西洋世界需要一个领袖来统领，而这个领袖非美国莫属。③ 英国著名历史学家阿诺德·汤因比对美国外交政策持认可态度。在1944年"二战"临近尾声时，他表示愿意接受美帝国主义。他这样评论道："我想苏联、德国或日本都有可能成为帝国，但美帝国的手段将会比他们要轻柔许多。如果真产生一个美帝国替而代之的话，我们将是幸运的。"④ 汤因比所说的"手段轻柔"实际上是指美国式"间接统治"。

美国给予欧洲最直接也是最受欧洲欢迎的是马歇尔计划。该计划正式名称为"欧洲经济复兴计划"，是美国政府对欧洲经济危机作出强烈反应的产物。莱恩认为，尽管马歇尔计划被赋予了冷战的含义，但是其追求的主要目标是促进美国在欧洲的"门户开放"利益。⑤ 莱恩主要从美国本身的经济利益角度探讨美国对欧洲的"门户开放"政策。

人们一说到"门户开放"，自然会联想到20世纪初美国政府对中国的外交政策，但笔者认为，战后美国对欧洲的"门户开放"不同于20世纪初对中国的"门户开放"政策。美国对华要求"门户开放"之时是美国正在兴起并强大的过程中，它一时还不能够"发号施令"，所以，只能追求与其他列强在中国利益均沾，而"二战"后，美国综合实力已成长为世界唯一超

---

① Geir Lundestad, *The United States and Western Europe Since 1945：From "Empire" by Invitation to Transatlantic Drift*, New York：Oxford University Press, Inc. , 2003, p. 59.

② ［美］克里斯托弗·莱恩：《和平的幻想：1940年以来的美国大战略》，孙建中译，上海人民出版社2009年版，第111页。

③ Geir Lundestad, *The United States and Western Europe Since 1945：From "Empire" by Invitation to Transatlantic Drift*, New York：Oxford University Press, Inc. , 2003, p. 13.

④ Geir Lundestad, *The American "Empire" and Other Studies of US Foreign Policy in a Comparative Perspective*, Oxford, 1990, p. 39. Niall Ferguson, *Colossus：the Rise and Fall of American Empire*, London：Penguin Books, 2004, p. 68.

⑤ ［美］克里斯托弗·莱恩：《和平的幻想：1940年以来的美国大战略》，孙建中译，上海人民出版社2009年版，第134—135页。

强大国家，它现在有条件和能力要求甚至"强迫"他国和地区"门户开放"，所以，此时美国对欧洲的"门户开放"是在追求独享欧洲复兴的利益。但我们不能片面地从经济利益进行剖析。① 实际上，马歇尔计划对当时的美欧双方来讲，其效果是互惠互利的。欧洲需要大量的美元对其"凋零而危险的"经济形势给予及时挽救，大量的美元捐助不仅及时重建了西欧的基础设施，而且提升了西欧的购买力。实际上，相当一部分捐助最终被用来购买美国的工业产品。美国的对外援助政策又一次取得"一箭双雕"的效果。被认为是美国冷战战略蓝图的国家安全委员会第68号文件（NSC68）里写道："'欧洲经济复兴计划'曾经成功地帮助西欧恢复并扩大生产，也是防止共产主义对西欧进行腐蚀渗透的主要因素。"②

　　美国的"慷慨"援助在某种程度上确实"挽救"了西欧，战后西欧持续二十年的经济增长与美国的支持多少有些关联，③ 而且，美国也达到了遏制共产党在西欧上台主政的目的。尤其是美国对西德的"成功"改造和重建使得西德成为某些东欧人"追梦"的"伊甸园"，从另一个角度证明，美国已达到了文化扩张和渗透的效果。西德甚至一度超过美国，成为东欧人趋之若鹜的移民国度。这对走苏联模式的东欧各国来讲是个莫大的反讽。至20世纪50年代初期，德意志联邦共和国（以下简称西德）有1/5人口是由偷渡而来的难民构成，他们分别来自毗邻波兰的东德地区、捷克斯洛伐克的苏台德地区和民主德国。他们大都是身无分文来到这个对他们来说"完全不同的"国度重建家园。④

----

① 有学者认为，美国大战略的目标始终是创造一个"门户开放"的世界，这个"世界"由各个"开放的国家"组成，它们不仅对美国的自由价值和制度开放，同时允许美国的经济渗透。所以，这个"门户开放"的世界依赖于两根支柱：经济上的"门户开放"（维持一个开放的国际经济体系）和政治上的"门户开放"（能够在海外传播民主和自由），而直接危及美国国内核心价值生存的威胁是其他国家的"闭关锁国"政策。转引自〔美〕克里斯托弗·莱恩《和平的幻想：1940年以来的美国大战略》，孙建中译，上海人民出版社2009年版，第43页。

② 周建明、王成至主编：《美国国家安全战略解密文献选编（1945—1972）》（第一册），社会科学文献出版社2010年版，第90页。

③ Richard Pells, *Not Like Us*: *How Europeans Have Loved*, *Hated*, *and Transformed American Culture Since World War II*, New York: Basic Books, 1997, p. 57.

④ Peter Duignan and L. H. Gann, *The USA and the New Europe*: *1945 - 1993*, Oxford: Blackwell Publishers, 1994, pp. 72 - 73.

"二战"结束后，西德人为了摆脱前纳粹文化，寻找一种新的"核心"文化模式。结果，许多西德人突然发现，其"核心"文化不知不觉已存在于美国的宪政民主文化及其城市文化之中。美国的电影、企业经营方法和销售模式、美国或美国式的科学技术甚至美国建筑风格等，在该国颇受欢迎；到处正在兴建美国式高速公路和郊区；整个西德到处布满兴建的高楼大厦、新的快餐连锁店和美式空中轮廓线。[①] 拉尔夫·维莱特认为，德国（原文如此，实际指西德。——笔者注）文化的更替可以精确地定格在1948年6月21日的货币改革。[②] 这次货币改革改变了西德人的心理和商业环境。西德社会最终呈现以下特点：广告、电视和其他媒体显著增长并对社会产生明显影响，城市郊区化和迅猛发展的汽车文化，到处都是时装和时髦的东西，消费社会风行。所有这些迥然不同于战前的德国。[③]

由此可见，从文化层面看，美国对西德的渗透甚于日本，政治上，美国式联邦制得以推行，大众文化也深入西德人日常生活，这主要是因为西德人和美国人同属西方话语系统，同属于基督教文化圈，在美国的德裔美国人非常多。再者，德国不存在类似"天皇"的封建残余。

不容否认，"二战"后整个欧洲乃至主要英语国家和地区受美国文化渗透的程度超过其他非白人文化圈。主要原因是他们同属"白人文化圈"，其宗教信仰、语言系统、生活习惯、价值观，乃至资本主义体制都比较接近或相似，而且，美国作为一个移民国家，其历史上主要移民均来自欧洲。在美国本土的爱尔兰人、立陶宛人甚至超过了其各自母国的人口。在美国，声称具有英国血统和德国血统的美国人分别也不下于英伦本岛的英国人或西德本土的德国人。至20世纪70年代初，欧洲人对美国更是趋之若鹜，美国一度成为欧洲移民的"麦加"圣地。1950年至1970年，有570多万名合法移民来到美国，其中绝大多数来自欧洲。这充分体现战后美国在欧洲人心目中的

---

① Peter Duignan and L. H. Gann, *The USA and the New Europe: 1945 - 1993*, Oxford: Blackwell Publishers, 1994, p. 72.

② 1948年盟军占领区在美英法三国的操纵下实行了货币改革，确立了德国马克的合法地位。该次货币改革被认为是西德经济转型和文化心理转型的标志，它建立了西德社会市场经济，提升了西德人艰苦卓绝的奋斗精神。这是1948—1968年西德经济奇迹的基础。参见刘光耀《西德1948年的货币和经济改革》，《外交评论》（外交学院学报）1992年第1期。

③ Ralph Willett, *The Americanization of Germany*, 1945 - 1949, London: Routleedge, 1989, p. 115.

影响力和吸引力。

关键是美国人的"融化"能力强。他们有能力把那些来自"旧世界"的移民的潜力很快地"激活"（animate）起来，工作中，与美国人一样，充满活力和创造力。正如英国记者安东尼·尚普森写道："如果你走进一家德裔美国人的广告社、一家法裔美国人的航空公司办公室、一家英裔美国人的银行，要一下子认出谁是地道美国人并非易事。"① 尤其注意的是，新时期的移民绝大部分都是些非常有技术的人才或各种背景的专业技术人员。他们更会"掩饰"欧洲人的传统成见而显得对美国大众文化的宽容和兴趣。

众所周知，美国文化是传统欧洲文化的延伸，欧洲是西方传统高雅和古典文化的殿堂。欧洲人一度瞧不起美国人，认为他们是"没有文化的人"。在19世纪末，随着美国经济的腾飞，美国涌现了不少"暴发户"，② 他们为了沾上一点"贵族气"，经常有人想与欧洲世袭贵族后代攀亲，但往往会被欧洲人回绝。"石油大王"洛克菲勒就曾经被一位从英国移民美国的贵族遗孀不屑一顾，前者想与她家结亲，但遭到拒绝。③

美国哲学社会科学也是在19世纪末兴起来的。但这在某种程度上得益于欧洲的学术思想。当时美国青年学者都把欧洲看作为学术殿堂，他们基本上都有过前往欧洲各著名大学进修学习的经历，以致美国学术交流史上难得出现了一次美国人赴欧留学的热潮。回国后，他们分别成为美国各大哲学社会科学流派的奠基人。时至"二战"后，虽然美国对戴高乐仍以法国为大国自居感到不以为然，但美国人内心仍然把法国视为"一个文化大国，拉法耶特将军的家乡，在此产生了众多伟大思想家和艺术家"。④

不容否认的是，美国的文化繁荣并跻身于世界文化之林得益于欧洲文

---

① Peter Duignan and L. H. Gann, *The USA and the New Europe: 1945 – 1993*, Oxford: Blackwell Publishers, 1994, pp. 62 – 63.

② 美国历史上对这些暴发户有个专有名称"robber barons"。"baron"本意指"贵族、男爵"，历史学家把它用来称谓这些强取豪夺的强盗资本家，既是一种反讽，也是对他们的心理诉求的一种概括。——笔者注

③ 转引自肖华锋《舆论监督与社会进步：美国黑幕揭发运动研究》，上海三联书店2007年版，第36页。

④ Peter Duignan and L. H. Gann, *The USA and the New Europe: 1945 – 1993*, Oxford: Blackwell Publishers, 1994, p. 77.

化，但关键是美国在吸收欧洲文化的基础上，有了很大的发展创新，而不是简单的模仿和照搬。最大的创新当属美国的政治文化，美国"开国之父"们在吸收约翰·洛克和孟德斯鸠的分权学说和共和思想的基础上首创了联邦制和共和制，制定了人类历史上第一部成文宪法，创建了迄今最民主的资本主义政治文明。这是美国对现代人类文明所做出的最大贡献。

但从美国文化扩张和渗透的效果看，最成功的当属美国大众文化。

何为"大众文化"？学界众说纷纭，但我们认为，大众文化具有以下特点：

1. "大众文化"是现代社会标准化和市场化的产物，具体而言，是20世纪物质文明发展催生出来的产物。2. "大众文化"是一种廉价而通俗的消费文化。所谓"大众文化"，是针对"精英文化"而来的，故"大众"是其中的关键词。既要"大众"，就必须是廉价而通俗，无论在消费的物质价格上抑或精神心理上都要满足普通人的需求；3. "大众文化"是一种流行文化，故规模性、散播性是其主要特征。Popular culture 乃"大众文化"的英语表达。Popular 不仅有"大众的"意思，而且有"通俗的"和"流行的"意思。唯有大规模地传播且为受众所接受并消费，才能成为大众文化。如此说来，一个国家大众文化的扩张更具隐蔽性和欺骗性，因为它是在受众"心甘情愿的"前提下乐意接受，最终成为一种"集体无意识"。①

众文化可以说是美国现代物质文明的衍生品。美国本来就是一个以追求物质文明和讲究实用性的国家，进入20世纪以后，随着美国的崛起和繁荣，无论是爵士音乐、乡村音乐、摇滚乐，还是好莱坞电影、电视或汽车等，美国都在引领世界文化的潮流，不能否认，20世纪最能代表现代大众文化发展方向的是美国。某种意义上，我们可以把"美国世纪"视为"大众文化的世纪"。

若把"消费性"作为大众文化的根本特性，我们可以认定，美国大众文化兴起于20世纪20年代。20年代的美国出现了"繁荣的十年"，该年代被艾伦称为"大繁荣时代"。因分期付款方式的流行，膨胀了普通民众提前

---

① 肖华锋、邓晓伟：《从"文化帝国主义"看美国文化扩张》，《江西师范大学学报》（哲学社会科学版）2006年第1期。

消费的欲望，而福特公司生产流水线的应用使得大规模标准化生产廉价产品成为可能。分期付款成为刺激生产和消费市场颇为灵验的方法。美国人开始以"他们消费了什么？"而非"他们生产出什么？"来重新定义自我。自我满足取代节俭、社会美德或宗教道德等。"负债以享受当前的生活"压倒了"为将来而节省开支"的想法，可以说，美国在 20 世纪 20 年代已成为了一个全方位的消费型社会。① 美国学者艾伦·杜宁如是说，"当品牌成为家庭词汇的时候，当包装、加工的食品广泛出现的时候，当汽车占据美国文化的中心位置的时候，消费社会就在美国出现了。"② 根据经济学家对 20 年代后半期的测算，当时美国所有零售额的 15% 是采用分期付款形式完成，1927 年汽车销售总量的 60% 靠分期付款结算，还有大约 60 亿美元的商业证券业务也是通过分期付款完成。为满足不同消费者的需求，福特公司的设计师们不断改变汽车的设计和时尚，"这让无论是青春时尚的女性，还是老成持重的男人，都有了挑选自己喜欢颜色和型号的余地"。收音机也成为当时时髦消费品，使得爵士音乐的流行有了非常便利的传播媒体，美国音乐史上把 20 年代称为"爵士时代"。③ 不容否认，是分期付款方式使现代消费主义文化初呈端倪。韩德认为，20 世纪初期形成的繁荣的消费社会"不仅成为一种模式，也成为一种独具影响的国际力量"④。

时至"二战"结束后，随着美国国际地位的提升，以大众为基础的美国流行文化达到了新的更高影响层次，吸引了世界上成千上万的民众。在欧洲，相对而言，其传统精英文化得以削弱，美国的大众文化地位得到加强。对此现象，我们不能简单地认为是美国大众文化产品在欧洲流行的结果，而是其文化产品所携带的"美国符号"受普罗大众欢迎的结果，它们是平等、民主、廉价、时尚、张扬个性。"大众文化"象征"大众消费"，而"大众

---

① ［美］韩德：《美利坚独步天下：美国是如何获得和动用它的世界优势的》，马荣久等译，上海人民出版社 2011 年版，第 91—92 页。

② 孙英春：《大众文化：全球传播的范式》，中国传媒大学出版社 2005 年版，第 278 页。

③ ［美］弗雷德里克·刘易斯·艾伦：《大繁荣时代：1919—1931》，秦传安、姚杰译，新世界出版社 2009 年版，第 173—183 页。

④ ［美］韩德：《美利坚独步天下：美国是如何获得和动用它的世界优势的》，马荣久等译，上海人民出版社 2011 年版，中文版"序言"部分第 1 页。

消费"实则是一种平等消费。① 所以，美国大众文化能短时期内渗透到欧洲人的生活方式当中，这本身也是战后欧洲社会民主化的结果。② 法国作为一个有历史底蕴的文化大国，从文化上一直充满"反美主义"，抵制美国大众文化入侵和渗透。雷蒙德·艾伦是当代法国少有"同情美国"的知识分子，他结合"马歇尔计划"谈到美国文化扩张时，如此说道：该计划"加快了一个富有历史意义的潮流出现，即美国的产品、习俗和观念在欧洲的流行。……但是，即使没有马歇尔计划，这种现象肯定也已经在欧洲发生"。③

实际上，美国一个世纪以来，一直在迫使全世界追随它的生产和生活方式。这不仅是某项发明、某项新科技的问题，而是整个发展潮流。从100年前爱迪生的电力发明、贝尔的电话、福特的流水生产线、泰勒制生产管理，乃至电影、电视、影碟……美国一路上不仅以其高科技，而主要是以其生产和生活方式"领导世界新潮流"。④

四　美国对外文化扩张与渗透的基本内容和路径

如前述，受"天定命运说"的影响，历届美国政府和美国人一直有对外传播其文化的"使命"。无论是官方还是民间，他们都会充分利用各种手段和路径来传播和扩张所谓"优秀的"美利坚文化。从美国对外文化扩张的历史脉络看，我们可以把第二次世界大战作为一个分水岭，⑤ 许多美国人相信，"二战"所带来的是新的机会和新的要求。"作为主要战胜国，美国获得了改造世界的机会。"尤其是随着苏联的挑战，美国全方位开展了"旨

---

① 孙英春：《大众文化：全球传播的范式》，中国传媒大学出版社 2005 年版，第278 页。

② Geir Lundestad, *The United States and Western Europe Since 1945：From "Empire" by Invitation to Transatlantic Drift*, New York：Oxford University Press, Inc. , 2003, p. 34.

③ Richard Pells, *Not Like Us：How Europeans Have Loved, Hated, and Transformed American Culture Since World War Ⅱ*, New York：Basic Books, 1997, p. 57.

④ 资中筠：《20 世纪的美国》，生活·读书·新知三联书店 2007 年版，第289 页。

⑤ 罗伯特·卡根认为，即使在"二战"后，大多数美国人仍没有想到美国会成为一个全球性强国。尽管大都是模糊的想象，但以某种方式维护世界和平成为了美国的职责。见 [美] 罗伯特·卡根《美国缔造的世界》，刘若楠译，社会科学文献出版社 2013 年版，第25 页。

在对抗共产主义”的扩张活动。①

　　战前，文化扩张和渗透的基本路径是传教和办教育，战后，基本文化扩张手段包括媒体宣传、教育文化交流、影视剧、跨国公司等，不仅输出美国的民主制度，而且全球性地扩张美国式大众文化。②

　　传教原本就是基督教世界独具特色的文化扩张与渗透的手段。19世纪中期，美国海外传教活动就开始规模化，许多海外传教组织纷纷建立，并派传教士到海外宣教。美国政府在与任何国家签订通商条约时，无一例外地把保护传教士的条款纳入条约之中。根据美国外交文件显示，除中国、日本外，美国外交官还对其传教士在波兰、俄国、匈牙利、墨西哥、利比亚、哥伦比亚等国进行传教活动予以各种保护。美国南北战争之后，其海外传教规模逐渐超过当时的新教传教大国——英国。美国政府对这些海外传教士的保护并非简单地为了保护他们在海外的人身安全和公民权利，更重要的是鼓励他们在海外传播美国“宗教信仰自由”的理念，扩大美国软实力的影响。西奥多·罗斯福曾在一次演讲中说道：“传教士、商人和士兵各自都不得不在破坏和接下来的提升文明中扮演一个重要的角色。”③ 有学者认为，美国传教士在传播“现代性福音”——包括医疗卫生、教育和消费主义——上作用巨大，但他们在传播基督的福音方面却不那么成功。在20世纪前20年中，很多美国人开始认为“异教的土著”（特别是东亚人）对美国通过传教士所给予他们的一切“毫无感戴之情”。④

　　在海外办教育也是“二战”前美国进行文化扩张和渗透的主要路径。汪熙教授认为，美国在中国办学的数量很大、地域很广、年份很久，影响也非常深远，这些都不是其他国家在中国办学能相比的。而美国在中国办学大

---

　　① ［挪］文安立：《全球冷战：美苏对第三世界的干涉与当代世界的形成》，牛可等译，世界图书出版公司2012年版，第17页。

　　② 肖华锋、邓晓伟：《从“文化帝国主义”看美国文化扩张》，《江西师范大学学报》（哲学社会科学版）2006年第1期。

　　③ 转引自熊志勇等《美国的崛起和问鼎之路：美国应对挑战的分析》，时事出版社2013年版，第354—357页。

　　④ ［挪］文安立：《全球冷战：美苏对第三世界的干涉与当代世界的形成》，牛可等译，世界图书出版公司2012年版，第16页。

多数是以美国教会为母体。① 美国传教士不是简单地传播新教教义，他们"更加注重通过教育来传播西方文明和美国理念，改造当地社会"，这是美国传教士与欧洲传教士有所不同的地方。到 19 世纪 70 年代中期，共有 41 个美国新教传教组织在中国开办了 294 所学校，招收了 5227 名学生。到了 1904 年，30 所美国差会共创办了 944 所日校和 186 所高等学校，共招收近 6 万名学生。著名的美国教会大学有燕京大学、圣约翰大学、金陵大学、协和大学等。② 不可否认，一开始，这些教会学校"主要是希望培养更多的教会人才，企图把中国变成一个基督教的国家"，但"一战"结束后，教会大学在建设基督化社会的目标上有了新的调整。如上海的沪江大学，在吸纳杜威的进步主义教育思想后，"输入一种美国式的在职业基础上的服务精神"成为该校的办学思想和人才培养理念，并在 20 世纪 30 年代形成了一套培养近代职业知识分子的办学模式，在当时的教会大学中颇具代表性。③

20 世纪初，美国政府利用"庚子赔款"资助中国留学生到美国留学并创办清华学堂（清华大学前身），这可以说是美国政府开始有计划的对华文化渗透行为，要求学生"在完成基础学业的基础上，熟习美国的语言文字、生活方式、风俗习惯、社会政治等"。这正是美国文化渗透之狡猾的地方，用中国"被迫"的赔款来办中国的教育、培养中国的人才，但实际上是在"教化"所谓"落后"的中国人，给中国人洗脑，使某些中国人心悦诚服地接受美国价值和文化。

沃尔特·拉塞尔·米德认为，1949 年之前，除了有一个促进中国人留学美国的大型项目④之外，在中国的美国传教士支持建立了中国多所最为强大和最具外向性的大学。而在中东地区，即使在今天，最为著名和备受尊敬的大学仍然是一些教会大学。这些教会院校聘用了宗教研究以外的所有领域的美国学者，许多此类学校成为政治运动的温床，塑造了 20 世纪和 21 世纪

---

① 王立诚：《美国文化渗透与近代中国教育：沪江大学的历史》，复旦大学出版社 2001 年版，"丛书主编前言"。

② 熊志勇等：《美国的崛起和问鼎之路：美国应对挑战的分析》，时事出版社 2013 年版，第 360—361 页。

③ 王立诚：《美国文化渗透与近代中国教育：沪江大学的历史》，复旦大学出版社 2001 年版，第 435—436 页，作者前言第 3 页。

④ 指利用"庚子赔款"资助中国人的留学项目。——笔者注

非西方世界的政治和文化独立斗争。①

　　"二战"前美国的文化扩张目的更多的是追求"教化"功能。因为受"山巅之城"梦想和"天定命运说"的影响，美国人一直认为他们拥有世界上最民主的制度、最开明的社会和最文明的生活方式，他们是"上帝的选民"，他们有义务去传播美国文明，有责任去"教化"他们所认为的落后民族，无论是传教还是海外办教育，均为此目标服务。美国人把该类文化扩张行为叫作"传教士外交"，包括用庚子赔款办教育，目的是扩大美国"势力范围"。②

　　该时期的美国文化扩张行为从美国自以为是的"文化扶贫"视角去分析较为妥当。"扶贫"的对象主要是拉丁美洲和亚洲，尤以中国为主，③ 因为欧美文化同宗，非洲基本上都是欧洲各国殖民地，美国作为后来者，甚至认为没必要去那里传播西方文明。④ 可以说，"天定命运"的"使命意识"在当时美国的文化扩张中占较大影响。

　　本书无意赘言"二战"前的美国文化扩张行为，因为美国真正把对外文化扩张提高到国家乃至世界战略高度是在"二战"结束以后。

　　"二战"后，美国经济和军事力量在世界上是无与匹敌的，美国认为由它"重塑世界的机会"已经来临。如前述，美国企图借助这两大"硬实力"来推行"美国模式"，实现美国霸权。一者借战后西欧和日本重建的机会，强行在西德和日本推行美国式政治体制建设，同时借助"马歇尔计划"在欧洲推进"经济帝国主义"；二者以联合国为幌子，借助美国强大的军事力量，发动朝鲜战争和越南战争，企图在亚洲遏制共产主义势力的发展。前者是朝美国的盟国或战败国扩张和渗透，效果较为明显，但后者是以"热战"的形式推进，企图遏制中国的社会主义发展和影响，未曾想，最终以失败告终。由此，冷战时期历届美国政府充分认识到"非军事

---

　　① ［美］沃尔特·拉塞尔·米德：《美国外交政策及其如何影响了世界》，曹化银译，中信出版社2003年版，第155页。

　　② "势力范围"的英文叫作"sphere of influence"，实际上是指"影响的范围"，更强调"影响力"，故这里的"势力范围"可以理解为"软势力范围"。——笔者注

　　③ 美国以"门罗宣言"和"门户开放"两大外交政策，分别把拉丁美洲和中国纳入其势力范围的建设目标。——笔者注

　　④ 资中筠：《20世纪的美国》，生活·读书·新知三联书店2007年版，第281页。

力量"的重要性。以文化扩张和渗透为路径的"和平演变"成为美国主要冷战战略。

　　整个冷战时期，美国外交基本上是以意识形态划线。"顺我者昌，逆我者亡"，只要有可能成为社会主义阵营的国家，不管是欧洲还是亚洲甚或其他地方，不管是民主政府还是专制政权，美国总是不择手段予以阻止甚至颠覆他国政权。①　况且，美国人所理解的"民主"必须是有利于美国的制度，如果某政府是亲美的，那么，该政府就是民主的，否则，再民主的政府也变成不民主了。②

　　当下学界在研究相关命题时，大都认为"天定命运"的"使命感"是美国对外文化扩张的主要驱动力，冷战时期概莫能外。笔者认为，这种推断有落于窠臼之嫌。冷战之所谓冷战，主要是意识形态战争，是资本主义和社会主义的"灵魂"之争，在这样一个特殊的政治敏感时期，无论是国际关系，还是相关国家内部政治，都有特殊的甚至荒唐的行为动机和表现。唯有从这一角度，我们才能理解：在自诩为"自由""民主""开明"的美国为什么会出现疯狂反共的麦卡锡主义？在外交关系中，美国为什么不时地支持独裁政权？卡根认为，在冷战的不同时期，美国的政策往往是支持独裁政权成为与共产主义战斗的战场，它甚至允许并且时不时地鼓励推翻它所认为不可靠的民主政权，如1953年伊朗的摩萨台政权、1954年危地马拉的阿本斯政权、1973年智利的阿连德政权。有时，美国外交政策几乎是敌视民主。即使美国支持某些民主政权，它也"并非完全出于对民主原则的忠诚，而通常是出于战略的考虑"。③　由此，对冷战时期的美国文化扩张和渗透行为，我们不能简单地按美国文化心理去剖析，而应该更多地从当时美苏对抗的冷战大环境去理解。

　　当然，为对付苏联，美国不择手段，恰恰印证了美国外交政策的"实用

---

① 资中筠：《20世纪的美国》，生活·读书·新知三联书店2007年版，第284—286页。

② ［俄］亚·舍维亚金：《苏联灭亡之谜》，李锦霞等译，东方出版社2011年版，第302页。

③ ［美］罗伯特·卡根：《美国缔造的世界》，刘若楠译，社会科学文献出版社2013年版，第38—39页。

主义"传统。① 美国外交思想中有一"理想主义"流派，按其思想理解，美国的"终极"理想是使全世界都变成美国式的民主制度国家。② 为实现其终极目标，美国政府不断调整其外交战术。冷战时期美国的文化外交逐渐成为主线，其强大的军事和经济实力成为威慑力，但实际上是在为美国文化扩张和渗透提供硬实力支持，为其铺路，通俗讲，是为其"和平演变"战略服务。

围绕冷战时期美国的文化扩张与渗透，美国，无论是官方还是民间，公开手段还是隐蔽行动③，可以说各种手段齐上阵，为实现其文化霸权，完整地发动了一场"争夺灵魂的战争"，按尼克松的说法，这就是"第三次世界大战"。④ 早在1945年，美国负责文化事务的助理国务卿威廉·本顿就明确指出，以人员、图书、艺术等手段进行的文化交流是一种"慢媒介"，比方说，"从长远看，培养外国留学生是一种最有前景、一本万利的推销美国思想文化的有效方式"，其主要作用是"影响精英人物"，着眼点是"长期的文化转型"；无线电广播和电影的大众传播宣传手段则是一种"快媒介"，在影响其听众和观众方面，可以立竿见影地"改变人们的见解和政治态度"。所以，"无论是文化交流，还是新闻宣传，其任务都是向全世界推销美国的思想"。⑤

1. 媒体宣传。

媒体宣传是美国文化扩张和渗透的主要手段，追求的是一种"立竿见影的"效果。按乔姆斯基的话来说，它具有"洗脑"功能。美国素以新闻自

① 1951年，阿根廷总统胡安·庇隆关闭 La Prensa 新闻报时，美国没有干预，声称这是阿根廷"内部事务"，因为美国希望阿根廷能加入美国的"冷战联盟"。引自 William Preston Jr. , Edward S. Herman and Herbert I. Schiller, *Hope & Folly*: *the United States and UNESCO*（1945 – 1985），Minneapolis: University of Minnesota Press, 1989, p. 54。

② 资中筠：《20世纪的美国》，生活·读书·新知三联书店2007年版，第281页。

③ 有关美国对外隐蔽行动的详细研究，可参见白建才《"第三种选择"：冷战期间美国对外隐蔽行动战略研究》，人民出版社2012年版。——笔者注

④ 尼克松总统在其著作《真正的战争》（常铮译，新华出版社1980年版）第二章"第三次世界大战"里认为，第三次世界大战是第一次真正的全球战争，它已到达了地球的任何一个角落；这场战争也是第一次真正的全面战争，它是在生活和社会的每一个方面进行的。实际上，它在"二战"结束前就已经开始了。——笔者注

⑤ 弗兰克·宁柯维奇：《美国对外文化关系的历史轨迹》，钱存学编译，《编译参考》1991年第8期。

由著称，其媒体界被称为"第四权力部门"，但在维护国家利益、追求美国利益最大化上，美国媒体是"紧密配合美国政府，实行自我审查十分积极"。乔姆斯基写道："白宫只要打个响指，全国的媒体就立即上蹿下跳，猛猛狂吠"，一人传虚，万人传实。美国政府情报部门经常利用媒体"制造共识"，从而赢得大众对政府外交政策的支持，其中最常用技巧就是制造"威胁论"，引起民众恐慌，同时歪曲事实，"妖魔化"对手，最终成功培养大众心中的"必要的幻想"和"情绪上十分有效的过分简单化"，以达到洗脑功能。美国宣传之渗透力由此可见。①

为了"制造共识"，美国主流媒体往往按照"双重标准"予以报道。如前述，美国为了自己的扩张与渗透战略，美国政府并非如其所标榜那样，支持民主政府而反对独裁政权，它往往是反对他国民选政府以达到自己的目的。譬如，在 20 世纪 80 年代的非洲，接受美国经济援助最多的是利比里亚、索马里、扎伊尔的右翼独裁者，以及在安哥拉的反共产主义的叛军领导人。美国政策的目的是在同共产主义的斗争中取得胜利，并"保留住可靠的盟国"，并未对受援国提出民主的要求。② 在此背景下，美国媒体与美国政府基本上沆瀣一气。而且，媒体的表现往往超出美国政府对媒体顺从度的期望水平。③ 这一现象在美国寻求全球霸权的过程中一直存在，在冷战时期尤其。

我们以 20 世纪 80 年代萨尔瓦多和尼加拉瓜两国选举为例。尽管 1984 年尼加拉瓜的选举比同时期的萨尔瓦多选举更加符合诚实的准则，但主流媒体却配合政府，声称萨尔瓦多的选举是"朝着民主迈进的一步"，而尼加拉瓜的选举则是"弄虚作假"。事实情况是，萨尔瓦多明显不具备自由选举条件，而尼加拉瓜却是部分具备自由选举条件的。原因是美国扶持的尼加拉瓜索摩查独裁政权被桑地诺反抗力量推翻。

---

① 陆建德：《永不停息的叛逆者——代序》，引自［美］诺姆·乔姆斯基《霸权还是生存：美国对全球政治的追求》，张鲲译，上海译文出版社 2006 年版，第 12—13 页。

② ［美］R·R. 帕尔默、乔·科尔顿、劳埃德·克莱默：《冷战到全球化：意识形态的终结?》，牛可等译，世界图书出版公司 2011 年版，第 122 页。

③ ［美］爱德华·S. 赫尔曼、诺姆·乔姆斯基：《制造共识：大众传媒的政治经济学》，邵红松译，北京大学出版社 2011 年版，"导论"部分第 33 页。

美国发动越南战争实际上是在"错误的时间和地点出于错误的动机发动的一场错误的战争",但该战争的爆发与当时美国主流媒体的推波助澜不无关系。为了证明美国发动越南战争的合理性,统一国内国际舆论,美国主流媒体连篇累牍着重报道"共产主义咄咄逼人",共产主义运动在越南的发展是共产主义全球发展阴谋的一部分,而对于当时中苏关系已经破裂、中国和越南民主共和国关系紧张和越南民主共和国并没有成为任何人或国家的工具等新闻事实他们竟然视而不见。①

同时,美国媒体往往采取有价值和无价值受害者的宣传模型,进行"妖魔化"对手的报道。1984 年,波兰耶日·波比耶乌什科牧师被害,因为该牧师是波兰团结工会的积极支持者,美国主流媒体把他作为"有价值受害者"进行了大量的详细报道,而且牵强附会地把该事件与波兰共产党高层乃至苏联的幕后指使和支持联系起来。该牧师"不仅比 1980 年在美国的保护国萨尔瓦多被谋杀的奥斯卡·罗梅罗大主教②获得了更多的报道,而且对他的报道总量甚至超过了在这个附庸国被害的 100 位宗教人士,其中 8 位还是美国公民,甚至有 4 位被萨尔瓦多国家护卫队队员强奸并杀害的美国妇女"。③ 美国媒体这样做的目的乃是积极配合美国政府的外交政策,因为波兰作为苏东集团的重要成员国,其共产党政权一直是美国企图颠覆的主要对象。媒体对其"受害者"的集中报道无非为了显示其共产党政权的"邪恶",应该受到美国的敌视和颠覆,而对美国及其附庸国受害者的忽略或一笔带过"可以使现行美国政策得以继续实施"。

不容否认,美国新闻媒体在国内两党政治竞争过程中会互相"揭丑"或"扒粪",显得他们的新闻报道是绝对自由的,而且貌似客观公正,但在对外宣传上,美国媒体的报道几乎"一致对外",对本国不利的新闻事实几乎一片失声,而对敌国的新闻报道却是随意"妖魔化",充当美国政府心理

---

① ［美］爱德华·S. 赫尔曼、诺姆·乔姆斯基:《制造共识:大众传媒的政治经济学》,邵红松译,北京大学出版社 2011 年版,"导论"部分第 20 页。

② 时任萨尔瓦多天主教会最高领导人,因强烈反对该国军政府滥杀无辜而于 1980 年 3 月 24 日惨遭谋杀。——笔者注

③ ［美］爱德华·S. 赫尔曼、诺姆·乔姆斯基:《制造共识:大众传媒的政治经济学》,邵红松译,北京大学出版社 2011 年版,第 32—75 页。

战的宣传工具。这种情况在冷战时期表现尤为突出。

伯恩哈德认为，美国网络电视新闻诞生于冷战开初，两者沆瀣一气充分塑造了20世纪下半叶的美国政治生活，尤其是在制造冷战"共识"上，电视的作用功不可没。[1] 因技术原因，冷战时期报纸和电视媒体的绝大多数受众在美国国内，虽然它们不可能大规模地进行海外宣传，但它们通过"议程设置"，按照上述宣传模型，积极配合了冷战时期美国政府特殊的冷战宣传，在提升美国国家精神和公民凝聚力上的作用不可小觑。迪巴科认为，美国电视都是私营企业，它有充分自由来自己做出安排。但它传播了一种强大的价值观念，足以使越南战争和水门事件等危机，在不至于产生严重恶果的情况下得到消弭，从而使美国上下趋于一致。[2]

冷战时期美国对外宣传的主要新闻媒体是国际广播，因为作为宣传媒体，无线电广播的优势不言自明，它"可以传送到任何地方，而不受政治和地理环境的制约"。[3] 美国广播兴起于20世纪20年代"大繁荣时期"，对传播该时期的大众文化，尤其是"爵士音乐"的流行，起到了一定的作用。[4] 美国第一次"广播热"得益于富兰克林·罗斯福总统在"大萧条"期间，借助全国广播公司（NBC）发表的系列"炉边谈话"，对启迪、鼓舞美国国民，恢复他们的信心和希望，起到了重要作用。[5] 但从国际广播来说，相对苏联等大国，美国起步较晚。严格讲，1942年2月24日凌晨2点30分，"美国之音"第一次广播从纽约向欧洲播出，才算美国正式开始其国际广播的伟大征程。[6]

美国国际广播原本是针对德、意、日等法西斯政权战争期间"谎言重复千遍也会变成真理"的强大宣传攻势而开展的，所以，"二战"一结束，国

---

[1] Nancy E. Bernhard, *U. S. Television News and Cold War Propaganda*：1947 – 1960, Cambridge：Cambridge University Press, 1999, pp. 1 – 2.

[2] ［美］托马斯·迪巴科：《美国造：美国企业的进取和创新精神》，戴彬译，生活·读书·新知三联书店1989年版，第290页。

[3] ［英］达雅·屠苏：《国际传播：延续与变革》，董关鹏译，新华出版社2004年版，第33页。

[4] ［美］弗雷德里克·刘易斯·艾伦：《大繁荣时代：1919—1931》，秦传安、姚杰译，新世界出版社2009年版，第178—179页。

[5] 李怀亮、刘悦笛：《文化巨无霸：当代美国文化产业研究》，广东人民出版社2005年版，第113页。

[6] 毕波：《美国之音透视》，青岛出版社1991年版，第27—28页。

际广播的目的不太明显，美国政坛呼吁减少甚至取缔国际广播的声音不绝于耳。但由于冷战的及时出现，美国政府不仅没有取缔反而加强了它的国际广播。冷战是和平时期心理战的典型，无线电广播成为"交战"双方的主要宣传媒体。① 尤其是在美国，广播逐渐变成美国冷战时期最重要的对外宣传工具之一，美国后来居上，成为世界上最强大也是最善于国际广播的国家。

美国一直认为，自由交流的能力很久以来就是专制统治的克星。② 广播被认为是美国进行自由交流的重要媒体，并由此产生了美国新闻署、自由欧洲电台、自由电台、自由亚洲电台、美国之音等机构。

美国国际广播的发达与美国历届政府的冷战思维和支持密切相关。

1948 年 1 月 27 日，杜鲁门总统签署《史密斯—蒙特法案》，为美国长期进行对外宣传提供了法律依据。1950 年 4 月 4 日，美国颁发 NSC66 号文件，这份题为"在信息宣传、研究和发展领域支持美国之音"是国务院提交给国家安全委员会的专题报告，是美国国家安全委员会研究专题中最为细微的一个，它体现了"美国之音"或国际广播在美国全球冷战战略中的重要地位。③

艾森豪威尔总统更加重视对外宣传和交流，④ 宣称"1 美元的对外宣传费用等于 5 美元的国防费用"，⑤ 并于 1953 年签署成立美国新闻署，把"美国之音"作为该署重要组成部分，指示该电台"要穿过国境、越过海洋、钻透铁幕与石墙，同共产主义进行你死我活的斗争"。1977 年 3 月，卡特送交国会一份《关于国际广播的报告》，说"国际广播是美国政策的一个关键性因素……本届政府坚决支持美国的国际广播，它是我们承担的促进自由交流新闻和思想的义务的一部分。为达到这一目的，我们所拥有的最有价值的

---

① 蔡翠红：《美国国家安全信息战略》，学林出版社 2009 年版，第 107 页。

② 同上书，第 105 页。

③ 于群：《"特洛伊计划"美国冷战心理宣传战略探微》，《东北师大学报》（哲学社会科学版）2007 年第 2 期，第 7 页。

④ 近期著名"软实力"学者约瑟夫·奈推出其新作《总统的领导力和美国时代的缔造》（Presidential Leadership and the Creation of American Era），在书中，高度评价艾森豪威尔总统因善于"渐进式交易"而大大提升了美国的全球影响力。这里的"交易"是指对外交流。——笔者注

⑤ 刘洪潮：《西方和平演变社会主义国家的战略、策略、手法》，湖北人民出版社 1989 年版，第 75 页。

工具，就是我们的国际广播电台——美国之音、自由欧洲电台和自由电台"。里根总统刚一接任，政府大部分预算削减，唯独两项经费预算大幅度增长，一是军费，二是国际广播。自由欧洲电台和自由电台的拨款从 9430 万美元增加到 9830 万美元，"美国之音"从 10180 万美元增加到 18800 万美元。为配合"星球大战"，1983 年，里根政府还推行了"广播星球大战计划"，先预拨 10 亿美元，为"美国之音"实施了一项全新的技术现代化计划，后来实际上划拨了 18 亿美元。里根充分认识到国际广播的重要性。1980 年 10 月，他在波兰裔美国人的集会上说道："三大广播电台①对苏联统治下的亿万人民来说，是真理的灯塔、自由的象征。这些广播电台是告诉铁幕后面的人们不要放弃希望的工具。"②

从上述可以看出，冷战时期承担美国对外宣传的国际广播电台是"美国之音"、自由欧洲电台和自由电台。后两者名义上是私有电台，但实际获得了美国政府资助。③ 而"美国之音"直接隶属于美国新闻署，是美国对外广播的唯一官方电台。它被肯尼迪总统誉为"政府的一只臂膀"，实际上就是美国政府的"喉舌"。"美国之音"的节目主要分为两类：一类是国内国际新闻报道与分析等时事类节目，另一类是介绍美国社会文化、政治经济各方面的专题性节目。前者重点报道社会主义国家的"阴暗面"和持不同政见者的活动和言论，并不时地进行反共和所谓的"民主""自由""人权"等宣传；后者是为了让听众了解美国，从而显得更加注意节目的趣味性和知识性。④ 这实际上更体现了美国文化扩张中的隐蔽性，因为美国的生活方式、价值观念、民主制度等美国文化和精神正是在听众的"无意识"中被渗透进来了。1982 年 2 月 24 日，里根在 40 周年台庆大会上发表讲话，称赞"'美国之音'是给那些生活在共产党政权之下的人民和独裁暴政统治之下的牺牲者带来了希望"。45 周年贺词中，他又称"美国之音"是"巨大的非

---

① 指"美国之音"、自由欧洲电台和自由电台。——笔者注
② 毕波：《美国之音透视》，青岛出版社 1991 年版，第 20—25 页。
③ 关于"自由欧洲电台"和"自由电台"的对外宣传，后面将有专门章节予以讨论。
④ 韩召颖：《输出美国：美国新闻署与美国公众外交》，天津人民出版社 2000 年版，第 174—175 页。

军事力量，是在共产主义社会的黑暗中点火的力量"。① 1987 年，戈尔巴乔夫决定停止干扰"美国之音"等多家西方电台对苏广播，"可能比戈尔巴乔夫决定从东欧撤军 50 万的允诺更重要。对美国来说，它为促进苏联社会的和平演变，提供了难得的机会"。② 尼克松 1988 年夸奖说："单是自由欧洲电台和自由电台就防止了苏联把共产主义意识形态完全灌输给东欧和苏联人民。"广播的真实效果难以评估，但从上述不同美国总统的评价可见美国国际广播的威力。

苏东剧变无疑助长了美国颠覆社会主义的欲望，进一步提升了它"和平演变"世界社会主义政权的"信心"。从传统历史理解上，冷战由于苏联的解体而宣告结束，西方学界几乎声音一片"是美国不战而屈人之兵，赢得了冷战"，对此，我们暂不多加议论，但有一点，我们必须警醒，美国的扩张与成长一直是与它不断寻找对手相始终的。美国新闻媒体不停地制造"威胁论"、不断地"妖魔化"他国，这实际上就是在继续把普通事件"意识形态化"和"政治化"。苏东剧变，对美国"和平演变"战略而言，只是"解放"了"铁幕"后的社会主义国家，而对"竹幕"③ 后的社会主义国家，它们仍是虎视眈眈，"亡我之心"依然存在。不能排除，新的冷战已经开始了。1994 年，美国在《国际广播法》等法规文件中，把中国、朝鲜、伊拉克等国家作为意识形态攻坚的主要对象。1997 年，"美国之音"的台长杰弗里·科恩明确指出，"美国之音"六大任务是：（1）"对抗共产党和极权国家"；（2）鼓吹美国式的新闻自由；（3）输出美国的价值观；（4）提供广泛的学习机会；（5）向全球解释美国的政策；（6）为美国的文化、贸易、旅游等提供服务。④ 从科恩的言语中可以看出，虽然冷战已经"结束"，但"美国之音"颠覆社会主义和全球性输出美国文化的企图依然如故。

---

① 刘洪潮：《西方和平演变社会主义国家的战略、策略、手法》，湖北人民出版社 1989 年版，第 76 页。

② 关世杰：《国际传播学》，北京大学出版社 2004 年版，第 57 页。

③ 冷战时期西方对东亚社会主义国家尤其是中国的蔑称，参照"铁幕"而来，"铁幕"指苏联、东亚社会主义各国。——笔者注

④ 郭可：《当代对外传播》，复旦大学出版社 2003 年版，第 161 页。

2. 跨国公司与大众文化产品的流行。①

说 20 世纪是"美国的世纪"，可能会有不少歧义，也有些国家肯定会不服，但说 20 世纪是"大众文化的世纪"，估计不会有太多的争议。笔者认为，在某种意义上，"大众文化"可以与美国画上等号。20 世纪的美国文化因其大众文化的兴旺而特别引人注目，美国不仅是政治、经济和军事大国，也被认为是大众文化的超级大国，它由此成为世界文化史上继古希腊罗马、意大利、法国和英国之后又一个对人类文明做出巨大贡献的西方国家。②

美国是大众文化的发源地。从历史时段来讲，大众文化兴起于 20 世纪 20 年代，繁荣于"二战"以后，至今方兴未艾，甚有发扬光大之势。它整个发展、繁荣的历程与美国的国力增长同步。20 世纪 20 年代大众文化的流行主要限于美国本土，但在"二战"结束后逐渐传播到整个西方乃至全世界，这与美国在冷战时期的文化扩张策略密切相关。著名文化传播学者爱德华·霍尔说过："文化就是传播，传播就是文化。"③ 虽然霍尔是从微观的跨文化传播角度论证，但我们认为，任何文化只有在传播过程中才能繁荣昌盛。

美国传播大众文化最佳也是最有效的途径是跨国公司。美国是个高度私有化和市场化的国家，现在世界上绝大多数跨国公司总部都在美国，1960 年占 71.7%，1970 年占 62.9%。美国跨国公司的地位是在"二战"结束后建立起来的。④ 早在 20 世纪 70 年代，就出现了富可敌国，并主宰世界广大地区的庞大的美国跨国公司。尽管跨国公司缺乏军事实力，但却拥有巨大的经济资源。20 世纪 80 年代，国际商用机器公司（IBM）的年利润率居然大于哥伦比亚、肯尼亚或南斯拉夫中央政府的预算额。30 个大公司中任何一个的销售额都大于 90 个国家的国民生产总值（GNP）。这些公司的海外年产

---

① 自由企业制度是美国"民主输出"的重要内容，跨国公司在这一"输出"过程中特别卖力。刘建华博士认为，冷战时期，美国跨国公司"输出民主"的效度表现为两点：其一是积极参与"冷战共识"下政府的反共活动；其二是通过 FDI（Foreign Direct Investment）促进第三世界东道国"民主化"。详见刘建华《美国跨国公司与"民主输出"研究》，博士学位论文，复旦大学，2007 年，第二章。

② 惠敏：《当代美国大众文化的历史解读》，齐鲁书社 2009 年版，第 63 页。

③ Edward T. Hall, *The Silent Language*, New York：Anchor Books, 1990, pp. 94 – 101.

④ 陶莹：《跨国公司与美国》，《历史教学》2003 年第 4 期。

值超过了国际贸易的总值。① 大多数跨国公司投资一直集中在像加拿大和欧洲这样发达地区，只有不到5%的资金才投向第三世界。从历史上来说，美国在加拿大和欧洲的公司，由于这三个地区在政治、经济和文化上彼此相近，没有引起多大的骚动，但在发展中国家就不是那么回事了。因为在发展中国家的政府往往患了经济上的近视症，急功近利，而且经营行为不规范，往往要行贿、送礼、给佣金等，使跨国公司陷入左右为难的困恼。② 但是，威廉·威廉斯认为，在那些刚独立的正准备实行工业化的贫穷国家以及那些自身经济体制已过时或疲软的国家里，美国跨国公司对它们的政治经济拥有广泛的权威，甚至可以操控它们。③ 这里就出现一个美国扩张和渗透的逻辑性结果：美国在世界许多地方扩张其经济制度的同时，使得许多国家难以维系它们的经济独立。

当然，跨国公司在海外市场的成功拓展完全得益于美国政府的扶持。④正如19世纪美国传教士前往国外传教受到美国外交政策保护一样，跨国公司在海外拓展，也受到美国政府保护，美国与任何国家的外交无一例外地强行要求目标国给予相应的市场份额和关税保护等。斯蒂庞克汽车公司董事长保罗·G. 霍夫曼，后来有两年受聘指挥马歇尔计划援助项目，在1946年，他同意贷款30.75亿美元给英国时，即规定英国必须放宽"英镑集团"的贸易限制。该举动被认为是"朝国际经济协作迈出了第一步"。⑤ 在美国政府的保护下，各大跨国公司成为助推美国对外扩张的发动机。⑥

美国跨国公司进行海外文化扩张分两种情形：一种是该公司本身就是从

---

　　① ［美］约瑟夫·S. 奈：《硬实力与软实力》，门洪华译，北京大学出版社2005年版，第100页。

　　② ［美］托马斯·迪巴科：《美国造：美国企业的进取和创新精神》，戴彬译，生活·读书·新知三联书店1989年版，第306—307页。

　　③ William Appleman Williams, *The Tragedy of American Diplomacy*, New York：W. W. Norton & Company, 2009, p. 15.

　　④ 陶莹认为，战后美国政府对跨国公司的扶持主要表现在三个方面：第一，利用对外援助为本国公司对外投资提供种种便利，保证海外投资的自由和安全；第二，分别与各国谈判，签订条约保障投资安全，避免重复征税；第三，美国政府的反托拉斯法只适用于美国国内而不适用于国外。引自陶莹《跨国公司与美国》，《历史教学》2003年第4期。

　　⑤ Thomas G. Paterson, *Meeting the Communist Threat：Truman to Reagan*, New York：Oxford University Press, 1988, p. 20.

　　⑥ Herbert I. Schiller, *Mass Communication and American Empire* (second edition), San Francisco：Westview Press, 1992, p. 60.

事大众文化产品开发和经营，譬如传媒型跨国公司，其文化影响力往往更加直接；另一种就是跨国公司产品本身所携带的美国文化"符号"，通过其产品来体现美国文化的吸引力。

所以，各大跨国公司在追求其经济利益、实行经济扩张的同时，也给他国带来了"文化震撼"，因为随着"美国造"产品的进入，美国的价值观念和生活方式也一并进入。现时代美国的价值观念和生活方式的精髓就是消费主义和快餐文化。这里所言及的"消费主义"和"快餐文化"并非纯经济意义上的物质文化，即消费的目的不是传统意义上的为了满足自身的生理需要，在此，人们所消费的不再是商品的使用价值，而是商品所代表的符号象征。譬如，开凯迪拉克车，象征着"高贵、王者、显赫与至尊"，而享用麦当劳汉堡包和肯德基炸鸡，不仅象征着市场经济时代的快餐文化，更象征着"平等、自由"的中产阶级生活方式，因为这两种食品的菜单品种均有限且价格差距不大，任何人，无论是富翁抑或低收入阶层，都能正常享用而体现不出身份的差异。况且，这里的环境干净、清新、整洁，服务周到，还有悦耳轻柔的音乐声相伴。这对于爱面子的中国人来讲，尤其受到青睐。而"对法国人来说，可口可乐成为美国大众文化放荡不羁本性的象征"。法国人因此把美国文化帝国主义称为"可口可乐帝国主义"。①

1959 年春天，《美国新闻与世界报道》发表了一篇题为"世界会'走美国的路子'吗？"的综合报道，文中写道："美国正在刮起出口高潮。但你不能用一种现金价值来衡量它。出口的东西是无形的，是美国的观念、方法和习惯。这些东西正在被全世界采纳，改变着各个年龄段、各行各业人们的生活。这是一种横扫全球的'美国革命'。"②

美国人无论是总统等政要还是普通公民，言必称"美国生活方式"（American way of life），而且他们都声称要把"美国生活方式"传遍世界，所以，他们的"生活方式"并非我们所理解的日常生活习俗或习惯，而是美国的文化价值观。可以说，19 世纪美国的文化"使者"是传教士，而 20 世

---

① 肖华锋、邓晓伟：《从"文化帝国主义"看美国文化扩张》，《江西师范大学学报》（哲学社会科学版）2006 年第 1 期。

② ［美］唐纳德·怀特：《美国的兴盛与衰落》，徐朝友等译，江苏人民出版社 2002 年版，第 346 页。

纪尤其是该世纪后半叶，美国的文化"使者"是跨国公司。前者通过基督教义的解读，往往在传播一种虚幻的宗教世界，至多是通过办教育传播美国的精神理念，传播的对象基本上是亚非拉等贫穷落后的非基督教世界，而后者却是借助看得见摸得着的生活用品，尤其是好莱坞电影，利用其富有吸引力的故事情节和颇有诱惑力的生活场景，让受众不知不觉地心甘情愿地吸收美国理念，接受美国生活方式。其渗透力远非输送"精神鸦片"的传教士可以比拟。如今消费主义文化肆虐全球，就可见一斑。现在，基本上可以断定，哪个国家或地区和美国经济关系密切，哪个国家的"美国化"程度就高。由此，与美国经济关系一直非常密切的欧洲最先感觉到"美国化"的威胁。①

现在学界兴起一种"模因（meme）理论"，由英国新达尔文主义倡导者理查德·道金斯在其名著《自私的基因》②里提出，他将生物学中的遗传现象与社会文化中的模仿现象进行比较，发现其中的相似之处，从而仿照基因理论的框架建立起该理论。"模因理论"脱胎于基因复制，可以用来分析文化传播的路径和传播过程中各要素的特点。"模因"作为文化基因，靠复制、传播而生存。传媒型跨国公司是文化传播的重要载体，它们基于雄厚的经济和科技实力，利用商业化的手段在世界范围内进行文化传播。这种文化传播是对母国文化的传承和演绎，而且因其大众文化"易于模仿、复制"，对目标国的文化重构产生不容小觑的影响。

如今出现好莱坞帝国主义、可口可乐帝国主义、麦当劳帝国主义、媒介帝国主义、经济帝国主义、电子帝国主义和文化帝国主义等各种后殖民话语，从中无一不在体现美国跨国公司对他国的文化扩张和渗透。

电影产业是美国文化产业的主力军，也是支撑美国经济的重要力量，同时也是美国进行文化扩张和渗透的主要且最有效的手段。"媒介帝国主义"理论倡导者赫伯特·席勒说过，电影等随处可见的文化产品不仅仅提供信息和娱乐，同时也是传播社会价值和政治观点的工具，最终它将会深刻影响全社会的精神结构。"二战"后，曾经先后担任过四个国家大使的斯坦顿·格

---

① 王晓德：《好莱坞与美国现代生活的传播》，《安徽史学》2008 年第 3 期。

② Richard Dawkins, *The Selfish Gene*, New York：Oxford University Press, Inc., 2006.

里菲斯在多次场合都"毫不隐晦"地说"用好的美国影片所取得的效果，比官方外交那些正式的活动与烦琐的手续所取得的效果要好得多"。他坚信，美国的电影是"美国对外政策的一个极有价值的辅助手段"。①

其中，好莱坞电影当属影响最大者，"好莱坞"现在已成为美国整个电影业的代名词。② 而好莱坞在美国向来有"梦工厂"之称，这无疑表明，好莱坞通过各种各样的大制作影片来活灵活现展示"美国梦"。1961年，美国电影制片人兼导演达利尔·柴纳尔撰文称好莱坞电影是"铁盒里的大使"。"这些圆盒子里装有卷得很紧的一卷卷印着美国电影制片人思想、想象和创作才能的走遍世界的美国影片。我相信，美国影片是对共产主义最有效的摧毁力量。"③ 同年10月，肯尼迪政府送给好莱坞一份备忘录，明确要求美国电影进一步配合政府的"全球战略"。④ 美国电影工业虽然是私营的，但美国政府出于意识形态的考虑，给它们投入了大量的资源。

由此，传播美国民主精神成为好莱坞电影的重要职责。在20世纪40年代，好莱坞新的电影出口代理机构称自己为"小型的国务院"（指美国外交部），他们的手段、产品和美国的政府和意识形态非常相似。他们被要求用电影把美国的政策、意识形态和生活方式灌输给全世界。⑤ 实际上，早在"二战"期间，美国电影工业就支持了美国的战争事业。当时的电影制片人沃尔特·瓦格纳认为，描述美国斗志与民主的电影"具有世界范围内的价值"，"为赢得战争的胜利和在世界上促成友好感情的形成"做出了巨大的贡献。"二战"后，20世纪福克斯公司的斯皮罗斯·斯库拉斯敦促《丰富多彩》中的演员们要肩负起一种"精神传教士"的职责。电影不仅要创造经济效益，而且要"开化人性"，"因为没有其他方式可以在向人们灌输自由的生活方式、激励人们对自由的欲望与对美好前程的憧憬方面，比电影所发

---

① ［美］唐纳德·怀特：《美国的兴盛与衰落》，徐朝友等译，江苏人民出版社2002年版，第326页。

② 孙有中等：《美国文化产业》，外语教学与研究出版社2007年版，第141页。

③ ［美］弗兰克·宁柯维奇：《美国对外文化关系的历史轨迹》，钱存学编译，《编译参考》1991年第8期。

④ 李智：《文化外交：一种传播学的解读》，北京大学出版社2005年版，第91页。

⑤ ［英］托比·米勒：《好莱坞与世界》，载于陈犀禾《跨文化视野中的影视艺术》，学林出版社2003年版，第279页。

挥的作用更大"。① 很明显，斯库拉斯这里所指的"美好前程"就是美国"自由""民主"的生活。②

好莱坞电影不仅配合美国政府的文化外交，宣传美国的政治文明，而更多的是"向为数最多的人提供了美国现代生活的最生动的画面"。好莱坞电影发展迅猛。20 世纪中叶，美国电影只能算是与西方其他大国平分秋色，但到了 20 世纪末，美国的电影可以说"一统天下"了。根据历年的统计，法国电影市场的 72%、德国电影市场的 90.05%、日本电影市场的 64% 均为美国好莱坞占领。而对中国电影工业颇有研究的南加利福尼亚大学教授斯坦利·罗森甚至认为，好莱坞影片拯救了中国电影工业，促使了中国电影业从困境走向了繁荣。③ 好莱坞电影给国外观众提供了关于美国的风格、俚语、音乐、房屋、汽车、精致的小玩意、厨房、衣物及机器的印象。"美国输出的不仅仅是它的电影"，法国戛纳电影节主席圣伊莱斯·雅各布说，"它输出的实际上是美国的整个生活方式。"从整体上说，这些电影画面体现了现代精神。④ 正是这种"现代精神"对被渗透国家的生活方式产生了深远的影响。

好莱坞电影的故事情节大多是虚构的，但影片中所展现的背景却是真实的，如演员的衣食住行、社会风貌、建筑风格和大众生活等，这无疑"为国外观众提供了一个了解美国的窗口"，而且由于好莱坞电影非常受欢迎，国外受众尤其是具有反叛精神的年轻受众，出于新鲜和好奇，"往往会自觉和不自觉地模仿他们所看到并喜欢的生活方式"。⑤ 这对国外受众至少产生两大影响：一是影片中出现的产品因受众喜欢而流行，往往会产生电影的衍生产品；二是影片中展示的美国生活方式因受众感到新鲜和刺激，而囫囵吞枣地模仿和吸收。其中既有追求奢侈的消费主义生活观，更有性、暴力等生活

---

① ［美］唐纳德·怀特：《美国的兴盛与衰落》，徐朝友等译，江苏人民出版社 2002 年版，第 322—323 页。

② 肖华锋、邓晓伟：《从"文化帝国主义"看美国文化扩张》，《江西师范大学学报》（哲学社会科学版）2006 年第 1 期。

③ 王晓德：《美国大众文化的全球扩张及其实质》，《世界经济与政治》2004 年第 4 期。

④ ［美］唐纳德·怀特：《美国的兴盛与衰落》，徐朝友等译，江苏人民出版社 2002 年版，第 322 页。

⑤ 王晓德：《好莱坞与美国现代生活的传播》，《安徽史学》2008 年第 3 期。

方式，从而达到影响通过社会文化心理、扰乱他国社会秩序和稳定的目的。由此可见，一部好莱坞大片往往会使美国取得政治、经济和文化渗透三重效益。早在1912年，专家就发现，好莱坞电影所到之处，对美国其他商品的需求也会增加。譬如，一部关于美国工厂状况的好莱坞电影在爪哇放映，促使美国缝纫机销售在爪哇市场大获全胜。《一夜风流》（*It Happened One Night*）在阿根廷放映，因主人公未穿内衣的镜头在当地引发模仿风潮，最终导致阿根廷内衣滞销，蒙受损失的阿根廷商团因此向美国大使馆提出抗议。好莱坞电影对欧洲的冲击也显而易见。"巴黎的办公室文员曾因自己的工作条件与美国影片中的办公环境相差悬殊而举行罢工。"1960年的《来自那不勒斯》（*It Started in Naples*）中主人公教一个男孩做汉堡包的镜头使得欧洲的公众认为有必要改变地中海地区的食谱。① "二战"结束以后，在整个西欧的城镇与大城市，西奥多·怀特看到美国的电影吸引着观众，并向他们灌输了类似于美国人的梦想：拥有豪华公寓、色彩熠熠的折蓬汽车或游艇、摆设豪华的家庭。②

好莱坞影片一直在努力塑造并传播良好的美国国家形象。在充满美国式个人英雄主义的好莱坞大片中，正面的承担"拯救"责任的英雄肯定是美国人或白人，而其他亚非拉民族则是负面形象，往往被刻画成贫穷落后、肮脏邋遢、黑恶势力或者专制独裁，即使中立一点的形象也往往是因其弱小而被拯救的"人质"。同时，"奥斯卡奖"严重政治化，来自被美国攻击的国家的电影几乎无缘奥斯卡奖，除非该影片展示的是所在国的贫穷落后或政治迫害等负面形象。这无形中左右了发展中国家的电影导演和制片人的创作思路和方向，更深层次地体现了好莱坞积极配合美国政府的文化帝国主义战略。这一事实恰恰印证了好莱坞从另一个角度实现了美国文化霸权。

流行音乐也是大众文化的主要元素。一位世界级的流行歌手代表的往往是一张全球名片和品牌。音乐之所以很快得以流行，是因为音乐语言是一种全球可以通行的"国际语言"，真正的美国艺术形式（指流行音乐）可穿越

---

① ［英］托比·米勒：《好莱坞与世界》，载于陈犀禾《跨文化视野中的影视艺术》，学林出版社2003年版，第281—282页。

② ［美］唐纳德·怀特：《美国的兴盛与衰落》，徐朝友等译，江苏人民出版社2002年版，第327页。

种族、国家和阶级之间的界限而风靡全球，这是其他任何音乐形式难以匹敌的。① 所以，美国流行音乐的传播更有便利性和渗透性。西方古典音乐是欧洲的"专利"，但不容否认，流行音乐却是美国的"特产"。"机械化的录音手段，留声机、录音唱片的发明，大范围地传送了美国的音乐。"美国的政策或许应当受到批评，但"美国爵士乐席卷了从孟买到塔什干，从莫斯科到华沙和贝尔格莱德的所有地区，未曾受到挑战"。来美国居住的苏联作家瓦西尼·阿克西奥诺夫写道，爵士乐是"美国秘密一号武器"，每天晚上通过"美国之音"对苏联广播。他想知道"究竟有多少异想天开的俄罗斯男孩是听着埃林顿的《搭火车》长大的"。爵士乐无疑是最受欢迎的美国艺术形式。1955 年，美国新闻署开始向海外派出以本尼·古德曼和路易·阿姆斯特朗领衔的爵士乐音乐家。他们的演出"无论在国内还是在海外都大受欢迎"。"美国之音"最受欢迎的节目是威利斯·康诺弗演奏的爵士乐和摇滚乐。"他的演出是如此打动铁幕后面的年轻人，以至于一位观察家曾说，如果共产党官员清楚事情的原委，他们会干扰音乐，而非新闻，来阻止他们国家的人民接触阿姆斯特朗和埃尔维斯·普雷斯利。"②

1958 年，凡·克莱本参加了在莫斯科举行的柴可夫斯基钢琴曲比赛决赛，并获得了第一名。他由此得到了赫鲁晓夫的热情拥抱。时任苏联第一副总理的阿拉斯塔斯·米高扬对克莱本说："你一直是你们国家的一个很好的政治家。你比那些政治家们干得更出色。"《时代》则评论说，克莱本"比'二战'以来美国的任何对外言行都给更多的俄罗斯人留下了更好的影响"。③ 从上述可以看出，在美苏关系如此"火药味"的冷战时刻，美国的音乐和音乐家在苏联却获得如此高的欢迎和评价，可见音乐在一个国家文化外交中的作用。④ 而且，流行音乐的渗透力不可小觑。正如冷战时期美国国

---

① Richard J. Barnet and John Cavanagh, *Global Dreams*: *Imperial Corporations and the New World Order*, New York: Simon & Schuster, 1994, p. 112.

② ［美］沃尔特·拉费伯尔：《美国、俄国和冷战（1945—2006）》，牛可等译，世界图书出版公司 2011 年版，第 154—155 页。

③ ［美］唐纳德·怀特：《美国的兴盛与衰落》，徐朝友等译，江苏人民出版社 2002 年版，第 318—321 页。

④ 肖华锋、邓晓伟：《从"文化帝国主义"看美国文化扩张》，《江西师范大学学报》（哲学社会科学版）2006 年第 1 期。

务卿约翰·杜勒斯所言："如果我们能教会苏联的年轻人唱我们的歌曲并随之舞蹈，那么我们迟早会教会他们按照我们要求他们采取的方式去思考问题。"

3. 教育、文化交流活动更是直接地为美国对外文化扩张服务。

为什么这样判断呢？按照上面论述，在冷战时期，承担美国对外宣传的媒体主要是广播、报纸、电视等传统媒体，其传播路径是单向的，最终宣传效果难以评估，尤其是在充满"火药味"时期，虽然媒体宗旨在于促进交流，"让国外人了解美国"，但其宣传语言语调不时呈现"咄咄逼人的反共语气"，其宣传模式难免引起目标受众的反感和抵制；以跨国公司为载体所传递的大众文化，虽然已流行于世界各地，成为现时代主流文化，也成为各个国家或地区"开放"的标志，但跨国公司的首要目标毕竟是追逐经济效益，抢占产品市场份额，这难免会引起与目标国产生"资源争夺"的冲突，而且，它们所传递的大众文化从本质讲是以消费主义为主，许多目标国"有识之士们"出于民族文化保护角度，认为美国的大众文化毒害了他们的青少年，腐蚀了他们的传统民族文化。① 从上述各式"帝国主义"就可见一斑。而唯独教育、文化交流活动，美国不仅不图经济回报，而且还主动花大量的经费资助外国学生和学者到美国留学，或者派美国学者和教师到国外去"支教"，这样使得那些受到"恩惠"的外国学生或学者不自觉地有了很深的"亲美情节"，从而在各自所在国不时制造"新思维"，导致思想混乱。苏联时期这些持不同政见者基本都曾到过美国留学，就可说明这一点。

按 1945 年时任助理国务卿威廉·本顿的说法，以人员、图书、艺术等手段进行的文化交流是一种"慢媒介"，其主要作用是"影响精英人物"，着眼点是"长期的文化转型"。由此可以看出，教育、文化交流是美国文化渗透的长期战略，是实现美国"和平演变"战略的最重要手段之一。我们可以预设，美国大众文化的扩张和渗透走的基本是自下而上的路线，"颠覆"对象主要是目标国的年轻人，主要影响他国社会生活方式；而教育、文化交流走的路线是自上而下，渗透的对象是他国的精英阶层或者受教育阶

① Peter Duignan and L. H. Gann, *The USA and the New Europe: 1945–1993*, Oxford: Blackwell Publishers, 1994, p. 61.

层，影响的往往是对方的政治思维和理论路线，一旦渗透成功，其后果往往是亡党亡国，体制发生结构性改变。所以，教育、文化交流的目的是以美国政治民主制度输出为主。冷战时期美国输出其民主的直接目的是"完成共产主义解体的目标"。①

在教育、文化交流中，美国政府要求"外国留学生在美国机构学习时，应以加深对民主制度的认识为目的"。联合国教科文组织可以说就是在美国的"热情"支持下成立起来的。1946 年，杜鲁门表述美国参加该组织的全部理由是，美国不会放弃它自己对世界的基本看法，而是要别人也来接受它的这种看法："如果我们可以和世界上所有的国家互相交流教育工作者，并且把我们的教育工作者派到那些国家去说明我们的立场观点，那么要不了多长时间，我们就会能够像控制我们 48 个州②的形势那样控制世界的形势。"③艾森豪威尔在计划出资资助几千名苏联大学生到美国留学时，就指出："有朝一日，这批新人将在苏联掌权，我们要努力争取的正是这一代人。"④ 以南越为例，为了从思想上进行控制，美国在南越极力灌输美国文化和思维方式。在美国的扶植下，南越的大学和学生人数增长得很快，且基本上是"美国化"的教育体制。从 1960 年起，美国夏威夷大学开始给南越等不发达国家和地区培养"专门人才"。与此相配合，国际开发署出钱，资助美国专家和教授出国，帮助外国大学按照美国的样式发展。在南越，美国大致上采取了三项措施：派南越大学生到美国留学，派遣南越学术界人士赴美进行短期或长期参观、研究，派美国学者到南越当大学顾问。从 1963 年起，在南越的文化中，美国开始取代法国的影响。

1954 —1955 学年美国的外国留学生只有 34000 人，1988—1989 学年增加到 36.6 万名外国学生在美国各正规大学学习，其间整整增长了 10 倍多。迄今为止，美国是接受外国留学生最多的国家，尤其是来自第三世界的学

---

① Joshua Muravchik, *Exporting Democracy: Fulfilling America's Destiny*, Washington, D. C. : the AEI Press, 1992, p. 6.

② 现在美国有 50 个州，其中阿拉斯加州和夏威夷州是在 1959 年正式成为"州"的。——笔者注

③ ［美］唐纳德·怀特：《美国的兴盛与衰落》，徐朝友等译，江苏人民出版社 2002 年版，第334—335 页。

④ 李智：《文化外交：一种传播学的解读》，北京大学出版社 2005 年版，第 83 页。

生，远超过欧洲各国的总和。根据 1989 年统计数据显示，以下各国出国留学总数中，印度有 79%、韩国有 68%、尼日利亚有 62%、马来西亚有 49%、中国有 76%①是在美国学习。即使一直与美国作对的伊朗，在美国学习的伊朗人也超过其他任何国家。不可否认，美国的教育交流计划达到了一些预定目标，如其初衷所愿，为其他国家培养了无数具有"亲美情节"的高级知识分子和政治精英，产生了一些国家元首和数十位内阁首相、部长、议员和最高法院大法官等，如 1984—1989 年任萨尔瓦多总统的何塞·纳波莱昂·杜阿尔特、1986—1992 年菲律宾首位女总统科拉松·阿基若、1988—1994 年墨西哥总统卡洛斯·萨利纳斯和牙买加前首相爱德华·西加、瑞典前首相英瓦尔·卡尔松等。② 这些人都被誉为所在国最民主的国家领导人。

在历史上，美国政府似乎不大重视由官方发起的教育文化交流活动，这样的活动主要由教会、非政府组织和基金会来承担，但"二战"后，无论是政府部门还是私人企业或机构，都认识到教育文化交流有利于实现美国在国外的现实利益，尤其是在与国际共产主义的抗衡中起着重要作用。③ 各种美国私人基金会资助的教育、文化交流繁多，不胜枚举，而此时期，为实行其文化扩张和渗透战略，美国政府也积极参与其中。原本美国有不少人反对由政府全额资助外国学生到美国学习，因为美国人接受教育资助大都由各自州政府负担，联邦政府的教育预算主要用于科学研究。即使强烈主张成立美国新闻署的菲兹休·格林都表示反对，"新闻署或其他联邦机构为什么要资助更多的人来美国（学习）？……每年精选一些给予资助尚可理解。若狂热想来美国的人都给予资助，那资助经费将会成几何级数增长"。但美国政府认为，若由外国人自费留学或者公费留学，那只能局限于他们国家的富裕阶层或最效忠政府的人有机会，为鼓励民主思想的传播，美国政府应确保来美留学生中必须要有相当数量来自贫困家庭的学生，那些出身卑微但学习成绩

---

① 包括台湾。——笔者注

② Joshua Muravchik, *Exporting Democracy：Fulfilling America's Destiny*, Washington, D. C.：the AEI Press, 1992, pp. 195 – 196.

③ 刘国柱：《美国文化的新边疆——冷战时期的和平队研究》，中国社会科学出版社 2005 年版，"序（王晓德）"部分第 2—3 页。

优秀的学生才最有可能出类拔萃并在今后发挥重要的政治作用。①

　　冷战时期，最庞大且直接由美国政府出资管理的是富布赖特项目。该项目迄今已有 50 多年的历史，其规模和影响是其他西方国家的对外教育文化活动所不能望其项背的。每年有近 4600 人获得资助，截至 1997 年，该项目的参加者已达 24.5 万多人。② 其影响虽然难以具体评价，但它在扩张美国文化和思想、促进美国了解其他国家方面的影响是不可估量的。首先，该项目是全球性的，合作国家和地区多达 140 多个；其次，该项目只资助知识分子和大学生，知识分子在任何社会发展中的作用不言而喻。比如，曾经在美国做过富布赖特访问学者的亚历山大·雅科夫列夫"毫无疑问对米哈伊尔·戈尔巴乔夫转向改革开放政策和苏联实行较宽松的对外政策产生了重大影响"。③ 最后，"美国学"已成为世界其他国家的"显学"，研究美国的科研机构遍布世界各地。美国式"民主""自由"等在这些国家和地区如此有影响，这与美国借助交流项目来推广美国文化是分不开的。④

　　对受援国来说，富布赖特项目的要求较为苛刻，一般是以社会科学为主，自然科学为辅，对中国要求最为苛刻，任何选择富布莱特项目的中国人必须是研究社会科学或人文科学的学者或学生。不容否认，社会科学或者人文学科注重的不仅仅是方法论问题，最终目的是解决理论思想问题或者说是方针路线问题。富布莱特项目对中国如此特殊"关照"，其动机不言而喻。借助该项目到国外交流的美国学者也被认为是美国文化价值体系的载体。1989 年我国政治风波之时，美国一份政府文件如此写道："从目前形势看，我们派出的'富布莱特'教授在宣传美国文化、宣传美国文明中起着关键作用。这些教授携带的宣传美国民主的小册子在北京的学生中广泛传阅。"⑤

　　亚非拉等第三世界地区是冷战时期美苏共同争夺"势力范围"的敏感

---

① Joshua Muravchik, *Exporting Democracy: Fulfilling America's Destiny*, Washington, D. C.: the AEI Press, 1992, pp. 200 – 201.

② 韩召颖：《输出美国：美国新闻署与美国公众外交》，天津人民出版社 2000 年版，第 188 页。

③ 同上书，第 200 页。

④ 肖华锋、邓晓伟：《从"文化帝国主义"看美国文化扩张》，《江西师范大学学报》（哲学社会科学版）2006 年第 1 期。

⑤ 孙大廷：《美国教育战略的霸权向度》，博士学位论文，吉林大学，2008 年，第 139 页。

地区。① 尤其是这些地区通过民族解放运动，大都刚刚获得民族独立，因为贫穷落后，这些新独立的国家更容易接受共产主义思想。1961 年 1 月 6 日，苏联领导人赫鲁晓夫预言，在美苏对抗中，共产主义将通过民族解放运动取得最终胜利。② 为避免以前为西方殖民地，而今已独立的亚非拉第三世界国家"倒向共产主义阵营"，早在 1949 年 1 月 20 日，杜鲁门在第二任期就职演说中提出四点主要行动纲领，其中第四点尤为突出："我们必须实行一项新的、大胆的计划，以使我们的科学进步和工业发展所提供的利益用于不发达地区的进步和成长。"史称"第四点计划"。③ "第四点计划"与针对希腊、土耳其的"杜鲁门主义"和针对西欧的"马歇尔计划"是一脉相承的，实际上是杜鲁门政府的全球冷战战略的一部分，但它只强调对第三世界的技术援助。

为应对赫鲁晓夫的"预言"，1961 年 1 月 30 日，肯尼迪总统在国会年度咨文中宣布成立"国家和平队"，并预言共产主义与民主社会之间的斗争将在 20 世纪 60 年代达到高潮，而第三世界就是主战场。和平队是美国政府在美苏对抗最激烈时刻发起的一次大规模的文化交流活动，而且专门针对发展中国家和地区，对美国实行文化扩张和渗透起到了很好的政府推动和拓展作用。刘国柱把该项活动誉为"美国文化的新边疆"。

很明显，和平队的创立是为争夺第三世界"势力范围"而来的，某种程度上，也是为了改善 20 世纪 50 年代美国在亚非拉地区的不良国家形象。50 年代，美国种族歧视问题严重，这无疑得罪了非洲黑人同胞和亚洲等地区的其他有色人种，而在"第四点计划"资助下来到第三世界的一些美国技术人员素质低下、高傲自负、目中无人、蔑视目标国的受援对象，尤其是

---

①　详见［挪］文安立《全球冷战：美苏对第三世界的干涉与当代世界的形成》，牛可等译，世界图书出版公司 2012 年版。该书对冷战时期美苏两大超级大国对第三世界的干涉主义政策以及第三世界的反应和所造成的世界影响等进行了深入的研究。

②　刘国柱：《美国文化的新边疆：冷战时期的和平队研究》，中国社会科学出版社 2005 年版，第 72 页。

③　后来，杜鲁门在其回忆录中明显写道："第四点计划是我们对受共产主义统治威胁的国家援助的具体表现。该计划是和我们保证这些国家在衣食住行等条件方面得到适当改善，从而防止共产主义在自由世界扩张的政策相辅相成的。第四点计划所致力的不仅是为这些人民带来民主的理想，而且要通过明智的合作为他们带来美好生活的实际利益。"引自［美］哈里·杜鲁门《杜鲁门回忆录》（下卷），李石译，东方出版社 2007 年版，第 271 页。

大部分外交人员不懂得当地语言，更遑论当地文化，沟通困难，从而"招致了当地人的不满"，结果引发"文化震撼"和冲突，美国人的国际形象一落千丈，正是在这种背景下，长期在第三世界国家调研的赖德勒等人出版了《丑陋的美国人》，一时成为畅销书。他们感叹道："我们需要一支精悍的力量，参加这个行列（指援外活动——笔者注）的人必须是受过良好的教育，经过仔细甄拔，工作勤奋、热爱事业的职业外交家。他们必须心甘情愿地舍弃舒适的生活……他们必须做好一切准备去推行由一个头脑清醒的政府所制定的积极进取的外交政策，他们必须精通驻在国的语言，他们必须比当地人更清楚这个国家的问题。"[1]

后来，美国政府不仅接受了赖德勒等人的建议，而且进一步强化了该活动的冷战含义。他们严格选拔自愿者，持有激进立场的不接受，在培训阶段，不仅给自愿者教授相对应国家的语言和文化，同时还提供有关共产主义哲学、战略、策略和威胁的指示，"对与政治有关的如美国研究、地区研究、世界事务、共产主义等问题要有所了解"。关键是自愿者必须对美国宣誓效忠。真可谓知己知彼。人手一册的《和平队手册》更是告诫每一位自愿者"必须准备应付共产党的挑战和煽动，或者诱使你偏离你被派去做的工作的企图"。并且，目标国的选择必须与美国的冷战战略相匹配，"要特别注意那些美国在政治、经济和社会等方面尚不能发挥重大影响的国家"，目的在于通过和平队的工作"将这些国家吸引到美国一边"。[2] 20 世纪 60 年代初至80 年代末，美国对发展中国家援助的主要动机在于防止这些新独立的国家走向苏联式的道路。[3]

和平队的项目有社区开发、农业技术推广、公共卫生及保健和教学项目等。项目涵盖远超过"第四点计划"。其中最大项目、效果也较为明显的是教学交流项目。和平队中几乎一直有 50% 以上的志愿者在第三世界从事教学工作。"无论从和平队角度，还是从目标国的角度，教学工作都是具有相

---

① 赖德勒等：《丑陋的美国人》，朱安等译，光明日报出版社 1988 年版，第 273—274 页。转引自刘国柱《美国文化的新边疆：冷战时期的和平队研究》，中国社会科学出版社 2005 年版，第 83 页。

② 刘国柱：《美国文化的新边疆：冷战时期的和平队研究》，中国社会科学出版社 2005 年版，第 77—81 页。

③ 丁韶彬：《大国对外援助——社会交换论视角》，社会科学文献出版社 2010 年版，第 157 页。

当吸引力的项目。"① 这可以从两方面解释：一是和平队自愿者基本上是一些大学毕业生，从事社区开发、农业技术推广或公共卫生保健等工作，都必须要有相关的对口专业知识，如社区开发要求有社会工作专业知识，而从事教学工作，即使不是学师范专业的，但经过从小学到大学的十数年求学经历，耳濡目染，跟到自己的老师学习，也掌握了一些基本的教学方法；二是目标国基本上都是新独立的国家，贫穷落后，基本人才奇缺，当务之急，急需和平队自愿者为他们培养人才。

1961—2005 年期间，美国和平队工作过或正在工作的国家达到 136 个，先后派遣了 17 万以上的志愿者。② 这些志愿者完全以"义工"的身份，与目标国的原住民同吃同住，不拿他们的一针一线，还利用美国政府资金和自身技术，为当地的基础设施建设和经济发展做了不少"善事"，对提升美国的"软实力"、改善它的国际形象起到了一定的作用。③ 和平队自愿者作为美国文化的载体，把美国文化及其价值观念渗透到广大第三世界国家，某种程度上，帮助了这些国家抵御共产主义思想和价值观念的传播。④

不可否认，和平队所有项目中最深入的渗透路径是教育。如前述，美国和平队工作中最大的项目是教育。在美国向目标国推荐和平队时，大多数国家都把教师作为选择对象。在整个 20 世纪 60 年代，在非洲的和平队自愿者有 80% 从事教学工作，在亚洲的比例也高达 60%。与"富布莱特项目"专门资助培训国外知识分子或高等教育交流不同，和平队教育项目注重的是"中层人才培训"。美国自愿者们基本上是在目标国的中等学校教学，以英

① 刘国柱：《美国文化的新边疆：冷战时期的和平队研究》，中国社会科学出版社 2005 年版，第 185 页。

② 有关具体国家、和平队申请人数和志愿者人数可参见刘国柱《美国文化的新边疆：冷战时期的和平队研究》，中国社会科学出版社 2005 年版，附录二、三。

③ 1981 年，牙买加首相爱德华·西加在和平队成立 20 周年的庆祝大会上说道："和平队被世界上这么多国家所急需和爱戴。"但就和平队与美国国家形象的关系来说，有两个实例颇有讽刺意味：有个非洲男孩第一次看到一个和平队自愿者进驻村庄，吓得赶快逃跑，结果，他母亲安慰说："别怕，他不是白人，也不是美国人，而是一位和平队自愿者！"另一事例是，1965 年，多米尼加共和国发生了反美运动，其中居然有幅标语这样写道："美国佬滚回去，和平队留下来！"引自 Harris Wofford, "The Peace Corps and the Grassroots", cited from *Institutions for Projecting American Values Abroad*, *edited by* Kenneth W. Thompson, New York: University Press of America, 1983, p. 12 - 1, p. 12 - 6。

④ 刘国柱：《美国文化的新边疆：冷战时期的和平队研究》，中国社会科学出版社 2005 年版，第 274 页。

语和人文社会学科为主。其确切效果难以评估，但至少在这些国家灌输美国的教学理念和方法、提升他们的英语水平方面，其作用不可忽略。[①] 如加纳，1961—1991 年，大约有 67.5 万人接受过美国和平队自愿者的教育，相当于其总人口的 5%。加纳白领阶层中几乎找不到没有受过和平队教育的。其教育项目的影响范围由此可见。

对外英语教学本身也是美国实行文化扩张和渗透的主要手段之一。语言是一个民族文化的重要元素和表现形式，某种意义上，语言与民族是对等的，没有语言，何谈"民族"！民族文化必须要有特定的民族语言来传递。同说英语的美国人一立国，就呼吁创立"美国英语"，明显是要借助"美国式英语"来展现独立的美国民族文化。所以，我们不能把"语言"简单地看作为人与人之间的交流工具，语言本身包含了丰富而深刻的民族文化意义。若延伸到跨民族或国家间的语言传播，谁强谁弱？自然就牵涉到"话语权""语言霸权"，或者说"文化统治权"等问题，语言传播过程本身就是文化传播和思想渗透的过程。19 世纪随着"日不落大英帝国"的建立，英语成为了国际"通用"语言，这就是英国殖民主义文化霸权的结果。美国政府在 19 世纪不允许德裔美国人在美国本土成立德语学校，实际上也是在维护英语和 WASP 文化在美国的独一统治地位。随后，美国也像英国一样，把英语作为一种殖民权力工具。

菲律宾是 20 世纪美国以殖民手段推行其发展模式的唯一对象。1898 年"美西战争"后，美国占领菲律宾，"让美国获得了一个尝试着将美国理念移植进入一个异质文化的机会"。"菲律宾被认为是美式改革的一大胜利"，[②] 它能成功的一大原因是美国在菲律宾强制推广英语，而且取得"较理想的"效果。美国占领菲律宾后，随即要求把英语作为菲律宾学校教育的基本语言。"通过使用美国课本，菲律宾人学习的不仅是一种全新的语言，而且还学习了一种新的生活方式。"在菲律宾，精通英语成了有文化人的标志。由于美国在菲律宾强制推广英语，如今菲律宾文化的殖民色彩特别浓厚。它不

---

① 刘国柱：《美国文化的新边疆：冷战时期的和平队研究》，中国社会科学出版社 2005 年版，第186—198 页。

② ［挪］文安立：《全球冷战：美苏对第三世界的干涉与当代世界的形成》，牛可等译，世界图书出版公司 2012 年版，第 17 页。

得不严重"依赖一种附有美国主流思想和政治经济兴趣的借来语（a bor-rowed language）"。该"借来语"扭曲了菲律宾人的价值观，他们总是用外来的理论和方法在思考。菲律宾人虽然在 1946 年获得民族独立，但美国强加给他们的思维结构和态度仍然很强势。可以说，美国人进一步打垮了菲律宾人，把美国的意志强加在他们的头上。①

"二战"以来，语言推广成为美国全球战略的一部分。教育、文化交流又是推广美国英语的最直接途径。1964 年，至少有 40 家政府机构资助各种形式的教育文化交流活动。而其中不下于 6 家联邦政府机构直接资助海外的英语教学活动：国务院"富布莱特项目"、国际开发署、教育部"国际教师交流项目"、国防部、和平队和内务部。② 为同样目的而提供各种教育、文化交流活动支持的私人基金会项目更是不计其数。

专门研究 20 世纪 60 年代美国与发展中国家教育文化交流的学者 P. H. 库姆斯认为，美国和印度的关系变得更加牢固，是因为在印度各大学和国家政府部门有大量的美国人，同时美国国际开发署在美国还开发了一项庞大的专门针对印度人的培训项目。同时，库姆斯对美国与非洲的关系基础非常乐观，因为双方建立了教育和社会关系的缘故，美国与非洲各国有了"共同的政治和经济兴趣"。他自信地认为，"明天的历史学家很有可能认为教育是美国对 1960 年代新非洲最有战略眼光的投资"。③

如今英语，确切地说是美式英语风靡全球，但不能简单地认为是美国对外英语教学的结果，实际上，美国传播英语的路径很多，如广播、电影、电视、图书等。英语之国际地位完全取决于美国的国际地位。戴问天认为，世界进入 20 世纪后期，可以说进入了"英语世纪"，确切地说是美式英语的世纪。那是因为在科技、教育、文化、体育等诸多方面，美国的优势越来越明显。④ 现在，世界上许多国家都在大张旗鼓地兴起学习英语的热潮，一方面

---

①　Robert Phillipson, *Linguistic Imperialism*, 上海外语教育出版社 2000 年版，第 152—153 页。

②　同上书，第 156—158 页。

③　P. H. Coombs, *The Fourth Dimension of Foreign Policy: Educational and Cultural Affaires*, New York: Harper and Row, 1964, pp. 105 – 110. 转引自 Robert Phillipson, *Linguistic Imperialism*, 上海外语教育出版社 2000 年版，第 159 页。

④　戴问天：《为什么是英语？》，东方出版社 2003 年版，第 425 页。

这是学习美国文化精华的需要；另一方面，这的的确确是为美国人做着文化外交的义务工作。所以，英语地位的提高无疑增强了美英文化的影响，[①] 主要是美国文化的影响。

美式英语的流行无疑成就了美国的文化扩张和渗透。作为一种"语言帝国主义"[②] 的表现形式，它应该算是美国文化帝国主义的有机内容。众所周知，联合国正式语言有六种，即英语、法语、俄语、西班牙语、汉语和阿拉伯语，但在联合国各种场合使用最多的，却只有英语。普通人在国际交往中用得最普遍的，也是英语。按 2002 年联合国教科文组织统计，世界上有 70 多个国家把英语作为官方语言或者半官方语言，有 3.8 亿人把英语作为母语，16 亿人在某种程度上使用英语。80% 的电子信息是以英语储存，80% 以上的因特网内容都是英语。[③] 若按说母语的人数算，汉语当属世界第一，但中国的英语学习者无疑也是世界上最多的。[④] 由此带来庞大的英语培训产业、英语图书产业、英语考试和留美热等。"英语热"变成了"美语热"，这反映了英国文化衰落和美国文化兴盛的历史发展更迭，但"美语热"在改革开放时期的中国成为一大文化现象，从美国文化扩张和渗透的角度看，这种现象值得我们深思。

---

① 关世杰：《国际传播学》，北京大学出版社 2004 年版，第 220 页。
② 参见 Robert Phillipson, *Linguistic Imperialism*，上海外语教育出版社 2000 年版。
③ "联合国教科文组织全世界英语使用统计"，2004—5—12。（http://www.unesco.org/）
④ 戴问天：《为什么是英语？》，东方出版社 2003 年版，第 420 页。

下　篇

第三章

冷战时期美国对外广播研究[*]
——以自由欧洲电台和自由电台为例

"自从广播诞生之日起，它就将宣传作为自身发展的一部分，利用其威力去影响人们的价值观、信仰和态度"。① 作为宣传媒体，无线广播的优势不言自明，它"可以传送到任何地方，而不受政治和地理环境的制约"。② 因此，"在其诞生后不久便被用来进行国际间的宣传"。③ 可以说，在网络时代还没有到来之前，无线广播是国际传播的最重要新闻媒体。

苏联是最早利用无线广播突破大陆和国家的边界，来争取国际受众的国家之一。最早短波广播就是在 1925 年从莫斯科发出的。④ 随后，国际广播在世界各主要国家间竞相利用，"到 1939 年欧洲大战爆发时，世界上已有 25 个国家开办了对外广播"。⑤ 尤其在"二战"期间，广播成了各参战国进行"心理战"的主要手段。德国、意大利、日本等法西斯国家乃至英国都加紧对外广播宣传。至 1945 年，德国广播的语言达 50 多种，BBC 也有了 39 种广播语言。⑥ 大卫·阿布施尔说道：至"二战"结束，"交战各方乃至中立

---

　　* 为叙述简洁，本章里不时以英文缩写来表达一些电台或机构名称，如 RFE：自由欧洲电台；RL：自由电台；VOA：美国之音；BBC：英国广播公司；CIA：美国中央情报局。——笔者注

　　① ［英］达雅·屠苏：《国际传播：延续与变革》，董关鹏译，新华出版社 2004 年版，第 35 页。

　　② 同上书，第 33 页。

　　③ 辜晓进：《美国传媒体制》，南方日报出版社 2006 年版，第 55 页。

　　④ 莫斯科广播电台在开办之初就被定位为"国际广播电台"，20 世纪 30 年代，它就可以用 12 种语言对外广播，随后 10 余年又开办了汉语、日语、印度斯坦语、旁遮普语、孟加拉语等广播。——笔者注

　　⑤ 毕波：《美国之音透视》，青岛出版社 1991 年版，第 16—17 页。

　　⑥ ［英］达雅·屠苏：《国际传播：延续与变革》，董关鹏译，新华出版社 2004 年版，第 36 页。

国在 55 个国家通过 340 多个转播台用 40 多种语言进行广播，信号实际上覆盖了全球"。[1]

某种程度上可以说，广播时兴伊始，即成为某个国家或政府充分利用的宣传工具。为扰乱视听，广播不可避免地成了战争时期国家间互为攻讦的工具。

对美国而言，因其受"孤立主义"外交传统的影响，早期广播宣传重点在国内，其中最成功的国内广播宣传是富兰克林·罗斯福总统的"炉边谈话"。可以说，在"二战"开始前，美国是唯一没有对外广播的大国。[2] 但不争的事实是，从 1942 年"美国之音"电台开办始，美国后来居上，成为国际舞台上最活跃的对外广播宣传的国家，尤其是在冷战时期。美国开展对外广播的主要工具是"美国之音""自由电台"和"自由欧洲电台"。譬如，1950—1973 年间，苏联的对外广播从一周 533 小时增加到大约 1950 个小时。而美国同时期对外广播从每周 497 个小时增加到每周 2060 个小时，拥有全世界最大规模的对外广播。[3] 丘吉尔曾不无夸张地说过："没有广播，就没有'冷战'。"

一　美国外宣工作的历史考察

广播是宣传的重要媒介。要了解美国的对外广播，就必须先了解其对外宣传的政策和机构。我们对美国的认识可能容易陷入误区，认为它是一个实用主义国家，一切以物质利益为上而忽略意识形态的建设。但实际上，美国是"有史以来意识形态色彩最为强烈的大国。国内虽然有激烈的政治纷争、利益冲突、文化激辩，但就作为立国之本的政治价值观或意识形态来说，基本上是首尾一致并且跨越党派和阶层的"。[4] 无论是共和党还是民主党执政，无论是官方抑或民间，其对外宣传的主要目的就是输出美国的价值观念和意

①　Joshua Muravchik, *Exporting Democracy*: *Fulfilling America's Destiny*, Washington D. C. , 1992, p. 190.

②　Walter L. Hixson, *Parting the Curtain*: *Propaganda*, *Culture and the Cold War* (1945 – 1961), Basingstoke: Macmillan, 1997, p. 29.

③　[英] 达雅·屠苏:《国际传播：延续与变革》，董关鹏译，新华出版社 2004 年版，第 38 页。

④　丁一凡:《美国批判：自由帝国扩张的悖论》，北京大学出版社 2006 年版，第 1 页。

识形态。

由于特殊的历史背景和总统间不同的政治理念，美国政府的对外宣传政策和机构总是命运多舛：有的机构有法可依，而有的却是临时性的，甚至还有"地下"宣传机构。即使有法可依的对外宣传机构也是几度更名。不可否认，美国的对外宣传充满实用性和功利性，基本上集中在战争时期，不管是"热战"还是"冷战"。

1. 热战（hot war）时期临时性外宣机构：美国政府的对外宣传活动总是与战争有着紧密的关系。① 美国政府首次正式组织对外宣传的机构是"一战"时期的公共信息委员会（a Committee on Public Information，CPI）。该委员会是在美国参战一周内威尔逊总统以行政命令的方式成立，其成员包括国务卿、陆军部长和海军部长等。威尔逊任命其亲密朋友、记者出身的乔治·克里尔担任委员会主席，故该委员会常被称为克里尔委员会（Creel Committee）。

克里尔雇用了一批非常能干的专业传播者，专门"创造并传递 CPI 的信息"，其宣传不仅给整个美国人洗脑，② 而且其宣传攻势延伸到地球除非洲外所有有人居的地方，而当时的非洲绝大部分地区实际上都是欧洲殖民地。③ 外加威尔逊总统的大力支持，委员会的外宣活动取得了很大成功，对德国的最后崩溃毫无疑问做出了贡献。时任陆军部长和其他内阁成员对克里尔委员会都给予了积极的评价。④ 但战后不久，1919 年 6 月 30 日，国会正式取消了公共信息委员会。主要是因为克里尔委员会兼有负责政府对新闻的检查任务。这引起了美国新闻界和某些国会议员的极度不满。他们担心新闻自由会受到更大的威胁。

两次世界大战之间，美国并没有系统地进行针对外国政府或民众的宣传活动。虽然无线电广播是在 20 世纪二三十年代时兴起来，苏、德、日、意、英各自利用无线电，展开了一场"无硝烟的"国际广播宣传战，但美国政

① 韩召颖：《输出美国：美国新闻署与美国公众外交》，天津人民出版社 2000 年版，第 45 页。

② 由于克里尔的宣传，几乎所有美国人认为，美国参战是"为了结束战争，为了民主而拯救世界"，并结束德国皇帝的独裁统治。——笔者注

③ Fitzhugh Green, *American Propaganda Abroad*, New York：Hippocrene Books, 1988, p. 12.

④ 韩召颖：《输出美国：美国新闻署与美国公众外交》，天津人民出版社 2000 年版，第 48 页。

府依然没有采取任何行动积极应对这场来势凶猛的宣传战。

　　"二战"期间美国对外宣传的主要政府机构是 1941 年 12 月 7 日日本偷袭珍珠港，美国"被迫"宣战后成立的战时新闻处（Office of War Information，OWI）。该机构也是罗斯福总统以行政命令的方式成立的，重点负责"引导国外信息和公开的宣传战役"。同时还成立专门负责地下隐蔽宣传，即黑色宣传（black propaganda）的战略服务处（Office of Strategic Services，OSS）。该两大组织机构里不乏"美国之音"电台的高级顾问。① 此前，由于美国一直企图表明其中立态度以及罗斯福本人反对政府有组织的外宣活动，美国正式宣战前成立的一些临时宣传机构要么针对国内民众要么针对美国"后院"拉丁美洲。②

　　尽管美国人尽量避免对外宣传，罗斯福总统也反对有组织的政府宣传活动，但罗斯福本人却是一位天生的天才宣传家。他首创"家常式"的"炉边谈话"，以其大智大勇引领美国人顽强而自信地走出了 20 世纪两大危机：经济大萧条和第二次世界大战，不仅鼓舞了美国人战胜国内危机的信心，而且正确引导美国人积极支持并投入世界反法西斯统一战线当中。在罗斯福总统任期 12 余年时间里，他先后做了 30 次炉边广播谈话，举行过 998 次记者招待会。"租借法案"的通过、著名的"民主兵工厂"和"四大自由"演讲等表明：罗斯福总统正在巧妙地借助"炉边谈话"广播，使美国一步一步地进入临战状态，同时也在传播美国的民主自由价值。

　　内忧外患时刻罗斯福临危受命，作为伟大的政治家，他充分意识到，在一个深受孤立主义外交文化影响的国度里，主动参与欧亚大陆的国际争端是要冒一定政治风险的。所以，在领导美国人民大刀阔斧进行新政改革的同时，他并未忽略对国际局势的正确判断。他通过系列广播演讲和"炉边谈话"，使全体美国人民逐渐认识到美国是世界的"民主兵工厂"，美国肩负使命和义务让世界人民获得并享受"四大自由"。"天赋使命论"思想重新在美国人心中苏醒，他们一致认为美国"有能力（和义务）把他们的制度传播于全人类，把他们的统治扩大到整个地球"。有学者认为这是一种"新

---

① 彭凤玲：《心理战：争夺心灵与思想的战争》，陕西人民出版社 2009 年版，第10页。
② 韩召颖：《输出美国：美国新闻署与美国公众外交》，天津人民出版社 2000 年版，第50—53页。

天定命运"说。① 正如此，珍珠港事件爆发，罗斯福一声"这是一个将作为耻辱传诸后世的日子"，瞬间统一了全美人民的思想。美国人决心利用一切手段战胜轴心国，其中包括宣传。②

战时新闻处由此应运而生，其成立的目的非常明确：进行对外新闻和宣传活动。埃尔默·戴维斯为主任。作为著名新闻评论员，戴维斯把战时新闻处的外宣功能发挥得淋漓尽致。战时新闻处运用心理战略，配合美国的军事行动，对摧毁德、意、日法西斯主义者的士气，赢得战争的胜利发挥了相当大的作用。同样地，战时新闻处也如克里尔委员会一样，遭到了新闻界和国会的批评。不过，因为其成功的攻心战术，连"敌人都不得不佩服"。③ 当意大利宣布投降时，日本政府就警示其国民：意大利的崩溃部分原因可能是英美那些旨在瓦解意大利后方的宣传。

随着日本的投降，国会大量削减战时新闻处的经费。杜鲁门于1945年8月31日宣布解散战时新闻处。至1947年，"美国之音"的预算也被大幅度削减，一些有影响力的国会议员甚至呼吁取消美国国际广播电台。④ 在"二战"后的1946年到1947年，美国政府的心理宣传战活动处于暂停或无意义的状态。⑤

美国"热战"时期宣传机构如此短命，原因可以概括如下：

第一，美国一直以"自由""民主"自诩，其中最明显的表征是言论自由、思想自由，故名义上向来反对政府对思想文化的控制，也反对成立相应的文化宣传机构，以避免有钳制思想、言论自由之嫌。很多美国人认为，政府对媒体的垄断会导致传播的信息失真，使人们陷入无法辨别真相的困惑之中，最终做出按照政府意图行事的选择。⑥ 迄今为止，美国一直没有成立宣传部和文化部，就可见一斑。所以，无论是公共信息委员会还是战时新闻

① 刘绪贻、杨生茂主编：《美国通史》（第3卷），人民出版社2002年版，第337页。

② Fitzhugh Green, *American Propaganda Abroad*, New York: Hippocrene Books, 1988, p. 15.

③ Ibid. , p. 17.

④ Arch Puddington, *Broadcasting Freedom: The Cold War Triumph of Radio Free Europe and Radio Liberty*, Lexington: University Press of Kentucky, 2000, p. 7.

⑤ 于群主编：《新冷战史研究：美国的心理宣传战和情报战》，上海三联书店2009年版，第11页。

⑥ 王晓德：《文化的帝国：20世纪全球"美国化"研究》（上册），中国社会科学出版社2011年版，第293页。

处，在不遗余力对外宣传的同时也在遭受美国新闻界和国会的诟病。他们认为这些机构在宣传的过程中歪曲了新闻事实，干涉了新闻自由。

第二，仰仗得天独厚的地理环境，美国的孤立主义外交传统根深蒂固，从"门罗宣言"宣称"America is America's America"开始，美国政府就不希望旧世界干预美洲这块新大陆的事务，也不主张美国去卷入欧亚旧大陆的烦心事。所以，在冷战之前，美国的外交政策往往是采取隔岸观火的"中立"战略，大发战争财，美国参与两次世界大战某种程度上是"被迫的"。美国政府对外宣传缺乏兴趣某种程度上是其孤立主义外交传统的折射。① 由此，战时的对外宣传可以说是美国为了赢得战争的胜利而采取的一种暂时的实用战术，并未提高到长久发展的战略高度。战争期间，美国举国上下一致支持国际广播，② 战争一旦获得胜利，国际广播和外宣机构就没有存在的必要了。从这点来讲，美国的实用主义哲学表现得淋漓尽致。

第三，与时任总统本身态度和美国的两党制有关。"宣传（Propaganda)"一词在美国英语中一度成为贬义词，这是因为"那个词，在德国人手里，已经与欺骗和讹误联系在一起了"。所以，威尔逊成立克里尔委员会，虽其工作是对外宣传，但他避免赤裸裸地使用"Propaganda"而是委婉使用中性的"Information"。罗斯福除了继续使用"Information"代替"Propaganda"外，自己亲自利用广播进行宣传，但采取的是充满人情味犹如家长谈心式的"炉边谈话"形式，目的是避免有组织的政府宣传之嫌。此外，克里尔和戴维斯的卖力外宣，被在野党误解为他们是在为执政党摇旗呐喊而非"宣传自己的祖国"，他们与国会的矛盾最终总是"达到白热化的程度"。共和党众议员弗雷德里克·H. 吉勒特曾指出，克里尔委员会"是一个很大的危险"。"如果任何一届政府在执政期间有一个称为公共信息的机构，而实质是广告机构、宣传机构并运用各种方式为政府部门寻求公众支持的机构，那么在一个共和国里是一件非常危险的事情，因为一旦这样的机构用于为执政党的利益服务，它就会拥有巨大的权力；在和平时期，我认为，任何一个

---

① Arch Puddington, *Broadcasting Freedom*：*The Cold War Triumph of Radio Free Europe and Radio Liberty*, Lexington：University Press of Kentucky, 2000, p. 6.

② Ibid. , p. 7.

政党或政府都不会为它的存在找到理由，都不会同意它的存在。"①

第四，其实，还有一个重要因素与美国管理体制有关。美国是个高度私有化的国家。在苏联、德国甚至英国等国家的国有电台加紧对外宣传的同时，美国在参加"二战"之前却没有一家国有宣传媒介。即使 1942 年成立的代表美国政府的官方对外广播电台"美国之音"也是由众多私营电台拼凑组成的。② 由此，美国受众习惯于收听私营电台播放公司广告以及国内政治竞选的宣传，从意识形态上似乎对政府资助的国际宣传有所排斥。③

第五，对外宣传的真正效果很难定量评估。巴雷特深有感触："国际宣传行为总是充满'争议'，重要原因是其效果难以精确估定。所以，任何宣传策略都会受到攻击。"④ 如上述，美国高层乃至军方对心理宣传在赢取战争胜利过程中的作用给予了充分肯定，但要他们准确说出其究竟做了什么贡献，却非常难以定论，虽然"广播可以被统计，（宣传）小册子也可以被统计，图片和发行的标语的数量也会被清点"。所以，美国心理战或宣传战在战争期间"取得的巨大而有影响力的成果沦落成了实际不存在的东西"。多种因素最终导致相关宣传机构"顷刻间烟消云散"。⑤

2. 冷战时期的外宣机构：热战有明显的起讫时间，而冷战并非如此。⑥

历史上没有任何人正式宣布"冷战"的开始。⑦ 学界一般认为，1946 年 3 月 5 日，丘吉尔在美国富尔顿发表的"铁幕"演说是二战后西方领导人第一次公开发动冷战的信号，揭开了"冷战"序幕，而 1947 年 3 月 12 日杜鲁门主义的出台标志着美国第一次公开宣布将冷战作为国家战略对待。1947

---

① John W. Henderson, *The United States Information Agency*, New York：Praeger, 1969, pp. 27 – 28.

② 韩召颖：《输出美国：美国新闻署与美国公众外交》，天津人民出版社 2000 年版，第 162 页。

③ Arch Puddington, *Broadcasting Freedom：The Cold War Triumph of Radio Free Europe and Radio Liberty*, Lexington：University Press of Kentucky, 2000, p. 7.

④ Robert T. Holt, *Radio Free Europe*, Minneapolis：University of Minnesota Press, 1958, p. 202.

⑤ 于群主编：《新冷战史研究：美国的心理宣传战和情报战》，上海三联书店 2009 年版，第 8—9 页。

⑥ 美苏双方的意识形态、社会制度、政治制度等大相径庭，之间对抗似乎不可避免，所以，美国"二战"期间的情报官员指出，关于冷战根源问题而进行的长时间的辩论是一种愚蠢之举，从他们的亲身经历来看，冷战最初就是热战的继续，早已在其获得命名之前就已经开始了。转引自于群主编《美国国家安全与冷战战略》，中国社会科学出版社 2006 年版，第 296 页。

⑦ Fitzhugh Green, *American Propaganda Abroad*, New York：Hippocrene Books, 1988, p. 18.

年9月底，苏联、东欧等9国共产党和工人党在波兰召开会议，成立共产党和工人党情报局（the Cominform），其目的就是通过宣传挫败马歇尔计划的实施，并公开指出，世界形成了两大对立的阵营，① 和平共处已无可能。② 冷战的基本技术存在于信息心理领域。③ "一场针对美国的大规模心理攻击战由此展开"。美国国会为之惊醒，感觉到美国必须对（苏联）共产党针对自由世界来势汹汹的宣传做出回应。④ 宣传开始成为和平时期美国对外政策最主要的战略工具之一。⑤ 1949年，国家安全委员会一份报告断定：大规模的对敌宣传和大规模的军备武装，是对抗苏联所必需的。

所以，冷战实际上是美苏之间以意识形态为幌子、以攻心宣传为主要手段而进行的一场争夺地缘政治的战争。故其周期长达40多年，直至1991年苏联解体。

冷战格局的出现无疑给美国心理宣传战略注射了一针强心剂，美国高层再次意识到对外宣传的重要性，但如何有效宣传，国会、国务院和总统之间存在分歧。从1945年到1953年，美国外宣机构几度易名。⑥ 战时新闻处被取缔后，国务院成立了临时国际新闻处（Interim International Information Service，IIIS）替而代之；1946年1月1日，国际新闻和文化事务处（Office of International Information and Cultural Affairs，OIC）成立；1947年再次调整，更名为国际新闻和教育交流处（Office of International Information and Education Exchange，OIE），下设专门的外宣机构美国新闻处（U. S. Information Service，USIS）。其机构名称左改右改，但基本上换汤不换药，其人员队伍变化不大，大多数仍然是战时新闻处残余下来的人，如前记者、广播员、节目制作员以及一群公关人员和广告商等，当时被认为"都是一些邋里邋遢的

---

① 刘绪贻、杨生茂主编：《美国通史》（第6卷），人民出版社2002年版，第25—34页。

② ［美］梅尔文·P. 莱弗勒：《人心之争：美国、苏联与冷战》，孙闵欣等译，华东师范大学出版社2012年版，第54页。

③ ［俄］谢·卡拉－穆尔扎：《论意识操纵》（上卷），徐昌翰等译，社会科学文献出版社2004年版，第401—402页。

④ Fitzhugh Green, *American Propaganda Abroad*, New York：Hippocrene Books, 1988, p. 23.

⑤ 时殷弘：《激变战略和解放政策：冷战初期美国政府对苏联东欧内部状况的政策》，《世界历史》1995年第3期。

⑥ John W. Henderson, *The United States Information Agency*, New York：Praeger, 1969, p. 39.

人"，战时一些外宣明星都已随戴维斯一起退隐江湖。[1] 尤其可笑的是，"美国之音"曾收到一封来自流亡在秘鲁利马的一群哥萨克人的来信，感谢"美国之音"直接针对他们播放的精彩的俄语节目，结果一调查得知，其发射台原本是针对苏联方向发射信号，却错把信号发射到南边去了。[2] 该时期的外宣人员素质和外宣效果可想而知。

随着共产党和工人党情报局的成立，苏联集团对欧洲的宣传得到进一步加强以"干扰马歇尔计划的实施"，美国国会重新意识到对外宣传的重要性。1947 年夏天，国会成立由众议员卡尔·E. 蒙特和参议员 H. 亚历山大·史密斯领衔的联合委员会，以调查美国新闻处在欧洲各国的运行情况。通过调查，委员会一致认为，欧洲再次成为宣传家们的大战场，在这里，语言文字已经替代军备成为主要武器和战场。苏联人正在"发动一场诋毁和歪曲美国的运动"。华盛顿除了"抵制那种阴谋颠覆自由力量的行为及向士气低落并摸索前进的欧洲解释美国的理想、动机和目标外"，别无选择。他们进一步强调：不仅苏联加紧宣传，英法两国虽然遭受战争破坏严重，经济凋零不堪，他们发动的宣传攻势和努力也比美国大得多。[3] 基于该次调查，美国国会两党就成立合法宣传机构意见高度统一，于 1948 年 1 月 16 日，以压倒多数通过《史密斯—蒙特法案》，11 天后，杜鲁门总统签署并使该法案成为正式法律。

《史密斯—蒙特法案》为美国长期进行对外宣传提供了法律依据，某种程度上也是一部确立美国"和平演变"战略的法律文件。该法案是冷战时期美国外交政策的一个重要转折点。它标志着美国认识到除军事、经济在冷战中的重要作用外，也开始认识到文化在美国外交活动中的巨大作用，因而具有一定的"和平演变"色彩。[4] 该法案旨在"促进世界各民族更好地理解美国并加强国际合作关系"。对于政府机构和民间组织的关系，该法案明确表示，要最大限度地发挥民间组织的作用，禁止政府部门从事民间组织可以

---

①　Fitzhugh Green, *American Propaganda Abroad*, New York: Hippocrene Books, 1988, p. 22.

②　Ibid. , p. 24.

③　Walter L. Hixson, *Parting the Curtain: Propaganda, Culture and the Cold War* (1945 – 1961), Basingstoke: Macmillan, 1997, pp. 10 – 11.

④　杨友孙:《波兰社会主义演变中的美国因素》，博士学位论文，外交学院，2004 年，第 76 页。

同样做好的任何活动。① 由此，该法律打算运用所有现代传播手段来传播有关美国的信息，如印刷品、广播、电影、交流计划和展览等。② 依据法案，美国国务院将国际新闻和教育交流处一分为二，设立了两个新机构：国际新闻处和教育交流处，统归助理国务卿管辖。国际新闻处负责所谓的"快媒介"系列，如广播、报刊和电影等宣传，而教育交流处则负责"慢媒介"，即人员交流、海外图书馆及世界各相关研究机构的联系等。③ 分工更加细化而明确。时任助理国务卿乔治·艾伦对《史密斯－蒙特法案》给予了高度评价，认为它是"我们对外关系史上做出的最重要，甚至具有革命性的决定之一"。

但是，《史密斯—蒙特法案》仅仅解决了允许政府海外宣传机构合法存在的问题，④ 至于能否游说国会始终支持并大量投入资金，关键还看具体负责人。实际上，杜鲁门总统在兢兢业业实施其国内"公平施政"纲领的同时，一直在关注海外宣传问题。他一直在物色有足够人格魅力和领导气质并能影响国会态度的海外宣传机构负责人。他希望在战后美国普遍对外交事务不感兴趣的时候还有足够资金源源不断流入该宣传机构。⑤ 威廉·本顿、乔治·艾伦都是杜鲁门先后任命的负责公共事务的助理国务卿，他们皆为美国外宣工作做出了不俗贡献，但在赢得国会支持方面，均以"失败"告终。1950 年杜鲁门终于物色到《新闻周刊》主编爱德华·W. 巴雷特，是年 2 月，巴雷特接替艾伦，成为助理国务卿。相比之下，巴雷特任内，美国外宣工作业绩斐然，至少国会的拨款大增，1951 年，政府获得将近 8000 万美元的宣传费用，而常规拨款是 3200 万美元，广播、出版、电影、人员交流及其他各种各样文化活动的经费大大增加。⑥ 1952 年更是高达 1.15 亿美元。

---

① 韩召颖：《输出美国：美国新闻署与美国公众外交》，天津人民出版社 2000 年版，第 63 页。

② Walter L. Hixson, *Parting the Curtain：Propaganda，Culture and the Cold War*（1945 – 1961），Basingstoke：Macmillan，1997，p. 11.

③ Nicholas J. Cull, *The Cold War and the United States Information Agency：American Propaganda and Public Deplomacy*（1945 – 1989），Cambridge：Cambridge University Press，2008，p. 41.

④ Walter L. Hixson, *Parting the Curtain：Propaganda，Culture and the Cold War*（1945 – 1961），Basingstoke：Macmillan，1997，p. 13.

⑤ Fitzhugh Green, *American Propaganda Abroad*，New York：Praeger，1988，pp. 22 – 23.

⑥ Walter L. Hixson, *Parting the Curtain：Propaganda，Culture and the Cold War*（1945 – 1961），Basingstoke：Macmillan，1997，p. 16.

巴雷特巨大成绩的取得，与其个人素质和阅历有关。

巴雷特参加过二战期间的对外宣传，与当时情报合作署主任威廉·J.多诺万是亲密同事，外加《新闻周刊》主编的特殊身份，在新闻界特别受尊重。其丰富阅历使他对内知道如何说服国会，赢得支持，对外宣传定位准确，目标鲜明。首先，定位准确。他承认不应该把"宣传"视为万能的"魔器（a magic weapon）"，靠它就能很快赢得冷战的胜利，但他坚持认为宣传可以作为马歇尔计划的重要补充。他宣称："仅仅靠物质手段是不可能解除苏共暴政的威胁。"[1] 其次，把"宣传攻势"（propaganda offensive）提高到"心理战"（psychological warfare）的高度，从而赢得朝野一片支持，这是史无前例的。[2] 如前述，"宣传"这一术语被绝大多数美国人视为贬义词，是与希特勒、戈培尔等法西斯专制政权紧密相连的一个术语。美国要运用宣传，最多只能是作为战争时期的应急手段。正如此，"一战"期间的公共信息委员会和"二战"期间的战时新闻处均是战争一结束就寿终正寝，而战后本顿、艾伦的宣传工作也基本以"失败"告终。巴雷特后来解释说，"美国国会议员们就像普通美国人一样，一说到所谓的'宣传'就表示怀疑"，所以，"当时我们发现，若为纯粹的新闻宣传，或在中立地区建图书馆，或派演员出国演出等，就很难获得拨款……但如果你把'宣传'换称为战争，钱就很容易到手了"。[3] 巴雷特所言战争就是心理宣传战。所以，在杜鲁门政府几位高参大加推崇宣传攻势计划的时候，巴雷特坚持要把"这一新推出的赤裸裸的宣传攻势或许叫着'自由之声'比较好"，最后，被确定为"真理之战（Campaign of Truth）"。1950 年 4 月 20 日，杜鲁门故意挑选在曾经公开反对政府外宣计划的美国报纸与编辑协会面前发布其政府外宣口号："真理之战。"他宣称，归根结底，冷战就是"一场争取人的灵魂的斗争"，[4] "共产帝国主义（imperialistic communism）"势力正在通过系统的欺骗和歪

---

① Walter L. Hixson, *Parting the Curtain*: *Propaganda*, *Culture and the Cold War*（1945 – 1961）, Basingstoke：Macmillan, 1997, p. 14.

② Ibid., p. 15.

③ Ibid., p. 15.

④ Arch Puddington, *Broadcasting Freedom*: *The Cold War Triumph of Radio Free Europe and Radio Liberty*, Lexington：University Press of Kentucky, 2000, p. 11.

曲手段赢得这场宣传战。"在这场争夺人的灵魂的战斗中，我们将会因自己疏忽而惨败，除非我们把真实的情况传播给他国人民。""我们必须利用我们可操控的一切手段，官方的或者民间的，把真理传输给其他国家的人民。"

巴雷特宣称，"在争取人的灵魂的竞赛中，真理是美国特殊的武器。这种武器并不是孤立的，因为只有同具体的行动和政策联系在一起，真理才具有强大的力量。……技巧高明而又有实质内容的真理宣传战，如同一支空军，是不可缺少的"。① 因为该宣传带有攻击性宣传反共，帕里·吉尔斯把它称为"军事化宣传（militarized propaganda）"。②

巴雷特使用"Truth"这个词，可以说取得了一语双关的效果：既可以理解为"真理"，向世界传播美国价值观和文化，就是在传播"真理"，又可以理解为"真实"，以区别于"宣传"所隐含的"欺骗、歪曲"之意。事实上，"真理之战"不仅仅是个宣传口号，它已经融入杜鲁门政府庞大的旨在获取压倒苏联及其联盟的"权力优势（preponderance of power）"的进攻战略中，由此，"真理之战"发出信号：美国决心要在全球颠覆共产主义。③从此，"争夺心灵和思想的斗争"不再是美苏争斗的边缘地带，而是它们的主战场之一。④

在这场"真理之战"中，杜鲁门政府赢得了国会的大力支持，⑤ 对外宣传业绩非常突出。"美国之音"正在用46种语言向100个国家进行广播；美国通讯社每天给10000家外国报纸提供素材；美国电影仅1952年就有3亿多名观众；在世界60多个国家和190个城市设有美国新闻中心；成千上万的学生、教师、作家、科学家、艺术家、新闻记者、农场主和劳工领袖正在

---

① ［英］弗朗西斯·斯托纳·桑德斯：《文化冷战与中央情报局》，曹大鹏译，国际文化出版公司2002年版，第105页。

② Shawn J. Parry-Giles, the Rhetorical Presidency, Propaganda, and the Cold War: 1945－1955, Connecticut: Praeger, 2002, pp. 75－96.

③ Walter L. Hixson, Parting the Curtain: Propaganda, Culture and the Cold War (1945－1961), Basingstoke: Macmillan, 1997, p. 14.

④ 郭又新：《争夺心灵和思想——杜鲁门政府如何展开对"苏东国家"的"冷战"宣传》，选自于群主编《美国国家安全与冷战战略》，中国社会科学出版社2006年版，第295页。

⑤ Walter L. Hixson, Parting the Curtain: Propaganda, Culture and the Cold War (1945－1961), Basingstoke: Macmillan, 1997, p. 15.

参与交流计划。巴雷特坚信美国的对外宣传在杜鲁门时期取得了"非凡的进步",① 在国际新闻工作能力方面,他甚至把杜鲁门与罗斯福相媲美。②

当然,充分认识到外宣工作重要性并切身感受到"心理战"作用的当属艾森豪威尔总统。他对"二战"期间BBC及一些战时秘密电台瓦解敌人士气并缩短战争进程方面的效果印象尤为深刻。在北非战场上,他说道:"我对心理战了解不多,但我会充分利用之。"作为将军和军事史家,他毫无疑问充分理解了中国孙子所言:"百战百胜,非善之善者也;不战而屈人之兵,善之善者也。"③ 后来他当上总统后,甚至夸张地说道:"归根结底,公众舆论赢得了多数战争且总是赢得和平。"④ "在宣传上花1美元,等于在国防上花5美元。"

艾森豪威尔政府里的心理战专家可以说是高手云集,如约翰·福斯特、艾伦·杜勒斯、卢修斯·克莱、阿尔弗雷德·格伦瑟、尼尔森·洛克菲勒、沃尔特·B. 史密斯、C. D. 杰克逊等,形成了所谓的"艾森豪威尔(心理战)队伍(the Eisenhower team)",其中,最得力干将是杰克逊。杰克逊把心理战看成是他"挚爱的事业","在舆论营造、宣传、国际行动及反应方面,艾森豪威尔对他表示充分信任",并任命他为设计冷战战略的首位总统特别助理。正是在杰克逊的充分调研、讨论和建议下,心理战被提升到与政治、经济、军事相当的地位。艾森豪威尔进一步相信宣传在整个冷战当中的中心地位并支持成立一个强有力的政府宣传机构。1953年6月1日,在给国会的特别咨文中,艾森豪威尔宣布创建美国新闻署(USIA),8月1日,机构正式成立,除教育交流项目仍在国务院外,现存所有政府宣传项目都统一归属美国新闻署,如VOA、海外图书馆和新闻中心、电影、出版机构等。美国新闻署的使命就是"说服国外各民族:新闻署做的事情与美国的国家目

---

① Walter L. Hixson, *Parting the Curtain: Propaganda, Culture and the Cold War* (1945-1961), Basingstoke: Macmillan, 1997, p. 21.

② Fitzhugh Green, *American Propaganda Abroad*, New York: Praeger, 1988, p. 25.

③ Ibid., pp. 28-29.

④ Walter L. Hixson, *Parting the Curtain: Propaganda, Culture and the Cold War* (1945-1961), Basingstoke: Macmillan, 1997, p. 22.

标是一致的"。新闻署署长直接对总统和国家安全委员会负责。①

杜鲁门签署《史密斯—蒙特法案》，确立了美国对外宣传的合法性，而艾森豪威尔成立美国新闻署，标志着美国对外宣传工作常规化。该机构的成立标志着战后美国外交的一个转折。虽然就对外宣传问题，政府、国会、总统间仍有磕磕碰碰，但新闻署标志着对外宣传的基本政府框架最终建立起来了。② 文化外交已从操作层面上被提升到与政治外交、军事外交和经济外交并驾齐驱的地位。

美国新闻署的成立实际上是在贯彻落实 1953 年艾森豪威尔政府出台的"解放"战略。同样在 1953 年，艾森豪威尔声称："今天进行的为自由的斗争完全是一场总体性和普遍性的斗争……这是一场政治斗争……这是一场科学斗争……这是一场智力斗争……这是一场精神斗争……因为这场斗争的关键问题在于，在它最深层的意义上不是土地和食品，也不是权力，而是人的灵魂本身。"③ 所以，这里所谓的"解放"战略，并不是指"武力解放"战略，而是指通过向苏东等社会主义国家传播西方意识形态和支持这些国家的人民以和平方式争取民主自由权利，逐渐使这些国家的性质发生根本改变的"和平解放"战略，④ 实际上就是"和平演变"战略。1953 年 1 月 15 日，约翰·杜勒斯在参议院为他被提名为国务卿所举行的听证会上说道："解放并非解放战争，而是用政治战、心理战和宣传战的方法"，"它只能、也必须以不至于挑起全面战争的方式，或者以不至于挑起暴动的方式进行"，"解放可以用战争以外的方法达到……"⑤

所谓政治战、心理战和宣传战，向来就有公开和秘密之分。美国新闻署

---

① 美国新闻署被认为是美国最大的宣传机器，是一个"负责全面服务的公关组织"，其全职员工有10000 多人，分布在150 多个国家，每周使用70 多种语言喋喋不休2500 多个小时"树立美国形象，破坏苏联形象"，每年花费高达 20 多亿美元。引自 Alvin A. Snyder, *Warriors of Disinformation: American Propaganda, Soviet Lies, and the Winning of the Cold War*, New York: Arcade Publishing, 1995, p. xi.

② Walter L. Hixson, *Parting the Curtain: Propaganda, Culture and the Cold War* (1945 – 1961), Basingstoke: Macmillan, 1997, pp. 26 – 27.

③ ［法］阿芒·马拉特：《世界传播与文化霸权》，陈卫星译，中央编译出版社 2005 年版，第103 页。

④ 郑保国：《美利坚霸权透析》，国家行政学院出版社、中央编译出版社 2011 年版，第 137 页。

⑤ 刘洪潮：《西方和平演变社会主义国家的战略、策略、手法》，湖北人民出版社 1989 年版，第144 页。

承担对外公开宣传的任务。而为了颠覆苏东集团，美国心理战专家们可谓不择手段，他们很快发现，广播宣传是其可以实施的最有效的工具。[①] 1947 年成立的国家安全委员会曾下令中央情报局进行"颠覆性的心理活动"，以便"对其他国家的内政施加影响"。由此，美国官方认为，在搞心理战，尤其是颠覆性活动方面，广播是"一个大有前途的工具"。[②]

二　对苏广播[③]的自由电台

西方宣传大致分为三类：一是白色宣传，二是灰色宣传，三是黑色宣传。白色宣传有明确的消息来源，"强调简单、清楚和重复"，其目的是使其受众认为是诚实、和谐和真实的。美国政府公开承认它是用"美国之音"来传播此类信息。相反，黑色宣传"强调纠纷、混乱和恐怖"，伪装成友善的信息来源，实际是敌方散播出来，往往是"伪造敌人文件、捏造信息、歪曲事实等"。美国从不承认它运用黑色宣传，但实际上长久以来，黑色宣传是"美国外交政策和内政不可分割的一部分"。其中最隐秘的是介于黑白之间的灰色宣传。其特色是把敌人的假信息安插于声称独立于美国政府的新闻节目中。[④] 它往往会伪装成中立的立场，实际上代表敌方立场，它以自由、灵活和不为人所警惕的领域层次进行与官方或特定组织相一致的舆论宣传。灰色宣传由于具有较强的隐蔽性和蒙蔽性，一直受到西方宣传机构的青睐。美国尤甚。胡耀亭认为，美国广播发展的一个特别途径就是大力发展"地下"广播。[⑤] 他所说的"地下"广播就是我们将重点讨论的灰色宣传机构。

---

① Walter L. Hixson, *Parting the Curtain：Propaganda，Culture and the Cold War*（1945 – 1961），Basingstoke：Macmillan，1997，p. 27.

② 胡耀亭：《从自由欧洲电台到自由亚洲电台》，《中国广播电视学刊》1994 年第4 期。

③ 对苏联广播一直是美国的重点。在"二战"期间，"美国之音"一度高度赞扬斯大林和苏联人民英勇抗击德国法西斯。但战后，广播语气随着美苏两国关系的变化而变化，先是呼吁击退（roll back）共产主义，然后"遏制（contain）"；而后企图"解放（liberate）"苏联人民，然后"启蒙（enlighten）"，最后仅仅"提供资讯（inform）"。参见 Donald R. Shanor, *Behind the Lines：the Private War against Soviet Censorship*, New York：St. Martin's Press，1985，p. 129。

④ 郭又新：《穿越"铁幕"：美国对"苏东国家"的冷战宣传（1945—1963）》，博士学位论文，东北师范大学，2003 年，第7 页。

⑤ 胡耀亭：《从自由欧洲电台到自由亚洲电台》，《中国广播电视学刊》1994 年第4 期。

正如卢修斯·克莱将军所说："我们需要一家更大的不同于美国之音的电台，一家自由人民的电台，一家可以向铁幕背后每个国家进行广播的电台。它将用每个目标国自己的语言进行广播，并由那些因信仰自由而逃亡在外的领导人亲自广播。"① 克莱在这里鼓吹的就是要以民间名义建立一家可以大胆从事灰色宣传的广播电台。

"美国之音"由于是官方电台，进行"灰色宣传"或"黑色宣传"容易招惹外交是非，只适宜进行"白色的"或"美化"西方的宣传。② 冷战时期美国从事灰色宣传最活跃的机构是自由电台和自由欧洲电台。自由电台针对苏联发射，而自由欧洲电台即针对东欧地区6个社会主义国家。③

自由欧洲电台成立于1949年12月，7个月后，通过位于法兰克福附近比布里斯一台小小的7.5千瓦的转播台播出了首档半小时的节目，1955年，自由欧洲委员会如此叙述自由欧洲电台的特点：

> 它是一家私立而非政府的电台。它不向苏联或东德广播，而只向5个铁幕国家广播（波兰、捷克斯洛伐克、匈牙利、罗马尼亚和保加利亚）。对其中3个国家（波兰、捷克斯洛伐克和匈牙利）实行全面广播，每天约18到20小时，节目包括新闻、重要评论、反共辩论、道德示范、真正民主制度介绍以及文化、娱乐等。其5种"声音（voices）"，都是民族声音（national voices），波兰人对波兰人说话，匈牙利人对匈牙利人说话，等等，以他们自己的名义，而不是美国政府或美国人民的名义。电台总部在慕尼黑，而纽约录音间制作的广播节目大概占每天广播时间的15%。在葡萄牙有个中转台，总部设在里斯本。④

---

① Michael Nelson, *War of the Black Heavens*: *the Battles of Western Broadcasting in the Cold War*, London and Washington D. C.: Brassey's, 1997, p. 39.

② 白建才：《"第三种选择"：冷战期间美国对外隐蔽行动研究》，人民出版社2012年版，第141页。

③ 由于精通阿尔巴尼亚语的媒体人难找，1951年成立的阿尔巴尼亚语广播仅维持两年就终止了。所以，自由欧洲电台在该国的影响很小。参见 Arch Puddington, *Broadcasting Freedom*: *The Cold War Triumph of Radio Free Europe and Radio Liberty*, Lexington: University Press of Kentucky, 2000, p. 38。

④ Robert T. Holt, *Radio Free Europe*, Minneapolis: University of Minnesota Press, 1958, p. 16.

自由电台成立于 1951 年 2 月。① 相比较而言，自由电台的运作比自由欧洲电台复杂得多。自由电台名义上也是"民间机构"，其上级组织为"美国解放布尔什维主义委员会（the American Committee for Liberation from Bolshevism, Amcomlib）"。该组织是为苏联逃亡者而成立，其目的是想把各种逃亡者组织统一起来，不管是俄罗斯人还是非俄罗斯人。但现实是，美国人事与愿违。甚至在自由电台开始正式广播之前，组织内部就派系林立，斗争激烈。这一背景直接影响到自由电台的工作程序。对美国而言，苏联问题相对较为复杂的原因主要有两个：一是作为一个幅员辽阔的泱泱大国，苏联的民族成分特别复杂，有 100 多个民族，200 多种民族语言，分布在 15 个加盟共和国里。仅对苏联一个目标国，就必须配备多种广播语言。② 其派系斗争盛行。从大派系讲，苏联逃亡者中分为俄罗斯人和非俄罗斯人，前者主张推翻共产主义，但反对苏联解体；而后者不仅希望颠覆苏联共产主义，而且还要借此赢得民族自由，摆脱俄罗斯人对他们的统治。"美国解放布尔什维主义委员会"这一组织名称乍一听多少有点陈旧，③ 但实际上是派系之间最终妥协的结果。该组织初始名称为"美国争取苏联各民族自由委员会（American Committee for Freedom for the Peoples of the USSR）"，"苏联各民族"的说法遭到俄罗斯人的反对。后改为"美国解放俄罗斯各民族委员会（the American Committee for the Liberation of the Peoples of Russia）"，"俄罗斯各民族"的叫法却被非俄罗斯人认为是对他们的侮辱。最后协调结果，定为现名。④ 二是虽然派系林立，但共产主义信仰在苏联的根基相对东欧其他社会主义国

① 阿奇·普丁顿认为，自由电台原名为"解放布尔什维主义电台（Radio Liberation from Bolshevism）"，于 1953 年 3 月 1 日开始向苏联人民广播。参见 Arch Puddington, *Broadcasting Freedom: The Cold War Triumph of Radio Free Europe and Radio Liberty*, Lexington: University Press of Kentucky, 2000, p. 153。

② 至 1962 年，除俄语广播外，自由电台还使用了苏联境内其他 16 种主要民族语言进行广播。后来，一度增加到 20 多种广播语言。引自 Gene Sosin, *The Role of Radio Liberty*, cited from *Propaganda and the Cold War: a Princeton University Symposium* edited by John Board Whitton, Washington D. C.: Public Affairs Press, 1963, p. 95; James Critchlow, *Radio Hole-in-the-Head/Radio Liberty: An Insider's Story of Cold War Broadcasting*, Washington D. C.: American University Press, 1995, p. x。

③ "布尔什维克"这一名称在列宁时期特别盛行，可以说该时期专有，故在 20 世纪中叶谈及该术语，似乎有点陈旧。——笔者注

④ Arch Puddington, *Broadcasting Freedom: The Cold War Triumph of Radio Free Europe and Radio Liberty*, Lexington: University Press of Kentucky, 2000, p. 158.

家却更为牢固。虽然苏联人可能对共产主义制度的某些方面，尤其是对斯大林的某些暴政有所抵触，但他们认为，不管怎样，是斯大林打败了希特勒，并在某种程度上改善了他们的生活水准。再者，苏联幅员辽阔，地缘上相对孤立，与西方世界几乎没有接触，所以，在苏联人面前，一味亵渎他们的领袖、宣传美国经济的优越性，等等，不太可能会获得他们的完全认同。① 美国人为此而绞尽脑汁。从对苏广播电台的台名左改右改就可见一斑。

自由电台原名叫"解放布尔什维主义电台"，开播几个月后，改为"解放电台（Radio Liberation）"，1964 年，② 正式改为"自由电台（Radio Liberty，RL）"。这象征着美国对苏广播电台"资讯和语气的一步步软化"，不仅标志电台政治路线经历了一个修正过程，而且，笼罩电台的上述问题也一并得以解决。当然，从"解放电台"到"自由电台"，某种意义上更能说明该电台是美国政府的宣传工具，紧紧围绕美国国家安全战略的调整而调整。如前述，20 世纪 50 年代初，美国的国家安全战略是"解放"战略，而其重点在"和平解放"，但至 20 世纪 60 年代，随着美苏关系的"缓和"，肯尼迪政府推行了以"和平演变"为重点的"和平"战略，更加强调美国文化的扩张和渗透。③ 不过，不管是"解放"战略还是"和平"战略，政治战、心理战和宣传战是美国实行这两大战略的主要方法，故无论叫"解放电台"还是叫"自由电台"都是配合政府实行上述"三战"的重要媒体。

为扩大对苏宣传效果，自由电台一度同时使用 20 多种语言对苏广播。④ 至 20 世纪 70 年代，自由电台跻身于世界最有影响力的国际广播电台之列。⑤

---

① Arch Puddington, *Broadcasting Freedom*: *The Cold War Triumph of Radio Free Europe and Radio Liberty*, Lexington: University Press of Kentucky, 2000, p. 154.

② 有一说是 1959 年。——笔者注

③ 郑保国：《美利坚霸权透析》，国家行政学院出版社、中央编译出版社 2011 年版，第 147—159 页。

④ 自由电台重心发展一直是俄语广播。从人员配置上，俄语频道有 90 多位新闻记者等，而其他少数民族语言频道往往只有 7—8 位编辑和播音员，乌克兰语频道位次第二，只有 15—20 名工作人员。俄语广播几乎是全天 24 小时播放，而其他少数民族语言频道原创节目每天只有 1 小时左右，每天重播 1—2 次。这不仅是因为俄罗斯人数最多，关键是俄语是当时整个苏联的通用语。由此，自由电台一直视其非俄语广播频道为"后娘养的"。Arch Puddington, *Broadcasting Freedom*: *The Cold War Triumph of Radio Free Europe and Radio Liberty*, Lexington: University Press of Kentucky, 2000, pp. 288－289.

⑤ Arch Puddington, *Broadcasting Freedom*: *The Cold War Triumph of Radio Free Europe and Radio Liberty*, Lexington: University Press of Kentucky, 2000, p. 155.

自由电台的成功与设备的及时更新和专业人才的及时调整密切相关。

早期自由电台条件异常艰苦：人员匮乏、设备简陋。电台开播数周之内，除俄语节目外，又先后开通了亚米尼亚语、阿赛语、格鲁吉亚语、突厥斯坦语以及北高加索各民族语言的广播节目。其中常规难题是精通这些少数语种的广播人才难找。而且，当时各发射台设在距离慕尼黑200英里远的兰佩特海姆，在纽约录制好磁带，然后空运到慕尼黑编辑加工，再乘火车后换摩托车，约6小时行程才能到达各发射台，其中困难可想而知，多少存在风险（something of an adventure）。更为严重的问题是，发射机功率小，而且是些过时的设备，外加苏联强功率的电波干扰，实际上，苏联领域几乎没有听众能听到自由电台的节目。① 唯有在时任中央情报局局长艾伦·杜勒斯决定投资必要资金在西班牙建设一套高功率的发射机网络，并于1960年竣工时，自由电台的听众才剧增，② 因为至此该台拥有了世界上最强功率的短波发射机。③

专业人才的匮乏一直令美国人头痛。苏联流亡组织因内部派系纷争，并不积极配合美方工作，也没有提名最有能力的人进入广播委员会，已被提名者都是些毫无广播经验的人。由此，相对自由欧洲电台来说，并不能把自由电台看成是一个逃亡者协调中心。关键决策是由美国解放布尔什维主义委员会和电台的美方经理决定。④ 其中重要决定之一是着手雇用一批专业新闻记者和管理人员，如：从美国阵线电台（RIAS）引进杰出作家鲍里斯·舒布，他对俄罗斯历史文化颇有兴趣，政治态度也较温和；曾在莫斯科当过驻外记者的埃德蒙·史蒂文斯被任命为新闻部主任；同时，在美国政府的授意下，美国解放布尔什维主义委员会任命罗伯特·A. 凯利为首席政治顾问。凯利具有丰富的东欧外交经验，他曾在国务院任职，并于20世纪30年代创办国

---

① 自由电台一直怀疑苏联人能否收听到他们的节目。但在1974年，因持不同政见而被驱逐出境的苏联小说家、诺贝尔文学奖获得者亚历山大·索尔仁尼琴当面告诉时任台长龙尼·罗纳尔茨，他从"自由电台开播"就一直在收听他们的节目。引自 James Critchlow, *Radio Hole-in-the-Head/Radio Liberty：An Insider's Story of Cold War Broadcasting*, Washington D. C.：American University Press, 1995, p. 99。

② Arch Puddington, *Broadcasting Freedom：The Cold War Triumph of Radio Free Europe and Radio Liberty*, Lexington：University Press of Kentucky, 2000, p. 169.

③ Ibid. , p. 220.

④ Ibid. , p. 160.

务院东欧司，且负责培训出美国外交史上第一代苏联专家。① 1953 年，RL
电台雇有 96 名美国人和 218 名外国人。②

当然，最重要的人事变动当属 1953 年任命豪兰·H. 沙金特为美国解放
布尔什维主义委员会主任。沙金特曾任杜鲁门政府助理国务卿，负责对外宣
传，其中包括"美国之音"电台。据说，中央情报局领导询问沙金特是否
愿意接受任命时，沙金特表示，他对安置并抚养逃亡者毫无兴趣，但对建立
一家完全不同于如 VOA 之类官方电台的传播机构，他倒是非常愿意试试。③
在正式接受任命之前，他提出了三个条件：一是中央情报局不得干预他的工
作。他要自己管理该组织，中央情报局不得"暗中评论、破坏或幕后操纵"
他的工作。二是美国解放布尔什维主义委员会的主要精力是把自由电台建成
一流的国际广播电台。三是流亡组织在美国解放布尔什维主义委员会或自由
电台不能有任何发言权。④

在中央情报局答应上述三个条件之后，沙金特正式上任，而且一干就是
21 年，直到 1975 年自由欧洲电台和自由电台合并。事实证明对沙金特的任
命是英明之举。在这 21 年当中，沙金特捍卫了自由电台自主办台的方针，
完善了现代广播设备的更新和补充，建成了一支优秀精干的新闻人才队伍。
自由电台逐渐发展成为冷战时期最有影响的国际广播电台之一，可以说，与
沙金特的办台理念和能力是分不开的。

沙金特与中央情报局的合作算是愉快的。虽然，他一开始强调中央情报
局不得干预他及其团队的工作，但他创造了一些信息流通机制，确保中央情
报局总部随时掌握电台的日常进展。其主任办公室的所有备忘录和通信往来
均备有一份"绿色备份（green copy）"，由美国解放布尔什维主义委员会递
交中央情报局总部，同时，安排一名中央情报局雇员担任沙金特的主任助

① James Critchlow, *Radio Hole-in-the Head/Radio Liberty: An Insider's Story of Cold War Broadcasting*,
Washington D. C. : American University Press, 1995, pp. 80 – 81.

② Walter L. Hixson, *Parting the Curtain: Propaganda, Culture and the Cold War* (1945 – 1961), Basing-
stoke: Macmillan, 1997, p. 63.

③ Sig Mickelson, *America's Other Voice: the Story of Radio Free Europe and Radio Liberty*, New York:
Praeger, 1983, p. 70.

④ Arch Puddington, *Broadcasting Freedom: The Cold War Triumph of Radio Free Europe and Radio Liber-
ty*, Lexington: University Press of Kentucky, 2000, p. 162.

理，以确保文件递送畅通无阻。中央情报局只负责电台的预算，但具体管理纯由电台管理层把握。有了中央情报局的充分信任，沙金特合法地把自由电台作为"一家独立的电台实体"办起来了。

如何不交付权力给苏联流亡人员而又能充分利用他们也是一直令电台头痛的大问题。[1] 美国职员毕竟缺乏苏联的语言组织能力，更重要的是，他们对其目标受众缺乏了解，不了解他们的兴趣爱好、他们的资料背景等。所以，不管怎样，苏联流亡人员仍然是自由电台节目组主要人才构成成员。沙金特对流亡人员的态度很鲜明："我们需要你们，需要你们为了共同的事业与我们同舟共济，但我们不希望你们内部钩心斗角影响我们的事业。"

相对来讲，美国人更愿意雇用老一代苏联人，而不愿意雇用"二战"后流亡到西方的苏联人，因为老一代逃亡者"更有文化、说的俄语更纯净且有文学性，而且还能说英语，与同事交往更民主，政治立场更温和"。他们当中许多人对俄罗斯历史和文化了如指掌。[2] 这对自由电台来说是"一笔重要财富"，因为电台广播的主要主题就是揭露"共产主义如何压制俄罗斯文化并系统篡改其历史"。[3] 正如美国国家安全委员会 162 号文件规定：尽力开发苏东民众的"精神资源"，煽动他们的反政府情绪。[4] 自由电台使用最成功的流亡人员有两位：一位是亚历山大·施梅曼，另一位是大卫·舒布。施梅曼是纽约圣弗拉基米尔神学院的东正教神父。应鲍里斯·舒布的邀请，

① Sig Mickelson, *America's Other Voice: the Story of Radio Free Europe and Radio Liberty*, New York: Praeger, 1983, p. 72.

② 苏联历史上有三次移居西方的移民高潮，大量苏联人移居到西方各国：第一批是在 1917—1922 年，多为反共知识分子、学者、作家和政治领袖，至 20 世纪 40 年代晚期，这批移民基本上已融入西方生活，他们虽然反共，但是在理性的基础上，并不反对优秀的俄罗斯民族文化。第二批是在 1941 年希特勒入侵苏联后，这批人文化程度不高，多为战俘、劳工、颠沛流离的难民以及少量的逃犯。他们选择留在西方，乃是因为对斯大林的独裁专制统治心有余悸，他们反共多为情感原因而非理性追求，且因文化程度不高，他们的沟通能力和经验都不如第一批移民。正如此，RL 电台成立初期更愿意雇用老一批移民。第三批移民潮发生在 20 世纪 70 年代早期。他们多为犹太人，相比较而言，他们的文化水平甚至超过第一批移民，多为有一定地位的科学家、作家、专业技术人员、新闻记者、编辑和演员等，而且都是经验丰富的传播者。他们能够熟练地运用 70 年代的时代俄语为 RL 电台的节目采写、编导和广播。他们选择离开苏联，是因为他们看到了西方更美好的生活。引自 Sig Mickelson, *America's Other Voice: the Story of Radio Free Europe and Radio Liberty*, New York: Praeger, 1983, pp. 196 – 197.

③ Arch Puddington, *Broadcasting Freedom: The Cold War Triumph of Radio Free Europe and Radio Liberty*, Lexington: University Press of Kentucky, 2000, p. 165.

④ 转引自郑保国《美利坚霸权透析》，国家行政学院出版社、中央编译出版社 2011 年版，第 140 页。

他每周一次，来到自由电台纽约总部录制一档"星期天谈话（Sunday Talk)"节目，该档节目持续了许多年，影响非常大。施梅曼神父广博的知识和娓娓道来的谈话风格在东正教和其接受无神论教育的苏联听众之间搭起了知识和精神的桥梁。尤其是，他避免使用宗教术语，而喜欢利用苏联报纸文本来讨论一些人人关心的伦理道德问题。其同事诙谐地把他称为苏联"共青团的牧师（Komsomol priest)"。作为忠实听众，索尔仁尼琴把他称为"我最喜欢的电台牧师"。①

大卫·舒布是鲍里斯·舒布的父亲，他因支持孟什维克，而在十月革命前就流亡到美国。他对俄罗斯历史和文化烂熟于心，尤其是他与早期苏联许多领导人私交甚笃，其纽约寓所实际上成了另一种意义上的苏联逃亡者会所。大卫·舒布认为，为维护苏维埃的统治，苏联统治者对整个俄罗斯历史进行了系统性的篡改。要让苏联社会回归健康的政治，关键一步是回归历史真实。由此，1953 年 3 月，RL 电台一开播，大卫就准备了关于俄罗斯民主传统的系列节目，通过每周的播放，苏联听众不仅了解到他们的历史丰富多彩且充满人文精神，而且感觉到对马克思主义理论的斯大林式解读狭隘且精神空洞。为了澄清事实，也为了支持儿子的事业，大卫·舒布多年来坚持每周上电台广播，一直到 80 多岁。

总之，这些优秀人才的加盟给了 RL 电台"自己独立的生命和声音"。经费来自美国政府，但人才及其敬业精神却是他们自己宝贵的财富。②

三 自由欧洲电台和自由电台的真实身份

美国在欧洲设立电台，配合了"马歇尔计划"，目的就是防止欧洲地区的动荡，遏制苏联社会主义势力范围的扩张。"马歇尔计划"旨在复苏欧洲的战后经济以保持资本主义自由市场经济在欧洲的统治地位。杜鲁门认为，如果不改善战后欧洲的经济局面，共产主义很可能取得胜利。③ 而电台的设

---

① James Critchlow, *Radio Hole-in-the-Head/Radio Liberty : An Insider's Story of Cold War Broadcasting*, Washington D. C. : American University Press, 1995, pp. 84 – 85.

② Ibid. , pp. 85 – 86.

③ ［美］哈里·杜鲁门：《杜鲁门回忆录》（下卷），李石译，东方出版社 2007 年版，第 127 页。

立，旨在意识形态领域遏制，某种程度上扰乱苏联的共产主义宣传，配合美国政府的"心理战"战略和"和平演变"战略，"宣传美国的意识形态以赢得人心，争取'铁幕'后面的听众，培养反抗共产主义的破坏种子"。① 它们的行动被艾森豪威尔总统誉为"思想上的马歇尔计划（the Marshall Plan of Ideas）"。

马歇尔计划目标是遏制共产主义势力的扩张，但1947年6月5日，马歇尔在哈佛大学演讲阐述其援欧计划时，态度尽量低调，可以说非常隐蔽：第一，故意淡化意识形态色彩，强调对付贫困、饥饿等问题，是一项纯经济援助计划，而不是公开号召同共产主义对抗；第二，受援对象是整个欧洲，甚至没有排除苏联和东欧国家；② 第三，援欧计划是一个长期计划，目标是受援国的"自立"。③ 在这样国际局势异常微妙时期，马歇尔计划"不针对任何国家或主义，而是以对抗饥馑、贫困、绝望和混乱为目标"，这无疑更能打动美国民心，④ 赢得国会支持，更能受到大部分国家和地区的欢迎，但无形中也把苏联置于无语之尴尬境界。比较而言，美国在欧洲设立的广播电台却颇显"好斗性"，针对性强，先后有三个电台针对欧洲不同的社会主义国家和地区，不像马歇尔计划这样隐含。为什么？笔者认为，马歇尔计划是一项政府援助项目，代表着美国官方立场，稍有不慎，就会被苏东社会主义国家抓住把柄而予以外交反击，而电台自从建立，打着"非官方"的民间幌子，这使它们的攻势宣传反而突出其行动的"民意"基础，成为"民间外交"的一部分，游刃有余，缓解了美国政府的外交压力。而对于电台本身来说，没有官方新闻检查，可以发出自己的声音，这也算是一举两得的好事。⑤

譬如，捷克斯洛伐克和匈牙利政府曾要求美国政府终止由自由欧洲委员会（the Free Europe Committee，FEC）资助的广播行为和"空飘行动"。美

① 刘金质：《冷战史》（上），世界知识出版社2003年版，第49页。

② 苏联出于慎重考虑，拒绝马歇尔计划，而其他东欧社会主义国家迫于"来自苏联的压力"也先后予以拒绝。参见刘金质《冷战史》（上），世界知识出版社2003年版，第136—141页。

③ 刘金质：《冷战史》（上），世界知识出版社2003年版，第133页。

④ ［美］亨利·基辛格：《大外交》，顾淑馨、林添贵译，海南出版社2012年版，第450页。

⑤ James Critchlow, *Radio Hole-in-the-Head/Radio Liberty : An Insider's Story of Cold War Broadcasting*, Washington D. C. : American University Press, 1995, p. x.

国政府部分回复如下："自由十字军"组织（the Crusade for Freedom）是个民间组织，该自由运动是由成千上万美国人支持的运动，表达了美国人民为世界各民族自由而奋斗的心声。……（广播和气球投放）行动均是该组织所为，美国政府和驻德国的美国官方机构均未卷入其中。美国政府抵制捷克斯洛伐克这种毫无根据的抗议。布达佩斯美国代表团（the American Legation）基本上表达了相同态度：争议中的活动是由"自由十字军"组织和自由欧洲电台自行发起，责任也由他们自行承担。这些组织均是美国公民建立并支持的民间组织。

这些回复让我们可以把自由欧洲电台认定为美国外交政策中的"正式非官方（officially nonofficial）"宣传机构。[1]

事实是，无论是自由欧洲电台还是自由电台，它们受到美国政府的资助和监护，但并非政府机构。这可以说是美国民间外交的创举。[2]

美国在欧洲设立的广播电台，以"私立"为主，但也有一家官办的。早在 1946 年，针对柏林美国管制区的德国人（指西德人——笔者注）开设了一家有线广播台，名叫"美国阵线电台（Radio In the American Sector，RIAS）"。该电台获得美国政府公开资助，美国和西德联合管理。电台员工几乎都是德国人，而高层管理者是美国人。[3] 电台广播新闻、评论及其他文化节目，名义上是针对美国管制区的西德广播，但最终实际上替代了东德人的国内广播。RIAS 是冷战时期西方国际广播中唯一一家只以一种语言（德语）只针对一个国家（东德）进行广播的官方电台。它风风雨雨坚持了 40 多年。[4] 在冷战大部分阶段，RIAS 电台在东德拥有大量听众，"无疑是东德地区最受欢迎的外国电台"。据估算，东德成年人中有 3/4 的人在听 RIAS 电台。[5] 它播出了许多东德人在国内广播电台听不到的节目。其广播策略有许

---

①　Robert T. Holt, *Radio Free Europe*, Minneapolis: University of Minnesota Press, 1958, p. 7.

②　Sig Mickelson, *America's Other Voice: the Story of Radio Free Europe and Radio Liberty*, New York: Praeger, 1983, p. 1.

③　8 名美国高管和约 600 名德国员工。引自 Walter L. Hixson, *Parting the Curtain: Propaganda, Culture and the Cold War* (1945 – 1961), Basingstoke: Macmillan, 1997, p. 75。

④　Donald R. Browne, *Radio In the American Sector*, *RIAS Berlin*, cited from *Western Broadcasting over the Iron Curtain*, edited by K. R. M. Short, London: Croom Helm, 1986, p. 185.

⑤　Joshua Muravchik, *Exporting Democracy: Fulfilling America's Destiny*, Washington D. C. , 1992, p. 190.

多被后来的自由欧洲电台采纳。[①] 不可否认，RIAS 电台在宣传培养东德人对共产主义的怀疑、对西德乃至西方生活的向往，挑拨和离间东德政府和人民的关系上功不可没，为东德和平演变铺平了道路。该电台的广播每天诱使大量东德人叛逃到西德，即使留在国内的人，也成了削弱东德红色政权的异己分子。[②]

自由欧洲电台和自由电台虽然一直标榜是非官方的民间机构，但与美国政府一直是剪不断理还乱的关系，尤其是在 1971 年，美国中央情报局被曝光一直在资助这两大电台，舆论一片哗然。电台俨然成了美国冷战时期"心理战"和"和平演变"战略的工具。

如上述，该两台播出目标对象分别是苏联和东欧地区，具体来讲，就是除东德以外欧洲地区的社会主义国家。再者，电视台分别冠以"自由"名称，英文分别是"Free"和"Liberty"，它们被统称为"freedom radios"，其宣传和扩张美国自由理念的动机昭然若揭。"这些术语的冠名不仅影响了各电台的办台理念，同时对各目标受众肯定也有一定影响效果。"[③] 最后，自由欧洲电台和自由电台自从一建立就成了美国冷战期间文化扩张与和平演变的工具。我们可以从以下几方面予以判断。

1. 为配合美国政府的冷战战略而建台。

扩大非官方的民间外交是美国冷战战略设计师侧重的焦点之一。正如《史密斯—蒙特法案》规定，外宣工作要最大限度地利用民间组织，禁止政府部门从事民间组织可以同样做好的任何活动。作为美国外交政策的"非官方工具"，[④] 自由欧洲电台是美国早期一些最著名的冷战战略设计师，尤其是那些坚信冷战最终只能是一场政治战争而非军事战争的设计师们所设计出

---

① Arch Puddington, *Broadcasting Freedom*: *The Cold War Triumph of Radio Free Europe and Radio Liberty*, Lexington: University Press of Kentucky, 2000, p. 14.

② Walter L. Hixson, *Parting the Curtain*: *Propaganda*, *Culture and the Cold War* (1945 – 1961), Basingstoke: Macmillan, 1997, p. 75.

③ Sig Mickelson, *America's Other Voice*: *the Story of Radio Free Europe and Radio Liberty*, New York: Praeger, 1983, p. 101.

④ Robert T. Holt, *Radio Free Europe*, Minneapolis: University of Minnesota Press 1958, Chapter 11.

来的产物。① 其中最重要的人物当属美国"遏制战略之父"乔治·凯南。虽然公开资料从未显示凯南与自由欧洲电台有什么关系，但在设计这一"史无前例的"宣传机器上，凯南明显是关键人物之一。1949 年自由欧洲电台一份内部备忘录称凯南为"我们的项目之父（the father of our project）"。②

1946 年，乔治·凯南从莫斯科发来的一封"长电报"（Long Telegram）和 1947 年在《外交》季刊上发表的一篇署名"X"的文章，基本上确定了美国"遏制战略"的冷战基调。由此可以看出，自由欧洲电台把凯南视为其项目之父，无疑表明电台是在贯彻凯南的冷战战略。虽然没有可信资料证明凯南在建立自由欧洲电台过程中的确切作用，但其影响不可忽视。③ 凯南被认为是美国"遏制战略之父"，自由欧洲电台作为美国冷战战略实施过程中的一个棋子，自然也把凯南称为电台之父。事实上，凯南与电台早期负责人私交甚笃，而且，早期构建美国对苏政策，主张建立电台作为美国外交工具的主要智囊基本都是凯南的普林斯顿大学校友，如艾伦·W. 杜勒斯、弗兰克·威斯纳和德维特·普尔等。他们属于后来的艾森豪威尔总统的"心理战团队"重要成员。

从电台的成立过程也可看出它与美国冷战战略的密切关系。自由欧洲电台的上级组织是自由欧洲委员会。该组织没有任何根基，从各大报纸的报道来看，几乎是突然间横空出世。④ 可以说，没有美苏两大阵营之间的冷战，自由欧洲委员会可能就不会成立，更不会有自由欧洲电台了。

1949 年初，一批来自东欧地区的逃亡者和难民逃到美国或美国治下的西德，⑤ 向国务院寻求政治庇护和安置，其中相当一部分人在其各自国家还是非常著名的社会名流，当然，他们大都是各自国家的持不同政见者。这让美国政府感到为难。冷战刚开始，美苏关系非常微妙，尤其是，虽然两大阵

---

① Arch Puddington, *Broadcasting Freedom*: *The Cold War Triumph of Radio Free Europe and Radio Liberty*, Lexington: University Press of Kentucky, 2000, p. 7.

② Ibid. , p. 8.

③ Ibid. , p. 9.

④ Robert T. Holt, *Radio Free Europe*, Minneapolis: University of Minnesota Press 1958, p. 9.

⑤ 1949—1961 年期间，仅东德一个国家，大约有 350 万人流亡到西德，其中多数是年轻人和技术人员，因为这些东德人更喜欢资本主义西德的生活。引自［美］杰里·本特利、赫伯特·齐格勒《新全球史》（第三版）下册，魏凤莲等译，北京大学出版社 2007 年版，第 1126 页。

营正处于明争暗斗的冷战阶段，但他们之间并未断绝外交关系。正如美国一位前国务院官员这样写道："同时让两位先生在候客厅候着，一位是来自铁幕后某个国家的官方代表，而另一位正好是在该国受迫害的前政府官员，这种局面是很尴尬的。"①

对此问题，乔治·凯南临时受指派，组织了一批朝野双方代表开会，达成结论是"帮助和安抚（逃亡者和难民）的合适地方并不在政府机关而是在美国人民的心里"。官方要采取行动肯定会有争议，而非官方行动从外交上是合理的，也符合美国民间外交的优良传统。事实上，早在1949年2月，凯南就与约瑟夫·C. 格雷约谈过。同时，还把他的基本想法告诉时任国务卿迪安·艾奇逊。格雷有40多年的外交工作经验，他非常理解政府的两难境地，也非常同意凯南的非官方行动是最合适的解决办法。所以，当艾奇逊问他能否组建一个私人组织来帮助处理难民问题时，格雷第一反应就是给老朋友、老同事德维特·普尔打电话，并于5月的一天，在格雷寓所的书房里两人进一步完善了计划。他们认为，第一步组建一个委员会，成员至多50人，但各行各业都得有代表。再者，该组织不能简单地给这些难民提供一些慈善性的施舍，而应该人尽其才，给他们安排合适体面的工作。这两位外交宿将考虑问题还不限于此，数十年的外交官经历使他们看问题具有历史眼光，他们知道，美国政府动来动去，就是期望苏东瓦解的这一天，时间可能花上5年，也有可能50年，但他们相信这一天总会到来。一旦来到，苏东地区可能会出现社会动荡。社会一旦出现动荡，该地区就需要新的领导者。所以，一开始，他们就想到要利用该组织培养一批真正民主的领导者，以备苏东解体之日按美国方式和意愿填补"政治真空（political vacuum）"。②

1949年6月1日，从凯南和格雷首次谈论此事，仅仅4个月时间，自由欧洲委员会正式成立。首批成员只有22位，来自美国各个行业，"读读这份委员会委员名单犹如在读《美国名人录》一般"，③ 其中不乏之后左右美国

① Robert T. Holt, *Radio Free Europe*, Minneapolis：University of Minnesota Press 1958，p. 10.

② Ibid.，p. 11.

③ ［英］弗朗西斯·斯托纳·桑德斯：《文化冷战与中央情报局》，曹大鹏译，国际文化出版公司2002年版，第144页。

冷战战略的著名人士，如艾森豪威尔、艾伦·W. 杜勒斯等。[①] 格雷任主席，普尔任执行秘书长。

从上述可以看出，凯南虽然没有直接参与自由欧洲委员会，但该组织的成立及其"非官方的"性质却是他建议的。由此，他被称为"自由欧洲电台之父"算是情理之中的事情。而委员会成员构成就有力地证明了那些负责构建美国冷战外交政策的人已经视自由欧洲委员会和自由欧洲电台为实施美国冷战战略的重要工程。[②]

在6月1日的记者招待会上，格雷进一步阐述了自由欧洲委员会的四大目的：首先，当务之急是为这些逃亡者安排合适的工作，目的是培养他们的民主领导能力。其次，要尽快通过广播把逃亡者的声音，用他们自己的语言自己熟悉的语调，回传给他们的东欧同胞。"我们也尽可能用印刷文字协助传递他们的信息"。再次，鼓励并提供机会，让逃亡者们广泛接触体验美国生活方式，以便他们可以用鲜活的见闻来介绍美国的民主和自由。最后，也被认为是自由欧洲委员会始终没有变过的终极目标，就是争取思想斗争（contest of ideas）的永久胜利。格雷说，目前有三种方式保护美国文明：军事、经济和思想。前两者的花费巨大（superb），影响相对短暂，而思想领域的战斗，花费小，但影响却是永久性的。[③] 从这四大目的可以明显看出美国冷战战略中的文化扩张战略。争取思想斗争的永久胜利实际上就是要在意识形态领域击败对手，通过文化扩张和渗透实现美国的文化霸权。

为实现上述目标，自由欧洲委员会成立了三个分支机构：自由欧洲出版社、自由欧洲逃亡者联谊会（Free Europe Exile Relations）和自由欧洲电台。其中，自由欧洲电台最早成立、地位最重要，后来也带动了系列"自由电台

---

① 22位成员包括：格雷、普尔、弗兰克·阿特休尔、汉密尔顿·F. 阿姆斯特朗、小A. A. 贝利、弗朗西斯·比德尔、罗伯特·伍兹·布里斯、詹姆斯·B. 凯里、休·A. 迪拉姆、艾伦·W. 杜勒斯、德怀特·D. 艾森豪威尔、马克·F. 埃斯里奇、威廉·格林、查尔斯·R. 胡克、阿瑟·布里斯、莱恩、亨利·R. 卢斯、阿瑟·R. 佩奇、查尔斯·M. 斯波福德、查尔斯·P. 塔夫脱、德维特·华莱士、马休·沃尔、詹姆斯·A. 法利。——笔者注

② Arch Puddington, *Broadcasting Freedom: The Cold War Triumph of Radio Free Europe and Radio Liberty*, Lexington: University Press of Kentucky, 2000, p. 12.

③ Robert T. Holt, *Radio Free Europe*, Minneapolis: University of Minnesota Press 1958, pp. 12 – 13.

(freedom's radios)" 的出现。①

1949 年 7 月，由弗兰克·阿特休尔牵头组建广播委员会，同年 12 月正式更名为自由欧洲电台，罗伯特·E. 莱恩任台长。次年 7 月，首档节目正式播出。当时的节目均是在纽约录好磁带，然后空运到西德慕尼黑附近的法兰克福转播。先针对捷克斯洛伐克，后延伸到匈牙利、波兰、保加利亚、罗马尼亚和阿尔巴尼亚。自由欧洲电台发展迅猛。1955 年，它已拥有 29 台强功率的转播台，每周广播总时高达 2800 小时，其中纽约录音间制作的广播节目大概占每天广播时间的 15%。② 机构总部设在纽约，主要转播台在慕尼黑。员工达 2000 人左右，分属五大相对独立的（semiautonomous）分电台，如自由捷克斯洛伐克之声、自由匈牙利之声等（后来自由欧洲电台不对阿尔巴尼亚广播），每个分电台都有各自完全独立的节目安排。

有意思的是，自由欧洲电台节目开播也选择在充满浓郁意识形态气息的时间点：首档 30 分钟的节目选在美国的独立日 7 月 4 日试播。而正常日播选在法国国庆节，也称为巴士底日，7 月 14 日开播。7 月 4 日是北美 13 个殖民地摆脱英国殖民统治的标志。而 7 月 14 日标志着法国人民推翻了封建独裁统治。所以，电台首播宣称，自由欧洲电台"将不受政府干涉，而按照美国自由言论的传统"来广播它的节目。③

美国人很快就发现，通过让苏联卫星国的公民了解外部世界，更重要的是其自己国家的动态，自由欧洲电台正在起着比仅仅给逃亡者安排工作重要得多的作用。自由欧洲电台的成功马上促成直接针对苏联广播的自由电台的成立。④

2. 电台名义上为"非官方"，但大部分资金来源于中央情报局。

为了塑造一家"真正私有电台"的假象，RFE 一开始就打算全天候广播，而不像 VOA、BBC 之类的官方电台每天只广播数小时。要完成这一目

---

① 后有分别针对苏联的自由电台、古巴的马蒂电台和亚洲的自由亚洲电台等。——笔者注

② Robert T. Holt, *Radio Free Europe*, Minneapolis：University of Minnesota Press 1958，p. 16.

③ Arch Puddington, *Broadcasting Freedom：The Cold War Triumph of Radio Free Europe and Radio Liberty*, Lexington：University Press of Kentucky, 2000, p. 18.

④ Sig Mickelson, *America's Other Voice：The Story of Radio Free Europe and Radio Liberty*, New York, 1983, p. vii.

标，电台的技术设备和节目都必须是一流的，足以与东欧各国官方电台抗衡。所有这些将需要大量经费来维持。不可否认，电台成立之初，美国心理战专家们精心组织了一场"轰轰烈烈的"民间募捐运动——"自由十字军"。组织者们在全美国各大城市举行群众集会为 RFE 募集所谓的"真理美元（Truth Dollars）"。两年时间里，共有约 2500 万人捐款，成千上万美元进账。1950 年 10 月 24 日，该运动组织复制了美国的"自由钟"，作为自由的象征挂在西柏林的市政大厅，40 万市民见证了这一壮观场面。但仅靠私人募捐，想把一家电台办好是不可能的事情。事实上，所募款项甚至连运动本身的活动费用都不够。美国政府一直在秘密资助 RFE，"自由十字军"只不过为电台进行了有效的前期广告宣传罢了。① 整个募捐运动只是为了凸显电台的"私有"性质，而企图掩盖其官方属性。无论是自由欧洲委员会还是美国解放布尔什维主义委员会，实际上都是 RFE 和 RL 电台上级傀儡组织，为它们的"私有性"提供掩护。它们都在秘密接受中央情报局的资助。其董事会一直在接收中央情报局和国务院的指令。②

根据总会计事务所一项调查，20 世纪 50 年代"自由十字军"年均募捐在 225 万至 330 万美元。返还不算，政府同时不停在为它的募捐活动注入资金，仅 1951 年和 1952 年两年就高达 200 多万美元。最后，政府捐资一直稳定在总数 37% 左右。20 世纪 50 年代，该组织捐资占 RFE 电台预算 19% 左右。所以，当时的电台有一条不成文规则，谁也不会去过问电台财务，当被问到类似问题时，电台发言人总是躲躲闪闪或者一句无可奉告了之。③

事实上，美国知识界从 20 世纪 60 年代开始一直在调查这两大"自由电台"与中央情报局的关系。由于 20 世纪 60 年代美国国内社会动荡，美国知识界开始怀疑战后美国外交政策的合法性和合理性。修正派甚至认为，美国采取遏制政策是为了主宰世界，是因为美国对苏联的敌对立场才迫使斯大林强加共产主义制度于东欧卫星国之上。美国国内的种族分裂、年轻人的反叛

---

①　Walter L. Hixson, *Parting the Curtain: Propaganda, Culture and the Cold War* (1945 – 1961), Basing-stoke: Macmillan, 1997, pp. 59 – 60.

②　Ibid. , p. 63.

③　Arch Puddington, *Broadcasting Freedom: The Cold War Triumph of Radio Free Europe and Radio Liberty*, Lexington: University Press of Kentucky, 2000, pp. 23 – 24.

等等社会问题，追根溯源，都归因于美国的反共政策。① 由此，每一个为冷战服务的机构，从军方乃至涉猎国防或战略研究的大学，都受到审查。最后，导致新闻界对冷战的影响甚至对中央情报局进行了全面的调查。RFE 和 RL 规模不小、花费很大且非常成功，它们与中央情报局的关系可想而知，曝光只是时间问题。②

从自由欧洲委员会的成立宗旨及其人员构成可以看出，美国政府尤其是中央情报局一开始就积极支持并参与该委员会的活动。1949 年 5 月 11 日，该组织在纽约登记注册后，宣布其宗旨为"利用逃亡的东欧人的各种各样专长开展各种项目，以此积极地与苏联的统治地位进行斗争"。时任国务卿艾奇逊立即表示祝贺："国务院对于成立这样一个组织表示非常高兴。国务院认为这一组织的宗旨非常好……并将予以全力支持。"艾奇逊代表政府对自由欧洲委员会的成立公开表示祝贺，目的是企图掩盖该委员会的官方性质，同时也掩饰该组织是在中央情报局完全操纵下运作的事实。自由欧洲委员会90% 的活动经费是由中央情报局提供而无须任何凭证。③ 1950 年 12 月，艾伦·杜勒斯执掌中央情报局后，他实际上成了自由欧洲委员会"不挂衔的后台老板"。中央情报局对自由欧洲委员会活动的支持和资助力度更大。杜勒斯亲自负责预算拨款、制定战略。自由欧洲电台开办费 1000 万美元就是中央情报局拨付的。短短几年，电台建立了 29 个转播台。④ 事实上，自由电台早期直接受中央情报局苏联司监管，其头 20 年的运行费全由中央情报局资助。⑤

1971 年，在中央情报局幕后资助 RFE 和 RL 电台的秘密被曝光后，美国国会反对派，尤其是参议院外交委员会几乎要把这两大电台视为冷战遗物而提议取缔。经过再三讨论，1973 年 10 月 19 日，美国国会通过了《国际广播

---

① Arch Puddington, *Broadcasting Freedom: The Cold War Triumph of Radio Free Europe and Radio Liberty*, Lexington: University Press of Kentucky, 2000, pp. 187 – 188.

② Ibid. , p. 188.

③ [英] 弗朗西斯·斯托纳·桑德斯：《文化冷战与中央情报局》，曹大鹏译，国际文化出版公司 2002 年版，第 143 页。

④ 同上书，第 145 页。

⑤ Arch Puddington, *Broadcasting Freedom: The Cold War Triumph of Radio Free Europe and Radio Liberty*, Lexington: University Press of Kentucky, 2000, p. 24.

委员会法案》，决定两台合并，并成立国际广播委员会，负责整个合并工作的协调和领导。法案规定保持两台"作为独立广播媒体的继续存在"，并使之运行不违背美国的外交政策目标和拥有新闻专业水准；继续维持两台同苏东地区的"信息和观念的公开交流"。但两大电台的最终合并一直拖到1975年年底。[①]

两大电台虽然搬到同一栋大楼，貌似合署办公，但因为不同的传统，不同的办台理念，不同的用人制度，[②] 甚至员工工资福利差别也很大，它们一直维持自己的独立身份，有点类似于我们国家的"一台两频道"。时隔八年，他们之间的摩擦还没有完全中断。[③]

20世纪80年代中期，两台共有1750名员工，其中只有100名左右在美国国内上班，其余均在慕尼黑及各转播台。从成分构成看，其员工骨干均是逃亡者。他们是分别来自东欧和苏联21个民族的作家、编辑、播音员和制片人。国际广播公司人员构成复杂，内部派别林立，不同的民族、不同的政治信念，甚至不同时期的逃亡者，都是造成他们内部钩心斗角的元素。

《国际广播委员会法案》可以说是 RFE 和 RL 电台的救命稻草，因为自从通过该法案，美国再也没有权威人士怀疑过它们的价值。人们甚至认为这两大电台是美国电磁波谱中一道"永不消逝的电波"。[④] 因为《国际广播委员会法案》的通过，标志着两大电台的宣传工作从地下转为地上了。RFE/RL 电台经费转由美国国会合法拨付，实际上成了美国政府的一大宣传机构。

3. 积极参与美国政府策划的冷战行动。

既然 RFE 和 RL 电台成立伊始就是美国政府实施冷战战略的一部分，是中央情报局实施"心理战"的工具，其广播策略和内容也基本上是与美国冷战战略格调同步进行。它们的立场时而激进、时而温和，不断变化，最终

---

① 罗艳华等：《美国输出民主的历史与现实》，世界知识出版社2009年版，第155—156页。

② 最明显的是，RFE 电台最喜欢录用刚刚叛逃过来的最年轻的逃亡者，认为他们对广播目标国国内形势最了解（引自 Sig Mickelson, *America's Other Voice: the Story of Radio Free Europe and Radio Liberty*, New York: Praeger, 1983, p. 31），而如前述，RL 电台最喜欢聘用对俄国历史文化熟悉的二战前流亡到西方的叛逃者。——笔者注

③ William A. Buell, *Radio Free Europe/Radio Liberty in the mid - 1980s*, cited from *Western Broadcasting over the Iron Curtain*, edited by K. R. M. Short, London: Croom Helm, 1986, p. 70.

④ Ibid. , p. 69.

达到了其"和平演变"苏东的目的。

不可否认，电台初始计划代表了冷战中温和派一方。为了对东欧观众负责，增加电台节目的可信度，电台确实没有过多考虑美国某些激进政治人物的立场，而是采取比较中立的态度。逃亡者领袖们在麦克风前完全可以按照自己的想法自由地向他们的同胞播报。① 正如格雷所言，目的是让东欧社会主义国家的人民能够听到流亡的民主领袖们活生生的声音，从逃亡者那里了解到，不管是他们还是他们的国家都没有被我们美国人或其他民主国家遗忘。

虽然 RFE 电台小心翼翼，避免承诺西方会通过军事干预来解放苏联卫星国，但时刻强调美国和其他西方国家瓦解颠覆世界共产主义的决心，一直是电台宣传的重点。② 随着冷战形势的变化，它们一直在调整自己的广播策略和内容。可以说，电台成立之初，它们并没有做出什么长期规划。他们居然认为，RFE 电台作为一个颠覆东欧共产主义政权的机构，存在至多不会超过一年。正如一位前 RFE 电台工作人员回忆道，"大家有一种共识：东欧共产主义政权马上要垮台……所以可能没有必要继续存在一个RFE 电台"。③

在 1952 年 5 月和 1953 年 1 月，约翰·杜勒斯④先后两次批评凯南的遏制政策"注定要失败，因为一项纯粹防御性的政策绝对敌不过一项进攻性的政策"。他鼓吹要代之以诸如"政治战、心理战和宣传之类的非战争手段来解放东欧受奴役的人民"。⑤ 凯南是位"苏联通"，他知晓以斯大林为首的苏联领导人只对苏联本国的发展感兴趣，斯大林最终追求的是一位"俄国沙皇"地位，他"一心想着要保卫苏联安全，监管世界革命力量……只要与西方合作能够促进家园的重建，并能控制德、日的东山再起"，他就准备好

① Arch Puddington, *Broadcasting Freedom*: *The Cold War Triumph of Radio Free Europe and Radio Liberty*, Lexington: University Press of Kentucky, 2000, p. 17.

② Ibid., p. 53.

③ Sig Mickelson, *America's Other Voice*: *the Story of Radio Free Europe and Radio Liberty*, New York: Praeger, 1983, pp. 32 - 33.

④ 中情局局长艾伦·杜勒斯的兄弟，曾任艾森豪威尔政府的国务卿。——笔者注

⑤ [美]沃尔特·拉费贝尔：《美国、俄国和冷战（1945—2006）》，牛可等译，世界图书出版社2011 年版，第 122 页。

"冷却革命同志的热情，有时甚至背叛他们"。① 在这种信息背景下，凯南提出了他的"防御性"遏制战略。而杜勒斯，作为共和党的国际事务专家，也曾经为杜鲁门政府工作过，"设法获取两党对遏制政策的共同支持"。不过，他认为，杜鲁门政府过于"防御"，苏联的"自我保护"并不能说明它不是在"进攻"。苏联正在"巧妙引用自由、平等、友爱、和平等言论以感染欧洲和日本的劳苦大众"，甚至在批驳西方的帝国主义剥削行径，而把自己描述为自由与进步的胜利者。对那些为民族独立而奋斗的人来说，共产党显得更为强大、先进、具有远见，为人们描绘了一个远比现在更加美好的蓝图。正如此，杜勒斯 1952 年断言，遏制政策已经在精神上破产了。如果不再继续采取攻势，也不设法"击退"共产主义，美国将会在冷战中败下阵来。②

杜勒斯的"攻势"并非军事攻击，而是"政治战、心理战和宣传之类的非战争手段"，仰仗它们来"解放"东欧受奴役的人民。杜勒斯对"非战争手段"的功效未免过于自信，他自以为靠它们就可以"解放"东欧，甚至只需 4—5 年时间。

由此可以看出，冷战之初，美国对颠覆共产主义政权有点盲目乐观甚至可以说有点操之过急。尤其是电台开播之初雇用的均是一些不懂新闻的特别反共的流亡分子。他们对苏共或者苏联支持的政权非常仇视。这些播音员或者制片人都是赤裸裸的好斗（outspokenly belligerent）分子。由此，RFE 电台采取激进的宣传策略，"点名道姓指责布尔什维克统治者及其走狗，把他们批评得体无完肤，揭露他们的不良动机，曝光他们的私生活，斥责他们的卑鄙，将其恶行公之于天下……"电台利用一切机会攻击苏联，颂扬西方政治经济的优越性，其根本目的是通过提升士气，激发与苏控政权的不合作精神来协助解放铁幕后受奴役的各民族。美国国务院对 RFE 电台的表现大加赞赏。③

---

① ［美］梅尔文·P. 莱弗勒：《人心之争：美国、苏联与冷战》，孙闵欣等译，华东师范大学出版社 2012 年版，第 56—57 页。

② 同上书，第 84—85 页。

③ Walter L. Hixson, *Parting the Curtain*: *Propaganda*, *Culture and the Cold War*（1945 – 1961），Basing-stoke: Macmillan, 1997, pp. 60 – 61.

　　但是，严格来讲，电台所做的这些广播并不能说是新闻广播，其客观性和可信度值得怀疑。

　　随着国际形势的变化，电台的办台宗旨发生了很大的变化。建台之初，电台给人印象似乎主要是为那些逃亡者安置工作，但一年之后，电台确定其目标就是要解放东欧人民。自由电台（Radio Liberty）在 1951 年 2 月成立时的初始台名是"解放电台（Radio Liberation）"。尤其是，随着朝鲜战争的爆发，冷战一度变为局部热战，电台人开始考虑采取新的积极措施来评论"来自苏联的威胁"。两大电台由此积极配合美国政府，投入"心理战"当中。电台性质发生改变。

　　尤其是 1951 年 1 月，"二战"期间著名心理战专家 C. D. 杰克逊成为自由欧洲委员会主席后，自由欧洲电台明显被认为是"心理战的重要工具"。杰克逊说，电台的目的就是"在我们所广播的目标国里制造混乱"。

　　杰克逊的想法在当时美国政界颇有共鸣。随后被任命为中央情报局局长的沃尔特·比德尔·史密斯同样声称，苏联卫星国的不稳定会最大程度阻止苏联的扩张，RFE 电台在加剧这种不稳定上会非常有效。持同样看法的最有名的公众人物当属艾森豪威尔。他说：美国"必须认识到这些卫星国人民追求自由的意愿。……这些国家就是苏联的后院，只有当他们时刻被提醒外面的世界并未忘记他们……他们才会成为苏联扩张的潜在障碍。所以，自由欧洲电台的使命值得我们给予更大的支持。它是在为我们的国家利益、和平事业服务"。[①]

　　正如此，当 VOA 集中报道美国时事之时，RFE 却专注于目标国时事的报道，甚至为了达到制造混乱的目的，不惜违背新闻客观、中立和真实的原则，夸大其词、煽情造谣。德维特·普尔这样写道，电台要努力"安慰和鼓励那些受奴役的人；让他们不停地相信西方会一直关心他们的苦难；让他们了解西方的自由民主传统并植根于他们心中；提升他们追求美好未来的希望和信心"。为此，RFE 电台就要努力在目标国群众中败坏其统治者的形象，

---

　　① Arch Puddington, *Broadcasting Freedom: The Cold War Triumph of Radio Free Europe and Radio Liberty*, Lexington: University Press of Kentucky, 2000, p. 15.

设法"在他们心中培育忧郁、怀疑和失败的情绪，并制造相互猜疑互不信任"。①

在目标国制造混乱是 RFE 电台或 RL 电台的办台目标，为实现目标，他们或雇用目标国叛逃者现身说法，或赤膊上阵，捕风捉影，利用煽情手法，在目标国制造事端，最终落下不好的名声。对 RFE 电台来说，最卖力但最终却是最惨重的教训是有关 1956 年"匈牙利事件"的煽风点火式宣传报道。

斯大林去世后，在整个苏东集团先后发生了一系列重大事变。首先，赫鲁晓夫上台，在苏联推行了所谓的"修正主义"，在整个社会主义世界引发了系列局势变动。1956 年 2 月 14—25 日，苏共二十大召开，赫鲁晓夫在大会上系统阐述了他的外交新思想"三和"理论（和平共处、和平竞赛、和平过渡），这是对斯大林"僵硬外交政策"反思的结果，但关键是二十大闭幕之后他又作了所谓的"秘密报告"，全面揭露斯大林的"罪行"，一举粉碎"斯大林神话"，给苏联党和国际共产主义运动带来了巨大的压力，赫鲁晓夫的"非斯大林化讲话打开了潘多拉魔盒，对斯大林的绝对正确的否定也是对苏联社会的绝对优越性的否定"，② 某种程度上超出了各国共产党的心理承受能力。"社会主义道路到底走不走？怎样走？"，一时成为社会主义阵营热烈讨论的重要议题，最终引起了东欧国家的一系列动乱。艾伦·杜勒斯认为，"秘密报告"标志着共产主义国家"和平改变"的开始。③ 但他同时认为"秘密报告"是赫鲁晓夫犯的一个非常严重的错误，"无论公开还是隐蔽，这份报告都给我们提供了非常有利用价值的机会"。④ 波兰、匈牙利等社会主义国家先后局势不稳，用赫鲁晓夫的话叫"阴云密布"，甚至在两国发生了惨重的流血事件。⑤

---

① Arch Puddington, *Broadcasting Freedom*: *The Cold War Triumph of Radio Free Europe and Radio Liberty*, Lexington: University Press of Kentucky, 2000, p. 18.

② ［美］R·R. 帕尔默、乔·科尔顿、劳埃德·克莱默：《冷战到全球化：意识形态的终结?》，牛可等译，世界图书出版公司 2011 年版，第 52 页。

③ 刘金质：《冷战史》（上），世界知识出版社 2003 年版，第 236—239 页。

④ Walter L. Hixson, *Parting the Curtain*: *Propaganda*, *Culture and the Cold War* (1945 – 1961), Basingstoke: Macmillan, 1997, p. 78.

⑤ 刘金质：《冷战史》（上），世界知识出版社 2003 年版，第 309—312 页。

1956 年 6 月 28 日，波兰爆发了"波兹南事件"。该市最大工厂斯大林机车车辆厂因对物价上涨、生活水平下降和官僚主义不满，14000 名工人走向街头，后发展成大规模示威游行和暴乱，遭到当局镇压。该事件使 53 人死亡、300 多人受伤、323 人被捕。不过，波兰领导人比较清醒，很快调整心态，采取和解政策，"没有使这次事件向更具爆炸性和破坏性的方向发展"，① 并在本国开辟了波兰式社会主义道路。

匈牙利事件的背景和后果要比波兰"波兹南事件"复杂严重得多，尤其是苏联出兵干涉，事件性质发生了变化。② 苏共二十大后，匈牙利社会思想活跃、政局不稳。知识界各路精英和思潮汇聚在 1956 年 3 月 17 日成立的裴多菲俱乐部，"直接批评党和政府的现行政策，提出自己的政治设想"。在国家管理层面上，出现了以党中央第一书记拉科西为代表的极左派和以纳吉为代表的改革派的路线斗争。就是在这样复杂甚至是混乱的背景下，1956 年 10 月 23 日，布达佩斯 10 万余名学生和市民走上街头示威游行。由于游行队伍要求极左派政府下台，保安部队③与示威者发生了武装冲突，外加一些刑事犯罪分子混入游行队伍，制造事端，最终，和平的示威游行演变成了骚乱和武装起义，抢劫、破坏和残杀事件频频发生，局势一度失控。由于苏联及时出兵，11 月 4 日，匈牙利的局势在较短时间里得到控制，秩序较快得到恢复，但该事件给匈牙利政治和经济生活造成了很大的影响。在这一事件中，大约 4000 多名匈牙利人和 669 位苏联人死亡，数万人受伤，20 余万人作为难民出逃西方，直接经济损失达 220 亿福林，相当于当时匈牙利全年国民收入的 1/4。以纳吉为首的改革派政府同样垮台，300 多名匈牙利人，其中包括纳吉本人最终以反革命罪于 1958 年 6 月 18 日被处死。④ 匈牙利社会主义形象受到严重破坏。

匈牙利事件的发生以及整个局势发展与 RFE 电台的蓄意煽动密切相

---

① 刘金质：《冷战史》（上），世界知识出版社 2003 年版，第 309 页；Robert T. Holt, *Radio Free Europe*, Minneapolis：University of Minnesota Press, 1958, pp. 174 – 175。

② 同上书，第 311—316 页。

③ 匈牙利秘密警察。——笔者注

④ Walter L. Hixson, *Parting the Curtain：Propaganda, Culture and the Cold War* (1945 – 1961), Basingstoke：Macmillan, 1997, p. 81；刘金质：《冷战史》（上），世界知识出版社 2003 年版，第 314—315 页。

关。"从事件的酝酿到爆发，RFE 电台一直起着煽风点火、推波助澜的作用。"①

如前述，RFE 电台的目的是在铁幕后的社会主义国家和地区制造混乱，通过"自由化获取解放"，但，客观上讲，在匈牙利事件上，RFE 电台有点操之过急，"宣传"过度。某种程度上，RFE 电台对匈牙利事件的发生"功不可没"。②

赫鲁晓夫的"秘密报告"之所以叫作"Secret Speech"，乃是因为赫鲁晓夫在 1956 年苏共二十大会议闭幕之后作的完全否定斯大林并颠覆斯大林模式的报告，但对美国而言，一直到 5 月份，才有所知晓。经过数月的"疯狂搜寻"，中央情报局最终通过以色列情报机构得到一份被顶级苏联专家分析乃是"真品"的赫鲁晓夫讲话稿。

至于如何发布"秘密报告"，当时中央情报局有两派意见：一派意见是雷·S. 克莱因，主张立即全文公布"秘密报告"。目的是给苏联研究学者和大学生提供"无价的"观察素材，并以此证明多年来西方对苏联的评价是正确的。另一派意见是以弗兰克·威斯纳和美国反情报组织头目詹姆斯·J. 安格尔顿为代表，主张总体上继续保密，有选择性地挑选一些内容传播给苏联集团的一些目标受众，目的是"利用"这份报告进行"隐蔽行动"，"而非让人们去阅读它"。③

可以说，威斯纳·安格尔顿的计划非常策略，若采纳该计划，RFE 电台将会是"渐进式传播报告内容"，而且，大家都认为，RFE 电台拥有最关键的受众，即苏联各卫星国的共产党员，他们奉斯大林为神。但遗憾的是，6 月 2 日，克莱因把他的方案直接递交给中央情报局局长艾伦·杜勒斯，而杜勒斯当场决定把整个"报告"透露给《纽约时报》，后者于 6 月 4 日以醒目的标题把报告全文照登出来。

当时苏东集团的消息来源几乎被官方垄断，更何况美国大报《纽约时

---

① 毕波：《美国之音透视》，青岛出版社 1991 年版，第 190 页。

② 白建才：《"第三种选择"：冷战期间美国对外隐蔽行动战略研究》，人民出版社 2012 年版，第 150 页。

③ Arch Puddington, *Broadcasting Freedom: The Cold War Triumph of Radio Free Europe and Radio Liberty*, Lexington: University Press of Kentucky, 2000, p. 91.

报》，普通党员和读者肯定看不到。为此，虽然《纽约时报》率先刊登"秘密报告"全文，但东欧社会主义阵营了解赫鲁晓夫的反斯大林消息却主要依靠 RFE 电台。① RFE 电台分派 10 台发射机专门用于传播赫鲁晓夫的"秘密报告"，② 该电台"白加黑"、全天 24 小时不停顿地播放"秘密报告"，广播形式有分析、评论、摘录和精彩片段等，③ 对苏共二十大进行一连串的背景分析，甚至对苏共中央委员会的人员构成也进行详细解读，从而对共产主义未来的可能走向进行各种揣度。④ 除电台不停广播外，"秘密报告"纸质版即以小册子形式通过"空飘行动"飘落到东欧各国境内。⑤ 通过上述传播手段，东欧大多数受众对"秘密报告"的内容了如指掌。⑥

没有人能确切说出"秘密报告"的公开对引发苏东集团的动荡到底产生了多大影响，但是，我们可以肯定的是，1953 年 3 月 5 日斯大林去世，在整个世界都是一件大事，尤其是在整个社会主义阵营，标志着"斯大林时代"的结束。RFE 电台及时把赫鲁晓夫全盘否定斯大林的"秘密报告"公之于众，无疑在东欧各国引起极大震动，尤其是在思想界，以"裴多菲俱乐部"为代表，各种自由化思潮盛行，"使东欧一些本来就反对苏联的控制、厌恶斯大林体制的官员、知识分子和民众更加不满""波兹南事件"便是 RFE 电台多年来反苏反共宣传特别是"狂风暴雨式"宣传"秘密报告"的一个直接结果。⑦

如上述，由于波兰领导人及时采取和解政策，"波兹南事件"并未朝更

---

① Arch Puddington, *Broadcasting Freedom: The Cold War Triumph of Radio Free Europe and Radio Liberty*, Lexington: University Press of Kentucky, 2000, p. 92.

② Scott Lucas, *Freedom's War: The American Crusade against the Soviet Union*, New York: New York University Press, 1999, p. 251.

③ Sig Mickelson, *America's Other Voice: the Story of Radio Free Europe and Radio Liberty*, New York: Praeger, 1983, p. 92.

④ Robert T. Holt, *Radio Free Europe*, Minneapolis: University of Minnesota Press 1958, p. 65.

⑤ Arch Puddington, *Broadcasting Freedom: The Cold War Triumph of Radio Free Europe and Radio Liberty*, Lexington: University Press of Kentucky, 2000, p. 92.

⑥ Sig Mickelson, *America's Other Voice: the Story of Radio Free Europe and Radio Liberty*, New York: Praeger, 1983, p. 92.

⑦ 白建才：《"第三种选择"：冷战期间美国对外隐蔽行动战略研究》，人民出版社 2012 年版，第 148—149 页。

具破坏性方向发展，① 但该事件却被美国中央情报局和 RFE 电台充分利用。时任国务卿约翰·杜勒斯与其兄弟中央情报局局长艾伦·杜勒斯通电话，要求中央情报局"考虑如何利用波兹南事件"。"波兹南事件"随即成为"自由匈牙利之声"② 广播单上一号节目。该电台不仅对事件进行了连篇累牍的报道，而且，借此报道了匈牙利工人阶级"水深火热的"生活，波兰同行正因为如此而走向街头，世界各国人民对波兰工人阶级如潮水般的支持以及"秘密报告"和"波兹南事件"之后世界各国共产党内部的混乱等。③

也许 RFE 电台一开始并没有歪曲事实进行报道，但肯定有夸大事实的煽动宣传之嫌。根据"议程设置"传播理论，在多数时间里，媒体在告诉其受众该"怎样想（what to think）"时可能并不成功，但在告诉他们该"想什么（what to think about）"时，却非常有成效。广播通过反复播出某类新闻报道，以强化某类话题成为公众舆论的重要议题。④ 最终，小事也会变成大事。议程设置是媒体影响社会的一个重要方式和手段。尽管没有确凿证据表明 RFE 电台直接号召民众上街游行，但当时的电台广播被认为激化了"匈牙利事件"的矛盾，以至于批评界—"谈到宣传的煽动性，首先要谈到的是宣传在匈牙利事件中的作用"。⑤ 该事件由此被认为是"对引发动乱的广

---

① 波兰局势能够很快得到控制，与当时"自由波兰之声"的冷静宣传也有关系。时任波兰分台台长简·诺瓦克是一位强有力的领导，他对局势的把控得心应手。对他而言，长远的自由化目标和"自由波兰之声"坚守的小心谨慎的"渐进"办台方针并不矛盾。"波兹南事件"发生后，该电台一直小心翼翼避免煽情或夸张的宣传报道。多年后，诺瓦克解释道："1956 年我们有机会扩大波兰的自由……但我们并未越过这一界限；若我们越过了这一界限，一切将有可能前功尽弃。"诺瓦克相信，若电台一味播放共产党内部自由派的节目，明显标榜"资本主义"电台性质，那么，电台是在自寻死路，而且，党内自由派也会被指控与国外帝国主义势力相勾结。事件过后几周，改革派哥穆尔卡政府一位支持者在斯德哥尔摩接受 RFE 电台记者采访时承认，如果 RFE 电台没有再三告诉人民要冷静，"我们就不可能控制住局势"。引自 Sig Mickelson, *America's Other Voice: the Story of Radio Free Europe and Radio Liberty*, New York: Praeger, 1983, p. 95；Arch Puddington, *Broadcasting Freedom: The Cold War Triumph of Radio Free Europe and Radio Liberty*, Lexington: University Press of Kentucky, 2000, pp. 94 – 95。

② 自由欧洲电台匈牙利分台。——笔者注

③ Arch Puddington, *Broadcasting Freedom: The Cold War Triumph of Radio Free Europe and Radio Liberty*, Lexington: University Press of Kentucky, 2000, p. 94。

④ Glenn G. Sparks, *Media Effects Research: a Basic Overview*（影印版），北京大学出版社 2004 年版，第 155—157 页。

⑤ 对 RFE 电台煽动性宣传的指控直到 1988 年还被提起。转引自［美］罗伯特·福特纳《国际传播：全球都市的历史、冲突及控制》，刘利群译，华夏出版社 2000 年版，第 174 页注释 9。

播进行谴责的最著名的例子"。① 索利和尼考尔斯如此谴责 RFE 电台："这个由中央情报局资助的电台采取一切手段，阻止对匈牙利事件的和平解决。它要求所有共产党员从匈牙利政府中辞职。"② 几乎在事件的整个过程中，RFE电台都在通过广播有意制造导火线，激化市民的反应。

譬如，10 月 23 日，原本是大学生发起的游行示威活动，但 10 月 24 日，RFE 电台却广播了一篇《致起义工人》的广播稿："在匈牙利骚乱中唯一要坚持的是：匈牙利人民决心不惜以生命为代价维护革命成果。"而在 10 月28 日，已上台执政的改革派纳吉政府要求起义民众放下武器，但 RFE 电台却继续煽风点火："谁拥有武器谁就掌握了权力。为此我们重复了 100 遍，并将继续重复 100 遍：胜利的人们应该握好手中武器，因为，只有这样才能确保你们的权力。"有篇 RFE 评论直接反对通过谈判解决危机，坚持革命的目标"不能在会议桌上解决。……不能以承诺和话语形式，而必须采取行动"。另一位评论员则煽动匈牙利人"任何条件下他们都不能放下手中的权力，他们的权力就在他们的武器和拒绝工作当中"。③

RFE 电台为了振奋起义者的"革命"精神，提升他们的战斗能力，居然充当军师，"不断地给匈牙利起义者出谋划策，提供军事建议，甚至讲述游击战、反坦克战战术，以便起义者和前来镇压的苏联军队相对抗"④。事后，RFE 电台慕尼黑总部首席政治顾问比尔·格里菲斯和其副手鲍尔·亨齐写了一份"最全面，但也是最让电台丢脸的"报告。该报告就 10 月 24 日至11 月 3 日，也是大多数有争议的广播发生的最关键时段播出的约 70% 的广播稿进行了全方位的分析，基本结论是："自由匈牙利之声""虽然没有完全违反办台方针……但它对政策路线的运用却是粗暴的，缺乏想象力。许多有效广播原则被违背，广播语调过于激动，太多修辞、太多煽情、太多归纳

① ［美］罗伯特·福特纳：《国际传播：全球都市的历史、冲突及控制》，刘利群译，华夏出版社2000 年版，第 162—163 页。

② Soley, L. C. & Nichols, J. S. *Clandestine Radio Broadcasting*: *a Study of Revolutionary and Counterrevolutionary Electronic Communication*, New York: Praeger, 1987, p. 64.

③ Walter L. Hixson, *Parting the Curtain*: *Propaganda*, *Culture and the Cold War* (*1945 – 1961*), Basingstoke: Macmillan, 1997, p. 84.

④ 白建才：《"第三种选择"：冷战期间美国对外隐蔽行动战略研究》，人民出版社 2012 年版，第150 页。

和推断。绝大多数节目不谦虚，太过直白。尤其是头两周的节目明显是一副
'逃亡者'的语调，几乎没有具体提到匈牙利人民的期望和要求"。① 报告认
定有4篇广播稿完全违反广播政策，其中有3篇出自一档名为"贝尔上校
（Colonel Bell）"的军事节目。第一篇播于第一轮武装战斗的10月27日。
《格里菲斯报告》如此总结道："这期节目给游击队和匈牙利武装部队应该
如何战斗提供了详细的指令。它建议地方政府要为自由战士们储藏武器，并
告诉市民要掩藏那些与部队失散的自由战士。……作者还唆使匈牙利人去破
坏铁路和电话线路。"第二篇广播稿围绕作战继续提供建议的同时还声称：
"匈牙利人必须继续勇敢战斗，因为，这样将会对联合国安理会处理匈牙利
问题产生巨大影响。"第三篇除鼓舞士气外，还教导匈牙利人一些具体战术，
尤其是反坦克战术等。

　　除煽情、不负责任和过于偏袒等方面违反基本新闻原则外，最严重的破
坏新闻道德底线的是违背新闻报道的"真实性"原则。11月4日，广播员
佐尔坦·特雷原文照念了一篇伦敦《观察家报》的消息："如果苏联军队真
的进攻了匈牙利……而且匈牙利人能再坚持3—4天的话，美国政府派军队
来支持自由战士们的压力将不可抗拒。"② 紧接着，特雷加上自己的理解：
"来自伦敦、巴黎、美国和其他西方国家的报告表明，世界对匈牙利事件的
反应超乎想象。"《格里菲斯报告》认为，正是特雷的广播使得匈牙利人坚
信以美国为代表的西方国家会来支持他们。③ 根据对1000名匈牙利难民的事
后调查，"他们中有75%曾期待美国的军事援助，有50%认为RFE电台广
播给人的印象是如有必要，美国会为挽救匈牙利而出兵"④。一位难民说道：
"很难忘记这些没有兑现的承诺，大多数人都极其失望。"另一位难民形象
地解释说，当房子玻璃被打破的一刹那，他赶紧用枕头盖住收音机，以防被

　　① Arch Puddington, *Broadcasting Freedom : The Cold War Triumph of Radio Free Europe and Radio Liberty* , Lexington: University Press of Kentucky, 2000, p. 105.

　　② Sig Mickelson, *America's Other Voice: the Story of Radio Free Europe and Radio Liberty*, New York: Praeger, 1983, p. 99.

　　③ Arch Puddington, *Broadcasting Freedom : The Cold War Triumph of Radio Free Europe and Radio Liberty* , Lexington: University Press of Kentucky, 2000, p. 106.

　　④ Scott Lucas, *Freedom's War : The American Crusade against the Soviet Union* , New York: New York University Press, 1999, pp. 259 – 260.

人发现。他说，西方广播是"我们的希望之源，是我们了解外部世界的纽带"。他回忆道，匈牙利人都在收听广播，当他们相信西方国家会来支援他们的时候，"高兴地叫喊起来"，"现在叫我们如何再去相信人呢?"①

围绕 RFE 电台"自由匈牙利之声"在匈牙利事件中的卖力宣传，世界舆论一片哗然。② 有的怀疑电台的政治动机和它与美国中央情报局的关系，认为是 RFE 电台引发了匈牙利事件，有的从新闻专业角度质疑电台的广播风格和技巧，认为"自由匈牙利之声"电台违背了办台原则，广播稿语调太煽情、内容太空乏、立场不中立、观点太主观等，是不负责任的新闻或宣传，应对匈牙利事件的流血事件承担责任。③ 连 RFE 电台的官员都承认，广播在努力刺激又惊又怕的听众的过激反应。④

作为同样是 RFE 电台分台的"自由波兰之声"，在整个"波兹南事件"中被认为"一直优秀，其节目表现克制、严格遵守办台方针、广播技巧娴熟"，⑤ 波兰局势很快得到控制，与"自由波兰之声"没有火上浇油、煽风点火的宣传有很大关系，但"自由匈牙利之声"的表现与"自由波兰之声"的差别为什么如此大呢? 归纳起来，有如下因素使然:

第一，在苏共二十大之前，匈牙利共产党错误执行斯大林路线，人为制造激烈的国内政治矛盾，二十大之后，匈牙利社会思想更加活跃、政局更加不稳。所以，RFE 电台一直认为匈牙利可能是"最容易颠覆的政权"。为

---

① Walter L. Hixson, *Parting the Curtain: Propaganda, Culture and the Cold War* (1945–1961), Basingstoke: Macmillan, 1997, p. 85.

② 事隔多年，人们对此仍然争论不休。1981 年，《芝加哥论坛报》报道:"（共产）党对局势的立场基本未变，但在 RFE 电台的怂恿下，天真的工人和学生走上街头，却不知自己在干什么。"1996 年，在布达佩斯召开的纪念"匈牙利事件"40 周年大会上，RFE 电台是否有罪再次成为激烈争论的焦点。冷战史学只要提到 EFE 电台，一般会提到两个事实: RFE 电台是由中央情报局资助的机构；因刺激匈牙利人民去进行一场注定失败的革命，EFE 电台普遍受到谴责。引自 Arch Puddington, *Broadcasting Freedom: The Cold War Triumph of Radio Free Europe and Radio Liberty*, Lexington: University Press of Kentucky, 2000, p. 111。

③ Arch Puddington, *Broadcasting Freedom: The Cold War Triumph of Radio Free Europe and Radio Liberty*, Lexington: University Press of Kentucky, 2000, pp. 102–104.

④ J. Hale, *Radio Power: Propaganda and International Broadcasting*. Philadelphia: Temple University Press, 1975, p. 41.

⑤ Arch Puddington, *Broadcasting Freedom: The Cold War Triumph of Radio Free Europe and Radio Liberty*, Lexington: University Press of Kentucky, 2000, p. 105.

此，电台对匈牙利受众也相应地调整了广播策略。① 它对匈牙利的宣传非常
积极主动并激进，通过一些宗教、介绍西方生活的节目进行鼓动，甚至直接
称匈牙利人民为"奴隶"，但许诺总有一天他们可以摆脱压迫，获得自由。
为扩大效果，电台广播与空投传单协同宣传，围绕"十二个要求"，他们于
1954 年策划了"国家反对派运动"。早期逃亡者报告显示，电台的无线电波
"在数小时内把节目传输到匈牙利最边远的地方"，"焦点（FOCUS）"空飘
行动"仅 10 小时，4950 磅重量、共 1880000 张传单成功飘落在匈牙利
境内"。②

　　如此大规模且明显带有颠覆性动机的宣传攻势遭到匈牙利当局的强烈抗
议，控告这场宣传运动"正在引发匈牙利反共分子起来反叛并颠覆政权"。

　　由此看来，RFE 电台作为中央情报局的"心理战"武器，其宣传攻势
特别具有目的性和侵略性（aggressive），或许是企图把匈牙利作为迅速颠覆
的范例，未曾想，发动了一场注定失败的革命（a doomed revolution），其声
誉因此而遗臭于历史。根据希克森的观点，自"匈牙利事件"开始，美国
对东欧集团的冷战战略开始由"进攻性心理战（aggressive psychological war-
fare）"向"演变战略（evolutionary strategy）"转变。③ 所以，美国的"和平
演变"战略某种程度上是从"匈牙利事件"后才开始认真执行的。

　　第二，RFE 电台的广播没有播前审查制度，这一制度曾经是该电台自诩
为"私营电台"引以为豪并优于其他国际广播电台的地方，④ 但作为宣传
媒体，无形中对新闻队伍，无论是其政治敏感性还是其新闻技巧，要求都要
高人一筹。

　　从波匈两国当时局势看，匈牙利局势更为复杂。"波兹南事件"虽然也
有流血后果，但波兰政府及时调整心态，最终和平解决，当苏联有意出兵干
涉时，波兰改革派政府首脑哥穆尔卡直接与赫鲁晓夫交涉，严正阻止苏联出

---

① Walter L. Hixson, *Parting the Curtain: Propaganda, Culture and the Cold War* (1945 – 1961), Basing-
stoke: Macmillan, 1997, p. 83.

② Ibid., p. 84.

③ Ibid., p. 86.

④ Arch Puddington, *Broadcasting Freedom: The Cold War Triumph of Radio Free Europe and Radio Liberty*,
Lexington: University Press of Kentucky, 2000, p. 100.

兵。从 RFE 电台讲，"自由波兰之声"在其铁腕台长简·诺瓦克的领导下，政治敏感性强，能洞察波兰时局，严守新闻纪律，并未在"波兹南事件"过程中火上浇油、煽风点火。但"匈牙利事件"是自发的而且演变成全国范围。其政府首脑，无论是左翼还是右翼，在整个事件过程中优柔寡断、摇摆不定，"在知识分子和学生的带领下，人民掌控权力，其情绪被疯狂地调动起来"。最终不得不仰仗苏联出兵，付出惨重的血的代价，才得以控制局势。这种复杂局面对政治嗅觉并不敏锐的"自由匈牙利之声"来说，"危险性要大得多"。某种程度上，电台根本洞察不了局势的发展。① 正如时任电台政策顾问助理拉尔夫·沃特所言，"任何人对匈牙利革命没有准备，革命一爆发，他们都不知道如何应对，其中包括美国政府、苏联或者 RFE 电台"。② 结果是"电台员工不知不觉紧密地陷入了弥漫整个匈牙利的歇斯底里般的革命激情当中"。由于整个革命队伍没有核心领导，RFE 电台所依赖的信息源也是杂乱无章。

在"匈牙利事件"之前，RFE 电台虽然有时会从到苏东地区去过的外国记者或旅行者手上购买一些消息，但严格来讲没有委派过自己的记者穿过"铁幕"去采访。1956 年 10 月 28 日，在"革命"高潮之际，RFE 电台先后派了三小拨记者深入匈牙利赛特古特哈特、杰尔和陶陶巴尼奥等地方一线采访。由此，RFE 电台一度成为从匈牙利境内提供新闻报道唯一的国际广播电台，也是报道匈牙利地方局势少数新闻出口之一。然而，11 月 3 日，苏军封锁道路，只有 3 位 RFE 电台记者留在杰尔，但 24 小时被软禁，最终在美国政府外交斡旋下，他们才于 11 月 11 日离境。③ 可见，11 月 3—4 日最关键两天，RFE 电台无法亲临现场获取真实的一线消息。

实际上，RFE 电台许多节目都是"转播"的。当时，RFE 电台大部分节目来自十来个所谓的"自由电台（freedom stations）"，实际上是匈牙利各地方电视台，它们的信号太弱，所以，往往求助 RFE 电台来转播它们的新闻。表面上，它们的新闻确实是一手新闻，但缺乏总局视角，再者，这些地

---

① Robert T. Holt, *Radio Free Europe*, Minneapolis：University of Minnesota Press 1958, p. 191.

② Arch Puddington, *Broadcasting Freedom：The Cold War Triumph of Radio Free Europe and Radio Liberty*, Lexington：University Press of Kentucky, 2000, p. 90.

③ Ibid. , p. 109.

方电台的员工都是所谓的"革命分子",不是新闻记者,他们写出的广播稿、播出的语调总是高度煽情,甚至语言尖刻。因为苏联红军的介入,他们出于民族主义情绪,要求西方尤其是美国支持,督促其同胞继续战斗。"他们对战斗场面的描述引人关注,但不一定准确。"RFE 电台要么总结他们的广播内容要么直接转播,结果是"把各反对派的声音联系起来",往往会以偏概全,把某个小地方的场景描绘成全匈牙利的形势,把某个人的观点演变成全部匈牙利人的观点。正如此,格里菲斯承认用 RFE 电台的设备转播这些"自由电台"的节目是一大错误。①

最终,RFE 电台本身的员工情绪也被煽动起来,把握不住方向和大局,违背最基本的"客观、公正、中立"的新闻报道原则。尤其是对待纳吉的敌对态度让人匪夷所思。作为改革派,纳吉在匈牙利"赢得广泛支持",包括非共人士。他主政后,进行了一系列人心所向的改革。换句话说,纳吉才是 RFE 电台应该支持的共产党改革派。但是,一些广播员却不以为然,居然认为:"(匈牙利)革命是反共的,纳吉是共产党员,一位共产党员如何能够领导一场反对共产党的革命呢?"从 10 月 24 日至 11 月初,电台广播一直肆意污蔑纳吉及其政府是"卖国贼",是他们邀请苏联出兵匈牙利,与以前的左翼专制政府毫无两样,转而大肆报道要明曾蒂红衣大主教②取代纳吉担任革命领袖。甚至"自由匈牙利之声"主编安得·吉勒特在亲自写的社论里也把纳吉称为"额头上盖有该隐③邮戳"的人,是一位"将在匈牙利历史上遗臭万年的最大卖国贼之一"。在匈牙利时局风云变幻之时,RFE 电台的"诽谤式"广播非常不利于纳吉政府控制政局,也使得纳吉无法阻止 11 月 4 日大灾难的发生。RFE 电台不仅不支持纳吉,反而恶意诽谤中伤他及其政府,"或许是匈牙利事件中最大的丑闻","自由匈牙利之声"和美国政府都应该对此负责。④

---

　　① Arch Puddington, *Broadcasting Freedom: The Cold War Triumph of Radio Free Europe and Radio Liberty*, Lexington: University Press of Kentucky, 2000, p. 102.

　　② 匈牙利自由分子,公开反对社会主义。——笔者注

　　③ 《圣经·创世纪》里亚当和夏娃的长子,杀其弟亚伯。现成为谋杀者的代名词,尤指谋杀兄弟者。——笔者注

　　④ Arch Puddington, *Broadcasting Freedom: The Cold War Triumph of Radio Free Europe and Radio Liberty*, Lexington: University Press of Kentucky, 2000, pp. 107 – 108.

"自由波兰之声"在"波兹南事件"中没有"过火"行为，这与其时任台长简·诺瓦克的时局判断能力有关。而"自由匈牙利之声"却非如此。其台长安得·吉勒特原本行政管理能力很强，也被认为有"超强的政治判断力"，他在"匈牙利事件"爆发前接位，管理着一批能力参差不齐的员工，而且其中相当一部分明显带有"右翼"情绪。问题出在吉勒特本身，他在事件爆发前一直生病，头两天他硬撑着到办公室指挥了一下，但最终支撑不住，临时换将，交给一位能力相对较弱、不太懂英语、听觉还有障碍的中尉负责。继任者在员工中没有多大威信，面对多变的局面和 RFE 电台总部"忽左忽右的"指令，他毫无把控能力，只能听之任之，让这些"右翼"员工们"胡作非为"了。①

"匈牙利事件"因苏联的直接干涉和 RFE 电台的鼓动宣传，最终结果定性有点复杂。但笔者认为，在冷战时期，东西两大阵营对抗，一个是以美国为首的北约组织，另一个是以苏联为首的华约组织。实际上是资本主义和社会主义的对抗。资本主义的文化核心是个人主义。而社会主义的文化核心是集体主义，社会主义被认为是一个"大家庭"。所以，从当时的国际政治语境看，认为苏联出兵是侵略的观点有失武断，苏联红军根据局势又出兵又退兵就可见一斑，它当时并没有企图占领某个国家，而完全是以一个"苏联老大哥"的身份来维持其社会主义"大家庭"的秩序。这是冷战特殊时期社会主义阵营里的特殊关系表现形式。而对美国来说，在接受朝鲜战争的失败之后，也根本无意出兵匈牙利，企图通过"心理宣传战"等隐蔽战术来颠覆苏东集团一直是美国政府的战略目标。

"自由匈牙利之声"在"匈牙利事件"中大概前、中、后三个阶段三种表现：前期连篇累牍报道"波兹南事件"，目的在于鼓动匈牙利人的"革命"热情，树立他们"革命"的信心；中期不断提供军事建议，甚至介绍一些具体的游击战术、反坦克战术等，目的在于鼓励匈牙利人做好长期"革命"的准备；后期居然传递以美国为代表的西方国家支持匈牙利"革命"甚至将会给予军事援助的假信息，目的在于鼓励匈牙利人"不屈不饶，坚持

① Arch Puddington, *Broadcasting Freedom: The Cold War Triumph of Radio Free Europe and Radio Liberty*, Lexington: University Press of Kentucky, 2000, pp. 95 – 100.

战斗"。

从 RFE 电台的表现看，该台工作人员也许有"新闻敏感度"，但绝对缺乏政治敏感度。在 1955 年一个圣诞节庆祝会上，艾森豪威尔总统宣称："任何东欧国家如果明显反抗苏联压迫，我们都将给予支持。"所以，该电台"接连不断地发出保证说，西方坚决反对共产主义继续对其臣民进行剥削。这就不能不燃起其听众的希望。他们想，如果他们真的起来造反，美国一定会给予支援"。① 正如时任电台政策顾问助理拉尔夫·沃特所言："我们把负责任的美国官员的对外政策信息广播出去，但我们并没有把他们的真正意思阐述清楚。"尤其是，在"匈牙利事件"爆发前数年里，RFE 电台反复给美国政府灌输这么个印象：东欧各政权弱，而人民很强大。结果是，美国政府或电台总部的指令也是反反复复。② 苏联出兵，更是让他们呆若木鸡，因为，他们从"波兹南事件"中一直认为苏联不会出动军队。由此，一些评论家批评 RFE 电台严重误判共产主义的力量。③

实际上，鼓动匈牙利人"革命"热情的西方媒体并非 RFE 电台一家。一位英国广播记者曾这样写道："如果没有这些电台（包括其他西方电台），冲突不会那样激烈，鲜血也不会流得那样多。"④ 但为什么"匈牙利事件"之后，只有 RFE 一家电台受到全面调查呢？除了 RFE 电台卖力宣传煽动外，关键是该电台在匈牙利一直以"讲真话"著称，事后调查数据显示，1956年间 RFE 电台"自由匈牙利之声"在匈牙利非常受欢迎，远远超过一半的人在收听该电台，尤其是在工人、农民、受教育阶层中的听众明显多于 BBC电台。⑤ 不容否认，RFE 电台是当时匈牙利"主流"媒体，其一言一行在当时颇有舆论引导作用。

在"匈牙利事件"后，RFE 电台进行了深刻反思，为了重新塑造其曾经的"光辉"形象，电台进行了较大的内部调整或改革。一是人员调整。

---

① ［美］哈里·罗西兹克：《中央情报局的秘密活动》，奋然译，群众出版社 1979 年版，第 141 页。

② Arch Puddington, *Broadcasting Freedom*: *The Cold War Triumph of Radio Free Europe and Radio Liberty*, Lexington：University Press of Kentucky, 2000, pp. 100 – 101.

③ Ibid., p. 113.

④ 毕波：《美国之音透视》，青岛出版社 1991 年版，第 190 页。

⑤ Arch Puddington, *Broadcasting Freedom* : *The Cold War Triumph of Radio Free Europe and Radio Liberty*, Lexington：University Press of Kentucky, 2000, pp. 95 – 96.

伊斯特万·彼德替换安得·吉勒特，成为"自由匈牙利之声"新任主编。彼德曾任职于匈牙利外交使团，是位社会民主党分子。他上台伊始重振士气，清退了大约 12 位政治立场极端、新闻水平低下、容易在办公室惹是生非的播音员或编辑。同时，再从匈牙利逃亡者中招聘了一批新鲜血液充实队伍。1957 年一份备忘录显示，匈牙利事件后"自由匈牙利之声"的政治构成"主要以自由进步分子为主，同时还有一批典型的非共左翼人士"。① 二是实行广播稿"阅评"制度。一开始有人激进倡议：广播稿播前必须由美国人检查阅评。但逃亡者对此举强烈不满，认为侵犯了他们的自主权。最后，在简·诺瓦克的动议下，采取了折中方案：记者和播音员在日常广播中仍然享有很大程度的自主性，但成立"广播分析室（Broadcasting Analysis Division）"，专门就广播稿进行播后分析，一旦发现触犯政治底线或有违新闻专业水准或播报假新闻等，及时通报批评或警告。甚至都"有可能禁止记者再去引用《观察家报》的新闻稿了"。② 三是美国国务院直接负责制定大的方针政策。匈牙利事件前的电台政策是由自由欧洲委员会制定，然后提交国务院审核，名义上，后者可以否决前者的决定，但实际上此类现象几乎从未发生。RFE 电台既是裁判员又是运动员，对政治把握"享有相当大的自主权"。1957 年，国务院协同由国务院、中央情报局和美国新闻署代表共同组建的无线电广播委员会一起，颁布了一系列政策文件，为美国电台对东欧广播提供了政策框架，适用于 VOA 和 RFE 两大电台。这些政策既有对 RFE 电台的宏观指导，也有对五大分台的具体提醒。但与其说这些文件是给电台提供政治方向，还不如说是在再三阐明国务院立场：匈牙利事件后美国广播宣传必须遵循一条更加小心翼翼的播报路径。③

　　新的政策方针要求 RFE 电台"从此以后，把自己办成一家纯欧洲电台，而非美国电台或者逃亡者电台"。在报道世界新闻的时候，"必须在欧洲语境下以欧洲的眼光来观察"。而且电台要多报道欧洲新闻、采访欧洲领导人，并强调把欧洲一体化的成功作为"自愿合作的范例"以区别于华沙条约组

---

　　① Arch Puddington, *Broadcasting Freedom: The Cold War Triumph of Radio Free Europe and Radio Liberty*, Lexington: University Press of Kentucky, 2000, p. 117.

　　② Ibid. , p. 106.

　　③ Ibid. , p. 118.

织。同时，特意强调广播语调，不能使用有偏见的否定腔调，不能使用煽情性素材、过滥的争辩、辱骂和神气十足或居高临下的语调。与"匈牙利事件"之前咄咄逼人的宣传相比，现时目标显得更加温和。电台广播目的在于鼓励东欧受众独立思考和行动，而决不能"号召他们武装起义"。同时开办一些节目，"努力使东欧受众了解西方生活和思想"，使他们熟悉，除共产主义方式外，还有其他更好的办法来管理社会。言外之意，在社会组织和管理上，美国模式优于苏联模式。如此看来，经过政策调整，进一步确定了RFE 作为"灰色"宣传工具的独特功能，有别于 VOA 电台的官方喉舌性质。在具体广播过程中，RFE 电台有时可以通过一些"合适渠道"获取一些"未宣布的（unannounced）"政府政策并予以播放。① 甚至经常出现"软政府、硬广播""硬政府、软广播"两者狼狈为奸的宣传伎俩，实际上，就是我们通常所说的一个唱红脸一个唱白脸。这种现象在美国新闻媒体的宣传中司空见惯。美国媒体高度私有化，表面上不代表美国政府，但在维护其所谓的"国家利益"面前，两者却是一丘之貉。如今美国一些媒体经常运用"妖魔化"手段即可见一斑。

不容否认，RFE 电台在"匈牙利事件"后经过深刻反思和调整，其各方面表现理性许多。在之后几个历史性事件中，如 1968 年捷克斯洛伐克事件、20 世纪 80 年代初的波兰动乱以及 1989 年的东欧剧变，RFE 电台的表现非常克制，基本巩固了它"在极端压力状况下冷静、负责任广播的名声"。②

但是，我们必须充分认识到，RFE 电台广播政策和策略的调整，实际上是配合美国冷战从"激变战略"到"演变战略"转变的结果。正如时殷弘所言，随着匈牙利事件的结束，演变战略终于在美国的政策中占了压倒性的优势。随后便开始了一个漫长的时期。③ 可以说，从此以后，RFE 电台开始在认认真真执行美国政府的隐蔽行动了。其宣传更具隐蔽性、欺骗性、渗透性和颠覆性。

① Arch Puddington, *Broadcasting Freedom: The Cold War Triumph of Radio Free Europe and Radio Liberty*, Lexington: University Press of Kentucky, 2000, pp. 118 - 120.
② Ibid. , p. 114.
③ 时殷弘：《美国与苏共二十大》，《南京大学学报》（哲学、人文、社科版）1996 年第 3 期。

四　自由欧洲电台与"空飘行动"

RFE 电台策划并积极参与的最为壮观的冷战行动之一是"空飘行动"①。

"空飘行动"是 22 位麻省理工学院和哈佛大学顶级学者和科学家受国务院委托，所承担的高度机密的"特洛伊项目"里提出的行动方案。该项目重点针对如何突破苏联对"美国之音"等广播的电波干扰进行研究，并于 1951 年 2 月 15 日提交终极报告，报告提出的心理宣传战方法包括广播、传单气球、充分利用反共逃亡者等。② 传单气球被认为是突破苏联电波干扰的绝妙手段。

从 1951 年 8 月的一个晚上第一批气球投向天空到 1956 年 10 月"空飘行动"结束，共有 60 多万个气球承载着 3 亿多各种各样宣传品被投放到东欧地区，③ 其中有传单、报纸、物品及政治纪念品，这些被投物传递 RFE 广播信息，进一步强化了该电台广播的冷战主题宣传效果。④ 譬如，各种传单促使匈牙利农民废弃集体农场、捷克人和斯洛伐克人抵制全国选举等。"空飘行动"令东欧各国政府非常气愤，其愤怒程度远远超过 RFE 广播刺激的效果。该行动甚至被捷克斯洛伐克政府作为一大议题提交到联合国以起诉美国的"入侵"行为。

笔者认为，"空飘行动"之所以令东欧各国政府非常气愤，是因为铺天盖地的气球所携带的是大量的实实在在的宣传品，而非 RFE 电台那些"干巴巴的广播说教"。⑤ 在冷战局势紧张时期，两大阵营各自重兵严防死守各自边境的时候，成千上万的气球穿越各国边境，飘落到东欧各国境内，这无疑让东欧各国政府有"被入侵"的感觉，尤其是这些气球不光携带传单，

---

① 通过气球投放宣传传单等行动。——笔者注

② Walter L. Hixson, *Parting the Curtain*: *Propaganda, Culture and the Cold War* (1945 – 1961), Basingstoke: Macmillan, 1997, pp. 16 – 17.

③ Ibid. , p. 66.

④ Arch Puddington, *Broadcasting Freedom*: *The Cold War Triumph of Radio Free Europe and Radio Liberty*, Lexington: University Press of Kentucky, 2000, p. 61.

⑤ 白建才：《"第三种选择"：冷战期间美国对外隐蔽行动战略研究》，人民出版社 2012 年版，第 146 页。

还有实用的物品甚至货币，这对东欧普通民众颇有诱惑力。此外，成千上万的气球"空飘"在东欧上空，无疑会影响各国航空管制。1956 年 1 月，捷克斯洛伐克政府取消所有进入布拉格的夜航，理由是美国的空飘气球正在增加空难的危险。同年 2 月，一架 DC - 4 飞机与一气球相撞，最终坠毁，捷克斯洛伐克政府将这一事件提交联合国，要求美国政府赔偿。[①] 虽然，这一事件最终因捷克斯洛伐克政府拒绝美国人到空难现场调查而不了了之，但证明"空飘行动"确实令东欧政府异常愤怒。各国政府视"这些气球不仅仅是（美国）另一种冷战宣传工具，而且触犯了他们的主权和领空，是一种敌对行为"。[②]

正如此，在"空飘行动"期间，东欧各国政府为收集传单，可谓兴师动众。有一难民报告显示，捷克斯洛伐克和匈牙利动员了大量军队、边防哨兵和秘密警察去搜寻传单。波兰格但斯克省派了许多军队小分队搜查营房，尤其是公共厕所，当时，大部分人得到传单后一般是躲到厕所里阅读。[③] 东欧人被严格规定，一旦捡到传单必须马上交给警察，若私下传阅，将按间谍罪处理。当时的东欧人都认为，一旦被抓到持有 RFE 电台的传单，其受到的处罚很可能比偷听 RFE 广播要严厉得多。[④]

早在两次世界大战乃至朝鲜战争当中，宣传传单作为一种心理战手段被广泛使用，通常是借助飞机运到目的地再空投。由于气球的空飘路径难以控制，其空投传单的宣传效果受到普遍质疑。但是，时任美国政策协调办公室（OPC）主任弗兰克·威斯纳却对"成百上千万的自由世界气球深入铁幕后方的愿景"非常痴迷。曾积极参与"二战"空飘行动的罗伯特·米利肯博士也极力主张把空飘行动作为 RFE 电台广播宣传的补充。自由欧洲委员会在与米利肯博士充分论证后，请求同样参与过"二战"期间空飘行动的米尔斯将军负责技术研发，开发能够到达东欧指定目的地的远程气球。

第一批空飘行动号称"自由风暴"（Winds of Freedom），成千上万的气

① Arch Puddington, *Broadcasting Freedom: The Cold War Triumph of Radio Free Europe and Radio Liberty*, Lexington: University Press of Kentucky, 2000, p. 70.

② Ibid., p. 71.

③ Ibid., p. 69.

④ Ibid., p. 71.

球飘过严密封锁的捷克斯洛伐克边境，把所谓的自由信息传递到捷克民众身上。开始传递的信息都是一些基本的宣传，如画着一列火车呼啸穿过西德边界，传单上附上文字："没有恐怖分子，没有外国阴谋。唯一的恐怖分子是共产主义者，唯一的外国人是俄国人。"同时附上"自由捷克斯洛伐克之声"广播的时间和波段。

"自由风暴"主要是由"自由十字军"组织策划，RFE电台并未积极参与。所以，从行动效果来看，第一批空飘行动只是进一步宣传了"自由十字军"咄咄逼人的反共立场，但对强化RFE电台的可信度并没有起到多少作用。正如此，东欧人并没有把该次行动当一回事，"（捷克）难民说的最多的往往是RFE广播，他们很少提到空飘气球"。即使布拉格政府认为"空飘行动"粗暴地侵犯了其领空，但一开始对此也是缄默不语，不予表态。① 不过，时任"自由十字军"主席哈罗德·史塔生认为，"我们在铁幕上戳了一个大洞"。②

被认为获得成功的两次空飘行动是1953年6月后，由RFE电台积极参与并策划的"普洛斯彼罗行动（Operation Prospero）"和"否决行动（Operation Veto）"。气球传单内容与电台广播紧密结合，策反对象以工人和农民为主。第一项行动被称为"普洛斯彼罗行动"③，由RFE电台和自由欧洲出版社联合执行。该计划针对捷克斯洛伐克主要工业城市，其中包括布拉格市的工人。在四天的计划行动中，总共六万多气球飘在捷克斯洛伐克的上空。它们传送着三类不同的信息：第一类是一张捷克斯洛伐克印有王冠标志的纸币复制品，因政府当局的货币改革，该种货币已价值全无，故一面写着"饥饿的国王，苏联所赐！"另一面即写着："……权力在人民手中……团结起来，集中力量。打倒集体主义。今天，坚持工人的权利……明天就是自由。"第

---

① Arch Puddington, *Broadcasting Freedom: The Cold War Triumph of Radio Free Europe and Radio Liberty*, Lexington: University Press of Kentucky, 2000, p. 63.

② Ibid., p. 62.

③ 普洛斯彼罗乃莎士比亚所著《暴风雨》里的米兰大公，因痴迷书籍不理政事而被弟弟安东尼篡位，和女儿米兰达一起被流落到一荒岛上，最终，通过书中所学魔法，解救了岛中受难的精灵，并惩罚了仇敌，父女俩回归米兰，重新夺回王位。该故事体现了书籍的殖民和征服的力量，而书籍代表了知识。RFE电台以普洛斯彼罗作为空飘行动的名字，无非表明他们是在给铁幕后的"愚民们"传送知识。其动机昭然若揭。——笔者注

二类是一张复述不久前东德起义过程的传单，同时附上铁幕后的时事。第三类是一枚 25 海勒的铜币复制品，并盖上了自由钟的钢印。

在六万多气球在捷克上空飘扬的同时，"自由捷克斯洛伐克之声"的无线电波也在不停地传播"普洛斯彼罗行动"的信息。其目的在于煽动民众抵触情绪的同时争取增加共产党官员之间的（心理）不稳定性。譬如，有一篇广播稿这样说道，"苏联正在衰退，只有那些及时离开共产主义航向的人才能生存下来。……自由世界的每一个角落都有你们的朋友。……一切权力都属于人民"。为取得戏剧性效果，在行动的最后一晚，所有的气球居然都挂上了点亮了的灯笼。①

在"普洛斯彼罗行动"的鼓舞下，围绕 1954 年捷克斯洛伐克的各级选举，RFE 电台发动了更加雄心勃勃的"空飘行动"："否决行动"。RFE 电台通过广播和气球传单广为宣传，标榜自己为"反对派之声"（Voice of the Opposition）。虽然在当时的捷克斯洛伐克不可能有反对党存在，但 RFE 电台鼓动捷克斯洛伐克人要充分利用预选过程中的各种会议和协商来要求改变政府政策。"否决行动"基本围绕十大要求来开展，其中主要是工人权利和农业问题，如独立工会、提高工资、自愿更换工作的权利、停止强迫性集体化、废除义务交公粮等。这十大要求单个看显得并不激进，其措辞较委婉，如：消费业的非国有化要求呼吁的是"合作"而非"私有"；住房要求主张国家分配按家庭需求，而非按政治特权，更不提及房产私有化。但从整体看，"否决行动"所提出的十大要求非常激进，若要接受，捷克斯洛伐克将会走向社会民主化进程。虽如此，"否决行动"并未充分体现 RFE 当时的"渐进式"（gradualistic）办台理念：通过自由化赢得解放（liberation through liberalization）。RFE 电台鼓动其受众"要把摆脱共产主义看作为一个渐渐改进的过程，而不能等待不成熟的西方干预"。② 使目标国逐渐自由化是 RFE 电台"渐进式"政策的关键举措，实际上是美国和平演变战略之滥觞。

"否决行动"重点针对工人阶级。在工会选举中，RFE 电台广播和传单

---

　　① Arch Puddington, *Broadcasting Freedom: The Cold War Triumph of Radio Free Europe and Radio Liberty*, Lexington: University Press of Kentucky, 2000, pp. 63 – 64.

　　② Ibid., p. 65.

并举，鼓动工人们坚持必须无记名投票、工人当计票员、候选人必须从真正的工人中产生而非从党组织中产生。针对经验不足的青年工人，RFE 电台还播放特别节目，介绍西方民主工联主义思想、西方工会情况及"二战"前捷克斯洛伐克的工人运动等。对待基层选举，RFE 电台极力鼓动普通工人直接参与选举，选举别人或被人选举，但对待国家议会选举，它的态度完全不一样。RFE 电台认为，议会选举程序完全被共产党控制，所以，它建议其受众抵制选举或投票反对官方提名的候选人。有证据显示，"否决行动"对捷克斯洛伐克形势产生了影响。当局政府承认，该年选举有 5% 选民反对共产党执政，这对向来声称赢得 99% 支持率的共产党政府来说是个不同寻常的承认。①

美国的"空飘行动"采取了分众传播策略，根据东欧各国不同时期的不同工作重心采用不同的传播内容针对不同的传播受众。如上述，"否决行动"集中在 1954 年秋天，针对捷克斯洛伐克的工人阶级，因为那年秋天，该国正好换届选举，上至国家议会、地方议会，下至工厂的工会委员会。RFE 电台标榜自己代表反对派声音，要求尽其所能充分利用共产党内部的民主机制发出持不同政见的声音。② 而在同一年的暑期末针对农民发动了"自卫之丰收（Harvest of Self-Defence）"的空飘行动，鼓动农民退出集体化农业，要求补偿因水灾而导致的农业损失，独立农场主拒交公粮等。③ 在匈牙利，发动了"否决行动"的翻版"焦点行动（Operation Focus）"，该行动在"否决行动"十大要求的基础上又增加了两大要求：宗教自由和文化独立。该行动鼓动匈牙利人充分利用地方选举提出更改国内政策的要求，鼓动他们积极参加所谓的"国家反对派运动（National Opposition Movement）"。为强化传单的宣传内容，"自由匈牙利之声"也专门播出了一系列广播节目。波兰也同样受到"空飘行动"的攻击。除自由欧洲委员会外，还有许多组织资助并参与了当时的"空飘行动"，"CIA 也有它自己的'空飘'项目"。

20 世纪 50 年代中期，东欧各社会主义国家整天都是铺天盖地的气球传

---

① Arch Puddington, *Broadcasting Freedom: The Cold War Triumph of Radio Free Europe and Radio Liberty*, Lexington: University Press of Kentucky, 2000, p. 66.

② Ibid., pp. 64 –65.

③ Ibid., pp. 65 –66.

单。当时一地下反苏组织 Narodno Trudovoi Soyuz（NTS）甚至企图把他们的反苏宣传气球从西柏林直接飘到苏联境内。[1]

"空飘行动"是在冷战特殊时期西方尤其是美国发明的一种特殊的心理战传播手段。他们耗费巨资建设专门的气球发射基地。基地除基本的硬件设施外，还配备一批专业技术人员，其中有工程技术人员、气象专家、心理战专家等，自由欧洲出版社在巴伐利亚和西德与奥地利边境附近至少建有三个发射基地，每个基地每年耗资 50 万美元。工程技术人员负责研发气球、定时器和方向探测器等，气象专家研究精确的风向和风速以确定最合适的发射时间，"通过运用测风气球，专家们最终能标绘出所有气球可能飘行的时速和路径，并相应调整定时装置以便在沿途指定目标地投放传单"。[2] 而心理战专家则负责设计和编印宣传内容。工程技术专家曾设计出一种能载 400 磅传单并能飘至 75000 英尺高度的远程大气球，据说这种气球最终飘行到土耳其中部。因飘行高度太高且太远，担心会引发空难，最终终止使用。

在今天网络信息时代，通过气球进行跨国宣传显得"陈旧、好笑甚至有些荒唐"，但在 20 世纪 50 年代，传播技术落后，尤其是在当时的东欧各社会主义国家，除外国电台广播无法控制外，其他信息几乎都受到政府绝对控制。尤其是纸媒体的传播内容，读者绝大多数只能从严格接受审查的官方媒体了解，而有关国外信息只能从一些国外共产党出版物或一些逃亡组织走私进来的严格禁止传播的零星文献中猎取。所以，从传播策略和技术来讲，"空飘行动"在当时是一大创新，它使西方尤其是美国能够及时地把自己想要传播的书面反共信息传播到东欧各社会主义国家，成千上万的气球和传单铺天盖地飘落在各目标国的大地上，正如时任"自由十字军"主席哈罗德·史塔生认为，"我们在铁幕上戳了一个大洞"。从宣传效果看，各目标国动用大量军警去搜寻或搜缴传单，甚至动用战斗机、高射机枪击落"入侵的气球"，而不少当地人居然仍冒被逮捕的危险，私下躲到厕所心照不宣地传阅捡来的传单，"谁也不对此议论，也不询问传单从何而来……但从所有

---

① Arch Puddington, *Broadcasting Freedom: The Cold War Triumph of Radio Free Europe and Radio Liberty*, Lexington: University Press of Kentucky, 2000, p. 69.

② Ibid., p. 68.

人的面部表情可以看出传单已在我们大脑里留下深刻印象。……大家都很自信：自由世界没有把我们遗忘"。① 这或许就是美国把"空飘行动"作为心理战战术之一所要达到的真正目的。

RFE 电台自我认为"空飘行动"达到预期目标，取得相当大的成功，但美国政府并不欢迎这一行动。政府外交官们甚至仇恨这一行动，因为他们一天到晚被迫去应付苏东社会主义国家的投诉。有一次，美国驻捷克斯洛伐克大使正在一露天体育馆参加一重大活动，这时，让他窘迫不堪的事发生了，一大堆气球正好飘落在体育馆中央。这一事件一度成为当时的热点新闻，被到处传播。再者，诸如奥地利这样的中立国家，也反对"空飘行动"，在他们的国土上建立气球发射基地，空飘气球穿越他们的领空，这些都被认为侵犯了他们的"中立国"地位，由此还招来了苏联的批评和干涉。

"匈牙利事件"后，美苏之间达成一项秘密协议，其中包括终止"空飘行动"。②

五　美国对外广播与"和平演变"

严格讲，世界各国广播事业的地位与其宣传密不可分，尤其是国际广播。但直至"二战"时期，美国人对广播价值的认识仍然是把它"作为一种广告的商业手段而不是政府宣传的工具"。到1942年以后，也就是"美国之音"开播以后，美国广播的政治宣传价值凸显。"美国政府有效地利用了广播来提高自身政治利益，而这一做法在冷战时期达到顶峰。"③ 冷战被认为是一场"争夺人的灵魂的战争"，而西方尤其是美国似乎把这场战争的"主战场"放在"对社会主义国家的电台广播方面"。据国际新闻工作者协会机关刊物《民主记者》刊登的署名古列维奇的文章透露，美国国会的一份文件宣称："电台广播是足以颠覆社会主义制度的唯一手段。"同时还提到，有一家西方报纸认为，"安装新的发射机和设备对东方进行广播，要比

---

① Arch Puddington, *Broadcasting Freedom: The Cold War Triumph of Radio Free Europe and Radio Liberty*, Lexington: University Press of Kentucky, 2000, p. 72.

② Ibid. , p. 111.

③ ［英］达雅·屠苏：《国际传播：延续与变革》，董关鹏译，新华出版社2004年版，第37页。

设置导弹更为重要"。①

国际广播电台被认为是冷战时期国际传播领域最重要的媒介，而对外宣传是当时传播的主要内容和目的。② "自由欧洲电台"和"自由电台"是那些旨在宣传和颠覆的电台中最为活跃的两家，其目的就是"为了在欧洲开展反对共产主义的宣传战"，在这场战争中，"真理之战"变成了"自由的征战"。③

尼克松认为，美国政府支持"自由欧洲电台"和"自由电台"是美国最有效的对外政策之一，这两家电台使苏联无法完全由它来对东欧及其本国进行思想渗透。而且，实际上，这两家电台是美国采取意识形态行动的唯一的两个例子，因为"美国之音"广播的节目效果如此软弱，以致戈尔巴乔夫 1987 年宣布，苏联将不再对其进行干扰。④ 事实上，从 1973 年开始，苏联就不间断地停止对 VOA 电台的干扰，但对 RFE 电台和 RL 电台的干扰从未停止过，一直到 1988 年年底。⑤ 另一个事例足以证明尼克松对 RFE 电台和 EL 电台的重视胜于 VOA 电台。1972 年 5 月 22 日，尼克松作为在位总统，访问苏联，这在美国历史上是第一次。但令人奇怪的是，5 月 10 日，就在尼克松即将正式出访苏联之前，他向国会提交一份咨文，要求国会给 RFE 电台和 RL 电台提供活动经费。他向来强调美国在对外广播方面不能节省，"美国不能赤手空拳进入这一思想战场"。尼克松在咨文中声称，这两家电台"不是美国官方政策的发言人——这个政策是属于美国之音的"。"这两家电台表达了我们深刻的信念，一个负责的、独立的、自由的新闻报道，在社会和政治的发展进程中起着必不可少的作用，这种作用在于加强了解和有效地合作，这不仅在一国之内如此，在国际间也是如此。"⑥ 由此可见，尼

---

① 刘洪潮：《西方和平演变社会主义国家的战略、策略、手法》，湖北人民出版社 1989 年版，第 75 页。

② 刘笑盈、何兰：《国际传播史》，中国传媒大学出版社 2011 年版，第 38 页。

③ ［英］达雅·屠苏：《国际传播：延续与变革》，董关鹏译，新华出版社 2004 年版，第 41 页。

④ ［美］理查德·尼克松：《1999：不战而胜》，谭朝洁等译，中国人民公安大学出版社 1988 年版，第 115 页。

⑤ ［美］罗伯特·福特纳：《国际传播：全球都市的历史、冲突及控制》，刘利群译，华夏出版社 2000 年版，第 165—166 页。

⑥ ［美］塔德·肖尔茨：《和平的幻想：尼克松外交内幕》（下册），李道庸等译，商务印书馆 1982 年版，第 727 页。

克松之所以能成为美国历史上最富有外交成就的总统，这与他独特的外交视角和手段有关。他非常重视"非官方的"民间外交。同样的宣传媒体，他高度重视"非官方的" RFE 和 RL 电台，而不是官方的 VOA 电台，因为他认为，RFE 和 RL 电台"长期以来一直是与共产党国家关系中的一个刺激剂"。

所以，要了解 RFE 电台和 RL 电台的外宣效果，我们必须首先界定两大电台的性质，它们广播的内容和对象以及与诸如 VOA 电台的区别等。这些问题实际上在前面零零星星已经论述过，在此，我们不妨集中阐述一下。

如前述，RFE 和 RL 电台一直是"民营的""非官方正式"机构，虽然它们和 VOA 电台一样，承担美国对外宣传功能，属于国际广播电台系列，但是，它们之间却有很大的区别。VOA 电台属于美国官方电台，它是"通过合法手段、进行公开宣传的白色宣传"，而 RFE 和 RL 电台却是"打着民间的旗号，掩盖其官方身份，进行颠覆性活动的宣传，是灰色宣传"，[①] 甚至时有黑色宣传。[②] RFE 和 RL 电台更具隐蔽性、进攻性和渗透性。它们广播对象非常明确，如 RFE 电台只针对东欧六个社会主义国家，而 RL 电台只针对苏联。播音员和嘉宾都是目标国的逃亡者，自己人与自己人交流，且这些逃亡者几乎都是各自国家的社会名流和精英，是各自同胞的明星和偶像，在自己的祖国拥有不少粉丝，这点决定了他们主持的节目拥有不少受众，所以，他们主持的节目更有传播效果。他们不仅仅对目标国的受众传播自己的政治理念、介绍美国的生活方式和价值观念，而且更多的是讲述受众身边的故事。节目的"亲民性"恰恰体现了电台的隐蔽性和狡猾性。某种程度上，RFE 和 RL 电台作为各自目标国的"代理电台"在与目标国的国内官方电台竞争。[③] 虽然是美国国际广播电台，但它们实际上承担的是东欧或者苏联的

① 韩召颖：《输出美国：美国新闻署与美国公众外交》，天津人民出版社 2000 年版，第 176—177 页。

② 自由欧洲委员会首任执行秘书长普尔认为，RFE 电台广播任务应该沿着两大路线完成：一是传播"逃亡者之声（exile voices）"，二是进行"灰黑色宣传（gray-black propaganda）"。前者是为东欧的苏联模式宣传替代方案，而后者的目的是破坏并颠覆苏联模式。转引自 Sig Mickelson, *America's Other Voice：the Story of Radio Free Europe and Radio Liberty*, New York：Praeger, 1983, p. 41。

③ William A. Buell, *Radio Free Europe/Radio Liberty in the mid－1980s*, cited from *Western Broadcasting over the Iron Curtain*, edited by K. R. M. Short, London：Croom Helm, 1986, p. 73.

国内电台角色。譬如，RFE 电台的"自由波兰之声"广播追求的不是一个外国电台角色而是一个设在国外的波兰电台角色。[①] 波兰人"早上起来一边刷牙刮胡子一边听 RFE 的波兰天气预报及其他新闻"。

我们可以界定，RFE、RL 和 VOA 都是美国国际广播电台，但性质不一样。前两者属于小范围的"一对一"的国际广播电台，针对性强，它们是以国别来设立分台，如"自由波兰之声""自由捷克斯洛伐克之声""自由匈牙利之声"等，而 VOA 是大范围的发散性国际广播电台，它是以语言来划分频道，如中文广播、西班牙语广播、俄语广播等，尤其是，它的节目主要以介绍美国为主。不可否认，VOA 电台也参与了心理战行动，但它主要以宣传美国为主，其受众遍布全球，某种程度上是以塑造美国国家形象为主。目前，VOA 用 50 多种语言向世界广播，共分成 6 个区域语言的广播，即非洲、拉丁美洲、欧洲、东欧、北非中东与南亚、东亚与太平洋地区。由此可以看出 VOA 广播的广泛性。几乎世界大多数地区都可以收听到 VOA。[②] 1988 年，调查显示，VOA 约有 1.27 亿听众一周至少收听过一次该电台，其听众分布在全球 160 多个国家。[③] 而 RFE 和 RL 电台的节目内容更具政治性、更加活跃甚至容易引发争论，[④] 其目的却是赤裸裸地为推翻苏联模式服务，"为彻底摧毁共产主义专政而进行顽强的斗争"。它们才是"美国进行心理战的重要工具"。

有些人围绕 RFE 和 RL 电台的经费来源问题，一直质疑电台的归属是"私"还是"公"，但霍尔特认为，资助问题是次要的，关键是美国政府强调电台的私有性。[⑤]美国政府为什么要刻意强调它们的"私有属性"，其重要原因正如前述，美国历来重视民间外交。发展私有电台是其民间外交的主要战略。私有电台可以不受政府表面立场左右，可以进行"不受限制的宣传

---

①　William A. Buell, *Radio Free Europe/Radio Liberty in the mid-1980s*, cited from *Western Broadcasting over the Iron Curtain*, edited by K. R. M. Short, London: Croom Helm, 1986, p.73.

②　韩召颖:《输出美国:美国新闻署与美国公众外交》，天津人民出版社 2000 年版，第 175—176 页。

③　Joshua Muravchik, *Exporting Democracy: Fulfilling America's Destiny*, Washington D. C. : American Enterprise Institute Press, 1992, p.191.

④　Ibid. , p.192.

⑤　Robert T. Holt, *Radio Free Europe*, Minneapolis: University of Minnesota Press 1958, p.7.

（'no holds barred' propaganda）"，可以对目标国或地区发动全天24小时有效而强有力的心理宣传战。其宣传的灵活性比官方电台大，但政治压力却不如官方电台强。甚至，它们经常可以通过中央情报局等秘密渠道把美国政府一些"未经宣布的（unannounced）"政策予以公布。① 某种程度上，在颠覆苏东社会主义政权的"和平演变"战略中，RFE和RL电台的作用要比VOA大。

1950年5月，阿特休尔说道，由于VOA是"政府的一只胳膊"，它不能发动一场强有力的心理战争，而作为"私营的"的RFE和RL电台就不存在这些问题。② RFE专门针对东欧展开心理战和信息传播，故该电台在东欧发挥的作用和影响是VOA所远远不能比的。③ 据调查，20世纪80年代初，波兰、匈牙利、罗马尼亚等国有60%以上，捷克斯洛伐克、保加利亚有38%—40%的成年人在收听RFE电台。有时，这些数据甚至会超过所有其他西方广播电台在该地区总的收听率。④ 1988年，调查显示，东欧有70%—80%的人口收听西方电台，其中RFE电台占最大份额，其次才是VOA和BBC电台。⑤ 若除去儿童，成年人中有可能100%的人都在收听西方广播，由此可见西方电台在颠覆东欧社会主义政权中的作用。

在波兰，RFE电台不仅成为团结工会的喉舌，而且刺激并鼓励了波兰人民对团结工会的声援热情。⑥ 波兰政府发言人杰西·厄本在接受《华尔街日报》采访时说道："如果你们关闭你们的RFE电台，那么，地下的团结工会组织也将不再存在。""地下团结工会活动家主要靠RFE电台获取西方信

① Arch Puddington, *Broadcasting Freedom : The Cold War Triumph of Radio Free Europe and Radio Liberty* , Lexington: University Press of Kentucky, 2000, *pp. 118* – 119.

② Walter L. Hixson, *Parting the Curtain : Propaganda, Culture and the Cold War* （1945 – 1961）, Basingstoke: Macmillan, 1997, p. 59.

③ 杨友孙：《波兰社会主义演变中的美国因素》，博士学位论文，外交学院，2004年，第79页。

④ William A. Buell, *Radio Free Europe/Radio Liberty in the mid – 1980s*, cited from *Western Broadcasting over the Iron Curtain*, edited by K. R. M. Short, London: Croom Helm, 1986, p. 75.

⑤ Joshua Muravchik, *Exporting Democracy : Fulfilling America's Destiny*, Washington D. C. : American Enterprise Institute Press, 1992, p. 191.

⑥ 杨友孙：《波兰社会主义演变中的美国因素》，博士学位论文，外交学院，2004年，第89页。

息。"① 瓦文萨如此评价 RFE 电台的作用："其贡献巨大。如果没有该电台，波兰将会是一片没有阳光的土地。"②

颇有讽刺意味的是，苏联最早利用无线电广播进行国际宣传，但苏联最终解体却在某种程度上归咎于广播电台。

譬如，RL 电台在苏联解体过程中的作用不可小觑。RL 电台对苏广播更加策略、更具欺骗性和渗透性。它并未如 RFE 电台在"匈牙利事件"中那样，通过一些敏感政治话题企图直接在目标国里树立一个政治反对派，而是通过广播苏联各民族的历史和文化，在其各民族间唤醒他们的文化主权意识和自觉意思，逐渐在苏联建立一个"文化反对派（a cultural opposition）"，而 RL 电台即成为"文化反对派之声"，"播放被禁文学作品、被禁音乐、不能公演的戏剧、采访被流放的作家、报道那些因参与独立事业而受迫害者的命运等"。表面看，其广播的节目话题"没有一个与苏联共产党垮台直接相关，也没有直接鼓动苏联非俄罗斯民族去闹独立"，③ 但庞大的苏联最终解体，这与 RL 电台一直鼓动苏联各少数民族的文化主权意识密切相关。RL 电台对苏广播语言曾多达 20 种。该电台声称，用少数民族语言对苏联少数民族地区广播，"最能唤起他们的民族感情"。④

可以说，该电台更有创造性地贯彻了美国政府的"和平演变"战略，它不仅动摇了苏联共产党的统治基础，而且还推动了苏联解体的进程，因为美国的政策，只希望推翻苏联体制，但"无论是官方还是非官方，都反对苏联解体"。

针对 RFE 电台和 RL 电台的渗透宣传，苏东集团各国"有规律地使用电波"进行干扰，谴责它们为"电台破坏者"，斥之为美国"电子帝国主义"的组成部分。1988 年，苏联领导人戈尔巴乔夫宣布停止对该两电台的电波

---

① William A. Buell, *Radio Free Europe/Radio Liberty in the mid – 1980s*, cited from *Western Broadcasting over the Iron Curtain*, edited by K. R. M. Short, London：Croom Helm, 1986, p. 74.

② Joshua Muravchik, *Exporting Democracy*：*Fulfilling America's Destiny*, Washington D. C. ：American Enterprise Institute Press, 1992, p. 192.

③ Arch Puddington, *Broadcasting Freedom*：*The Cold War Triumph of Radio Free Europe and Radio Liberty*, Lexington：University Press of Kentucky, 2000, p. 312.

④ 刘洪潮：《西方和平演变社会主义国家的战略、策略、手法》，湖北人民出版社 1989 年版，第 80 页。

干扰，允许它们的信号到达更多的听众。由此，"这两家电台对该地区共产主义灭亡的影响到现在已成为公认的事实"。正如一位广播员形象地写道："在铁幕生锈之前，更不用说最终拆除时，金属已经被电台广播的声音打穿了孔。"① 正如 1993 年 3 月，戈尔巴乔夫在参加自由电台 40 周年庆典时说的，RL 电台在淡化苏联人的政治意识，最终导致他领导的苏联解体的过程中起了主要催化作用。②

从戈尔巴乔夫的讲话中可以看出，在颠覆苏联政权、导致苏联解体的过程中，RL 电台起了非常大的作用。

从 20 世纪 70 年代开始，一些重要的西方电台在苏联的影响很大。"苏联人相信这些外电的信息远胜于其国内媒体。"70 年代末，苏联拥有短波收音机约 8200 万台，稳居世界第一。③ 而短波收音机的最主要功能就是收听外台。1987 年 1 月开始，戈尔巴乔夫先后宣布停止对西方电台电波的干扰，其中包括 RL 电台。从此，苏联人可以随意公开地收听西方电台，不仅可以从中了解到西方尤其是美国的生活方式和价值理念，而且还可以借助西方电台及时了解到西方人对苏联正在进行的改革事业的看法，尤其是他们对戈尔巴乔夫等改革家的"溢美"之辞，这对正处于改革十字路口的苏联人来说，其蛊惑性、煽动性不言自明。戈尔巴乔夫甚至还获得了诺贝尔和平奖。这实际上是西方尤其是美国对苏联展开的一场轰轰烈烈的"捧杀"舆论战。④ 对此，美国国际广播委员会认为，"苏联停止对西方广播的干扰，可能比戈尔巴乔夫决定从东欧撤军 50 万还显得重要。对美国来说，它为苏联社会的和平演变提供了难得的机会"。⑤ 老布什在给国会的咨文中曾明确表示："自由欧洲电台和美国之音在传达和解释美国的波罗的海政策方面，扮演了重要角

---

① ［英］达雅·屠苏：《国际传播：延续与变革》，董关鹏译，新华出版社 2004 年版，第 42 页。

② James Critchlow, *Radio Hole-in-the-Head/Radio Liberty：An Insider's Story of Cold War Broadcasting*, Washington D. C. ：American University Press, 1995, p. ix.

③ ［西班牙］拉斐：《风云突变的时代：一个西班牙记者眼中的俄罗斯》，傅石球译，复旦大学出版社 2006 年版，第 40 页。

④ 张朝龙：《舆论战中的"捧杀"策略：以 20 世纪 80 年代后期美国对苏联的舆论战为例》《军事记者》2009 年第 4 期。

⑤ 赵强：《舆论失控：苏联解体的催化剂》，《求是》2010 年第 21 期。

色。"① 而美国国际电台管理局得意地宣称："RFE/RL 电台在向东欧、苏联自由传播信息和思想方面，被证明是有效的。它们的存在是（美国）国家利益之所在。"②

戈尔巴乔夫之所以正式停止对西方电台的干扰，被认为有两个原因：一者，他本人认为西方电台的资讯可信度超过苏联媒体，与其让苏联人整天收听"假话连篇"的国内广播，还不如让他们收听更真实、更有信任度的西方电台；二者，当时苏联国内改革派和保守派泾渭分明，斗争激烈。戈尔巴乔夫揣摩：西方媒体，其中包括 RL 电台，与苏联媒体比较，更有可能支持他的改革事业。③ 可见，广播电台是冷战时期主要传播媒介，美苏领导人均高度重视其宣传作用，但他们重视的视角发生严重偏差，最终的结局也就天壤之别。某种程度上，至 20 世纪 80 年代末，苏联部分领导人也被 RL 电台的宣传成功"策反"了。

在促使苏联解体的关键事件"8·19 事件"过程中，RL 电台和 VOA 电台不遗余力，"从 19 日开始进行密集的、全部是新闻的广播。他们取消了俄语广播中所有的文化和娱乐节目，改播最新新闻、背景消息、苏联问题专家的答记者问、关于苏联政府的变化可能导致的结果的分析等"。RFE 电台原本只针对东欧地区广播，但在"8·19 事件"中，也密集地向波罗的海共和国拉脱维亚、立陶宛和爱沙尼亚广播，并考虑到波兰已有许多苏联公民，"自由波兰之声"还增加了俄语广播。④ 当时苏东地区很多人都是依靠这些外台来关注事态的发展。甚至 1991 年，戈尔巴乔夫"被软禁"在克里米亚福罗斯别墅，"所有对外联络的渠道被切断"时，他作为仍在位的总统却是通过 RL 电台来了解莫斯科局势。⑤ 以美国为代表的西方无疑赢得了舆论主动。而在整个事件期间，苏联"国家紧急状态委员会"却没有合理而充分

---

　　① 韩克敌：《美国与苏联解体》，经济管理出版社 2011 年版，第 362 页。

　　② 刘洪潮：《西方和平演变社会主义国家的战略、策略、手法》，湖北人民出版社 1989 年版，第 81 页。

　　③ Arch Puddington, *Broadcasting Freedom: The Cold War Triumph of Radio Free Europe and Radio Liberty*, Lexington: University Press of Kentucky, 2000, p. 287.

　　④ 韩克敌：《美国与苏联解体》，经济管理出版社 2011 年版，第 206 页。

　　⑤ James Critchlow, *Radio Hole-in-the-Head/Radio Liberty: An Insider's Story of Cold War Broadcasting*, Washington D. C. : American University Press, 1995, p. 99.

地利用媒体以争取广大群众的理解和支持。结果是，广大苏联群众和士兵不清楚"国家紧急状态委员会"这些所谓的"爱国者"们到底要干什么，而对叶利钦等所谓"民主派"的动机和立场却一清二楚。苏联没有把控好媒体，而 RL 等西方电台狂轰滥炸，完全控制了舆论走势，被认为是苏联解体的原因之一。① 捷克作家伊万·克里马在接受采访时谈到 RFE 电台和美国宣传攻势对东欧剧变起了巨大作用，他深有感触地说道："我确信，这种'地下文化'对 1989 年秋天的革命性事件产生了重要的影响。"②

RFE 和 RL 电台的收听率为什么会超过诸如 VOA 之类的西方官方电台，从而在西方"和平演变"战略中发挥更大的作用？原因大致有以下几种：

1. RFE 和 RL 电台的可信度更高。由于 RFE 和 RL 电台起着目标国"代理电台"的角色，为取信于听众，他们的节目信息显得更加真实可靠，而不像 VOA 电台的宣传，主要宣传美国自己，"三分真实、三分夸张、三分捕风捉影"。③ 为提高节目的可信度和新闻的客观性，RFE 电台可谓不遗余力不择手段地搜集各方面信息。为了做到"消息准确可靠"，至少要有两个"独立的消息来源"证实的消息才允许播放。④ RFE 电台拥有"全世界学者、新闻记者、政府官员和情报分析人员羡慕的"有关东欧各国的资料信息库。他们认为 RFE 电台掌握了有关东欧的最全面最权威的信息。⑤ 首先，电台建有世界上最大的有关东欧信息的图书资料库。它购买或订阅世界各地有关东欧各国情况的图书或报刊等，近到西方各大报刊、通讯社报道，远到大量共产主义集团出版的图书和报刊，甚至苏东各地方的周报或周刊都有订阅。其次，设立一批监听台，安排监听人员按照"能抓到什么就抓什么的原则（on a catch-as-catch-can basis）"，全天候 24 小时监听东欧社会主义各国官方电台的广播节目，并用打印机打印出来，作为资料送到慕尼黑或纽约总部加以分析并保存。譬如，RFE 电台波兰分台的编辑们每天早晨会收到头一天波

---

①　韩克敌：《美国与苏联解体》，经济管理出版社 2011 年版，第 192 页。

②　转引自王晓德《美国文化与外交》，世界知识出版社 2000 年版，第 219 页。

③　杨友孙：《波兰社会主义演变中的美国因素》，博士学位论文，外交学院，2004 年，第 80 页。

④　刘洪潮：《西方和平演变社会主义国家的战略、策略、手法》，湖北人民出版社 1989 年版，第 80 页。

⑤　Arch Puddington, *Broadcasting Freedom：The Cold War Triumph of Radio Free Europe and Radio Liberty*, Lexington：University Press of Kentucky, 2000, p. 40.

兰国内的"华沙广播"的新闻广播资料 30—50 页。该分台总编简·诺瓦克说道，RFE 电台之所以能够成功突破波兰政府的信息封锁，关键在于该电台的监听和信息搜集系统。① 再次，RFE 电台在整个西欧各国设有类似于电台办事处性质的新闻信息局。按照中央情报局的指示，专门深度采访从东欧各国来到西方的叛逃者或旅行者。由于特殊时期，苏东各社会主义国家的民众生活被严重政治化，RFE 电台记者采访话题非常随意、广泛，如"工厂化农场（factory farm）"的生活、集体农场主的收入、农民是否扣留粮食、人们听什么音乐、阅读什么图书、有否工厂罢工或捣乱活动、苏联顾问的角色、黑市的物价、体育俱乐部和准军事组织的地位，等等诸如此类，他们认为可以从中分析出各国的政治信号，而无须采访一些受访者难以回答或者不敢回答的敏感政治话题。这就使得 RFE 电台能够播出那些共产党电台不会广播而诸如 VOA 之类的西方官方媒体又没有能力广播的节目内容。② 为此，多数办事处均设在东欧各国的近邻城市，如汉堡和斯德哥尔摩均有办事处，因为这里常有波兰轮船光顾，伊斯坦布尔也设立办事处，因为这里是保加利亚和罗马尼亚旅行者和难民的目的地，而奥地利各大城市均有办事处，因为它们紧靠匈牙利边界。最后，RFE 电台虽然没有在"铁幕"里各国收买代理人，但它却在欧洲各大城市建立了一个联系畅通的逃亡者网络，他们对东欧各国政治局势了如指掌。此外，RFE 电台还设立了一个特别的听众信箱 Box 52-20，专门接受目标国的听众来信，这也是电台掌握东欧局势的一个重要手段。

从上述途径可以看出，RFE 电台高度重视目标国的信息资料搜集工作。评论家们有时把该电台的新闻信息局作为活生生的证据证明 RFE 电台更重要的使命是搜集情报（intelligence gathering）。当 CIA 在敌对国的情报网络遭到破坏的时候，CIA 甚至都要求助于 RFE 的新闻信息局获取情报。③

2. 广播对象以普通老百姓为主，如年轻人、工人、农民等，到 20 世纪 80 年代，知识阶层逐渐成为他们的重要目标受众，而且尽量不与地下反对

---

① Arch Puddington, *Broadcasting Freedom: The Cold War Triumph of Radio Free Europe and Radio Liberty*, Lexington: University Press of Kentucky, 2000, p. 41.

② Ibid., pp. 38-39.

③ Ibid., p. 40.

势力接触。

美国驻匈公使馆认为有四种人容易接受美国宣传：（1）基督教徒；
（2）具有强有力社会民主主义传统的工人阶级；（3）厌恶集体化和政府控
制的农民；（4）抵制共产党宣传的青年。知识阶层一开始不是美国宣传的
重点，但进入 20 世纪 80 年代后，逐渐成为其宣传重点对象，主要是考虑知
识阶层具有强大的思想号召力。①

作为"私营"电台，RFE 和 RL 电台最大的优势在于他们的独立性和自
主性，其节目内容及时而且更符合受众趣味。RFE 和 RL 电台办台自主性强
于官方电台，它们的节目不受新闻检查，而且编辑具有绝对独立自主权，包
括广播稿的内容、播音员的语调等。曾任波兰分台政策顾问，后来担任 RFE
台长的拉尔夫·沃特认为，"广播前没有预审制度，这是 RFE 电台成功的基
础。我们认为，广播员不仅要有责任心而且要有权威，这是最基本的。他们
事实上感觉到了，与其他电台相比，RFE 电台给了他们很大的权威和独立的
空间"。② RFE 电台每个语言频道都配有一位美国政策顾问，而该顾问又配
备一名会说该电台语言的助理，该助理每天要阅读或收听播音稿，并就敏感
的广播内容向顾问汇报，但汇报只是在播出之后。甚至一开始，广播稿均由
逃亡者们自己撰写，不用通稿。按照 RFE 首任台长罗伯特·E. 朗所言，用
逃亡者各自的家乡俚语进行广播，充满特有的幽默效果。③

从 RFE 电台的广播对象看，有点不同寻常。该台节目内容政治性非常
强，但它寻求的主要听众是普通大众，而非那些政治新闻的核心支持者精英
阶层。恰恰是沉迷于共产主义理想的工农阶级，而不是知识分子，成了其广
播的主要目标。一直到 20 世纪 80 年代，随着一批持不同政见知识分子和幻
想破灭的共产党员"开始竭力要求民主改革的时候，RFE 的广播焦点才有
所调整"。④

① 时殷弘：《激变战略和解放政策：冷战初期美国政府对苏联东欧内部状况的政策》，《世界历史》
1995 年第 3 期。

② Arch Puddington, *Broadcasting Freedom: The Cold War Triumph of Radio Free Europe and Radio Liberty*,
Lexington: University Press of Kentucky, 2000, p. 43.

③ Ibid. , p. 42.

④ Ibid. , pp. 47 – 48.

　　RFE 电台的节目大致分为两大类：第一类节目针对某些特殊受众，如工人、农民、年轻人、妇女、宗教人士和艺术人士等；第二类节目主要是些反共主题的节目，如"硬币的反面（the Other Side of the Coin）"，该档节目就是专门反驳共产党的宣传。除新闻报道外，所有节目都多少带有政治性，音乐、文艺节目也不例外，如贝拉·巴尔托克（1881—1945）因 1940 年移居美国，其音乐作品在匈牙利被严厉禁止播放或演出，但"自由匈牙利之声"电台不时播放他的音乐作品。"自由波兰之声"的文艺节目可能会播放某首19 世纪反抗俄国统治的爱国主义诗歌等。20 世纪 50 年代初最受欢迎的节目是"电讯（messages）"，在节目中，播音员总是点名道姓斥责共产党间谍和告密者，除偶尔斥责内阁成员或其他一些高层官员外，更多是攻击那些地方共产党员，如工厂厂长、工会领袖、小官僚或警察头目等，甚至 RFE 电台认为是告密者的普通市民。"虽然其语言似乎有点绚丽并过于说教性，但其风格与东欧传统的新闻辩论语言还是挺合拍的。"①

　　RL 电台直接针对苏联广播，其广播受众涵盖工人、农民、士兵、政府机关工作人员和知识阶层等。但 20 世纪 50 年代中期，在电台政策顾问鲍里斯·舒布的倡议下，该电台反对攻击性太强的宣传，而代之以一些知识性的文化节目，目的是在那些自以为对共产党忠心耿耿的共产党员心里培养怀疑精神。1986 年，RL 电台自己的研究人员估测该电台有 1000 多万听众，主要集中在知识阶层，30—49 岁，非俄地区。②

　　综上所述，我们可以看出，对外广播是冷战时期美国对外宣传的重要手段，同时也是美国文化渗透的主要手段之一。RFE、RL 和 VOA 等广播电台穿越铁幕，其电波资讯渗透到苏东地区，某种程度上破坏了共产党政权对各自国家的讯息垄断。媒介即讯息。冷战时期苏东各社会主义国家普遍被西方视为"极权统治"，其关键一点就是封锁消息、控制信息，没有了信息，就没有透明度，剥夺了人民的知情权，他们实际上是在实行"愚民"统治。如此看来，无论是重点播放"苏东话题"的 RFE 和 RL 电台还是重点播放

　　① Arch Puddington, *Broadcasting Freedom：The Cold War Triumph of Radio Free Europe and Radio Liberty*, Lexington：University Press of Kentucky, 2000, p. 48.

　　② James Critchlow, *Radio Hole-in-the-Head/Radio Liberty：An Insider's Story of Cold War Broadcasting*, Washington D. C.：American University Press, 1995, p. 109.

"美国话题"的 VOA，其出发点均在为消息封闭的苏东地区提供新的资讯，"通过播音，推动苏东人民'自由地讨论本国的问题和各国的共同问题'"，实际上是借讨论之名，培养目标受众的怀疑精神，支持和怂恿反对派，以促使苏东朝着美国所希望的方向演变。①

美国"和平演变"战略的始作俑者是前国务卿约翰·杜勒斯。1952 年 8 月 27 日，在对一个学术团体的演讲中，杜勒斯提出了一项解放铁幕后卫星国的计划。他着重指出，"美国之音"和其他机构应该"挑起"铁幕后各国人民的抵抗情绪，并让他们相信"将会赢得美国道义上的支持"。他最后强调"共产主义将从内部解体"。② 要实现"和平演变"，关键一步是实现信息交流。在美苏对抗激烈，信息互为封锁时期，"不受国界限制就可传播信息"的无线电广播无疑是实行美国"演变"战略的最佳传播媒介。对 VOA 电台而言，由于它是美国官方的喉舌，代表的是美国政府的声音，在政治气氛对立的传播生态里，其宣传的"策反"目的一目了然，传播效果值得怀疑。而 RFE 和 RL 电台名义上是"私有的"，其办台方针符合美国媒体管理政策，③ 它们可以冠以"自由、独立、负责任"的新闻精神，尤其是以"自由……之声"，既摆出一副"设身处地的"苏东"国内电台"的姿态，更在炫耀"自由之声"。该两台被证明是实施美国冷战战略"最成功的机构之一"，而且为"共产主义和平演变"做出了重要贡献。所以，有学者认为，大多数研究冷战史的学者仅把 RFE 和 RL 电台作为"陪衬"或"中央情报局操控的宣传机器"看待是不公平的。④

笔者认可这一学术判断，故在本章有关冷战时期"美国对外广播宣传"这一部分，仅以 RFE 和 RL 电台作为重点研究对象。

---

① 刘洪潮：《西方和平演变社会主义国家的战略、策略、手法》，湖北人民出版社 1989 年版，第 81 页。

② 转引自林克《美国和平演变战略的提出及毛泽东的评论》，《湖南党史月刊》1991 年第 10 期。

③ 真正意义上的美国官方媒体仅 VOA 一家。私有媒体具体运作不受美国国会制约。——笔者注

④ Arch Puddington, *Broadcasting Freedom*: *The Cold War Triumph of Radio Free Europe and Radio Liberty*, Lexington: University Press of Kentucky, 2000, p. 313.

第四章

冷战时期好莱坞电影与美国文化渗透

萨义德曾指出，"小说与英国和法国的扩张社会之间的联系是一个有趣的美学课题"，因为"小说对于形成帝国主义态度、参照系和生活经验极其重要"。① 萨义德在这里所强调的是殖民帝国主义时期小说在使宗主国和殖民地之间的领属关系合法化过程中起到的重要作用；在后殖民的冷战时期，这一角色无疑被好莱坞电影②所取代。与广播、报刊等单一的信息传播和赤裸裸的意识形态宣传不同，电影凭借其审美和娱乐功能，在冷战时期美国文化的对外渗透中起到了重要作用。海斯办公室的一位官员曾说："电影在促使世界美国化的过程中是一支极其重要的力量，和它在美国出口贸易中所起的作用一样重要并且影响深远。"③

一　电影与意识形态生产

根据现实主义者安德烈·巴赞的考察，一切艺术都是以人的参与为基

---

① ［美］爱德华·W. 萨义德：《文化与帝国主义·前言》，李琨译，生活·读书·新知三联书店2003 年版，第 2 页。

② 好莱坞（Holly wood）本意为一地名，指位于加利福尼亚州西南部美国第二大城市洛杉矶市西北郊的一处影视工业城；现用来指整个美国电影工业。严格意义上的好莱坞电影指按照工业化方式融资、制作，并进入主流发行、放映渠道的美国影片，后来还包括进入主流发行、放映渠道的独立制作的艺术片和探索片。现也用来指所有美国生产的影片。本章主要在前一层意义上使用好莱坞电影这一术语。——笔者注

③ "Certain Factors and Considerations Affecting the European Market," internal MPPDA memo, October 25, 1928, Motion Picture Association Archive, New York. 转引自［澳］理查德·麦特白：《好莱坞电影：美国电影工业发展史》，吴菁等译，华夏出版社2012 年版，第 116 页。

础，唯独在摄影中，"我们有了不让人介入的特权"，① 因而他坚称电影影像是对生活的完整的复制，是现实对自身的自我揭示，所反映的是真实的现实关系。其实，影像展示给观众的是一种白日梦、幻觉，反映的是一种虚假的现实关系；它通过强制性的接受，将观众询唤（interpellate）为一个统治阶级需要的主体。

法国结构马克思主义奠基人路易·阿尔都塞最早揭示了影像反映现实关系的虚假性。在其发表于 1970 年的《意识形态和意识形态国家机器（研究笔记）》② 一文中，他论证了电影的意识形态属性及其作用方式。该文依据马克思的再生产理论，分析了意识形态在国家机器中的地位及其运作方式。虽然文章没有专章论述电影问题，但是，它将电影纳入意识形态国家机器之列。

马克思在《资本论》第二卷中曾指出，每种社会形态都一定会在物质生产的同时进行生产条件的再生产。这种再生产包括生产力和现存生产关系的再生产。《资本论》第二卷令人信服地论述了物质资料再生产的方式、过程，但是没有对生产关系的再生产展开详细的研究。阿尔都塞的研究就是补足这方面的不足。他的分析认为，"劳动力再生产不仅要求一种劳动力技能的再生产，同时，也要求一种对现存秩序的规则附以人身屈从的再生产，即工人们对统治意识形态的归顺心理的再生产，以及一种剥削和压迫的代理人们恰如其分地操纵统治意识形态的能力的再生产，这一切甚至在'话语'上都为统治阶级提供了优势"。③

为了准确描述意识形态的特点及其作用方式，阿尔都塞发展了马克思的国家理论，具体表现在对强制性国家机器和意识形态国家机器的区分及系统研究上。马克思主义的经典作家在研究中已经将国家政权和国家机器区分开来，并指出国家政权是可以被不断更迭的，但国家机器是沿留不灭的。沿着这一区分，阿尔都塞进一步将国家机器区分为强制性国家机器与意识形态国

---

① André Bazin, "The Ontology of the Photographic Image", *What is Cinema? Vol. 1*, trans. By Hugh Gray, Los Angeles: California University Press, 2005, p. 13.

② ［法］路易·阿尔都塞：《意识形态和意识形态国家机器（研究笔记）》，李讯译，《当代电影》1987 年第 3 期、第 4 期。

③ 同上。

家机器。前者包括政府、行政机构、军队、警察、法庭、监狱等；后者包括宗教、教育、家庭、法律、政治、工会、传播媒介、文化等。前者是强制性的、一元化的系统；后者是非强制性的、多元性的、散状的系统。但是，在实际中，国家往往是两种手段（强制的和非强制的）同时并用。

阿尔都塞认为意识形态具有使个体成为主体的询唤功能。在论述中，他显然借用了结构主义和拉康的认同理论。他认为个体身份的认同，即主体的形成是"人对其真实生存条件的真实关系和想象关系的多元决定的统一"。① 正是意识形态为个体提供了一个镜像，并使个体认同为主体。"意识形态是以一种在个体中'招募'主体（它招募所有个体）或把个体'改造成'主体（它改造所有个体）的方式并运用非常准确的操作'产生效果'或'发挥功能作用'的。"② 可以说，正是对意识形态永恒存在和意识形态询唤作用的认识，为电影的意识形态观点提供了理论基础。

让—路易·博德里进一步细化了对电影的意识形态效果的研究。在《基本电影机器的意识形态效果》一文中，他应用拉康的镜像阶段理论对电影的观影过程进行了研究。巴赞和克拉考尔的现实主义理论曾使人们相信，由于摄影机具有复制物质现实的功能，因而，我们通过电影所认识的世界是与真实状况相符合的，亦即电影对我们而言是透明的。博德里反对这种看法，他认为在电影活动中涉及一种转换过程。他指出，在电影活动中，摄影机在感知事物时是通过文艺复兴时期所确立的透视法则的，而透视法则本身就是一种选择，它设置了一个理想的视力空间，"它创造的是一种幻觉的现实"；③ 在放映活动中，放映设备将单幅画面重建成连续的时间和空间，实际上这些彼此分开的画面相互之间是有差异的，但是在放映活动中，这些差异被抹去了，我们看到的实际上是一个幻象；主体在观影中如果需要形成含义，就必须与连续性相伴，就是说在观影中主体对电影的画面进行了重新组织；最后，主体与电影的认同实际上是与一个幻象的认同，而不是真实本身。正是

① ［法］路易·阿尔都塞：《保卫马克思》，顾良译，商务印书馆 1984 年版，第202 页。

② ［法］路易·阿尔都塞：《意识形态和意识形态国家机器（研究笔记）》，李讯译，《当代电影》1987 年第4 期。

③ ［法］让—路易·博德里：《基本电影机器的意识形态效果》，李讯译，《当代电影》1989 年第5 期。

这一系列转换，抹去了电影中本应存在的差异，使之具有一种操作的特性。这里，博德里实际上沿用了阿尔都塞的论述，即与真实状况的关系并不能使我们认识到这些关系是如何建立的；这些关系事实上是意识形态的关系。这种关系缺乏在生产它们的过程中本应随之而来的那种认识效果。这一观念使博德里断定，电影事实上基于一种运动的幻觉，而我们却把这种幻觉误认为是实际的运动，由此可见，电影是以一种基本的意识形态效果为基础的。

与博德里类似，丹尼尔·达扬的《经典电影的指导符码》从影像—观众的关系上详细考察了电影如何起到意识形态作用。他通过论证从一个镜头到下一个镜头表意的延续，显示了经典电影是怎样在表达的层面上成为"意识形态的操作者"。达扬指出，电影的意识形态意图并不是显在的，而是通过隐藏的方式实现的。他详细分析了正打、反打镜头的意识形态操作过程。所谓正打、反打镜头就是两个人面对面的时候镜头对人物进行互相切换，还分内反打和外反打，内反打是不拍到另一个人，即主观镜头，外反打是另一个人也有一点拍到，即半主观镜头。在这个经典电影通常使用的电影表达式中，包括由两个项构成的一个单元：银幕上的空间和缺席者的空间。在此过程中，有两种表意在交汇，即观众的想象和电影本身的表意。当镜头1出现时，观众开始想象，但显然这种想象是没有方向感的；镜头2反转来拍下了一个人物，他占据了正看着镜头1的缺席者的地位。镜头2是镜头1的所指，它标示出镜头2中人物对镜头1的感知，起到一种意义的指示作用，对观众对镜头1的想象进行调整。这样，镜头2"缝合了那个打开在观众想象和缺席者的感知所提供的电影场面的关系中的缺口。这个效果和体系制造了它，以解放出观众的想象，并为了自己的目的而操纵观众的想象"。① 也就是说，镜头2成了镜头1的意义。电影正是通过这样的方式隐蔽地实现了自己的意识形态目的。

二　美国政府与好莱坞电影的全球传播

两次世界大战的参战，使美国的对外战略发生了根本的改变，它实际上

---

① ［美］丹尼尔·达扬：《经典电影的指导符码》，陈犀禾译，《当代电影》1987年第4期。

由一个孤立主义的国家成为一个扩张的帝国。帝国的根本任务在于既要保持其在西方阵营中的霸主地位，又要颠覆东方阵营。然而，由于战后席卷全球的非殖民化运动和东西方集团在军事上的均势，美国的扩张战略也相应地由传统的领土扩张转化成汤林森（Tomlinson）所描述的非领土扩张，进而谋求在政治制度、经济和文化上的霸权。1942 年，特纳在给美国政府递交的备忘录中不仅提出了"文化外交"新概念，而且认为"战后世界将要求美国在文化上，如同在政治和经济上一样，在全世界担负起领导的责任"。①他还特别强调要对像中国这样的发展中国家培养具有现代文化素质的"贩卖人"。于是，对好莱坞的支持成为美国政府实现这一目标的重要手段之一。

　　首先，美国政府在两次世界大战期间就认识到了好莱坞电影在意识形态宣传方面的作用，并配合其在全球的发行。1915 年，电影史上第一部剧情长片（超过 1 小时的故事片）D. W. 格里菲斯的《一个国家的诞生》（*The Birth of a Nation*）上映。威尔逊总统观看此片后，开始认真思考电影的政治价值。他最初的思考还仅仅停留在认为电影能在国内改变民众对美国参加第一次世界大战的不理解而已。他说，"人们正在维护由于战争而备受威胁的自由民主的价值观，为什么不让电影为这一伟大的运动而服务呢？"②他相信，"电影逐渐成为传播大众知识的最高级的媒体，而且，因为它使用的是一种通用语言，它对于展示美国的计划与意图能起到重要作用"。③正是在这一认识之下，1916 年新年，威尔逊拟就了一份新年贺词，将其显示在一部全国影院上映的短片的字幕中，这成为利用电影宣传意识形态的首次尝试。于战时成立的克里尔公共信息委员会也成立了一个"四分钟人"处，专门负责在电影院换片子的间隙发表大约四分钟的爱国演讲。随后，在对外经济活动中，威尔逊进一步认识到经济和意识形态是齐头并进的，"西方的观点直到与西方的货物相伴而行时才能被理解"。④电影既是一种经济货物，

---

① ［美］弗兰克·宁柯维奇：《美国文化关系的历史轨迹》，钱存学编译，《编译参考》1991 年第 8 期。

② ［英］大卫·普特南：《不宣而战：好莱坞 VS 全世界》，李欣、盛希等译，中国电影出版社 2001 年版，第 81 页。

③ 同上书，第 83 页。

④ 同上书，第 82 页。

又是一种意识形态的工具，是一种完美的载体。这是后来的美国总统永志不忘的一课。1917年，克里尔公共信息委员会成立了电影分部，负责协调政府与电影业界的关系。1926年7月，美国政府在海外及国内商业局的内部建立了一个独立的电影分部，负责人为克莱伦斯·J.诺斯，其主要任务就是派遣代理到国外充任"整个电影业的眼睛"，收集各国市场的规模、性质以及美国电影在那些市场的竞争地位等有关信息。

冷战期间，美国政府继续将电影视为其打着宣扬民主（表面上是普遍主义的民主，实际上是美国式的特殊民主）的幌子对德国、意大利及其他国家的人民进行再教育这一斗争的重要武器。美国政府的功能不是管理电影拍什么和如何拍，而是如何为电影拍摄、发行、放映、输出创造条件。在此期间，美国延续了两次世界大战期间支持好莱坞电影国外发行的政策，但采用了一些新的策略。这些策略中，首要的就是利用其战胜国地位在占领区推行好莱坞电影。"二战"刚结束，美国就在（联邦）德国和意大利发动了思想意识清洗战，德国的盟国远征军最高统帅部（Supreme Headquarters Allied Expeditionary Forces）的心理战（Psychological Warfare）部门发布了《心理战和对德信息控制指令》（1945年6月2日）（*Directive for Psychological Warfare and Control of German Information Services*），其中附件J的第一和第四部分规定，"将除业余人员制作的有关家庭主题、个人运动或娱乐活动并自己观看的以外的全部影片封存"，重新审核，并"使盟国的电影能够通过盟国远征军最高统帅部的心理战部门的审核后送达地区信息控制单位"，得以放映。[①] 在意大利，由于政府取消了大部分将好莱坞拒之门外的贸易保护法，美国电影不费吹灰之力就占领了意大利市场。

其次，美国政府还利用经济援助、贸易惩罚、政治施压等手段，在贸易谈判中为好莱坞电影的国外发行鸣锣开道。1922年美国电影制片厂就建立了一个贸易协会：美国电影制作和发行协会，简称MPPDA，该协会与美国政府合作，争取美国电影的海外利益。第二次世界大战以后又成立了美国电影输出协会，简称MPEAA，专门处理好莱坞电影的对外交易。在与外国政

---

① "Directive for Psychological Warfare and Control of German Information Services," *Film and Propaganda in America: a Documentary History. vol. iv.* ed. Lawrence H. Suid, New York: Greewood Press, 1991, pp. 27 – 29.

府谈判时，美国国务院、商务部都对电影协会给予了积极支持。好莱坞与美国国务院和其他政府机构的关系远远超过了一般的商业和进出口谈判的关系。利用经济援助迫使对方让步是美国政府惯用的手段之一。1947 年 7 月，美国正式启动了持续 4 个财政年度的帮助被战争破坏的西欧各国进行经济重建的"马歇尔计划"。在此之前与各国的谈判中，美国往往将电影作为重要的谈判事项。与法国谈判时，美国就利用援助施压，要求法国政府放宽好莱坞电影在法国放映的配额。在欧洲国家中，法国一直是比较注重民族文化独特性的国家。因此，一直注意保护本国的民族电影工业，采取比较严格的电影配额制。但是，在"马歇尔计划"谈判中，由于急需美国的经济援助，以使法国遭受战争破坏的经济重新走上正轨，因此不得不在此事项上大大让步。结果，以前相当苛刻的进口限额在协议中被取消，代之以大大降低的体系，仅仅是保证法国电影每年在每家影院必须上映一定的周数。而同时，在1946 年 5 月 28 日签订的《布吕姆—贝尔纳斯协议》里规定，法国"二战"时所欠的债务被一笔勾销，并获得了美国 6.5 亿美元的援助。这一协议结果导致到 1947 年年底，法国半数以上的制片厂被迫延缓了拍片计划，该领域75% 以上的从业人员失去了工作。[①] 美国电影淹没了法国。

　　而对于那些敢于抵制的国家，美国政府则不惜动用贸易惩罚手段。1947年 8 月 6 日，英国政府做出决定，对所有进口电影征收高达 75% 的从价关税，目的在于让好莱坞只能拿到在英国所获收入的 25%。美国随即进行报复，宣布无限期抵制英国市场。结果英国国内影片严重短缺，无片可放，电影院只得反复放映旧片，英国的电影放映业几近崩溃。虽然与此同时，英国公司开始大量筹拍自己的电影。但是，1948 年 3 月，美国方面停止了抵制。随后，未发行过的美国电影如雪崩压顶，淹没了英国市场，拍片的英国公司也因短时间拍片过多而损失惨重。

　　当然，美国在电影贸易谈判中更常用的手段是利用自己的超强实力进行政治施压。1947 年 4 月，作为美国处理战后事务的一部分，关贸总协定开始了漫长的谈判。美国国会与商务部在美国电影输出协会的劝说下将电影议题

---

　　① 参见［英］大卫·普特南《不宣而战：好莱坞 VS 全世界》，李欣、盛希等译，中国电影出版社2001 年版，第 191—195 页。

纳入了与其他国家的世界贸易组织的谈判之中。在谈判中，美国试图将电影和电视引入无限制的货物与服务范围，但是遭到一些欧洲国家的坚决反对，他们争辩说，电影的独特文化本质使其有别于一般国际贸易中的货物与服务。最终，关贸总协定采用了配额原则，"缔约国在建立或维持有关电影片的国内数量限制条例时，应采取符合以下要求的放映限额办法：放映限额可以规定，在不短于一年的指定时间内，国产电影片的放映应在各国电影片商业性放映所实际使用的总时间内占一定最低比例；放映限额应以每年或其相当期间内每一电影院的放映时间作为计算基础。"① 这对美国是一个极大的打击，于是，在多边谈判中不能解决的问题，美国就拿到双边贸易谈判中来解决。通过双边谈判，美国更便于施展政治压力。比如在与印度尼西亚、马来西亚、印度以及韩国等国家的谈判中都包含了与电影相关的内容。再如台湾电视对好莱坞电影长期侵权，美国政府就曾对台湾动用了政治压力。1985年美国国会和大使馆支持 MPEAA 要求韩国允许好莱坞建立发行公司，同时要求韩国改变国产电影放映时间占全年 146 天以上的规定。另外在与加拿大、法国就电影产品在商品与文化定位上发生冲突后，美国对这两个国家都采取了经济制裁措施。② 在这些国际贸易活动中，美国都利用了自身在世界事务中的超强实力。

再次，每当好莱坞陷于财政危机时，美国政府就通过一系列法案为好莱坞提供资金帮助。在好莱坞电影百年来的发展历程中，所需资金绝大部分时候是通过自由竞争由市场来配置，而且美国政府在对外贸易谈判时一直反对外国政府为保护本国电影所采取的配额制和政府对电影的财政支持，然而，每当市场这只"无形之手"失灵的时候，美国政府就伸出了"有形之手"。例如"二战"刚结束的时候，美元在世界金融体系中处于绝对的主导地位，欧洲各国的货币脆弱不堪，一些国家为了保持本国金融体系的稳定，在汇兑中对美元采取了限额制度，使好莱坞在这些国家赚取的美元不能汇往国内。1948 年，杜鲁门政府出台了国际媒体保证计划。根据这项计划，只要其产品是对美国生活进行正面宣传，美国政府就为这些传媒公司赚到的软外币

---

① 《关贸总协定有关电影的内容》，《电影通讯》1993 年第 3 期。
② 参见尹鸿、萧志伟《好莱坞的全球化策略与中国电影的发展》，《当代电影》2001 年第 4 期。

（国际市场上不吃香的外国货币）兑换美元。再如，20世纪60年代末70年代初，由于电视的冲击、郊区化浪潮和电影业的过度投资，好莱坞陷入空前的经济危机。1969年，美国政府推出了一项重要税制变更，允许个人对电影的投资获得百分之百的免税，如此诱人的免税条件，吸引了不少投资者携款而来。而且，美国政府于1971年重新引进了"投资税收信贷"，根据该信贷，美国公司对美国境内任何设备和机械投资总额的7%可以获得减税，后来将比例扩大到10%，其中规定，只要得到投资的节目是在美国境内拍摄的，电影电视业的投资也可以适用该信贷政策。同时，根据追溯效力，可一直追溯到1963年，好莱坞一共赢回了4亿美元的信贷额度。① 该免税和信贷政策，一直持续到20世纪80年代中期，对好莱坞走出低谷起到了重要的作用。

最后，美国的政府部门尤其是军事部门还对好莱坞电影制作直接提供帮助。在美国，没有类似中国的八一电影制片厂这样的军队故事片制作机构，美国虚构类的战争影视都是由梦工场、派拉蒙、华纳兄弟、哥伦比亚等好莱坞公司制作，政府和军队不能对任何影片，哪怕是对其持批评态度的影片进行干预。但是，在美国，"不管哪个政党执政，美国资本主义和爱国主义之间的勾结始终如一"。② 尤其是美国军方与好莱坞在多数时期都保持着微妙的相互合作的共谋关系。美国电影史学家劳伦斯·休德一针见血地指出："电影人与军方的共生关系几乎从电影这一媒介刚刚成为美国人生活的一部分时就已经开始了。"③

早在1910年前后，美国海军就出台了与电影业合作的内部规章，协助拍摄了大导演格里菲斯的《一个国家的诞生》（1915年）、《美国》（1924年）以及威尔曼导演的获得奥斯卡金像奖的影片《翼》（1927年）。"二战"期间，好莱坞积极配合军方的工作，大导演弗兰克·卡普拉接受军方委派拍摄了七集大型纪录片《我们为何而战》（*Why We Fight*）影片向美国国内宣

---

① ［英］大卫·普特南：《不宣而战：好莱坞 VS 全世界》，李欣、盛希等译，中国电影出版社2001年版，第251页。

② ［加拿大］哈威·费舍：《好莱坞帝国的没落》，王颖、黄淳译，旅游教育出版社2010年版，第31页。

③ ［美］约瑟夫·奈：《硬权力与软权力》，门洪华译，北京大学出版社2005年版，第7页。

传了美国参加"二战"的必要性和向全世界阐明了反法西斯战争的正义性。据美国电影史学家劳伦斯·休德所列不完整的清单，从 1949 年到 1969 年，接受过美国国防部门帮助的影片不少于 226 部。[①] 越战期间，好莱坞生产了一批尖锐批判政府的反战影片，美国军方与好莱坞的合作一度陷于停顿。但 20 世纪 80 年代，随着《壮志凌云》（1986）的出现，美国军方又恢复了与好莱坞的合作。

　　冷战期间，美国军事部门与好莱坞的合作已完全做到了体制化，两者互相利用，共同完成意识形态的生产。美国国防部公共事务部部长助理办公室下设娱乐媒体特别助理，专门负责协调军方协助好莱坞拍摄电影。海陆空三军在好莱坞的大本营洛杉矶都设有专门的办公室处理协拍事务。[②] 所有希望得到军方协助的协拍机构都可以向军方提出申请，并提供剧本以供审查。不过，美国军方并不是对任何申请都提供帮助，而是必须符合其意识形态要求。《美国空军与电影公司合作标准操作指令》就规定，"制成品必须真实阐释空军的理念和原则，不能表达与空军军部相左的思想；同时，制成品应有利于形成公共服务的观念和最大限度地服务于国防"。[③] 那些不符合军方要求包含负面和消极内容的电影，则被要求根据军方审查意见进行修改，否则否决其申请。有的影片完成后必须提交军方审查通过才可进入公开发行，有时军方甚至会要求享有一定的剪辑权以控制影片内容。美国军方为剧组提供的拍摄协助主要包括三种形式：第一，剧组可以拍摄并使用美军的军事基地、武器装备；第二，军方可以派遣军事顾问为剧组提供现场技术指导；第三，军方人员可以出任群众演员。尽管美国军方不能完全控制好莱坞电影制作的内容，但是通过与好莱坞"互利双赢"的交易，军方仍可以在很大程

---

　　① 参见 "Approximate List of Commercial Motion Pictures on Which the Department of Defense Rendered Assistance, 1949 to 1969", *Film and Propaganda in America: a Documentary History. vol. iv.* ed. Lawrence H. Suid , New York: Greewood Press, 1991, pp. 249 – 254.

　　② 如果拍摄影片需要美国军方提供合作和协助，可以联系以下部门（全在洛杉矶的同一个办公楼里）：陆军公共事务部（Army Chief of Public Affairs）；海军陆战队公共事务部（Marine Corps Public Affairs）空军电影电视联络处（US Air Force Motion Picture and Television Liaison Office）；海岸防卫队电影电视办公室（US Coast Guard Motion Picture and Television Office）。——笔者注

　　③ "Standard Operating Directive for Cooperation with Motion Picture Companies", *Film and Propaganda in America: a Documentary History. vol. iv.* ed. Lawrence H. Suid , New York: Greewood Press, 1991, p. 189.

度上保证自身在电影中的正面形象。

三　好莱坞电影的营销与传播策略

　　好莱坞电影具有双重属性，既是文化意识形态又是商品。相应地，好莱坞电影在全世界的传播也具有双重动因：一方面是美国在全球意识形态渗透的必然要求；另一方面也是资本逐利的本性使然。所以，好莱坞电影在全球传播过程中，除受到美国政府的支持以外，很自然地也采用了一些商业传播策略。这些商业传播策略虽然在好莱坞发展的历程中会根据不同的情况有所调整，但也形成了一些固定的有效的传播手段，具体到冷战时期，可归纳为以下几点。

　　首先是大片（blockbuster）发行策略。美国电影的生产和发行经历了两个主要时期，第一个时期称为大制片厂时期，也称为"垂直整合时期"。其特点是少数几家大型企业同时掌握着电影的生产、发行和放映，它们经营着自己的影院，从而垄断了整个电影业。从20世纪第一个十年开始，一些电影企业开始走向合并，在洛杉矶好莱坞建立适应大规模生产的制片厂，同时它们还和影片发行公司联合起来，从而将制片业和发行业集中在了企业内部。这一模式在"一战"后的好莱坞电影业中迅速成长起来，到经典好莱坞的鼎盛时期（20世纪三四十年代），在电影业中形成了我们通常称为好莱坞八大制片厂的五大三小垄断公司。① 它们生产的影片占美国影片总数的90%和全世界的60%，攫取了全美影片租金总数的95%。② 作为发行商，大公司决定了哪部影片在哪所影院上映。它们还对全美影院进行分级，对同一部影片，规定不同时段在不同级别的影院上映。从而最大限度地获得利润。

　　而冷战以来好莱坞的发行策略主要是大片策略。1948年，"派拉蒙判

---

　　① 五家大电影公司：派拉蒙影业公司（Paramount Pictures Corporation）、华纳兄弟公司（Warner Bros.）、米高梅公司（Metro-Goldwyn-Mayer Inc.）、20世纪福克斯公司（Twentieth Century Fox Film Corporation）、雷电华公司（RKO）；三小公司：哥伦比亚公司（Columbia）、环球公司（Universal Studios）、联艺公司（United Artists）。三小公司不拥有自己的影院。——笔者注

　　② ［澳］理查德·麦特白：《好莱坞电影：美国电影工业发展史》，吴菁等译，华夏出版社2012年版，第111页。

决"生效，美国最高法院认为，好莱坞大制片厂同时拥有电影制作、发行和放映环节属于非法垄断，因此判令好莱坞大制片厂必须放弃对放映环节的控制。这一判决标志着大制片厂制度的结束，也标志着经典好莱坞时期开始走向终结。放映环节与制片和发行两个环节的分离，预示着电影制片厂和发行商不再能保证他们的每一部影片都获得市场，相反，他们不得不依赖于单部影片的质量，单独出售每部影片。在此背景下，一些影片因高预算、放映时间长、明星多、奢华的制作水准，以及宽银幕效果而被凸显出来，并提供了与小银幕的电视完全不同的吸引力，而受到欢迎。这些影片被称为"大片"，或豪华巨片、重磅炸弹影片。在20世纪五六十年代，这些影片是大公司实施它们发行策略的核心支柱，豪华巨片逐渐取代了先前的放映模式。据统计，20世纪60年代1/3的豪华巨片获得超过1000万美元的租金，而其数量仅仅是所有发行总数的1%。[①] 比如1965年的《音乐之声》，制作成本为800万美元，而仅在美国和加拿大市场便获得了7200万美元的收入。[②] 随着这一策略的推行，豪华巨片的数量也相应增加，20世纪60年代以前，只有20部影片在美国国内的收入超过1000万美元，到1970年，便有80部影片达到了这个数目。[③] 这一发行模式，后来进化成了"事件"影片，即一部影片的目的不仅仅是吸引那些经常去影院的14—25岁的年轻观众，而且由于影片的巨大影响，在社会中形成一个话题事件，将那些只在节假日和暑期才进影院的观众也吸引进影院。发行策略也反过来影响了电影的制作方式，使高资金投入、高科技应用、超豪华明星阵容成为好莱坞品牌的名片。国内发行的大片策略同样适用于好莱坞影片的对外发行，这些大片严重冲击了国外的电影市场，占据了发行国银幕的大部分时间。好莱坞的这一生产发行模式一直延续至今。

其次是国际化制作。国际化一直是好莱坞的生命线之一，从它最初的形成阶段，就在资本、拍摄、导演、演员上形成了国际化的格局。这也保证了

① 〔澳〕理查德·麦特白：《好莱坞电影：美国电影工业发展史》，吴菁等译，华夏出版社2012年版，第151页。

② 同上书，第152页。

③ Tino Balio, "Introduction to Part I," *Hollywood in the Age of Television*, ed. Tino Balio, Boston: Unwin Hyman, 1990, p. 28.

它的产品（影片）在全球的传播。资本国际化可以说经历了好莱坞发展的整个历程，其目的就是形成规模更大的产业集团，从而形成具有跨国经济实力的"资本巨兽"。好莱坞在资本"扩容"的过程中，通过出让公司股权、转卖公司等方式吸收了大量的海外资本。比如 20 世纪福克斯影业公司 1985 年卖给了澳大利亚报业大亨默多克，成为新闻集团名下福克斯电影制作体系的一部分。1989 年，哥伦比亚电影公司以 34 亿美元卖给日本索尼公司，①成为索尼集团全球触角的一部分。据统计，在 20 世纪的 80 年代和 90 年代，仅欧洲的公司就把数亿元的资金注入了好莱坞。② 兼并和全球化导致好莱坞电影企业不再必须由美国人自己来掌控，而只需给产品贴上美国制造的标签。

在吸引海外资本的同时，好莱坞还输出资本。好莱坞资本输出的主要目的是获得巨大海外市场的份额。好莱坞对外资本输出主要包括两种手段。一是直接对海外的电影制片业、制片公司和院线进行投资，甚至直接拥有其他国家制片公司的股份。比如，迪士尼的子公司就拥有德国、法国、西班牙的一些制作公司的股份；福克斯公司和派拉蒙公司拥有以伦敦为基地的欧洲制片业务。二是合作拍片。好莱坞与欧洲很早就有合作拍片的历史，后来这一模式扩展到广大的亚洲和拉丁美洲国家。从 1960 年以来，超过 1/3 的好莱坞影片是在美国本土以外的地方拍摄的。③ 如今，在世界的很多国家，都有好莱坞的外景地。通过资本输出，好莱坞一方面可以利用海外低廉的人工和国际间的税收差异减少成本，另一方面又可以很顺利地获得影片在资本输入国的发行权，还可以享受资本输入国对民族电影的优惠政策。

除了资本和拍摄的国际化以外，制作人员的国际化同样是好莱坞国际化发行的重要手段之一。好莱坞以其巨大的号召力和强烈的吸引力，不断从世界各国网罗电影人才。早期最有名的喜剧导演、演员英国人卓别林就在好莱坞为世界贡献了《淘金记》（*The Gold Rush*，1925 年）、《城市之光》（*City Lights*，1931）、《摩登时代》（*Modern Times*，1936）、《大独裁者》（*The Great*

---

① 周黎明：《好莱坞启示录》，复旦大学出版社 2010 年第 2 版，第 14 页。

② 胡辉：《好莱坞的狼性：好莱坞全球化策略之分析》，《理论与创作》2003 年第 2 期。

③ ［澳］理查德·麦特白：《好莱坞电影：美国电影工业发展史》，吴菁等译，华夏出版社 2012 年版，第 196 页。

Dictator，1936）等影片。在随后的冷战时期，更多才华横溢的电影人来到好莱坞发展，比如悬念大师英国的希区柯克（Alfred Hitchcock）在好莱坞拍出了获得奥斯卡最佳影片奖的《蝴蝶梦》（*Rebecca*，1940）、经典悬疑片《后窗》（*Rear Window*，1950）以及让全世界惊悚的《精神病患者》（*Psycho*，1960）。波兰裔犹太人罗曼·波兰斯基（Roman Polanski）拍摄了恐怖片经典《罗斯玛丽的婴儿》（*Rosemary's Baby*，1968）。意大利导演瑟吉奥·莱昂内（Sergio Leone）在好莱坞拍摄了新西部片《西部往事》（*Once Upon a Time in the West*，1968）、《美国往事》（*Once Upon a Time in America*，1984）等。整个冷战时期，从1946年到1990年共45届奥斯卡最佳影片中只有4届影片不是好莱坞出品，剩下的41部最佳影片中，有19部是非美国本土人士导演，他们包括英国人理查德·阿滕德勒（Richard Attenborough）、约翰·斯莱辛格（John Schlesinger）、卡罗尔·里德（Carol Reed）、托尼·理查德森（Tony Richardson）、大卫·里恩（David Lean）、米歇尔·安德尔森（Michael Anderson），澳大利亚人布鲁斯·贝尔斯福德（Bruce Beresford），法国人威廉·惠勒（William Wyler），捷克人米洛斯·福尔曼（Milos Forman），德国人罗伯特·雷德福（Robert Redford），波兰人比利·怀尔德（Billy Wilder），希腊人伊利亚·卡赞（Elia Kazan），奥地利人弗雷德·金尼曼（Fred Zinnemann），加拿大人诺曼·杰威森（Norman Jewison）等。他们的加入，使好莱坞成为名副其实的"电影王国"，这些来自不同国家的导演由于熟稔本民族的欣赏习惯，使好莱坞电影更能获得各国的接受。

"明星制"历来是好莱坞商业运作的法宝，因为明星就代表着票房。好莱坞堪称世界上最大的"造星公司"，在好莱坞电影史上写满了一个个耀眼的明星。鉴于全球市场的考虑，好莱坞的明星也是国际化的。哪里有市场，好莱坞就会为哪里"创造"适合当地市场的明星。欧洲历来是好莱坞重要的海外市场，所以制造欧洲人喜欢的明星成为好莱坞造星的重要工作之一。比如几乎成为神话人物的费雯·丽（Vivien Leigh）。她的童年在印度度过，"一战"结束后被送回英国接受教育。她出演《乱世佳人》（*Gone with the Wind*，1939）中郝思嘉一角成为轰动当时的一件大事，当时制片人向社会广泛征求郝思嘉的扮演者，这也成为美国电影史上最激动人心的一次宣传。有幸参加试镜的演员就有1400多人，初始过关的有92人，其中就有四次获得奥斯卡奖的凯瑟琳·赫本（Katharine Hepburn）。费雯·丽最终能脱颖而出，除了自身的条件以外，显然还与她的成长经历与制片人拓展欧洲市场的希望相吻合。她随后出演的《魂断蓝桥》（*Waterloo Bridge*，1940）和《欲望号街车》（*A Streetcar Named Desire*，1951）中的纯真无邪的玛拉和无奈与疯狂的迟暮美人布兰奇·杜包尔斯，都成为电影传播的经典。奥黛丽·赫本（Audrey Hepburn）出生于比利时，其父是英国商人，母亲是荷兰人，她在英国和荷兰接受教育。奥黛丽·赫本的代表作当属《罗马假日》（*Roman Holiday*，1953），该片讲述了英国王室继承人安妮公主和美国穷新闻记者乔·布莱德里在意大利罗马的浪漫邂逅。如果该片女主人公由一位来自美国本土的演员饰演，它在欧洲的市场将大打折扣。然而，由奥黛丽·赫本这样一位来自欧洲当地的演员饰演安妮公主，由好莱坞当红的硬派男星格里高利·派克与其搭档，组成欧美组合，大大增强了《罗马假日》的传播效果。而且，由于奥黛丽·赫本一生致力于慈善事业，这与她的银幕形象交织在一起，大大扩展了她所参与的好莱坞影片的传播。英格丽·褒曼（Ingrid Bergman）出生于瑞典首都斯德哥尔摩，在瑞典皇家戏剧学院接受高等教育。她被急于扩展北欧和德语国家市场的好莱坞所相中，后来与另一来自英国的导演希区柯克合作，在好莱坞创造了很多经典作品，包括《爱德华大夫》（*Spellbound*，1945）、《美人计》（*Notorious*，1946）、《东方快车谋杀案》（*Murder on the Orient Express*，1974）等影片。这些来自世界各地的影星，由于在形象、表演和民族认同感上更适合于接受国的欣赏习惯，这为好莱坞的国际传播做出了重要的贡献。冷战以后，好莱坞一直延续了这一策略。比如在拓展亚洲市场的过程中，同样将周润发、成龙、巩俐、章子怡等亚洲影星引进好莱坞拍片。

再次，大众文化定位与类型化叙事。在长期的发展中，好莱坞形成了一种大众文化的传统。作为一种表意形式，电影可以有多种的发展方向。纵观世界电影历史，主要有两种对待电影的态度：一种是欧洲电影人，他们秉承欧陆人文主义传统，将电影看作一种表达个人情感和认识的艺术形式，强调电影创作中导演的作用。他们的创作学术界一般称为"作者电影"（authurist film）、独立电影或艺术电影。一定意义上而言，这一派将电影视作一门高雅的精英艺术，重视电影的原创和个性化表达，希望观众在观影过程中能够受到审美的陶冶和理性的反思。比如德国的表现主义电影、法国的新浪潮电影、意大利的新现实主义电影以及各国的先锋电影。另一种是美国的好莱坞，他们将电影看作一种娱乐工业。其特点是产品的市场化定位、生产的可复制性、创作的集体化，导演在整个电影制作过程中并不起主导的作用，掌握资金和市场的制片人在电影生产中起着决定的作用。对好莱坞而言，他们希望电影提供给观众的是一个触发他们做"白日梦"的机会、一个狂欢的仪式，而不是深沉的人文反思。可以说，对待电影的不同定位，也是好莱坞电影能够打败欧洲电影的重要原因。当然，在美国也存在独立电影，不过这部分电影一般不进入商业放映渠道或在小范围内放映。

大众文化与民间文化虽然都有通俗易懂和受众数量巨大的特点，但是后者是存在于民间传统中的自发的、主要通过口传的民众通俗文化，它是自我创造的；而大众文化是与工业现代化和都市化进程相伴随的、运用大众传播媒介手段制作的、具有商品消费特点的市民文化型态，是购买的。可以说，现代工业的流水线生产是大众文化的本质特征之一，好莱坞的制片人制度就是这样一种适应工业流水线生产的制度。在这一制度之下，电影公司广泛采用大规模生产手段并在内部实行细致分工。编剧、导演、摄影、美工、服装、布景各司其职，同时加强演职人员的专门化与专业化。制片人雇佣导演和编剧，导演和编剧必须服从制片人的创作意图，因为制片人往往进行了前期的市场调查，懂得观众更喜欢看哪种类型的影片。所以在好莱坞，编剧从来不会像欧洲编剧那样问"我能写什么？"，而是问"你准备让我写什么？"周黎明这样描述好莱坞电影故事如何成型的过程：

　　一部好莱坞大片，其起源往往不是一个完整的剧本，而是某人（或某群人）的一个构想。当这个构思得到有实力人物的认可和支持后，它才会扩展成一个"处理"（treatment）。通常"构思"只有半页或一页，而"处理"则可能长达5页到10页。走完这一步，制片人才会雇来编剧。

　　在剧本完稿时，某些该片的"大腕"很可能还未选定或未进驻剧组，如主演甚至导演都可能没有着落。而他们的驾临意味着剧本会遭到新的审视。而这时，"剧本医生"（script doctor）便前来排忧解难。通俗地说，他们是来帮助修改初稿的，而且往往是开拍前的最后一刻，甚至开镜后。①

　　从这段介绍可以看出，一部影片的编剧完全不可能有多少自己独创的空间，他基本上是整个制作流水线上的一个环节。导演同样如此，在好莱坞，电影导演从来就没有被看成是电影的作者，能够拥有自己电影剪辑权的导演人数在好莱坞历史上微乎其微（剪辑权通常来自导演的市场号召力而不是思想见解、艺术追求或者个性风格）。比如科波拉导演的《现代启示录》（A-pocalypse Now，1979）最初有 6 个小时，尽管他在此之前已经非常成功地拍摄了奥斯卡最佳影片《教父》（The Godfather，1972），但仍在制片方强硬的要求下被删减为 153 分钟。直到 2001 年，他才有机会重新剪辑，增加了 44 分钟的内容，命名为《现代启示录重生版》。

　　可复制性是现代工业的内在逻辑，也是推动全球化的深层动因。大众文化正是利用现代工业的这一优势手段完成其在全球的渗透。这一逻辑在好莱坞转化为影片生产的类型化。所谓类型化是指电影生产中依据观众广泛接受的程度而形成的一套电影叙事原则，它包括电影的叙事逻辑、主题选择、剪辑风格等方面的标准化。蓝爱国指出，类型片有两个主要特征："（1）它有着具有普遍吸引力的标准情节。（2）它表现了具有广泛文化意义的人物、背景和复杂紧张的场面。"② 这意味着好莱坞电影力图表现更复杂的事件，但又尽力将其简化，使其更易于观众理解。类型片的这一内涵也很好地印证了沙茨所揭示出的好莱坞的困境，"一方面，他们的产品必须是十分新颖的，用以吸引观众的注意力并满足他们对新奇的需求；另一方面，他们必须通过在某种程度上依赖于先前已显露的且被反复证实的既定惯例，来保护他们的投资"。③ 类型的形成依赖于观众和电影制片商之间的互动。在好莱坞内部，制片厂的制作—发行—放映体系使得电影制作者能够沿着观众的反映测量他们的作品，当某一部影片获得成功（观众的认

---

① 周黎明：《好莱坞启示录》，复旦大学出版社 2010 年第 2 版，第 111 页。
② 蓝爱国：《好莱坞制造：娱乐艺术的力量》，宁夏人民出版社 2007 年版，第 71 页。
③ [美] 托马斯·沙茨：《好莱坞类型电影》，冯欣译，上海人民出版社 2009 年版，第 10 页。

可），它就会受到更多的仿效，于是，在制作者和观众之间就形成了一种双方都认可的电影制作的惯例，这些惯例构成了类型的主要特征。当观众厌倦了某一种类型的制作时，类型就会发生变化，比如经典西部片和新西部片的流变。可以说，好莱坞就是利用这一制作方式，紧紧地抓住了全世界的观众。

有必要注意的是，好莱坞影片的类型化生产除了在营销方面的重要作用之外，还对当代美国意识形态的宣传做出了重要的贡献。因为好莱坞的类型片已经被看作是一种社会仪式的形式，它制造了所谓当代美国的神话。冷战时期，好莱坞完善了经典好莱坞时期以来的类型片制作流程，根据观众的需要，形成了西部片、黑帮片、硬汉侦探片、喜剧片、歌舞片和家庭情节剧等类型。这些影片的类型植根于短暂的美国历史或当代生活，塑造了美国的"民族"形象和社会价值。比如西部片表现美国先民的拓荒精神、黑帮片则在对黑帮英雄的叙说中展示了美国的都市环境、硬汉侦探片强调美国民众的正义感、喜剧和歌舞片反映的是美国典型的娱乐方式和精神气质、家庭情节剧显示美国普通民众的生活。这些场景和"美国价值"通过工业化的复制，在不同的影片中反复出现，一步步在世界各地的观众的大脑中强化着美国的形象和价值。

最后，值得一提的是好莱坞电影营销和传播中的意义控制策略，这一策略的核心就是"普遍化"原则，或称为"最小冒犯"原则。好莱坞宣称他们为无差别的观众提供普遍的无害的娱乐。所以，标准好莱坞电影的主题一般选择人类普遍的人性，比如爱情、爱国主义、家庭亲情、人类的积极向上、反抗强权和人类的顽强生存，同时维护人类普遍遵循的价值标准，谨慎地避免因不同年龄、不同性别、不同宗教信仰、不同党派、不同民族习俗而引起争议和冲突。好莱坞对影片意义的"普遍化"控制不仅仅是一项国内策略，同样也是一项外销策略。

好莱坞刻意对电影的意义进行控制，目的只有一个，为了吸引最大量的观众。早期好莱坞由于过分利用了人类的生物性刺激，比如暴力、色情，受到美国各州审查的威胁，甚至禁止儿童进入电影院。基督教团体也反对影片中对宗教情感的冒犯。好莱坞有可能冒失去这一部分观众的危险。另外，

1952 年之前，好莱坞电影并不享有《第一修正案》① 所保证的新闻出版界的
言论自由。1915 年，美国最高法院规定电影业"不应被看成是……与这个
国家的新闻出版或者民意机构一样的部门"。② 这一裁决为电影审查提供了
合法性地位。为了避免外部审查制度所强加的管理威胁，好莱坞发明了自我
管理机制，以保证生产的产品（影片）被公众所接受。1930 年的《制片法
典》（又称为《海斯法典》）就是这些自律机制中最重要的。《制片法典》
规定影片的生产应该遵守以下总的原则：

> 任何电影不应降低观众的道德标准。因此电影不应该让观众同情罪
> 恶、错误、邪恶和原罪。
> 生命的正确原则应表现在银幕上，仅服从于必须的戏剧冲突。
> 法、自然和人性不允许被嘲笑，也不允许制造情节让观众同情违反
> 法、自然和人性的行动。③

《制片法典》还对影片中如何合适地表现违反法的罪恶、性、恶俗行
为、淫秽、舞蹈、亵渎、服装、宗教、民族情感、标题等方面的画面进行了
详细的规范。这些原则和规范应该说并不是完全来自好莱坞外部的约束，也
是好莱坞为了保证自身利益的一种自我约束。

1952 年，当好莱坞在麦卡锡时代终结后的宽松政治气氛中最终获得
《第一修正案》规定所享有的权利后，分级制慢慢代替了审查制。1968 年的
分级制相信，艺术家拥有表达的自由，家长应对电影的意义和儿童负有责
任。分级制将电影分为：G，所有年龄均可观看的大众级；M，建议成年观
众观看（成年人和法定的年青人）；R，限制级——16 岁以下观众必须由家

---

① 《第一修正案》的内容为："国会不得制定关于下列事项的法律：确立国教或禁止信教自由；剥
夺言论自由或出版自由；或剥夺人民和平集会和向政府请愿伸冤的权利。"——笔者注

② Gerald Mast, ed., *The Movies in Our Midst: Documents in the Cultural History of Film in America*, Chica-
go: University of Chicago Press, 1982, p. 142.

③ 《制片法典》（1930 年 5 月 31 日），转引自［澳］理查德·麦特白《好莱坞电影：美国电影工业
发展史》，吴菁等译，华夏出版社 2012 年版，第 584 页。

长或成年人陪伴才可观看；X，16 岁以下不允许观看。① 1970 年将 M 级改为
GP 级，年龄上升为 17 岁；1977 年 GP 级更名为 PG 级；1984 年增加了 PG -
13 级，强烈提醒拥有 13 岁以下孩子的父母注意；1990 年，X 级更名为NC -
17 级。不过，尽管取消了审查制，分级制也并不是强制性的法规，制片人
只是自愿将其拍摄的影片送交分类与分级管理局（Classification and Rating
Administration）进行分类，但是，1930 年《制片法典》所规定的影片生产
应遵循的基本原则仍然保留了下来。

在《制片法典》和分级制体系之下，好莱坞电影并不是仅仅依靠主题
的正确和叙事的简洁来吸引观众，而是利用多种元素来激发观众的情感。
换言之，好莱坞影片不仅在主题上保证好人获得尊重坏人受到惩罚和灭
亡，而且往往在影片中穿插咒骂、裸体或者暴力镜头来起到激发观众情
绪的作用，随着数字技术在影片中的运用，奇观越来越成为好莱坞除主
题正确外吸引观众的重要手段。在这一普遍实行的行业实践之下，发行
商不愿意接受 X 级或 NC - 17 级影片，因为它们容易引起指责，这样的
影片只能在有限的范围内展映。所以，好莱坞生产的最理想的影片是 PG
级（或 M 级）或 G 级。虽然 R 级在好莱坞生产的影片的数量中占据比较
大的比重（比如 1968 年到 2000 年，CARA 评定了 16320 部影片的级别，
41% 是 PG 级或 G 级，56% 是 R 级），但是根据美国《万象》杂志的统
计，在 1969 年到 1979 年，仅有 13.7% 的 R 级影片在美国国内市场收入
中超过 100 万美元，而有 26.7% 的 PG 级和 24.2% 的 G 级影片达到此收
入。② 这一统计数据进一步表明，主题的普遍化对影片经济收益有着直接
的作用。

---

① 《1968 年分级体系：电影协会自律法典（1968 年）》，转引自［澳］理查德·麦特白《好莱坞电影：美国电影工业发展史》，吴菁等译，华夏出版社 2012 年版，第 586 页。2002 年，分级调整为：G：一般观众——允许个年龄层面的观众；PG：建议家长引导，一些内容对儿童是不适当的；PG - 13：建议家长小心，一些内容对低于 13 岁儿童是不恰当的；R：限制级，17 岁以下青年需要家长和成人陪伴；NC - 17：17 岁和 17 岁以下禁止观看。——笔者注
② 转引自［澳］理查德·麦特白《好莱坞电影：美国电影工业发展史》，吴菁等译，华夏出版社 2012 年版，第 21—22 页。

四 好莱坞电影与美国文化

如上文所述，好莱坞电影的意义和价值表达是多方参与的结果，是一种"共鸣叙事"，不过，其中多样化的只是好莱坞电影的意义和价值的表达形式，而其不变的核心是美国的主流文化精神。在好莱坞电影中，美国的主流文化精神是通过多方因素得以控制的，一方面，审查制和分级制保证了好莱坞影片"是通过由统治阶级雇佣的技术人员为大众消费而制造的"，[①] 它表达的是符合美国官方的意义和价值，而不是一种个体艺术家或平民大众自己的表达；另一方面，所有好莱坞电影的意义和价值都是通过制片厂与大众观众的协作来共同完成的，既然好莱坞将自身定位于大众诉求，那么它必然在影片中投射理想的美国精神，以迎合大众的口味。这两个方面的因素就已经能保证好莱坞影片在意义和价值上得到控制。虽然在好莱坞的国际化过程中，会吸收一些外国的文化元素，但是本质上而言，这些外国的文化元素在好莱坞影片中往往起到的并不是最核心的作用，其目的只不过是使好莱坞增加多元的外部形式因素，那些以接受国的传统故事为题材，在接受国的外景地拍片等，都只是为美国的文化价值寻找到一个合理的外衣，让他们更易于接受。

作为一种传播媒介，好莱坞电影不仅仅只是对美国主流文化精神起到传播的作用，更重要的是它通过制造一个个虚假的美国神话，发明和创造美国的主流文化精神。比如经典好莱坞西部片的主题往往是秩序和混乱、文明和野蛮的二元对立，其中白人开拓者往往是秩序和文明象征，而土著民族往往是野蛮的混乱的制造者，其实这种简单的二元对立远远没有表现出美国西部开发时期的复杂情况，它遮蔽了白人之间争斗，以及作为秩序和文明的白人的性格的复杂性。但是，通过这种银幕想象的塑造和传播，美国人的开拓和自由精神作为民族的传统被发明和创造出来。同样，美国关于"二战"的影片由于有美国作为战胜国的背景为前提，所以可以忽略局部战役的失利而

---

① Dwight Macdonald, " A Theory of Mass Culture", in Bernard Rosenberg and David Manning White's anthology, *Mass Culture: The Popular Ares in America*, New York: The Free Press, 1964, p. 60.

为美军塑造一个无往而不胜的形象。而这些，都是在遮蔽其他内容的情形下产生的效果。

当然，好莱坞所塑造的美国主流文化精神并不是凭空臆造，也是深深植根于美国文化的土壤。从"五月花号"船到达美洲的时刻算起至今不到四百年的历史中，美国形成了一些赖以立国的精神传统，这些传统中，首要的就是美国式的民主，这也是好莱坞影片宣传的重要内容之一。美国式的民主制度以古希腊奴隶主民主制度为原型，由美利坚立国先驱华盛顿、杰斐逊、汉密尔顿、富兰克林等人所力倡而确立。这一制度的核心是注重程序正义更胜过注重实体正义，因而往往存在因对程序正义的过分强调而无视实体正义的弊端。在这一制度之下，同样充满了官员的腐败、利益集团和寡头操弄政治以及政客的唯唯诺诺。然而，美国往往以自己的民主制度自诩，认为美国式民主是世界上最先进的民主制度。

好莱坞历来不乏宣传美国式民主的影片。早在冷战之前的 1939 年，哥伦比亚公司就出品了法兰克·卡普拉（Frank Capra）导演的《史密斯先生到华盛顿/民主万岁》（*Mr. Smith Goes to Washington*，1939），该片集中宣扬了何为美国的民主精神。该影片讲述了这样一个故事。一个"非常熟悉林肯与华盛顿教条"但不懂政治的热血青年史密斯成为了新的参议员。政客以及幕后黑手都认为他是一个傻乎乎的菜鸟，不会参与到政治中，不会影响他们的水坝提案。在来自同一个州的议员潘恩提议下，史密斯提交了一个新提案，可是这个提案与水坝的提案发生了冲突。史密斯不知情，在热心秘书的帮助下，他才知道真相，决定阻止他们，而且在其他议员与幕后老大的威逼利诱下，他也没有屈服。于是邪恶的参议员们制造出了一个骗局，让人们以为史密斯是一个为自己牟利的人。灰心丧气的他，决定离开华盛顿，但是在热心秘书山德尔小姐的劝阻下，他要用民主制度挑战邪恶的参议员们。第二天，当他拿到发言权后，他紧抓不放，除非证明自己的清白，否则不会放弃。二十四小时过去了，在史密斯就要失败的时候，潘恩良心发现，承认了自己的所作所为，史密斯取得了最终的胜利。表面上看，影片似乎描述了美国已经不可救药，民主政治已经完全堕落，但是通过史密斯在国会的行为，影片表明了那些从伟大的美国国父、那些立法者们那里保留下来的民主精神被薪火相传，仍然铭刻在美国人心中。导演刻意表现的还有美国政治和司法执行过程中的"程序正义"：只要按照法律程序，参议员有发言辩护和申诉的自由，他就可以在国会内一直不停地讲下去，哪怕像电影中史密斯那样为了争取时间获得来自家乡群众的支持在国会一直演说二十几个小时，直到最后昏倒在地。正是由于程序正义的支持，电影结尾才出现了那一戏剧性的逆转。

　　米高梅公司 1957 年出品的《十二怒汉》(12 Angry Men，1957) 可以说是《史密斯先生到华盛顿》的姊妹篇。该片是一部探讨美国陪审员制度和法律正义的经典之作。影片曾获当年柏林国际电影节金熊奖。十二个来自不同种族、肤色、职业的人根据司法制度被挑选出来，组成一个"陪审团"，来决定一个青年是否有罪。被告是一名年仅 18 岁的男子，被控在午夜杀害了自己的父亲。经过六天冗长枯燥的法庭辩论，一切证据都对青年极其不利，这似乎是一个铁证如山的案件。根据美国的司法制度，十二名陪审员必须最终做出一致的判断才能裁决青年是否有罪。十一名陪审员都判定青年有罪，但是只有一名陪审员觉得仍有疑点，他提出了异议。在随后的过程中，这名陪审员针对法庭提供的证据，为其他的陪审员一一进行分析，最后凭借耐心与毅力说服了其他陪审员改变了原意。整个过程跌宕起伏，中间经历了写纸条、举手、口头表示等七次不同方式的表决，其结果分别是：11∶1；10∶2；8∶4；6∶6；3∶9；4∶8；1∶11，同意有罪的人越来越少，最后顽固坚持被告有罪的陪审员终于放弃立场。被告终于被宣判无罪。片中将美国司法民主的一面表现了出来，比如影片给观众展现了美国完整的司法过程，无疑是对陪审员制度的歌颂；更重要的是影片中对司法原则的坚持，即一切疑点的利益均归于被告，如果说《史密斯先生到华盛顿》宣扬的是民主制度下对个人言论权的捍卫，该片则是对个人生命的尊重。在这样一个司法体系之下，不会冤枉任何一个好人。影片最后并没有告诉我们真正的罪犯是谁，但这已经不是主要的了，重要的是完成宣传美国司法民主的意识形态任务。

　　宣传美国式民主的影片在好莱坞历史上绵延不绝，从冷战前的《史密斯先生到华盛顿》《青年林肯》(Young Mr. Lincoln，1939) 到冷战时期的《十二怒汉》《杀死一只知更鸟/梅岗城的故事》(To Kill a Mockingbird，1962) 再到冷战后的电视剧《波士顿法律》(Boston Legal，2004) 等一起构成美国影视中连绵不断的对何为美国精神、何为美国式民主的阐释。

　　好莱坞宣传的美国文化精神的第二个方面是自由平等的个人主义。个人自由在美国精神传统中有着核心的位置。美国的先民从欧洲移民到美洲，主要的原因就是要避免受到原生活国家的迫害，因此，建国后，美国通过了《独立宣言》《联邦宪法》《权利法案》等一系列法案确立了美国个人主义的立国思想。《独立宣言》称："人人生而平等，造物主赋予他们若干不可让与的权利，其中包括生命权、自由权和追求幸福的权利。"《权利法案》在第一条就规定了个人的自由权利，包括"宗教信仰自由、言论自由、出版自由、和平集会和向政府请愿的自由权利"。美国文化中的个人主义精神在不同的历史时期有着不同侧重点，不过其核心内涵始终是承认每个人都有权利选择自己的生活道路和实现自身价值。在好莱坞影片中，个人主义具体表现为对个人自由的追求、英雄主义和凡人的成功三种形态，最后一种是美国梦的主要内涵。

　　某种意义上而言，民主是现实的层面、制度的保障，而自由是一种终极价值。个人自由不仅植根于美国文化的深厚的土壤，而且也是好莱坞所宣传的美国精神的核心之一。在好莱坞经典时期的西部片中的主人公来到西部，很大程度上就是为了追求个人的自由。冷战时期的代表作当推联美电影公司和幻想影片公司联合出品的《飞越疯人院》（*One Flew Over the Cuckoo's Nest*，1975），该片给观众阐释了"自由"与"束缚"的博弈。性格豪放的青年麦克·墨菲因打架入狱。为了出狱，他不惜装疯，想要以疯人院为跳板，逃出牢笼，重获自由。但是疯人院的病人在音乐中有序地吃药、接受治疗、召开触犯个人隐私底线的讨论会，整个疯人院死气沉沉。墨菲的到来给疯人院带来了一丝生气，但同时他的行为也与整个疯人院的制度发生了冲突，并多次受到惩罚。在一次逃跑失败之后，墨菲被残忍地做了脑叶切除手术，变成了没有思想的行尸走肉。影片结束时，他的好友印第安酋长用枕头将他窒息，结束了他的生命。在夜色掩护下，健壮的酋长带着墨菲热爱生活、追求自由的灵魂，跃身逃出疯人院，消失在黎明前黑魆魆的远山之中。该片的表面展现的是麦克·墨菲对作为现行社会隐喻的疯人院制度的反抗，其实更深层的内涵在于表达一种基于人类普遍意义上的强烈的追求自由反抗束缚的叛逆精神，具有一种泛性的社会批评意识。墨菲付出种种努力，作了种种抗争，就是要摆脱现代社会的束缚，追求个人哪怕是一丁点的自由。他最后的毁灭，促使观众对自由无忧的生存状态更加不懈地追求。反抗奴役、争取个人自由的主题在好莱坞电影的不同时期以不同的形态在上演着，冷战后的《爱国者》（*The Patriot*，2000）、《勇敢的心》（*Brave Heart*，1996）则将视角扩大到了民族的层面，但仍然延续着追求个人自由的主题。

应该说，好莱坞给全世界观众留下最深刻印象的是它宣扬的个人英雄主义。综观好莱坞个人英雄主义的发展史，最早同样应追溯到美国西部拓荒时期的西部片。可以说西部片是好莱坞类型片中最能代表美国文化和价值观念的片种，它比任何类型片都更能使美国的文化历史具体化，帮助形成美国自己的形象。在《关山飞渡》（*Stagecoach*，1939）、《正午》（*High Noon*，1952）、《原野奇侠》（*Shane*，1953）、《搜索者/日落狂沙》（*The Searchers*，1956）等西部片中，穿着牛仔服带着牛仔帽，潇洒地甩着左轮手枪，驱赶歹徒，除暴安良的西部牛仔，已经为美国典型的个人英雄主义形象打上了不可磨灭的烙印。冷战中后期，在延续美国西部片的这些形象的同时，好莱坞又推出了《007》系列（*007 series*，1962）、《巴顿将军》（*Patton*，1971）、《第一滴血》系列（*Fist Blood series*，1982）、《终结者》系列（*The Terminator series*，1984）等影片，进一步丰富了好莱坞个人英雄主义的形象。这些英雄形象中，包含两种类型，一种是反抗体制的英雄。比如《第一滴血》系列中的兰博，如今他几乎成了美国大兵的形象代言人：智勇双全，有勇有谋，对腐败势力疾恶如仇。作为退役特种兵，兰博经历过越南战争的洗礼。他无法融入美国社会，流浪至假日小镇，又遭小镇警长诸多挑剔及无理指责。最后，他愤而起来对抗警长的挑衅，还要对付警长招来的大批特警。兰博用他在越南常用的军事知识，对抗了这一批人。兰博这一英雄形象其实有着普泛的意义，他不仅仅是在表面层面对美国社会的反抗，而是表达他那一类人令人落泪的生活遭遇，即一个人受到不公对待后是逆来顺受还是奋起抗争。兰博给观众提供的就是一个奋起反抗的范例，这也是该片能获得全世界观众共鸣的原因。好莱坞影片也塑造第二类即正义维护者的英雄形象。比如《巴顿将军》中的巴顿将军。影片制作之时，肯尼迪、马丁·路德·金被刺，越战失败几成定局，美国正处于当代历史上最黑暗的时期。美国政府和好莱坞都急需制作颂扬战争和所谓杰出将领的影片。巴顿将军是美国"二战"时的战争英雄，他北非告捷，西西里战役中拿下墨西拿，解阿登之围，可以说是一个常胜将军。不过影片也描述他殴打士兵、只顾军事不懂政治（顽固地反对苏联）等不足。可以说他是一个狂妄、自大、好斗，为了达到目的不惜一切代价的形象。而这正是美国精神的精髓。尤其是在影片的开场，巴顿在美国国旗占满银幕的背景下，发表了长达 5 分钟的演说。影片以略微仰拍的镜头，记录了他毫无掩饰地颂扬美国的"长篇大论"。美国国旗的银幕形象在巴顿的参照下，显得巨大无比，其隐喻形象即所代表的美国精神在巴顿激情、富有煽动力的演说下，被淋漓尽致地烘托出来。冷战以后，这一主题在《空军一号》（Air Force One，1997）、《独立日》（Independence Day，1996）、《蜘蛛侠》（Spider-Man，2002）等影片中得以继续。

"美国梦"是一个被众多美国人普遍信仰的信念，长久以来，"美国梦"曾激励不计其数的美国人依靠个人奋斗走向事业的成功，曾经吸引世界各地移民抱着"美国梦"的理想涌向美国。"美国梦"相信，在美国是机会均等的，只要经过个人不懈的努力就能获得成功，而不需要依赖于特定的社会阶级和他人的援助。简而言之，在美国，凡人也能通过努力获得成功。这一精神通过好莱坞的宣传得以强化。1939 年福克斯电影公司出品的《青年林肯》（1939）可以说是这一主题的开篇之作。林肯本以解放黑奴名留青史，但是约翰·福特导演的这部林肯传记片却将剧情焦点放在律师时代的年轻林肯身上，具体讲述他在伊利诺伊州作为一名普通律师的生活和奋斗。林肯是作为贫民总统在美国乃至世界家喻户晓的，影片选择这样一个人物来诠释美国的平凡人走向成功的例子，应该说起到了很好的宣传效果。冷战时期的影片《洛奇》系列（Rocky series，1976）对"美国梦"则做了另样的阐释。作为一部励志片，影片讲述了一个有梦想的人如何抓住机会一步一步实现自己人生价值的过程。30 岁的洛奇是黑社会的小喽啰，也是业余拳击手。他虽然很平庸，但心里却一直拥有梦想。一次偶然的机会，他获得了和美国重量级黑人拳击冠军阿波罗·奎迪比赛的机会，获胜者可以获得 15 万美元的巨奖。他明知打不赢对手，但是他认为，只要能和世界冠军打 15 个回合而不被击倒，那就是他的胜利。抱着这一信念，他抓紧时间刻苦训练。最后，洛奇失败了，但他在拳台上做到了苦撑 15 个回合而不倒。他不服输、顽强战斗的精神感动了观众，他才是胜利者，是精神的胜利者。对洛奇来讲，比赛结果并不重要，重要的是他找回了自己，实现了自己的价值。与影片内的故事相得益彰的是洛奇的扮演者史泰龙的经历。生活贫困的史泰龙当时正在电影院当引座员，他在观看了一场野蛮的拳赛之后猛然产生了灵感，仅用了 3 天的时间完成了剧本。为了争得主演洛奇的机会，史泰龙拒绝了数十万美元的高价诱惑，以极低廉的价格将剧本卖给了联美电影公司，以 600 美元的极低周薪出演了主人公洛奇。影片上映后，获得了极大的成功，虽然拍摄成本只有100 万美元，但票房超过 2 亿美元。史泰龙也因此而成名，成为硬派"铁血英雄"的代名词。可以说影片内外的故事互相印证，共同完美地演绎了"美国梦"。冷战以后，相同主题的影片包括《阿甘正传》（*Forrest Gump*，1994）、《风雨哈佛路》（*Homeless to Harvard: The Liz Murray Story*，2003）、《当幸福来敲门》（*The Pursuit of Happiness*，2006）等。

　　好莱坞宣传美国文化精神的第三个方面是自大的拯救人类的使命感。在世界范围内，美国总是敌视或瓦解别国的民族主义要求，而实际上，美国自身的民族主义要求是非常强烈的。美国的民族主义最突出的表现就是美国的爱国主义以及唯美国是世界最好的盲目自信。表现在好莱坞电影中就是美国人从水深火热中拯救世界各国人民和人类的使命感。从文化层面来讲，王晓德认为，美国人信奉的基督教是一神教，其他宗教信奉的最高神均为与上帝对立的"假神"或撒旦。对于虔诚的基督教徒来说，传播上帝的福音、使异教徒皈依基督教和最终消灭这些"假神"或撒旦自然就成为他们在尘世中所承担的最重要的使命，也成为他们走进上帝设计好的天堂的最终回报。[①] 从现实层面而言，经过两次世界大战，美国成为一个超级帝国，经济总量世界第一，军事实力无人能敌，这也增强了美国的自信。从美国国家战略而言，也需要在国民中宣扬这样一种精神。美国对外扩张过程中，对很多主权国家发动了战争，为了欺骗国内青年上战场，向国内民众宣传时不可能说是为了一己之私利，而是为了人类的利益。美国介入第一次世界大战时，威尔逊总统宣布美国参战的理由就是为了保护民主世界的安全。美国参加第二次世界大战的理由是为保障罗斯福总统所阐述的人类四大自由。"二战"中卡普拉拍摄的战争宣传纪录片《我们为何而战》系列就是用"光明世界与黑暗世界的决战"来形容"二战"的性质，把美国制度和生活作为"光

---

　　① 王晓德：《从好莱坞影片透视美国文化价值观》，《历史教学问题》2011 年第 6 期。

明世界"的代表。冷战时期的很多反苏联和宣传越南战争的影片都延续了这一思路。这一意识在好莱坞的主流大片中也有反映。比如《超人》系列（*Superman*, series, 1978—2006）。影片讲述宇宙中氪星即将毁灭之际，为保持种族的延续，科学家乔·艾尔通过飞船将他尚在襁褓中的儿子卡尔送往地球。卡尔被地球上肯特夫妇抚养成人，他具有超人的能力。长大成人后，卡尔来到大都市，成为《行星日报》的记者。平时，他是温文尔雅的普通记者，危急时刻就变成穿着紧身衣、披着斗篷在空中自由飞翔的守护神超人。值得注意的是超人虽然来自太空，但他是一个人格神（这是古希腊神话的传统），一方面他具有神的能力，另一方面，他是由美国夫妇抚养长大，因而是美国文化熏陶下成长起来的人间英雄。影片不仅仅将他塑造成一个正义的维护者，而且，将他描绘成人类的拯救者。在片中，他让地球倒转使人类免受地震之灾，阻止邪恶的鲁索统治地球的图谋，解恐怖分子炸毁埃菲尔铁塔之围，破坏野心勃勃的巨富罗斯·韦伯斯特企图改变南美洲气候的阴谋。这些都远远超出了美国的国界，使他具有了解救全人类的意义。这部影片内容虽然是虚构的，但是向观众展示了美国的存在总是与人类的命运息息相关，暗示如果没有美国，这些国家在面对灾难时将束手无策。冷战后，这样主题的好莱坞电影更是大量涌现，比如《独立日》（1996）、《绝世天劫》（*Arma-geddon*, 1997）、《天地大冲撞》（*Deep Impact*, 1998）、《地心毁灭》（*The Core*, 2003）等。

好莱坞宣传美国文化精神的第四个方面是伪善的反思意识。好莱坞的主流影片一般以正面表现美国文化精神为主。但是，在 20 世纪七八十年代，集中出现了一批反思越南战争的影片，这给世界观众留下一种美国人善于反思的印象。越南战争是美国人挥之不去、不堪回首的往事。十四年间，美国深陷越战泥潭而无法自拔，耗费了难以数计的国力财力，58269 名士兵阵亡，153303 名士兵受伤。[①] 在给越南人民带来无穷灾难的同时，越战也引发了美国国内的一些社会问题，如民权问题、种族问题，使美国处于极度分裂的状态，给美国人民造成了巨大的精神创伤。因此，20 世纪七八十年代的美国电影在反映越战时再不可能去书写美国的个人英雄主义，去表达美国式

---

① *Vietnam War casualties.*（http：//en. wikipedia. org/wiki/Vietnam_ War_ casualties）.

的民主与自由观念，或呈现美国士兵如何在战争中实现了光荣与梦想。大量反思越战的影片就是在这一背景之下拍摄出来，实质上也是美国主流思想的反映。某种意义上而言，关于越战的经典影片大多是反思类型的。

这批影片集中反思了越南战争对普通士兵和人民造成的心理创伤，揭露了战争残酷和欺骗性。其中最早具有反思精神的主流好莱坞越战影片是迈克尔·西米诺的《猎鹿人》（The Deer Hunter，1978）。影片通过三个厌倦枯燥沉闷单调生活的年轻人参加越战前后不同遭遇、不同命运和精神状态变化的描写，揭露了残酷和灭绝人性的越战给美国青年造成的精神和心灵上的创伤。该片公映后夺得了 1979 年第 51 届奥斯卡最佳影片等 5 项大奖。批判最深刻的影片是弗朗西斯·科波拉的《现代启示录》（1979），影片讲述美军上尉威拉德执行总部寻找叛将科茨上校的过程。科茨曾经战绩辉煌，但如今却已陷入疯狂。他在越南境内建立了一个独立王国，推行野蛮、血腥、非人的残暴统治，还不时向美军进行疯狂的近乎妄语的广播宣传。影片以威拉德沿湄公河逆流而上所见所闻为线索，展现战争中的种种暴力、恐怖、杀戮与死亡。在不断的杀戮中，威拉德内心受到震撼，也几乎变得疯狂。最后，威拉德找到了科茨并杀死了他，但他自己也理解了科茨疯狂的原因。整部影片就是一个战争导致人性疯狂的隐喻。库布里克的《全金属外壳》（Full Metal Jacket，1987）分为两段，同样关注战争对人性的改变。前一段讲述新兵在国内受训的过程，非人的训练使满脸微笑的憨厚小子傻瓜比尔变成了疯狂的杀人机器，在训练结束即将奔赴战场之际，他射杀了严厉的教官然后自尽，这个角色性格的转变代表了所有参加越战士兵人性的灭绝，战争还没有开始，他们的心灵就已经被荼毒。后一段描述新兵们在硝烟弥漫、腥风血雨的战场上内心的恐惧。奥利弗·斯通的《野战排》（Platoon，1986）反映了一位年仅 19 岁就参加了越战的美军士兵克里斯·泰勒面对残酷的战争，经历异常惨烈的丛林战争、越共的威胁、战友之间的互相杀戮，使他对越战有了更进一步的认识。该片上映后影评认为是越战影片中最真实、最惊心动魄的一部，因此而获得了 1987 年第 59 届奥斯卡最佳影片奖。奥利弗·斯通的另一部影片《生于 7 月 4 日》（Born on the Fourth of July，1989）是所有战争片中讲述性格改变最深刻的一部。影片根据在越战中致残的退伍军人朗·科维克的自传改编而成，所以这种真实的经历更能让人为之信服。朗·科维克在越战中脊柱受伤而致下身瘫痪，退伍回国后与家人和社会格格不入，使他陷入绝望。经过长期的痛苦反省，他的价值观产生了根本的动摇，从爱国军人转变为反战社会活动家。影片巧妙地将个人命运和政治信仰联系起来（7月4日是美国国庆日），通过描写朗·科维克从一个怀着单纯爱国梦想的少年到一个选择逃避世事、过着颓废生活的堕落者，再到毅然扛起反战大旗的带头人，很有说服力地控诉着这场战争的荒谬与残酷。

　　虽然好莱坞电影对越南战争进行了集中的揭露，给世界观众留下美国民族勇于反思的形象，但是，这种反思是不深刻的，伪善的，具有意识形态效果。首先，所有的反思基本上都只揭示了战争给美国普通士兵带来的精神创伤，然而完全忽视了战争给越南军民带来的伤害。其次，这种反思对自我进行了美化。美军作为干预者、作为侵略者，是非正义的、不人道的一方。但是影片描写很多美国士兵在战争中人性的苏醒，甚至还刻画美军对越南平民的保护，将他们打扮成来自文明世界的一员，这再次设置了一个文明与愚昧的二元对立模式。这种在忽视大前提错误的基础上对美军士兵人性的局部回归和自我救赎的描写，来自美国民族骨子里的傲慢。这也是影响反思深度的重要原因。最后，影片并没有从根本上对产生战争的原因进行反思。越南战争对越南人民是一场民族独立战争，是世界范围内反殖民主义的一部分，而美国发动这场战争是一场帝国征服战，是遏制全球社会主义发展的一部分。所以反思越战的影片都没有从根源上反思这场战争的起源，所有的影片仍然将越共污蔑成没有人性的、残暴的一群人，甚至杀害自己的人民，一定程度上将美军对越南的战争解释成是为了制止越共的残暴。这显然是企图把自己本国的意识形态强加在越南人民身上，还通过强大的电影工业将他们的自我意识强加于世界人民身上。第82届奥斯卡最佳影片《拆弹部队》（The Hurt Locker，2010）对伊拉克战争的反思沿用的仍然是这样一种意识形态策略。从以上分析可以看出，好莱坞影片对战争的反思，其实是其形象宣传的一部分，它们从来不反思战争形成的真正原因，从来不揭露帝国主义战争的实质。

五 美国电影文化的渗透与抵制

美国政府借助好莱坞电影向全世界渗透美国的文化和价值观，试图将全球化置换成美国化，推行其非领土化的扩张战略，其中暗含着两个理论前提：一是文化的非历史化；二是文化的时间化。文化的非历史化相信，文化可以脱离它所产生的历史和社会环境，而与其他的社会相嫁接，从而同化其他的社会，促使地方文化转型。汤林森就曾指出，"非领土化扩张的一个中心的限定性特征就是削弱或是消解日常充满活力的文化和领土之间的联系"。① 文化的时间化则设定了一个文化的进化序列，将文化的空间性转化为时间性。该观点相信某些文化处于时间的前端，因而是先进的，某些文化处于时间的后端，因而是落后的，先进的文化必定要取代落后的文化。比如启蒙时期以来的现代化进程，就是先进文化取代落后文化的过程。显然，这两个理论前提忽视了这样两个事实：一是文化并不是一种抽象的实体，而是存在于人类具体的社会实践之中，不可能有一套单一的世界价值，所谓的世界价值必定是一套复合的体系。二是文化与科技的演进方式不同，科技的演进是更替式的，后者取代前者，而文化是兼容和并存式的，不同的文化是多样共存的。

正因为上述两个理由，所以一方面我们看到作为大众传媒的好莱坞电影，一直持续地将美国文化和价值渗透到全世界。好莱坞电影的地位和影响在冷战时期虽然屡遭挑战，但通过美国政府的帮助和不断的自我更新，一直拥有广泛的受众群体。"一战"期间，好莱坞逐渐垄断了全球银幕。早在1919 年的时候，好莱坞出品的影片就已占到世界影片总量的四分之三。② 在20 世纪20 年代后期，美国影片占据了那些还没有采用电影配额法案以保护自己民族电影工业的国家80% 的银幕时间。在20 世纪二三十年代，外国市场的收入占美国电影业总收入的35% 左右，其中有三分之二来自欧洲市场。

---

① ［英］约翰·汤林森：《全球化与文化》，郭英剑译，南京大学出版社 2002 年版，第 87 页。
② ［美］迈克尔·埃默里等：《美国新闻史：大众传播媒介解释史》，展江译，中国人民大学出版社 2004 年版，第 352 页。

美国国内市场的规模相当于全球市场的二分之一。① "二战"时期，好莱坞电影达到了其另一个鼎盛时期。1940年美国国内每周的电影观众人数平均高达8000万人次，② 到冷战刚开始的1946年，美国电影院每周的观众人次数达到了空前的9800万。③ 同时，海外市场也获得了扩展。在接下来的冷战时期，好莱坞电影虽然经历了由于"派拉蒙判决"而导致的制片厂制度的解体、电视的冲击、郊区城镇化以及娱乐多元化等因素的影响，影片产量和受众有所减少，但是即使在最低谷的1965年，国内观影人次仍保持在每周2000万以上，并且在1953年，海外市场第一次超过了国内市场。④ 到冷战结束时，在世界所生产的4000部故事片中，虽然好莱坞影片只占其中数量的不到十分之一，但却占有全球票房的70%，⑤ 欧洲票房总收入的77.4%，其中法国的58%，爱尔兰的91.5%，英国的93%。1991年，好莱坞在美国市场上的总收入约为180亿美元，国际市场收入约为115亿美元，其中40亿美元的收入来自欧洲。⑥ 好莱坞电影已稳定地占据了欧洲、拉丁美洲、大洋洲和亚洲的日本、韩国和中国香港地区的电影市场。在世界范围内，好莱坞电影传达出为人们所熟悉的、亲切的规范和仪式，电影已经成了成千上万的非美国人的日常生活经验和个人身份的重要部分，"许多国家的人已把美国作为礼仪、时尚、体育运动的生活方式的典范"，⑦ 他们和美国人一起分享着好莱坞电影制造出来的美国神话。

　　然而，另一方面，各国也一直在持续抵制好莱坞对美国文化的传播。有

---

① ［澳］理查德·麦特白：《好莱坞电影：美国电影工业发展史》，吴菁等译，华夏出版社2012年版，第115页。

② ［美］迈克尔·埃默里等：《美国新闻史：大众传播媒介解释史》，中国人民大学出版社2004年版，第352页。

③ ［英］大为·普特南：《不宣而战：好莱坞VS全世界》，李欣、盛希等译，中国电影出版社2001年版，第188页。

④ ［澳］理查德·麦特白：《好莱坞电影：美国电影工业发展史》，吴菁等译，华夏出版社2012年版，第114、196页。

⑤ 谷淞：《好莱坞营销》，中国广播电视出版社2007年版，第20页。

⑥ ［加拿大］哈威·费舍：《好莱坞帝国的没落》，王颖、黄淳译，旅游教育出版社2010年版，第34页。

⑦ ［澳］理查德·麦特白：《好莱坞电影：美国电影工业发展史》，吴菁等译，华夏出版社2012年版，第116页。

种观点认为，好莱坞大众文化横扫世界，所到之处"污染并且丑化了本土文化"。① 早在第一次世界大战结束之后，欧洲就认为好莱坞电影的席卷而来"不仅是电影的危机，而且也是文明的危机"。② 法国在关贸总协定的乌拉圭回合谈判中提出"文化例外论"，指出影视产品不同于普通的商品，不能采用和其他商品相同的谈判方式。20 世纪 60 年代至 70 年代，文化帝国主义理论在西方学术界风行一时，矛头也直指美国的媒介文化全球化。1974 年，在联合国提出"国际经济新秩序"以后，联合国教科文组织提出了"世界信息与传播新秩序"，反映了世界各国希望建立东西方、南北方、发达国家和地区与非发达国家和地区之间平等的信息传播交流秩序的愿望。1998 年 6 月，加拿大在渥太华组织了一次有关美国文化统治地位的会议。会议"以自由贸易威胁各国自己的文化为根据，主张把文化产品排除在降低贸易壁垒的有关协定之外"。③ 这一主张与法国在关贸总协定乌拉圭回合贸易谈判中主张的"文化例外论"遥相呼应。该次会议甚至抵制美国参加。为了抵抗美国文化的渗透和保护本国的电影工业，各国普遍采取的做法有两种。一是采用电影配额制。德国是第一个采取配额制的国家，在第一次世界大战期间，德国曾禁止进口一切外国影片。后来该政策在 1921 年经过修正，成为电影配额法案。这个法案规定，每年进入德国市场的外国电影数量，不得超过德国本土电影摄制总量的 5%。1927 年，英国通过了电影法案，其中包括了配额制。英国电影放映商每年放映的本国电影的胶片长度，不得低于全年放映胶片长度的 5%。这一比例在 1936 年提高到 20%。意大利在 1927 年也颁布了类似的法律，规定每十天中，必须有一天的时间放映本国电影。1928 年法国，1935 年澳大利亚也先后出台了各自的电影配额法案。④ 二是制定扶持本国电影的政策。各国的政策会略有差异，但是主要包括在资金、税收、发行、宣传、奖励、人才培养、鼓励艺术电影创作等方面。比如英国，1950

---

① ［英］戴维·英格利斯：《文化与日常生活》，张秋月、周雷亚译，中央编译出版社 2010 年版，第 154 页。

② 谷淞：《好莱坞营销》，中国广播电视出版社 2007 年版，第 20 页。

③ 苏北：《美加文化战祭出新法宝》，《中华读书报》1998 年 8 月 5 日第 13 版。

④ 参见［英］大卫·普特南《不宣而战：好莱坞 VS 全世界》，李欣、盛希等译，中国电影出版社 2001 年版，第 140、153 页。

年8月，英国政府开始在所售电影票中加征所谓伊迪税。根据该法案，部分伊迪税所得划入新建立的英国电影制作基金，用于资助拍摄英国电影的制片人（包括支持在英国拍片并使用英国演员和技术人员的美国公司）。这成为英国近六十年电影制作的主要资金来源。对本国电影扶持做的最好的是法国，法国模式几乎是欧洲国家电影扶持制度的样板。法国国家电影中心（CNC）是法国电影扶持政策的具体制定和实施机构，直属于法国文化部。CNC参与到法国电影的制作、发行、宣传、放映、保存和奖励等各个环节，管理方式多样，仅CNC下设的各种基金、补贴和预付金就有16种之多，其中包括计划扶助金、剧本创作补贴、纪录片扶助金、处女作扶助金、短片扶助金等，是欧洲对电影生产介入最多的政府机构。每年法国有70%的影片可以直接受益于CNC，尤其是一些艺术电影。[①] 法国的这些扶持政策保护了法国的电影工业，有效地抵制了好莱坞影片的渗透，保存了法国文化的民族性。

好莱坞电影在全球的传播，是媒介全球化和经济全球化的重要后果之一。事实证明，掌握全球媒介话语权的强势国家会利用自身的优势打造强势的文化，从而对弱势文化进行挤压与同化，这一现象将会长期存在。但是，一方面，我们不用担心好莱坞电影及其所传播的文化精神会最终使世界文化同一化。因为在文化的碰撞过程中，外来文化会根据所在国的文化进行调整，以适应目的国的文化，接受传播的国家的文化也会或主动或被动地进行更新，最终形成一种具有两种文化特征的新的文化，而不存在一种文化替代另一种文化的情况。另一方面，我们需要改进的是电影全球传播的格局，使电影及其携带的文化能在全球对等传播，使文化交流在良性的轨道上进行。

---

① 对于法国CNC的资金来源及运作方式可参见李洋《欧洲电影扶持政策及其分析》，《电影艺术》2010年第1期。

第五章

冷战时期美国大众文化的扩张与渗透

加拿大学者马修·弗雷泽在他的论著中写道，2000 年秋，美国国务卿马德琳·奥尔布赖特在对朝鲜的正式访问中，送给金正日的见面礼是一个篮球，上面有芝加哥公牛队大明星迈克尔·乔丹的亲笔签名，金正日十分激动。更让奥尔布赖特吃惊的是，金正日还显示出他对好莱坞电影的了解。①弗雷泽还提到一个"异乎寻常的外交事件"。2001 年 3 月初，日本警方在成田机场扣留了一位刚刚乘坐来自新加坡的班机抵达的胖乎乎的朝鲜人，所持的是多米尼加共和国的假护照。日本当局最后破解了谜团，该男子自述，他是当时朝鲜最高首脑金正日的大儿子金正男，专程来东京看迪士尼乐园。东京的迪士尼乐园是 20 世纪 50 年代在加利福尼亚建立的迪士尼主题公园原型的翻版，距成田机场只有半小时的车程。金正男的这次东京之行，似乎是专为迪士尼乐园而来。经过日朝两国政府一系列的匆忙协商，金正男最终被驱逐出境。弗雷泽认为，"金正男对童话王国的迷恋，与他父亲对迈克尔·乔丹的崇拜一样，均显示出美国软实力的强大吸引力"。②

基于朝鲜的文化氛围，这种吸引力对于朝鲜而言，不可谓不强大。因为朝鲜作为"竹幕后的红色王国"，对外来文化的进入采取了严苛的统理制度，然而朝鲜的普罗大众虽与外来文化各安天涯，可如弗雷泽书中所述，金正日父子却没能走出当代美国大众文化的阴翳。

金正日父子所喜欢的好莱坞电影早在 1918 年第一次世界大战结束后，

---

① ［加拿大］马修·弗雷泽：《软实力：美国电影、流行乐、电视和快餐的全球统治》，刘满贵等译，新华出版社 2006 年版，第 1 页。

② 同上书，第 3 页。

就占据了欧洲电影市场，之后成为世界电影市场的寡头。而 1955 年由瓦尔特·迪士尼在加利福尼亚的阿纳海姆兴建的迪士尼乐园，不断在全世界扩散。1971 年，耗时 10 年的佛罗里达州迪士尼建成，1983 年，东京迪士尼乐园建成，1992 年，耗资 440 亿美元的巴黎迪士尼乐园建成，2005 年 9 月 12日，香港迪士尼乐园成为中国第一座迪士尼主题公园。迪士尼的影响不限于主题公园，作为一家总部设在美国伯班克的大型跨国公司，主要业务还包括娱乐节目制作、玩具、图书、电子游戏和传媒网络等。现如今，好莱坞电影、迪士尼乐园都已被视为当代美国大众文化的重要成分。

当代美国大众文化"主要是指兴起于美国都市的、与美国大工业和市场密切相关的、以消费主义为特征的、以全球化的现代传媒为介质的、以大众（尤其是都市大众）为消费对象的大批量生产的文化形态。美国大众文化涵盖的范围很广，影视作品、书刊杂志、大众传媒、通俗小说、情景喜剧、流行音乐、体育赛事、娱乐活动、时装快餐、可口可乐、麦当劳、好莱坞、嬉皮士、牛仔裤以及迪士尼乐园等都是美国大众文化的象征"。①

美国大众文化作为文化形态的一种，具备有形的具体形态与无形的价值观承载等基本元素。而截然对立的思想理念及所承载的宏大叙事之争，如果只是注重意识形态话语高地的抢夺，鲜有将高地下沉为细节的平原，当话语高地的争抢大大超过所依托的平原河谷的建设，就达到一种理念超载的状态，话语的空疏也就难以避免。反之，借助大众文化在消费当中的质感和触感，充当搭建话语阵地的砖瓦，文化消费的细水长流，不仅能矮化意识形态的壁垒，还有可能引发话语阵地的山洪暴发。

当代美国是大众文化高速发展的国家，大众文化的种种具体形态已经成为现代美国的主要标志，并作为当代美国国家形象的象征符号被传播到世界各地。这是因为文化消费的软性状态，不能被彻底拦截，因而在冷战时期，东西两大阵营的对立，并不能阻断大众文化的国际传播。相较于东西两大阵营在话语高地上的针锋相对，美国大众文化自然也不是毫无现实附丽的空中楼阁，影视作品、麦当劳、好莱坞、流行音乐、可口可乐和迪士尼乐园等均是美国大众文化的现实载体，这些显性存在对人们的物质和文化生活的影响，往往是通过

---

① 惠敏：《当代美国大众文化的历史解读》，齐鲁书社 2009 年版，第 41 页。

价值诉求等隐性存在的更张体现出来。"在 1988 年，美国前总统理查德·尼克松出版《1999：不战而胜》一书，对未来的世界政治格局做出了大胆的预测。这位二战时曾以一名海军少校的身份出生入死的军人，而今看透风云世事，他坚定地认为：'最终对历史起决定作用的是思想，而非武器。'"①

因此，文化渗透如果达到了价值观的影响乃至塑形，对比政治、经济、军事等领域的国家力量角逐，这种隐性殖民，其效果更为深长。

一 "米老鼠"与"唐老鸭"的世界之旅

"米老鼠"（又称米奇老鼠或米奇）是瓦尔特·迪士尼和 Ub Iwerks 于 1928 年创作出的动画形象，迪士尼公司的代表人物。1928 年 11 月 18 日，随着世界上第一部有声动画片《轮船威利》在殖民大戏院（Colony Theater）上映，"米老鼠"的生日便定格在了那天。

《轮船威利》这部短片时长仅为 8 分钟，但是在这 8 分钟的时间里，"米老鼠"让美国人彻底笑翻了，这种有声语言的笑料效果是卓别林式的无声电影所无法比拟的。短片的出场人物相对简单，除了米奇和他的女友，还有一位粗暴的船长、一只聒噪不已的乌鸦，以及一头胸部丰腴的奶牛。这些角色在当时的现实中颇具代表，20 世纪 20 年代的繁荣景象逐渐消失，大萧条已经在农业市场初现端倪，农产品的价格日益走低，到处是丰腴的奶水，依靠农业生活的人日子过得惨不忍睹。

那时报纸上有传言，蒙大拿州的牧场主们，要么试着倒掉牛奶，要么赊些子弹，把牲口全部杀死，扔进山沟，原因是卖牲口的钱还抵不过饲料钱。据说，这也算是对付萧条的一种办法。

有权力的人日益粗暴，没权力的人四处聒噪，坏情绪到处都是。好在自始至终，米奇都在营造开心的气氛。

这也是他最初征服观众的原因。米奇迎合了那时美国社会的集体口味。在电影院里，观众们对于"米老鼠"的喜爱已经达到了狂热。电影观众的

---

① 王龙：《江山何处奏管弦——从美国历史反思中国面临的"娱乐至死"》，《随笔》2012 年第 5 期。

口头禅是：什么！不演"米老鼠"？好像不演"米老鼠"，电影院就不该存在似的。而支撑这种古怪心态的背景是，越来越多的人失业后走进了电影院，花 15 美分，买一份希望或者对于强盗生活的憧憬。①

因此，《轮船威利》致使迪士尼和它的工作室声名鹊起，甚至受到了奥斯卡的垂青——1931 年，电影艺术与科学学院专门为迪士尼作品设置了"最佳动画短片"的奖项。

一炮打响的"'米老鼠'从此广为人知，街上到处是身披红绒短裤的'米老鼠'广告。1931 年，'米老鼠'刚满 3 岁，美国境内，它的正式会员就已经达到了 100 万，占总人口的百分之一。第二次世界大战时，当盟军大规模进攻开始时，口号是'米老鼠'"②，虽然只是个虚拟卡通人物形象，但米老鼠在当时的影响力之大，可想而知。

"米老鼠"还在经济利益上给它的创制者带来了丰厚的收益。"米老鼠"在 1929 年为瓦尔特·迪士尼赢得了电影之外的第一笔衍生收入。有一家酒店主动找到他，请求准许把"米老鼠"的头像印在他们酒店的写字台上，当时瓦尔特还缺钱，"米老鼠"第一笔商标授权以 300 美元成交。

不久，"米老鼠"的许可证业务成了瓦尔特公司的主要买卖，到了 1935 年，他已经向美国签发了 80 份许可证，加拿大 15 份，英国 40 份。许可证的所有者制造了上千种商品，从花生酱到电冰箱。

那时候百货公司为了拥有一个"米老鼠"的橱窗展位，必须得付出 2.5 万美元。一家大型橡胶公司甚至暂停制造飞艇，转而生产"米老鼠"以迎接游行活动。

1935 年，好莱坞生产的电影，已经占据美国电影市场的全部和世界电影市场 80% 的份额。因此，几乎全世界都能同时感受到"米老鼠"的欢乐了。他在全世界 88 个国家的银幕上表演，成为当时最知名、最流行的国际人物。③

这样一个在全世界众多国家获得广泛传播的卡通动画形象，在 20 世纪

---

①　《米老鼠让梦想照进现实》，《半岛晨报》2008 年 12 月 29 日 B10 版。

②　李伯祥：《米老鼠与唐老鸭》，《电影评介》1987 年第 4 期。

③　《米老鼠让梦想照进现实》，《半岛晨报》2008 年 12 月 29 日 B10 版。

上半叶，也传进了中国。20 世纪 30 年代的中国上海，有一家颇为有名的
ABC 糖果厂，老板冯伯镛看到"米老鼠"卡通片在上海滩的孩子们中风靡
一时，便设计了一个"米老鼠"糖纸包装，"ABC 米老鼠奶糖"顿时成为国
内最畅销的奶糖。[①]"米老鼠"奶糖在 20 世纪上半叶上海滩的畅销，无疑是
"米老鼠"形象早期在中国传播的一个案例。当时，国人对"米老鼠"的影
像接受，主要来自《轮船威利》、"The pointer"（1939）、"Orphans Benefit"
（1941）这三部卡通电影，就当时中国的影像传播范围而言，卡通电影的影
像传播还相当有限，因此，对于上海滩以外的更多孩子，糖纸包装上的"米
老鼠"形象外在的俏皮和可爱，才是最直接的诱因。

　　20 世纪 50 年代，ABC 糖果厂被并进上海冠生园，"米老鼠奶糖"因当
时"除四害"的爱国卫生运动，产量被压缩，但一直断断续续地存在。20
世纪 70 年代，"米老鼠奶糖"被广东一家小糖果厂从冠生园糖果厂引进，并
抢注了"米老鼠奶糖"的商标。而后，约在"文化大革命"后期，美国迪
士尼公司发现了这种"米老鼠奶糖"，为了夺得"米老鼠"形象在中国的垄
断权，用 4 万美元买下这一商标。[②]

图 5 - 1　米老鼠奶糖糖纸

---

① 陈婧瑾：《"米老鼠"成功的中国之旅》，《东南传播》2012 年第 2 期。
② 同上。

之后，"米老鼠"的身影在中国彻底沉寂。1986 年的 10 月 26 日，"米老鼠"和"唐老鸭"携手走进了国人的视野，104 集动画片《米老鼠与唐老鸭》在之后两年中的每星期日晚上播出，董浩和李扬则是"米老鼠"和"唐老鸭"的配音。

"米老鼠"在中国的这一次出现，可谓来之不易。早在 1984 年，彼时刚刚上任的美国迪士尼公司 CEO 迈克尔·艾斯纳就来到北京和中国播映方进行交流。据当时的中央电视台的工作人员回忆，引进美国文化产品在那个时候是件大事，虽然中央电视台早有播放日本动画片《铁臂阿童木》的先例，但引进美国动画片是 1949 年后的第一次，而中美在意识形态上的巨大分歧也决定了这一行为必须审慎。之后，许多在美国看过"米老鼠"系列电影公映的工作人员积极促进了这次交流和谈判，将"米老鼠"所带有的意识形态影响的可能性渐渐排除，经过半年左右的谈判，104 集动画片《米老鼠与唐老鸭》终于获准在中央电视台播出。①

在这部动画剧集里，"米老鼠"的形象与"唐老鸭"构成了一种互补，从而令其形象更为正面、丰实。"米老鼠"虽然一直以正直、勇敢、可爱、聪明、乐观向上的角色形象示人，但刚刚在荧屏露面的这只小老鼠，最初经常充任淘气且爱惹麻烦的倒霉鬼形象，比如 1928 年出品的短片"Plane Crazy"中，"米老鼠"是个倒霉的失败飞行员，调皮捣蛋还霉运连连，观众在爆笑之际，也很难对这类角色在情感上恋栈不去。1941 年出品的影片"Orphans Benefit"，"米老鼠"和蔼又温柔，而片中"唐老鸭"的出场，则很好地衬托出"米老鼠"的正面形象。"Orphans Benefit"里的"唐老鸭"自私又傲慢，当"米老鼠"向几百只鼠孤儿免费表演时，"唐老鸭"则大摇大摆走过来，唱起一支歌谣。一只小老鼠擤起了鼻子，接着一个个鼠孤儿都擤起鼻子来，这一下可把"唐老鸭"惹火了，他瞪圆眼睛，翘高嘴巴，气呼呼的，这副模样赢得了全世界的笑声。②"唐老鸭"在片中无疑是个反面典型，

---

① 陈靖瑾：《米老鼠从美国到中国——基于文化产业的分析》，硕士学位论文，上海交通大学，2011 年。

② 莫里斯·佐洛托夫：《唐老鸭迎来五十华诞》，《世界博览》1984 年第 8 期。

有了这个新朋友的加入，"米老鼠"的形象逐渐发生了变化，从一开始的倒霉鬼，渐渐演变到后来的正直、诚实，从不害人，富于冒险精神，又像稚童一样缺乏世故，常深陷困境却能面带笑容，当然，最后也总能转危为安的形象。"美国总统福特说过：米老鼠是二十世纪最伟大的人物之一。他不仅是一位朋友，是一个家庭成员，同时也是一个真正的偶像。无论是他在游行队伍里向你挥手致意或者出现在电视屏幕中，你都会忍不住会心微笑。当米奇老鼠在你的身边，你会觉得一切都好起来了。"①

"米老鼠"在冷战时期世界诸国的广泛形象传播，在当时的历史语境中，事实上构成了一种隐喻，它喻示着公众对幸福生活的一种强烈向往。人们对他的青睐，一方面出于自身当下生活的不如意，另一方面，则是出于内心安宁的需要，在对"恶"的抗争中实现自我对生活的种种"奢望"。与此同时，美国大众文化中乐观、通达、励志、向上的一面，也通过"米老鼠"的形象国际传播，悄无声息地越过意识形态壁垒，拔除民族文化的藩篱，走进了公众的内心。

需要指出的是，在迪士尼的卡通人物形象传播中，"唐老鸭"从来不只是充当"米老鼠"的陪衬。这只同样铭刻在外国公众心中的鸭子于1934年6月9日在动画短片《聪明的小母鸡》中首次亮相。"唐老鸭"在片中是个好吃懒做的家伙，没食物时想骗取小母鸡的同情施舍，反被聪明的小母鸡所教训。其中有个细节特别有意思，母鸡因为要种玉米，寻求帮助，来到船边，"唐老鸭"正穿着件不整洁的水兵服，在船上忘乎所以地大跳英国水兵舞。对于母鸡的求助，"唐老鸭"做了个鬼脸，指着自己的肚皮说："我可不行，我的肚子疼。"这是"唐老鸭"在片中说的第一句话，从此一只老闹肚子疼的鸭子诞生了。因为人物形象鲜活，且"唐老鸭"式的插科打诨，颇为迎合美国人的审美趣好，所以这部片子脱颖而出的不是主角，而是这只怠惰且坏主意不断的鸭子。

人物形象的受欢迎程度自然决定了后期的重视程度。在"Orphans Benefit"中，"唐老鸭"的身高还只有"米老鼠"的一半，但随着他愈来愈受到观众欢迎，不仅身高渐渐和"米老鼠"一样高，"唐老鸭家族"成员也一一

---

① 甘圆圆：《米老鼠的形象策略转变》，《电影新作》2008年第5期。

诞生。1937 年，"唐老鸭"成为短片《唐·唐纳德》里的主角，穿着墨西哥的华丽服装，和漂亮的唐娜鸭大谈恋爱。1940 年，唐娜鸭更名黛丝鸭，成为迪士尼短片中"唐老鸭"的女友，她和"唐老鸭"的丰富情史也因世俗鲜活吸引了愈来愈多的人关注。

"唐老鸭"的性情虽然永远那么暴烈，且生活中麻烦不断，怎样也算不上个正面人物，却和正面人物"米老鼠"一道，成为人们心中的恒久记忆。有一段有趣的冷战期间逸闻趣事，可以用来佐证"唐老鸭"在外国公众心中的魅力。1978 年，芬兰赫尔辛基青年委员会有一个成员，设法让该市禁止在公众场所摆放唐老鸭的连环画册。理由是，这只鸭子没有受过良好的教育。不久芬兰报刊上就对唐老鸭进行了幽默的起诉，其中一个罪名是，唐老鸭倡导的是一种"不道德的生活方式"，因为它多年来同黛丝鸭形影不离，可是它们还没有结婚。与此同时，西德的数学家斯托克发动了一场反击。他作为西欧唐老鸭俱乐部的主席宣布，唐老鸭是"历史上品行最优的鸭子"。他写信给芬兰驻波恩大使，请他要求赫尔辛基取消那个禁令。①

这则颇为有趣的逸事，其背后的寓意在告诉我们，迪士尼的这些虚拟卡通人物形象在冷战期间的文化传播中，对欧洲民众的影响，已至为巨大。

而迪士尼借助"米老鼠"的这种文化撒播，在产品链条的增值营销上也呈现出延伸蔓延态势。除了动画片的影像传播，"米老鼠"系列卡通产品的推广，以及迪士尼乐园的不断扩建之外，1948 年，《米老鼠》杂志也顺势诞生。这本少儿期刊的漫画故事依然以米奇和米妮、唐老鸭和黛丝鸭为讲述主角，卡通片中没能讲完的故事在杂志中获得了更丰富的延续。冷战至今，《米老鼠》杂志已在克罗地亚、捷克、保加利亚、立陶宛、波兰、罗马尼亚、斯洛伐克、俄罗斯、拉脱维亚、爱沙尼亚、德国、英国、瑞典、挪威、匈牙利、以色列、瑞士、斯洛文尼亚、土耳其、冰岛、芬兰、泰国、丹麦和中国 24 个国家和地区出版，足迹遍布全球。虽然该杂志于 1993 年 6 月 1 日才在中国推出中国版本，但"米老鼠"和"唐老鸭"给中国观众、读者带来的身心愉悦，早已启动。

如果说冷战期间"米老鼠"的形象传播，契合了众人对幸福未来的向

---

① 莫里斯·佐洛托夫：《唐老鸭迎来五十华诞》，《世界博览》1984 年第 8 期。

往，而"唐老鸭"作为迪士尼出品的另一个代表性人物，他的传播，也同样围绕着美国主流意识形态，并凭借人们普遍认同的某种理念来加以展开。

和中国传统文化对正面人物的集中关注取向不同的是，美国式的幽默文化往往从"唐老鸭"这类非正面人物身上表达出来，自嘲和戏谑，反讽和冷眼里却包藏着某种对正统和高端的颠覆精神。这种精神可以被"美国精神"所涵容。三百年前，当那些英格兰移民乘坐"五月花号"船横穿大西洋来到马萨诸塞，挑战权威和敢于冒险的"美国精神"就初露啼音。当然，关于"美国精神"的具体所指，早是众说纷纭，因为能指丰实，确乎不能给以定论。或许，正如王龙所说，"从'五月花'号载来的欧洲传统，到基督教信仰的牺牲精神；从好莱坞大片战无不胜的'孤胆英雄'，到荡气回肠的西部拓荒精神；从三权分立的制衡型政治制度，到历史悠久的社区自治传统……提到'美国精神'这个词语，人们可以堆砌出一大堆辞藻，比如财富梦想、个人奋斗、冒险刺激、标新立异、公平正义等等。但奇特的是，每一种解释都在现实生活中成为悖论。比如，你无法解释美国人个人主义与爱国精神同时共存；你能看到拜金主义的冷酷，也能看到盖茨与巴菲特那样的慈善慷慨；你更难理解尊重科学的客观精神与对上帝的虔诚信仰……我们尽可以为所谓的'美国精神'找到无数源头活水，但实际上它是向往这块土地的人进行文化再创造的历史。每一个人意识深处的文化精神，才是坚实的民族之根。"[①]

至于迪士尼塑造的"唐老鸭"，性情暴躁，好与人争执，且有时还胆小如鼠，实在算不上什么可资效仿的模范，可那种不安于现状的冲动与执拗，却和美国文化的价值核心相勾连。在这个移民文化的大熔炉中，虽然可以容纳人们对人生的不同理解和应对方式，但这些不同却是对"美国精神"的不同方式的表达和践行。迪士尼只不过是给这些"美国精神"套上大众趣味的外衣，通过卡通人物形象的传播，在高密度地满足大众娱乐、休闲和消遣需求的同时，为大众的世俗人生消费渗透了梦想，让"美国精神"的影像演绎在全球无处不在。

---

① 王龙：《江山何处奏管弦——从美国历史反思中国面临的"娱乐至死"》，《随笔》2012 年第5 期。

二　美国流行音乐的世界飞行

流行音乐所蕴含的爽白的音乐语言、质朴的音乐形式，以及贴近普罗大众生活的叙事性，能够把不同种族、不同信仰、不同利益群体的人因为同一种喜好，召唤在一起。一个国家利用流行音乐的情感共鸣来完成文化价值观的共享甚至认同，在效果上，显得要比其他刚性举措要直接，甚至能更深入。美国作为现代流行音乐产制大国，其流行音乐在冷战期间，就充当了瓦解敌方阵营国的有力筹码。

早在 20 世纪 40 年代后期，"美国之音"和美国军队的广播电台开始在欧洲播放爵士音乐，这样的尝试极为有效，随后，20 世纪 50 年代，"美国之音"电台长期播放一个名为《美国音乐》的节目，很快成为"美国之音"最具影响力的宣传工具之一。《美国音乐》的主持人威利斯·康诺弗在苏联阵营各国成为最著名的美国人之一。当时，对美国爵士乐在国外传播的功效，美国爵士音乐爱好者杂志《节拍》说得更为直率："让炽热的爵士音乐去融化苏联的铁幕吧！"①

《节拍》杂志的这一说法也算言出有据，除了亲苏国家阵营，当时的欧洲国家比如法国，也受到了美国爵士乐深长的影响。爵士音乐家、音乐学史家普遍认为，美国爵士乐成形于 19 世纪末 20 世纪初，发源地是美国南部路易斯安那州的新奥尔良。爵士乐吸取了黑人布鲁斯中极具动感的切分节奏和个性十足的布鲁斯音阶，加上即兴演奏与演唱，构成其广泛传播的重要原因。

爵士乐在法国的传播，自然也有着时代因素。伊丽莎白·维纶在《香榭丽舍大街爵士音乐即兴演奏会、法国和 1950 年代》中指出，在"二战"后的 20 世纪 50 年代，随之"马歇尔计划"与美国的经济霸权，法国面对的是一个更为强大的美国。与此同时，法国也渐渐意识到它正在失去自己的全球能量与重要性。在整个 20 世纪 50 年代，法国的民族文化认同看起来并不够

---

① ［加拿大］马修·弗雷泽：《美国电影、流行乐、电视和快餐的全球统治》，刘满贵等译，新华出版社 2006 年版，第 194 页。

坚固，在焦虑与紧张中，导致了法国本土文化保卫战的兴起。颇具反讽意味的是，正是那些年里，美国的爵士乐在法兰西大地盛行；而也是在那个文化摇摆的 20 世纪 50 年代，一个由职业批评家、音乐家和粉丝组成的爵士乐圈子被牢牢建立起来，并处于不断生长当中。基于渗透与自卫间的张力，政治力量就这样充斥着 20 世纪 50 年代的法国爵士圈，爵士批评家们赋予他们所倡扬的音乐以重要意义；而爵士乐粉丝，则基本上在他们的青少年时代和壮年时期，在政治范畴里占有不同的位置，当然爵士批评家的观点无可置疑地影响过他们。①

在 20 世纪 50 年代的法国，法国文化不断赋予自我意义给爵士乐，这些意义会在人们听爵士乐唱片或者伴乐起舞时影响到他们。因此，尽管事实是爵士乐发源于美国，一些法兰西粉丝却将爵士乐视为一种媒介，用来表达自己对美国和那个被选择的特定的"美洲"的批评。这其实是"冷战"环境下的产物。"冷战"的影响力被施加在 20 世纪 50 年代法国的民主政治上面，关于社会主义和资本主义，关于苏联模式与美国模式之间的争辩被发起，因为法国人民在这些辩论中不断自省自己的位置，他们自然就把文化和政治捆绑在一起。② 综上所述，不得不说，法兰西爵士乐粉丝将爵士乐作为表达对美国看法的媒介，这既展示了一种文化反哺的力量，也可谓是"主体间性"的一种表现。爵士乐 20 世纪 50 年代在法国的大兴是美国的文化扩张的一种结果，可是，文化与文化之间，诚如拉康所言，也会有"主体间性"的些微存在，其主体性的建构，不一定是拉康所说的"界定"，但彼此恐难以避免"他性"的作用。用文化"他性"来参与文化主体的建构，再来反作用于文化"他性"，这种文化扩张与文化反力之间的张力形态，很是让人深思。

伊丽莎白·维纶在研究中发现，20 世纪 50 年代法国的爵士乐粉丝以男性为主，中产，受过良好的教育，政治上是左派，伴随着他们的同胞对美国电影、汽车、运动和美式快餐的一片批评声，他们却接受了爵士乐——这种

---

① Elizabeth Vihlen, *Jammin' on the Champs-Elysees Jazz, France, and the 1950s*, Hampshire: University Press of New England, 2000, p. 149.

② Ibid. .

来自美国的流行文化。在冷战前，法国时事评论家像 Georges Duhamel 对美式快餐、棒球运动、福特汽车和好莱坞极尽贬抑之能事。当然这在 20 世纪 50 年代并没能影响到美国电影在法国的广泛观看，两次世界大战，以及美国的积极文化输出政策，使美国的电影工业具备了全球影响力。然而，法国人在爵士乐上给予了一种独特的热情。当里维斯牌牛仔裤终于化身为美国的青春式嬉皮士文化符号时，尤其是在 20 世纪 60 年代，至少在法国，这些爵士乐粉丝从未将某种象征意义或者政治象征施加给爵士乐。

有数据可显示法国的广大公众对爵士乐的兴趣，当时法国的日报频频出现与爵士乐相关的文章，美国和欧洲艺术家的身影纵贯整个法兰西，经常在法国各大知名表演场所演出。针对爵士乐粉丝的专门杂志在 20 世纪 50 年代也出现了，这些杂志将他们的焦点集中在美国音乐家比如，查理·帕克、迈尔斯·戴维斯、迪齐·吉列斯匹、路易斯·阿姆斯特朗、巴德·鲍威尔和埃林顿公爵等，从而呈现出无可辩驳的美国化。批评家也会评论法国本土音乐家像米切尔·乌勒斯、盖尔·拉夫特和米切尔·雷格朗特，但是被提及的频率远远少于被他们提起的美国音乐家。在每月专栏文章中，法国的爵士乐杂志会报道来自美国爵士乐坛的新闻与八卦。在广告上，美国商业和文化的影响显而易见。批评家和杂志经营者讨论和回顾如《忧郁的凯利》和《本尼·古德曼的故事》这类反映爵士乐传统的美国音乐电影。大体上说，对于法国的爵士乐粉丝，接受和传播美国爵士乐已成为他们爵士乐欣赏活动中一个不可或缺的因素。[①]

法国受众对爵士乐的顺畅接受，其中一个原因是，美国爵士乐源自美洲的黑人民间音乐传统。粉丝们将黑人爵士乐视为最正宗的爵士乐，并一直认为黑人爵士乐比白人演奏的爵士乐更带劲。在 20 世纪 50 年代，法国爵士乐粉丝接受了许多重要的爵士乐流派，尤其是比博普爵士和新奥尔良爵士，以及西海岸爵士。可见，音乐的天性，只要被激发出来，就容易翻山越海。

不过，美国爵士乐在 20 世纪 50 年代的法国乃至欧洲的流行，也和美国的文化宣传政策息息相连。对比杜鲁门年代的文化宣传工作的隐蔽，艾森豪

① Elizabeth Vihlen, *Jammin' on the Champs-Elysees Jazz, France, and the 1950s*, Hampshire: University Press of New England, 2000, pp. 150 – 151.

威尔执政时期，"国务院则投入到吸引欧洲人的重大行动中，出借美国博物馆拥有的画作，派出几十个乐队和芭蕾舞团，甚至还有百老汇制作的音乐剧《窈窕淑女》。在'文化冷战'最激烈的年代，巡回演出和展览、知识分子交流仍频繁发生。这个年代显示出美国的宣传变得更加灵活和更加注重文化，这在很大程度上是艾森豪威尔总统执政时期的成果。"①

而爵士乐在最早的美国国务院文化交流中是缺席的，国务院的理由似乎是，"因为爵士乐是大众的，所以它在被认为是精英主义的欧洲人眼中缺乏'声望和分量'。但是，1955 年之后，爵士乐被列入了巡回演出的节目表中，为的是强调美国人的反种族主义，"② 巡回演出中，黑人爵士乐手占据了绝大多数。

由上可见，美国在爵士乐文化宣传上的初衷主要还是和政治相关，"反种族主义"的国家形象建构虽然可以被视作文化土壤的一种结晶，但因为彼时的美国政治在"反种族主义"上的竭力建树，这种在文化宣传上的顺势而为，也算题内文章。至于美国爵士乐在 20 世纪 50 年代的法国获得的青睐，以及后续文化反哺所铺陈出来的张力，更证明了文化研究的复杂性绝非单级维度可以清楚诠释。

除去苏联、欧洲，美国流行音乐文化在冷战期间也在不同程度上影响了中国流行文化，以及流行文化中的中国人。20 世纪 20 年代初创作的中国流行音乐（1927 年中国本土第一首流行音乐歌曲《毛毛雨》在上海诞生），历经《四季歌》《天涯歌女》《何日君再来》等 20 世纪三四十年代的海派流行音乐的推波助澜，在 1936 年"中国流行歌曲之父"黎锦晖黯然挥别上海后，渐入沉寂，共和国建制以来，黎氏流行歌曲被"鉴别"为靡靡之音而遭至杜绝，海派流行音乐从此淡出人们视野。③ 之后中国乐坛与世界音乐隔绝，1973 年维也纳爱乐乐团、1977 年美国费城交响乐团的访华，虽然只是古典音乐交流之门的初启，但是小荷初绽，已预示着更大变化的来临。而后提及中国流行音乐的成长，很多人第一时间都会想起港台流行音乐在其成长初期

①　［法］弗雷德里克·马特尔：《论美国的文化——在本土与全球之间双向运行的文化体制》，周莽译，商务印书馆 2013 年版，第 98 页。

②　同上。

③　吴晓芳：《流行音乐的中国之路》，《世界知识》2009 年第 14 期。

的直接影响，至于西方流行音乐尤其是美国流行音乐的影响，并未能获得充分的说明。当然，美国流行音乐何时、何地以何种方式流入内地，现今并不能获得精确说明，但是，从当时人的历史描述中，却透露出西方流行音乐在20世纪70年代末改革开放伊始的文化前哨广州，在小部分受众群体中流传的信息。

"目前录音机、录音带、唱片、乐谱多起来；外国电影、香港电影，西方的音乐也随之传播；电子琴、电吉他的演奏，采用新技术录制乐曲等，这些都对我国群众的音乐生活产生了影响。据广东的同志说，目前广州已进口了二十万部录音机，在我们那里，到处都可以听到国外和港澳的轻音乐与流行歌曲。有的还开设了街头茶座，卖票喝茶听音乐；复制进口原版录音带等。"①

在时人的历史描述中，打口带（打口 CD）和翻录的录像带成为西方另类音乐在中国地下传播的主要途径。而流行音乐之王（King of Pop）、美国流行乐坛的神话级人物迈克尔·杰克逊（Michael Jackson），最初也是借助这类传播管道进入中国人的视野。迈克尔·杰克逊素有"舞王"之称，是继猫王之后西方流行乐坛最具影响力的音乐家，与猫王、披头士两组歌手并列为流行乐史上最伟大的不朽象征，他不仅是现代 MV 的开创者，也把流行音乐推向了巅峰。而说到迈克尔·杰克逊在中国流行文化中的影响力，他能入选下面这个名单，可见一斑。

2009 年 7 月起，中国主流媒体的代表——《人民日报》的子媒体《环球时报》编辑部在中国社会科学院一批学者的帮助下，开启了"影响新中国的 60 名外国人"评选活动。活动最初列出了一份 200 人的候选名单。经过环球网的公开投票，以及知名学者和《环球时报》编辑部的多方斟酌，2009 年新中国成立 60 周年国庆期间，这份"影响新中国的 60 名外国人"的名单终于产生。"最终评出的这 60 名对新中国影响深刻的外国人，主要集中在 5 个领域。其中，政治军事类 20 位，文化哲学类 17 位，经济企业类 9 位，娱乐体育类 8 位，科学发明类 6 位。他们遍布亚洲、欧洲、美洲和非洲

---

① 王惊涛：《人民需要轻音乐和抒情歌曲——音代会部分代表座谈散记》，《北京音乐报》1979 年 12 月 1 日第 4 版。

大陆，从牛顿时代起，横跨了 300 多年的人类文明史。"北京大学教授张颐武告诉记者，有一类是在改革开放之后比较有影响力的一批人，包括皮尔·卡丹、比尔·盖茨、迈克尔·杰克逊等。他们大部分是企业家和娱乐体育界人士，影响的主要是中国人的生活方式和价值观。① 这份名单的出炉，是网友与学者合力的结果，迈克尔·杰克逊的上榜，证明了他在中国民间和知识分子群体中的实际影响力。

迈克尔·杰克逊进入中国的时间恰逢国门再次洞开，因为 1978 年之前近三十年与世界流行音乐文化交集的横向切断，"文化大革命"中在时间传统上的自我腰斩，令国人置身于一个闭锁且失根的叙事阈限中，关闭了外来流行音乐接受史。对世界流行音乐文化共势的失察与自身位置的茫然从一开始就结伴而来，影形相随，构成了他们与世界流行音乐产生交集的焦虑语境。而中国内地流行音乐在 20 世纪 80 年代启动的一系列已载入流行音乐史上的行动，则是身处焦虑语境里的一次次溃围。在多次溃围中，迈克尔·杰克逊就充当了这么一个极具联通性质的关键性人物。

如众所知，邓丽君所代表的港台流行音乐文化在 1978 年国门再次洞开时，充当了前锋，而同根同源的音乐播撒在 20 世纪 80 年代初的中国内地，也未能如想象中的一帆风顺。几度乍暖还寒。在已经开始改革开放之后的 20 世纪 80 年代初期，中国还出现了一场"反对精神污染"的运动。"一颗子弹只能打中一个人，一首黄色歌曲却会打倒一批人"，有人振振有词地说。据中国社会科学院中国近代史学者雷颐回忆，当时人们在讨论唱歌的时候在舞台上能不能把麦克风拿在手上，拿在手上就是"台风不正"。当时很多媒体批判李谷一的"气声唱法"，说她的靡靡之音是不健康的唱法。那时候唱歌就是唱歌，跳舞就是跳舞，如果又唱又跳，一个人唱歌还有一群人伴舞，那是"流氓行为"。"有些演员演唱一些不健康的曲目，而且台风极不严肃，有的嗲声嗲气，有的昏昏欲睡，哗众取宠。更有甚者，有两位女演员，身穿两旁开口接近胯部的黑旗袍，在若明若暗的转动吊灯下，边唱边大幅度扭摆胯部，故意侧身把大腿露出裙外，卖弄风骚，顿时引起场内大哗。"这是当

---

① 《环球时报评出"影响新中国的 60 名位外国人"》，2009—10—9，人民网（http://finance. people. com. cn/GB/8215/164959/164960/10162702. html）。

时刊登在某报的一篇报道，写得绘声绘色。①

历经新中国成立以来数十年的音乐风格的单一，加上与世界音乐在交流上的闭锁，邓丽君的柔曼之声虽然能够让国人在最短时间聚合起文化共鸣上的心跳，但甫一进入，有获得青睐，有获得批评，遭至如此丰富对立的接受际遇，实属正常。

不过，就在"反精神污染"匆匆收场的1984年，迈克尔·杰克逊这个名字第一次出现在中国的主流媒体上。在这年7月8日的《人民日报》上，一位名为景宪法的作者写了一篇题为《蓝歌故乡行》的域外散记，提到蓝调发祥地——孟菲斯比尔街，提到了当红明星迈克尔·杰克逊。

至于迈克尔·杰克逊最初给国人的影响，除了那些湮没于历史尘烟已难查辨的个人接受史，现在从接受叙述史中所能找到的主要记录，还是在内地音乐人那里。有一场迈克尔参加的赈灾义演晚会，搭起了关联的桥梁。

1985年7月13日，为了赈济非洲灾民，一场名为"拯救生命"的大型摇滚乐演唱会在英国伦敦和美国费城同时举行。迈克尔·杰克逊等100多位著名摇滚歌星参加了义演，16万人观看了两地现场演出。演出持续了16个小时，通过全球通信卫星网络向140多个国家播出了实况，15亿人观看了实况转播。其主题曲《四海一家》（We are the World）传达出的强烈的人道精神，是当代国际人道救援行动中浓墨重彩的一笔。

有人回忆，当时中国大陆也曾试图转播这场演唱会，但是最终没能转播。不过迈克尔·杰克逊参演的《四海一家》，却以录音带等为媒介，在中国听众中广泛流传。不仅如此，《四海一家》还直接引发了中国歌星和音乐人在1986年国际和平年之际组织了一次百名歌星演唱会，其主题歌就是至今仍然被经常传唱的《让世界充满爱》——

　　轻轻地捧起你的脸 为你把眼泪擦干 这颗心永远属于你 告诉我不再孤单

这场百名歌星演唱会，是中国音乐人渴望加入世界流行舞台的壮举，虽然它还显得稚嫩。①

如果说，20 世纪 70 年代末像美国著名黑人男低音歌唱家保罗·罗伯逊的歌曲《老人河》等西方流行音乐的传入，已为迈克尔·杰克逊和他的音乐进入中国内地做好了内因上的铺垫，那么彼时中国的政治、经济和文化语境的大幅变更，则构成了迈克尔·杰克逊的中国接受史的一个重要外在环境。

20 世纪 80 年代的中国虽仍身处"冷战"的末梢，但改革与开放两根定海神针的启动，为中国走向世界与世界走进中国培植了肥沃的土壤。1986 年那场名为《让世界充满爱》的百名歌星演唱会就是一个颇富意味的符号，"世界"毋宁说是在符号学意义上不如说是在现实意义上再次成为国人关注的一个重要关键词和主题词。之后迈克尔·杰克逊及其音乐进入中国，也算顺理成章。

1988 年，中国唱片公司首次引进了迈克尔·杰克逊的专辑《真棒》，这并不是他的第一张专辑，也不是他音乐生涯最具代表性的专辑，但却是中国大陆流行音乐第一次与国际巨星在音乐上的碰撞。诚然，对比邓丽君歌声在精神上的血脉相连，迈克尔的音乐很难赢得更大的群体的喜好与认同。正如北京大学教授张颐武所言："我们当时知道了 Thriller，知道了他的'太空步'和放荡不羁的形象，这些其实并不是作为一种我们所热爱的歌星来看待的，除了少数的英语歌的爱好者，他的歌其实从来也没有在中国真正的传唱。他的影响力当然和华语歌手像邓丽君完全不同。邓丽君是我们的感情的一种寄托，但迈克尔·杰克逊则是我们跨出文化和社会的束缚，具有某种全球性的象征。我们对于他是崇拜而非迷恋，是一种隔膜中的肯定，而非完全的认同。这其实也是中国对于西方事物的一般性的感受。他是西方的一种象征，一种当年我们的天真和幼稚中所敞开的可能性。他对于当年我们这些还穿着蓝色卡其布中山装的年轻人来说，其实是遥不可及和不可思议的。我们能够真正理解邓丽君，但其实我们和迈克尔·杰克逊相距千山万水。但我们却发现了新的世界在敞开。他其实就是社会开放的标志，他离我们相当远，也从来没有进入过我们的内在的世界，但他是一种吸引力，一种开放和活跃

---

① 杨亚清：《不能忘却的记忆》，《世界知识》2009 年第 14 期。

的标志。迈克尔·杰克逊对于当时的我们其实是一个启示，而不是一种深入骨髓的感情。"①

张颐武所言的"启示"，或许更多地体现在流行音乐文化的开放性上。迈克尔·杰克逊带给中国公众的那些超乎寻常的震撼，一部分体现在其异域音乐特质上，而更重要的一部分则通过视觉直接传导过来。作为现代 MV 的开创者，20 世纪 80 年代末电视在中国的大范围普及，为迈克尔·杰克逊的音乐 MV 的大范围传播提供了媒质。在一个 80 后歌迷的少时记忆中："一天，电视台的点歌节目中播出了迈克尔·杰克逊的 Remember the Time，画面中那浓郁的埃及风情一下子就印在了小姑娘的脑子里。在辉煌的宫殿、艳丽的皇后和威猛的武士的映衬下，迈克尔·杰克逊所扮演的魔法艺人气质诡谲，让人无法判定性别，他以高超的舞技和唱功打动了皇后，又以精妙的魔法逃脱了国王的追捕。当时的中国大陆连 MV 都没有，更别提画面如此精美绝伦、情节如此引人入胜的 MV 了。面对迈克尔·杰克逊呈现出来的亦真亦幻的世界，她震惊了。"②

借助媒介革命，迈克尔·杰克逊很多歌曲的 MV 在 20 世纪 80 年代末的中国引起了不小的轰动。透过那个小小的电视荧屏，中国公众知道了喇叭裤，认识了"太空步""霹雳舞"，也记住了杰克逊的名字。迈克尔·杰克逊的音乐进入中国的历程，恰好同中国的视觉文化时代的到来同步。迈克尔·杰克逊的那些风格诡谲、多变的音乐录影带为中国公众开启了另外一个世界的大门，一个视觉张狂、情感奔放、精神多元的奇特新世界。而冷战时期的文化视野窄化与闭锁，透过一个又一个来自异域的文化传输，渐渐土崩瓦解。

当然，迈克尔·杰克逊对国人的影响绝不仅仅限于音乐方面，他的"太空步"和"喇叭裤"对 20 世纪 80 年代的中国年轻人影响也很大。"太空步"和"喇叭裤"在现在看来，也是个符号，它们的应时现身，不但打开了改革开放之初中国年轻人的外部世界之门，还为后面的流行文化更新提供了新的契机。在一定意义上说，迈克尔·杰克逊的"太空步"和"喇叭裤"

---

① 张颐武：《迈克尔·杰克逊 回首一个年代的启示》，《东西南北》2009 年第 8 期。
② 薄旭：《曾有这样一个黄金时代》，《世界知识》2009 年第 14 期。

的意义不限于时尚圈，更重要的是，它为当时的中国年轻人充分展示了一个文化多元的美国，并成为一个虽在遥远彼岸却已为自己敞开的文化"新天地"的象征。

随着杰克逊的音乐影像在电视传播上的播撒，以及愈来愈多的中国年轻人对他的认同，专业杂志也介入迈克尔·杰克逊的引介中来。1989年第2期的《音乐世界》发表了一篇文章，题为《歌唱生命——世界超级歌星迈克尔·杰克逊》。这样的文章在现在看来，并不觉得特为殊异，但在当时专业音乐期刊对于一个外国音乐人的如此引介，杰克逊在彼时中国的认可程度，可以想见。

广播、电视、期刊等多媒质引介的结果是，20世纪80年代末，迈克尔·杰克逊几乎就要现身中国，和他的中国粉丝来个音乐现场直播，遗憾的是，终未成行。在杨亚清的回忆中，详细地阐述了这一未果之行的始末：

> 1988年，全中国酷爱先锋文化和流行音乐的青年人都在兴奋地谈论着迈克尔·杰克逊要来北京演出的消息。而事实上，当时日渐开放的中国也几乎批准了他来华演出的申请，但最终却并没有成行。关于原因，流传着多个版本的说法：如日中天的迈克尔·杰克逊希望定在天安门广场举行他的这次演唱会，这一点当时中国方面已经开放到同意予以考虑，但是天真的杰克逊竟希望，演出当晚把天安门上的毛主席画像换成他的画像。从此这场演唱会就搁置不议了。原因之二是，他的出场费要价太高，而当时中国还无力答应此事。原因之三是，据说迈克尔·杰克逊对中国方面提出了保证用卫星向世界多少地区转播的要求，当时实难满足，只好作罢。事实上，1993年迈克尔·杰克逊也曾经想到中国开演唱会，但是都没有成功。毕竟我们的国家与迈克尔·杰克逊的歌声还是存在反差的。

步入工业化时代的中国在20世纪80年代的流行音乐文化场域，主要还是在音乐的"流行"这一价值观念的扩容上。比较而言，港台流行音乐对20世纪80年代的内地流行音乐的影响主要体现在音乐的外在形式上，譬如邓丽君的柔美歌唱、台湾校园歌曲的清新等，这些本身就极具备中国文化元素的音乐，对于从八个样板戏的单一音乐形式中走出来的国人，港台流行音乐在文化血脉上的诱惑胜过音乐本身元素的吸引。而西方流行音乐带给 20世纪 80 年代的中国内地流行音乐的影响，却是在音乐本身的范式上打开了视野，迈克尔·杰克逊就是一个先行者。单从音乐性而言，迈克尔·杰克逊的多样化音乐尝试对 20 世纪 80 年代的中国年轻人在听觉视野上拓展了一个宏阔的空间。他的多种音乐风格：新杰克摇摆舞曲（New Jack Swing），俱乐部舞曲（Club Dance），流行/摇滚（Pop/Rock），摩顿黑人音乐（Motown），都市流行（Urban），放克（Funk），节奏布鲁斯（R&B）等，在歌曲中杂糅铺陈，对于 20 世纪 80 年代中国内地的节奏音乐及摇滚的崛起，产生了深长的影响。

对于更广大的普罗大众，杰克逊的影响主要表现在他所呈现出来的那种可以看的音乐。"他是第一个将音乐、舞蹈与表演融为一体的歌手，其舞蹈形式非常多样化。迈克尔的音乐跟动作结合得非常好，在表演中的大部分动作是即兴的。机械舞、踢踏舞、霹雳舞、现代舞等都被他结合在一起，形成了他自己的独特舞蹈风格。人们最为熟悉和喜欢的'迈氏舞风'就是太空步、45 度倾斜。"①

无论是从听觉还是视觉上，迈克尔·杰克逊对于 20 世纪 80 年代的中国都产生了相当大的震撼力。这种震撼有直接在接受者身上产生化学效应，也有通过本土的艺术形式表达加以传递。根据刘毅然中篇小说《摇滚青年》改编，田壮壮导演，陶金、马羚、史可主演的同名音乐剧情电影在 1988 年上映，电影中陶金饰演的男主角龙翔与一帮霹雳舞仔拼斗霹雳舞的戏尤其引人注目。电影名为摇滚青年，其实就影片原声音乐来说，并不能算严格意义上的摇滚乐，但电影中到处可以听到的 Disco 风格的节奏音乐还是感染了那一代观影者。机械舞、太空步所代表的霹雳舞、现代舞在影片中的跃动，与节奏音乐一起，将彼时中国年轻人在流行文化领域期望冲破陈规的企图心表达得酣畅淋漓。多年以后来看，这部电影意味深长地成为一个隐喻，它作为 20 世纪 80 年代末中国内地的一种文化姿态表达，为即将到来的 20 世纪 90

① 王明风：《试析迈克尔·杰克逊的表演风格及其对流行音乐的影响》，《中州大学学报》2009 年第 6 期。

年代的国人文化价值观大冲荡，启动了序幕。

身为那个年代的亲历者，杨亚清对于杰克逊的中国演出的未成行在抱憾之余，对于其隐性文化价值影响给予了相当高的肯定："……没有来到中国演出并不代表不能影响中国。迈克尔·杰克逊实实在在地影响了中国的流行文化、中国人的价值观、世界观。长发，太空舞，刻意地标新立异，打破常规，成为时代的流行色。迈克尔·杰克逊的众多舞蹈动作与 MV，混杂着工业社会的机械制造与都市文化的压抑宣泄。从某种意义上说，他在中国风靡，是在对中国步入工业化时代的一种另类诠释，迎合了中国社会的开放与反叛。"①

三　牛仔裤的文化影响

如果说米老鼠、唐老鸭这些迪士尼经典卡通人物形象是通过对儿童这个特定受众群体的文化影响来完成美国大众文化的渗透，那么像爵士乐、迈克尔·杰克逊这些美国流行音乐的一部分，所影响的受众群体，则更为具体，在知识素养、年龄结构、性别分野等方面，都具备一定的针对性。总体上说，无论是迪士尼卡通人物，还是美国流行音乐的代表性人物，它对外国大众的影响主要还是局限于某一类或某几类受众群体，相比较而言，美国牛仔裤对世界文化的影响，所波及的受众范围，至为巨大。

牛仔裤起源于美国西部，是 19 世纪 40 年代美国西部"淘金热"（gold rush）的一个副产品。后来，质地坚硬、耐磨结实的帆布牛仔裤被较为柔软的粗斜纹棉布牛仔裤所取替，美型的需求也顺理成章地逾越最初的功能性需求，牛仔裤成为美国的大众化便服。

美国大众文化批评家约翰·费斯克（John Fiske）在《美国牛仔裤》一文中提到："一天我询问我的 125 名学生，发现其中有 118 名穿着牛仔裤。而其他 7 人也有牛仔裤，只是那天碰巧没穿罢了。我不禁好奇，是否还有什么别的文化产品，如电影、电视节目、录音机、口红等等，能够如此流

---

① 杨亚清：《不能忘却的记忆》，《世界知识》2009 年第 14 期。

行?"① 费斯克所提及的美国学生,"大多数是白种人、中产阶级、年轻而且教养良好,他们不是整个人口的代表",但费斯克依然认为,探讨他们的牛仔裤的意义生成与交流的过程本身就有代表意义。费斯克在研究中发现,在牛仔裤的诸多意义特征中,无论是对自由的强调,还是对自然本性与性征含义的强化,这些否定社会差异的意义建构,"与其他意义一道,构造着与美国西部相关的一组意义群。牛仔裤与牛仔以及西部神话之间的关联,仍旧牢不可破。有助于使西部对这些 20 世纪 80 年代的学生仍旧意味深长的那些意义,不仅仅是些众所周知的蕴含,如自由、自然、粗犷和勤劳(以及闲暇),还有进步与发展的观念,以及最为重要的意义——美国精神。"②

　　费斯克笔下的"美国精神"是一种意义的集体性建构,它随着牛仔裤的世界畅销、流行而得到了部分传递。诚如费斯克所言,"牛仔裤实际上已被带入世界各国的大众文化当中,无论其地方性意义如何,它们总是会留下美国精神的痕迹。譬如在莫斯科,牛仔裤可以被当权者视为西方颓废的产物,但也可以由年轻人穿着,作为一种反抗行为,或是作为反对社会服从的一个标志——这一组意义尽管与 60 年代美国青年着装的意义相符(当时的牛仔裤要比今天承载着更多的对抗意味),却判然有别于当今美国青年穿牛仔裤的意义"③,费斯克眼中世界各国的牛仔裤所承载的"美国精神的痕迹",其实是以美国牛仔裤文化史的阶段性特征与牛仔裤输入国的文化反映进行对照的结果,与当下的"美国精神"并不全然对等,甚至因为时间的落差发生明显的错位。而且,即使是"痕迹",也很可能会在文化输出——文化反映的双重视域中,产生其地方性版本的变异。

　　牛仔裤进入中国,是 20 世纪 80 年代的事,某种程度上,也是电视传播的产物。1979 年中国内地电视机数量达到 485 万台,而同年 8 月,"由于文化部改革电影发行放映管理体制,电影制作放映实行成本核算,自负盈亏,利润分成,电影业开始面临经济压力。于是中国电影发行放映公司停止向电视台供应新的故事影片。当时的中央电视台,每晚近 3 个小时的节目,一部

---

① ［美］约翰·费斯克:《美国牛仔裤》,宋伟杰译,《电影艺术》2000 年第 2 期。
② 同上。
③ 同上。

电影要占去三分之二的时间，专栏节目和电视新闻片只是补充。电视台无米下锅，眼看节目源就要断了。为应对无米下炊，1979 年年底，中央电视台组织了一个四人临时选片小组，由台长戴临风带队，赴香港采购片子，以供应第二年春节的节目播出。而这年年初，邓小平访美，刚刚建交的中美两国进入蜜月期。通过新华社香港分社的介绍，央视临时选片小组联系了香港无线电视台、香港凤凰影业公司，寻找新的片源。最后，他们带回了六部香港故事片和一部美国大型科幻系列片《大西洋底来的人》。"①

正是在 1980 年，第一部被引进的美国电视连续剧《大西洋底来的人》登录中央电视台。主人公麦克戴着"麦克镜"（蛤蟆镜），穿着牛仔裤，称自己为"一根从大西洋飘来的木头"，除了异域的价值观表达让彼时国人为之一震外，麦克的这身行头与当时以蓝灰色为服装主调的中国观众，落差过大，因而相当出彩。没过多久，蛤蟆镜和上窄下宽的喇叭牛仔裤，就成为时尚青年的最爱。

牛仔裤在 20 世纪 80 年代中国的流行，确然有着对抗的意味，主要体现在两个层面。文化层面上是对抗过去多年文化上的闭锁，"文化大革命"期间全中国一片灰蓝、军绿色的压抑色系，其实也是闭锁的文化阀限的一种表征，其后，大片浮动着的天蓝色牛仔裤的视觉冲击体验，对于压抑色系的革命意味，不言而喻。具体到个人层面，则是通过牛仔裤对于臀部的浑圆包裹和大腿的健美性征的强调，以及当时盛行的喇叭裤造型，凸显出了个性青春的标识。因而，在当地最开始穿上牛仔裤的族群，所呈现出的抵抗姿态，其最初对象主要是人们的不解乃至不能接受的眼光。在这种氛围中，牛仔裤旋风居然也从城市一直蔓延到下面的乡镇。有人这样回忆初穿牛仔裤的当时情景：

> 这一天，我是在同学和老师异样的目光中度过的，我想姐姐也好不到哪去。果然，姐姐放学回家后，第一件事就是把紧绷屁股的牛仔裤脱下来扔到了一边。大哥一看急眼了："妹子，怎么了，哥买的裤子你不喜欢？"姐姐哭丧着脸说："我受不了，老师和同学都像看贼一样看我，

① 陈晓萍：《中国人，通过电视译制片看世界》，《中国新闻周刊》2008 年第 16 期。

有的同学还在背后叨咕我，说我屁股溜圆！还有的问我，咱女人的裤子都是旁开门的，你那'大前门'的裤子上厕所能得劲儿吗？"①

　　这段关于"旁开门"和"大前门"的阐述颇有意味，之前中国的传统女裤是在右边开叉，也就是所谓的"旁开门"，但牛仔裤对此毫无顾忌，无论男女，一律在腹前开门，即所谓的"大前门"。当时的女性穿上一条喇叭型牛仔裤，不仅借助下半身的曲线勾勒，勇敢地展示出女性身体特征，还通过男女裤同在前面开叉的匀质追求，传递出一种男女平等、追求性别独立、个性自由的文化寓意。

　　关于女性性别独立的追求，因为有着之前漫长的女性无名化历史的比照，在 20 世纪 80 年代的中国，意义尤为重大。韩少功在其小说《马桥词典》的一个词条"小哥"中，指出在"文化大革命"期间的马桥，"'小哥'意指姐姐。显然是出于同一原则，'小弟'是指妹妹，'小叔'和'小伯'是指姑姑，'小舅'是指姨妈，如此等等"。对于马桥女性的无名化，韩少功认为，"马桥女人的无名化，实际上是男名化。这当然不是特别稀罕的一种现象。即使经历人性启蒙风潮洗礼几百年的英语，只把男人（man）看作人（man），'主席（chairman）'、'部长（minister）'一类显赫的词也都男性化，至今仍被女权主义者诟病。但英语只是表现了一些中性词或共性词在男性霸权的阴影逐一陷落，还没有男性化到马桥语言的这种程度——女性词全面取消。这种语言的篡改是否影响到马桥女人们的性心理甚至性生理，是否在一定程度上变更了现实，我很难进一步深究。从表面上看，她们大多数习惯于粗门大嗓，甚至学会了打架骂娘。一旦在男人面前占了上风，就有点儿沾沾自喜。她们很少有干净的脸和手，很少有鲜艳的色彩，总是藏在男性化的着装里，用肥大的大统裤或者僵硬粗糙的棉袄，掩盖自己女性的线条。"②

　　韩少功抓住了马桥女人女性性征的自我掩饰与女性无名化之间的潜在联系，马桥虽然只是一个样本，但在 20 世纪 80 年代以前的中国，仅就女性服

①　詹华：《当时流行牛仔裤》，《西江月》2009 年第 9 期。
②　韩少功：《马桥词典》，《小说界》1996 年第 2 期。

装样式、颜色的男性化而言，也是女性无名化的一种表征。费斯克在美国牛仔裤的文化研究中发现许多"名牌牛仔裤"广告对女性的针对性很强，他认为这是"因为在我们这个父权制社会中，女性已被训练得比男性更愿意在她们身体的外表，投射她们的社会身份认同、自尊自重以及性感特征"。①而20世纪80年代的中国女性通过穿着牛仔裤所展示的女性性征，如果说是对自我社会身份认同的一种投射，那也是借助对束缚已久的身体的松绑来达成的。这种身体松绑，也是从大统裤时代走出来的年轻男性的诉求，它与牛仔裤经穿耐磨这类功能性意义的能指扩散无关，它主要停留在审美层面的突围上，而男性的健美特质与女性的优美曲线，也正是在牛仔裤的线条勾勒下，成为寻求自我身份认同的一种最直接的表达。

牛仔裤对几十年来文化闭锁是一种突围，其在中国的命运自然也非旁人的冷眼可以全部概括，强度更大的反对之举应声而来。"有人将牛仔裤上升到政治高度，把它说成是'盲目模仿西方的资产阶级生活方式'。于是，留长头发、大鬓角、小胡子，穿花格衬衫和紧绷着臀部的大喇叭牛仔裤的，被人俗称为'二流子'"，穿着这身打扮上街是有风险的。许多城市曾经动员团员青年上街纠察，不许青年人穿喇叭裤，遇到不听"禁令"的，还会用剪刀强剪。艾敬的歌曲《艳粉街》记录了这一幕："有一天一个长头发的大哥哥在艳粉街中走过，他的喇叭裤时髦又特别，他因此惹上了祸，被街道的大妈押送他游街，他的裤子已经扯破，尊严已剥落，脸上的表情难以捉摸……"风口浪尖里，1979年年底，《中国青年》杂志挺身而出，发表《谈引导——从青年人的发式和裤脚谈起》，为青年人说话："头发的长短，裤脚的大小和思想的好坏并没有必然的联系。"②

记录20世纪80年代社会景象的影视作品也记录了类似的一幕幕。2010年播放由刘惠宁导演的电视剧《你是我兄弟》里的马家老二马学军在20世纪80年代初穿上喇叭裤样式的牛仔裤，被大哥马学武厉言斥骂的场景，让人印象深刻，牛仔裤给彼时国人带来的精神震撼可见一斑。

然而，现在看来，旁人异样的眼光，只不过是观念上的歧义之争，如果

---

① ［美］约翰·费斯克：《美国牛仔裤》，宋伟杰译，《电影艺术》2000年第2期。
② 廖慧：《中国牛仔裤风云录》，《社会观察》2008年第9期。

上升到群体层面上的惩治，这反而从另一个侧面说明牛仔裤的流行在当时给人的震撼程度之深。至于中国当时关于该不该穿喇叭裤的争论，以及连《中国青年》这类主流媒体都出面为之说话的行径，这些都成为一个信号，它预示着一个尊重个性展示、尊重自我认同的新时代已然来临。

　　牛仔裤在中国的广阔影响，自然也促生了相关研究的发生。有研究者指出，美国牛仔裤是美国"粗文化"的一个重要表征，"美国是一个迅速崛起的近代移民国家，美利坚民族的先民们多是从欧洲逃亡来的、不受拘束的各个阶层的人和从非洲贩来的黑人奴隶，此外还有各洲移植过去的文盲劳工和少数知识分子。殖民地时期，北美人的粗俗和缺乏教养是由早期开发时代那种恶劣环境所造成的，他们在相当长的时间内为文明程度较高的欧洲人所瞧不起"。而牛仔裤作为今日美国大众文化中不可或缺的一部分，是美国"粗文化"的反映，主宰美国社会的"粗文化"也成为美国文化霸权的工具。[①]这篇文章，虽然对牛仔裤与美国"粗文化"现象的具体关联，并没有做出进一步探掘，也没有论及牛仔裤所表征的美国"粗文化"对中国有何影响，但它最后对主宰美国社会的"粗文化"成为美国文化霸权的工具的论述，还是能为我们延伸出进一步省思的空间。我们不仅要探讨牛仔裤在中国的文化输出对中国大众文化的具体影响，我们还需要思量在中国自身的地方性文化回应中，有无自己的改写或者书写的情节发生？

　　现今，笔者在探讨中国对于美国牛仔裤的地方性文化回应中发现，首先，中国女性的性别独立诉求，除去社会学意义上的突围，更关乎女性性别本身，它为传统女性的温柔恭俭让这类美质建构起一个参照系；其次，从起初个性打造的企图心，发展到大众常服的匀质化，现今牛仔裤上的破洞，已不再是伯明翰学派笔下的社会抵抗标志，与众不同的美型追求胜于一切。

　　需要指出的是，只要中国的经济保持增长趋势，属于自身的地方性文化回应就会继续。当然，这些回应会与20世纪80年代大有不同，因为身为"全球化"的重镇，文化消费现场已纷纷漂移进了中国，其产制结构较之20世纪80年代，远为复杂。

---

　　①　姜守明：《牛仔裤：当代美国"粗文化"现象解析》，《学海》2003年第1期。

第六章

冷战时期美国对外文化教育交流与文化渗透

文化外交，即以文化传播、交流与沟通为内容所展开的外交。文化是一个内涵丰富、外延宽广的概念，在学术界，其定义已达 164 种之多。一般来说，对文化的理解有狭义与广义之分。广义的文化指人类历史实践过程中所创造的物质财富和精神财富的总和，它涵盖了社会生活的所有领域和人类的全部社会活动。狭义的文化则指思想、科技、学术、文艺、宗教、教育等精神财富。文化外交中的"文化"指狭义文化，是相对于政治、经济、军事而言的。政府所从事的对外文化活动，主要包括签订国际文化交流官方协定、缔结文化条约、参与国际文化会议、组建或参加国际文化组织、对外文化展览、文化人员互访等。1945 年 9 月出任助理国务卿的威廉·本顿明确地指出，以这一类手段进行文化交流是一种慢媒介，其主要作用是影响精英人物，着眼点是长期的文化调整。①

一 美国对外文化交流政策的确立与演变

文化外交是美国对外政策和国家安全战略的重要组成部分。早在 20 世纪 30 年代中期，为抵制纳粹德国在南美洲日益扩大的影响，在美国的推动下，召开了布宜诺斯艾利斯"泛美维护和平大会"，通过了《促进美洲国家文化关系公约》。这可以被认为是第一个国际文化关系公约，公约的诞生，标志着美国的文化外交战略历程开始。1938 年，美国在国务院首次设立

---

① 刘永涛：《文化外交：战后美国对外文化战略透视》，《复旦学报》2001 年第 3 期。

"文化关系处"，通过政府机构的设置，在政府职能上进一步体现美国的文化外交战略意图。20世纪40年代初，面对整个世界形势和力量格局的巨大变化，美国着手进行战后国家政策与战略设计。1942年，负责为战后美国对外政策关系提出规划纲要的美国耶鲁大学历史学家拉尔夫·特纳，向美国国务院对外关系司提交了一份关于战后美国对外文化工作的政策纲要的备忘录，史称"特纳备忘录"。特纳认为，任何同外交事务有关的工作都是为国家利益服务的，对美国来说，国家安全的威胁主要源于国外或"其他者"，因而要保护本国自身的文化和政治利益不受侵犯，美国就必须在制定和执行对外政策保护美国的同时，通过制定和执行某项对外政策去影响和颠覆"其他者"的认同，使其无法对美国构成威胁。"特纳备忘录"得到了美国政府的广泛赞同，并开始在外交关系中践行这一原则。

冷战开始后，美国成为世界上最强大的国家，这不仅仅体现在美国的军事力量和经济规模上，其在几百年历史中不断积累、吸收和创新的文化也成为西方文化的杰出代表，形成了对世界上其他民族强大的文化辐射力，成为世界上最大的文化输出国。随着战后亚非拉许多国家的独立，冷战逐渐从欧洲辐射全球，美苏两国开始了在全球范围内的影响力争夺。为了影响或控制这些新兴国家，维护在全球的霸权，美苏两国不光在军事、经济等领域展开竞赛，"文化展示"等精神层面也成为双方竞争的重点，双方都希望通过对这些国家输出自己的文化，用自己的文化、价值观念、意识形态和社会制度来影响这些国家，纳入自己的阵营当中。美国政府认为，"若要在这场'冷战'中赢得胜利，除了武器和金钱外，还需要思想输出"，需要"美国的文化外交"。布热津斯基曾说过："削弱民族国家的主权，增强美国文化作为世界各国'榜样'的文化和意识形态的力量，是美国维持其霸权地位所必需实施的战略。"为了配合国家文化外交的战略，1946年，在参议员富布赖特推动下，美国通过了美国文化外交历史上著名的《79—584号公共法修正案》（富布赖特法案），首次以立法形式对美国的对外文化活动提供了法律保障。1948年，美国国会通过了《史密斯——蒙特法案》，进一步明确了美国文化外交活动的宗旨和任务。从此，"文化外交"作为一种国家对外文化关系战略正式成为美国国家战略，成为美国国际文化战略竞争的最主要的力量形态。

"二战"后，随着东西方"铁幕"的拉开，美国在西欧"马歇尔计划"的实行，美国与苏联的关系开始冰冻，美苏矛盾成为国际关系中的主要矛盾，美国与东方的文化交流一度中止或维持在一个很低的水平上。但是美苏的矛盾和对抗并不代表东西方世界的完全隔离，除了少数的特定历史时期，美苏两国都希望双方在文化上能有一定程度的交流。美国政府和一些学者认为苏联和东欧等一些社会主义国家不仅在版图上隶属于欧洲大陆，在历史发展上都经历过现代化的洗礼，而且在文化传统上苏东地区的国家与西方有着共同的基础，西方和苏东的民众都有着相似的文化心理。因此，通过文化上对苏东等国的渗透，能够有效地对苏东等国的民众产生影响，更好更快地达到颠覆这些国家的社会主义制度，实现和平演变的目的。另外，由于战后美国成为世界霸主，参战又使得国内强大的孤立主义受到一定的遏制，美国民族和文化中的"天赋使命"进一步被放大，抵制共产主义意识形态对西方国家的入侵，维护西方世界的文化和价值观，进而解放和瓦解社会主义国家的民众和社会制度，成为美国义不容辞的责任。

从苏联的角度来说，意识形态的输出和世界革命等理念是共产主义的天然使命，文化上的竞争成了证明社会主义优越性的一个重要的手段。随着斯大林的去世，以赫鲁晓夫为首的苏共中央开始意图缓和东西方关系，松动东西方文化和人员的交流，通过与西方国家在文化上接触和交流，从而达到自己的目的。在国际社会上，苏联开始呼吁东西方减弱军事对抗，奉行和平主义的信条，加大国与国之间的交流。赫鲁晓夫执政后对苏联的政治、经济、思想文化、党内生活以及对外政策等开始了全面的改革。经过第二次世界大战和朝鲜战争后，苏联亟须一个和平建设的国际环境，同时，为了避免同美国发生核战争，苏联需要与西方国家确立一种不会导致战争的长期关系。从此，苏联摒弃了早先的战争不可避免的论调，确定了苏联对外政策新的指导原则，即和平共处、和平竞赛、和平过渡的"三和"路线。苏联政府在国际社会上向美国发出了和平共处的呼声，宣称国际问题应该在相互理解的基础上用和平的方式来解决，而不是用军备竞赛和军事斗争的方式来解决这些问题。苏联政府宣布准备与美国就这些问题进行和平谈判。随后苏共中央调整了对美国和西方国家的外交策略，并开展对外文化交流，希望通过与西方国家的交流，提高苏联的国际威望，使西方了解苏联社会主义国家的成就，支持苏联的社会主义文化，视苏联为世界进步、精神、启蒙和人道主义的中心。① 这一时期苏联外交策略的调整和开展对外文化交流对于建立和平的国际环境，改变苏联文化的封闭状态，促进世界各民族文化艺术的繁荣起到了一定的推动作用。

　　苏联的这种变化，没有被时任美国总统的艾森豪威尔忽视和放过，正苦于对苏联进行文化渗透无路的美国政府开始要求美国社会积极开展与苏东等国的文化交流。此外，20 世纪 50 年代先后爆发的"民主德国骚乱"和"波匈事件"让美国认识到苏联对东欧地区各国的控制仍占有绝对的优势，如想颠覆这些国家的社会主义政权，很可能让美国完全与苏联摊牌，并不可避免地陷入与苏联的战争中。这些事件让美国意识到不可能在一夜之间就让东欧各国摆脱苏联的控制，以激进的进攻性心理战的遏制战略为核心的"杜鲁门主义"与当时的政治格局和社会形势存在较大的偏差，美国政府需要重新调整、规划设计美国对苏东地区的文化渗透战略。在这种历史背景下，艾森豪威尔政府开始着手调整与苏联的关系，并把文化交流放到显著的位置。

　　1955 年 1 月 27 日，《利用苏联与卫星国的弱点》的文件获得批准，标志着"和平演变"正式成为一项政策。其主要内容包括：通过利用苏联民众的不满，制造和增强民众对政权的压力，以促进苏联的演变。继续坚持反苏立场但是强调和平演变而非革命。同时将这些原则用于苏联的卫星国，削弱卫星国对苏联的依附。② 这一文件为即将召开的日内瓦峰会奠定了美国方面的原则。7 月 18 日，日内瓦四国首脑会议召开，文化交流和德国问题、裁军、欧洲安全格局等问题一起被纳入了会议的议题当中。但在如何加强东西方文化交流的具体措施上却存在较大的分歧，西方国家强调的是人员、信息、通航等问题，而苏联政府要的是加强科技、经济交流以及放宽对苏出口等方面。由于双方要求甚远，因此日内瓦会议并没有达成实质性的协议。

　　1956 年 6 月 29 日，艾森豪威尔总统批准了题为《东西方交流政策声明》的文件。该文件要求把东西方文化交流计划当作"美国外交政策的建

---

　　①　路红霞：《冷战期间美苏文化交流研究综述》，《沧桑》2009 年第 5 期。

　　②　U. S. Department of State. *Foreign Relation of theUnited States*, 1955－1957, Vol. 24［Z］. Washington, 1989：20－22. 转引自张晓霞《从进攻性的心理战到渐进的文化渗透》，《南京大学学报》（哲学社会科学版）2004 年第 5 期。

设性工具"。并指出当时美国政府处理东西方交流的方式"已被证明太过被动和迟钝",提出要通过"促进苏联卫星国人民对更大的个人自由、福利和安全的向往来削弱共产党政权"。① 这表明,美国政府在东西方文化交流上以及对苏东各国进行演变有着迫切的需求。随后美国进一步确立对苏文化交流的基本政策,提出美国进行文化交流的具体目的:增加苏联集团对外部世界的了解,以便使它们的判断以事实而不是以共产党编造的谎言为依据;促进思想自由,刺激他们对更多的消费品的需要以及在苏联卫星国中激发民族主义,为的是鼓励对莫斯科的对抗。为此,华盛顿应积极支持与东欧国家的信息和文化交流活动,包括商业联系、宗教和文化联系、学生和教师的交流、举办博览会等。②

在这种形势下,美苏之间开始了双边文化交流的谈判。1958 年 1 月 27 日美苏两国签订了"文化、技术和教育领域的交流协议",这是冷战中美苏签订的第一份协议,它提出了双方将进行交流合作的十三项内容。其中包括:(1)广播电视交流;(2)工业、农业和医药代表团交流;(3)文化、公民、青年和学生团体互访;(4)美国国会成员和苏联高层互访;(5)美苏机构的联合会议;(6)电影方面的合作;(7)剧院、合唱、舞蹈、交响乐和艺术表演交流;(8)科学家互访;(9)大学代表团交流;(10)体育运动员及团体交流;(11)旅游;(12)展览和出版物交流;(13)建立直航。协议几乎涉及所有的文化交流活动。这也是美国政府有史以来第一次与外国政府签订这样一个内容广泛的文化交流协议,它对苏联进行文化扩张与渗透提供了合理合法的渠道。

协议签订后,美国政府公开声明了在双方文化交流中的五个目的:扩大和深化与苏联的关系,扩大两国人民和机构之间的交往;让苏联习惯与美国合作而不是对抗的方式;让苏联了解世界而不是隔离它;通过苏联机构和人员的访问而深刻认识美国;取得长期的合作和扩大交流的范围,如在文化、教育、科学和技术的交流。苏联的目标虽然没有公开声明,但从其后来的行

---

① U. S. Department of State. *Foreign Relation of theUnited States*, 1955 – 1957, Vol. 24 ［Z］. Washington, 1989:243 – 246. 转引自郭又新《东西方文化交流与艾森豪威尔政府的"冷战"宣传攻势》,《俄罗斯研究》2007 年第 2 期。

② Yale Richmond. *US-Soviet Cultrual Exchanges*, 1958 – 1986. Boulder:Westview Press, 1987, p.137.

动和交流活动来看，可以认为苏联有着下列七个目标：获得美国的科学和技术；更多地了解美国；坚持交流中的苏美平等地位，强调交流是双向的；促进苏联作为一个和平的力量在国际事务中的作用，并寻求与美国的合作；向西方国家展示苏联和苏联人民取得的成就；加强苏联学者、科学家、表演艺术家、运动员和国外的接触；通过苏联艺术家和运动员出国演出来赚外汇。① 从双方的目的和目标来看，虽然存在分歧和重点的不同，但仍存有共同或相似的地方，这就促进了今后双方文化交流真正的展开。

艾森豪威尔的对苏东地区的文化渗透战略较以前有着很大的不同，其具体表现为：1. 渗透形式较为温和，不再过多地提倡"革命"，淡化意识形态色彩，代之以"人道"和"民主"的宣传；2. 承认文化渗透的持久性，并对这种长时期的渗透要有足够的准备；3. 强调内外呼应，寄希望于受西方影响的苏东地区的下一代人。美国政府推行的这种文化渗透战略直接影响了冷战的结果。

二 美国对外文化交流的层次和路径

在美国政府和学者设计的对外文化交流上，始终遵循三个层面的原则：物质文化、制度文化、精神文化。这三个层面贯穿于美国对外文化交流的始终，以制度文化为突破口，进而宣扬优越的制度文化，最终达到精神文化的变化和认同。

物质文化不仅仅指各种先进的机器和工具，更多的是指依赖这些工具机器而产生的生活方式和文化产品。美国《华盛顿邮报》就曾发表文章说美国最大的出口产品不是地里的各种农作物，也不是工厂里的数以万计的机器和产品，而是批量生产的流行文化产品和生活方式，包括电影、电视节目、音乐、书籍和电脑软件等。物质文化的重要传播元素便是竭力鼓吹与传播美国式的消费主义文化，以诱发人们对物质享受的追求。在美国物质文化影响下，人们穿牛仔、染黄发、吃麦当劳、喝可乐、看美国大片、逛迪士尼乐园，尽情地享受这些物质文化和生活方式，在不知不觉中接受美国这些文化

---

① 来源于 http：//www. unc. edu/depts/diplomat/item/2013/0105/ca/richmond_ exchange. html。

的同时，其实在潜意识里已逐渐对美国文化产生迷恋。

西方制度强调的是"天赋人权""主权在民"等思想和概念，标榜以自由、民主、平等，政治普选制度及其选举活动是美国人引以为自豪的民主表现形式。美国政府总是以偏见和狭隘的心态来看待其他国家的社会和政治制度，尤其是实行社会主义制度的国家。因此，美国把输出美国式民主政治制度作为改造和演变他国的最终目的。自由、平等是美国社会秩序的基础和支柱，也是其民主政治和经济的保障。美国正是把这种自由平等的社会模式输入他国，凭借其强大的影响力使得自由平等思想深入他国民众内心。这种思想引导民众追求自由的社会环境，并且将这种思想推广到所有领域，抵制各种社会或政府的干预，甚至发展成反社会的倾向，从而会造成社会秩序混乱。美国凭借其自由平等的社会模式影响着他国民众，迫使许多国家纷纷效仿或采用美国的政治制度和社会管理模式。

最终美国会利用科学、学术和教育的优势在文化心理的深层对他国进行渗透。战后，美国在上述领域一直遥遥领先，其他国家不得不向其学习，这样，美国的学术、科学、文化等便顺其自然地输入其他国家，对这些国家的知识分子产生了深层次的影响，这也称之为"精英路径"。一般来说，美国会通过学术研讨会、国际会议、教育交流等途径，把自己的政治理论、意识形态输入他国，影响该国的知识分子，使其接受、认可和传播美国文化精神，改变该国现有的文化知识体系，最终实现文化渗透的目的。同时，美国还利用语言文化对他国进行文化渗透。语言是文化的载体，蕴含着各民族的思维方式、价值观念等。一直以来，英语已在世界范围内广泛传播和普及，成为一种通用的国际语言，为美国实行价值观念、意识形态的输入奠定了语言基础。例如母语非英语的作者要想使自己的作品得到国际范围内的承认，必须用英语进行创作或将作品翻译成英文，从而导致这些国家学术论著中的词汇、理论、范式等无一不是西方的话语体系。最后的结果就是对英语产生了认同感，进而对美国文化也有了认同心理，实现了美国利用英语语言文化掌控世界话语霸权的目的。

三 美国私人基金会与对外文化交流

在美国对外文化交流历史中，美国各类私人基金会扮演了非常重要的角色。在世界各国中，没有一个国家的私人基金会规模可以与美国的私人基金会相比，也没有一个国家的基金会能像美国的私人基金会那样广泛而深入地介入国家的对外文化交流中去，在输出本国文化的同时也潜移默化地影响其他国家的历史、社会、政治的进程。

20 世纪初，随着美国经济的高速发展，财富急剧积累，在美国出现了一批富可敌国的亿万富翁。财富的增加，使得这些富翁们开始考虑如何处理自己的财产。由于当时美国政治腐败，失控的经济发展又带来了经济危机，工人运动如火如荼，社会处在剧烈的变化当中。这时候以新闻记者和知识分子为主体的"黑幕揭发"运动产生了，这批社会精英开始反思美国社会存在的方方面面的问题，提出要限制过度垄断、缩小贫富差距、改善劳工条件、缓解劳资矛盾的改革要求。美国富翁们为了改变不佳的社会形象，也乐于拿出部分财产回报社会。[①] 就这样，双方的结合推动了美国各类基金会的出现和繁荣。

宗教精神是美国私人基金会参与文化外交的根本动因。美国文化是一种基督教新教文化，美国的宗教精神表现为强烈的命运感、上帝的选民感和特殊的使命感，这使得美国人认为基督教文明是更优越的文明，美国人具有帮助改造落后民族的使命和能力。同时由于美国的宗教普及化程度很高，公民宗教意识早已形成并用作于公民的对外行为。基金会组织参与文化外交的自觉性源自美国人普遍存在的公民宗教意识。在国内开展的慈善活动同时也为私人基金会参与文化外交积累了宝贵的经验。由于美国长期受孤立主义思想的影响，美国政府在文化外交方面无所作为。针对政府的无作为，美国私人基金会积极采取行动，在国内从事慈善活动的基础上，开始进入美国文化外交领域。

---

① 肖华锋：《舆论监督与社会进步：美国黑幕揭发运动研究》，上海三联书店 2007 年版，第38—39 页。

（一）美国基金会概况

基金会最早产生于 19 世纪末 20 世纪初的美国，它不同于教会创办的慈善机构和传统的信托慈善基金，它是按照公司形式建立的一种非营利组织。美国基金会是其他国家基金会所无法比拟的，其数量多，规模大，活动领域广，在美国乃至世界上发挥着越来越大的作用，已经成为美国社会的一支重要力量。关于基金会的名称，可以说是虚虚实实，纷繁复杂。各国都有一些称为"基金会"而实际上不是基金会的组织，还有一些名字虽然不叫"基金会"，却行基金会之实的组织。从美国基金会中心公布的基金会排名可知，基金会的名称多种多样，除了名称是"基金会"的以外，还有"基金公司""捐赠公司""信托公司""信托基金""信托慈善基金"等。[①]

美国法律对基金会进行了分类，大致可以分为四个种类。第一种是独立基金会。这种类型的基金会具有最悠久的历史，是最重要的基金会形式。独立基金会通常是由个人通过捐赠和遗赠建立的。它们不以营利为目的，按照公司管理的模式来运行自己的项目。如福特基金会、卡内基基金会、洛克菲勒基金会都是著名的独立基金会。第二种是公司基金会。这是一种资金主要来自公司的商业利润捐赠而建立的慈善组织，其虽与捐赠公司保持密切联系，但它却是一个独立的合法的组织。第三种是社区基金会。社区基金会不同于前面两种基金会，它是一个免税的、非营利的、自治的、公众支持的慈善机构。社区基金会的资金来源是多样化的，主要来自个人、企业、单位的遗赠或捐赠。具有明显特征的是，社区基金会的资金大部分服务于本社区。第四种是运作型基金会。它的资金主要来自私人或者家族，运作型基金会的资助范围一般是教育、研究和社会公益事业。[②]

基金会的组织结构一般分为三个层次。第一个层次是董事会，它一般是由捐赠人、企业界、学术界的成功人士和社会名流组成。董事会的任务是根据基金会的章程和相关法律，制定基金会的资助方向、优先领域和实施方

---

① 来源于 http://www.npo.org.tw/NPOInfo/index3-3a8.asp。
② 资中筠：《财富的归宿：美国现代公益基金会述评》（增订本），生活·读书·新知三联书店 2011 年版，第二部分"各类基金会剪影"。

案。第二层次是基金会会长，由董事会任免，其工作职责是执行董事会所制订的方案，管理组织资源，开发服务项目。第三层次是基金会各部门的项目官员。其大多是带薪工作的职员，他们往往是热衷于公益事业的某个领域的专家，主要任务是协助会长工作，研究日常工作，并对捐助的项目进行考察、管理、监督和评估。基金会的组织模式类似于公司，这大大提高了基金会服务慈善事业的效率和影响。

美国基金会在美国社会中拥有巨大的力量，是让美国社会正常运转的中介之一。首先，一些基金会具有强大的经济实力。以福特基金会为例，从1936 年成立到 20 世纪 50 年代末，其所能直接或间接使用的资金和资产近30 亿美元。[①] 其次，基金会的规模较大，在世界各地都会设立一些分支机构。例如现在的福特基金会在除美国之外的世界其他国家共设立了十二家分支机构，遍及亚洲、非洲、中东、拉丁美洲和俄罗斯。最后，多数基金会均从事与文化相关的工作。例如福特基金会的宗旨是资助教育、艺术、科技、人权、国际安全等问题的研究，相关的工作有出资创办研究机构、颁发奖学金、向国外派遣专家、捐款、捐赠图书仪器等。尤其在教育方面，福特基金会更是十分看重，1951 年福特基金会在旗下成立了"教育促进基金"和"成人教育基金"两个机构，直接处理基金会在教育方面的工作。[②] 有论者称：20 世纪"美国重要的文化项目，无论大小，鲜有不直接或间接与基金会的哲学思想或影响有关的"。资中筠教授认为，此结论毫不夸大，美国基金会的影响绝不限于美国国内，而且遍及全世界。[③]

（二）参与对外文化交流的方式[④]

美国私人基金会在对外关系中，其重点的工作领域便是文化方面。因此，美国私人基金会在对外的项目选择上，必然也是以文化项目作为工作的

---

① James Petras. *Financing and Manufacturing "Dissent" in America：The Ford Foundation and the CIA*. (http：//globalresearch. ca/articles/PET209A. html)

② 资中筠：《财富的归宿：美国现代公益基金会述评》（增订本），生活·读书·新知三联书店2011 年版，第 98—99 页。

③ 资中筠：《20 世纪的美国》，生活·读书·新知三联书店 2007 年版，第 153 页。

④ 有关美国基金会对政府外交政策的影响可详见 Edward H. Berman，*The Ideology of Philanthropy*，Albany：State University of New York Press，1983。

重点。基金会资助的重要项目有：资助富布赖特计划；帮助第三世界国家建立大学，培养其他国家教师；资助美国高校和研究机构从事国家关系研究课题；资助外国留学生来美国留学；支持政府在海外的英语教学推广项目；资助国际政治、国际关系书籍和研究论文的发表；资助外国团体来美国开展文化艺术演出活动；支持联合国教科文卫组织在第三世界国家保护世界文化遗产工作等。从以上这些内容就可以看出，美国私人基金会选择文化项目的领域是十分广阔的。

基金会与政府的关系是通过与政府合作或者成为政府对外文化教育项目的分包者而在美国外交决策中起到幕后智囊作用。[①] 以"富布莱特"项目为例，"富布莱特法案"授权美国国务院利用出售战争剩余物资所得的资金，资助美国的学生和学者到国外学习、研究、讲学或从事其他教育活动，同时也资助外国的学生和学者到美国来学习、进修、讲学或从事其他研究工作。"富布赖特"项目刚一宣布，政府资金就难以到位。而真正使富布赖特计划付诸实施的就是私人基金会的资金支持。卡内基和洛克菲勒基金会慷慨地先资助了六个月的经费，使各项协议得以及时签署启动，以后福特基金会也陆续进来，对富布赖特项目多有资助。[②] 冷战时期，有些基金会曾资助中央情报局在东欧的工作和在东非的教育交流、和平队等。各大私人基金会董事会成员在政府机构任职现象更加不胜枚举，譬如，艾森豪威尔政府的国务卿约翰·杜勒斯，美国和平演变战略的设计者和推动者，在任国务卿前后分别担任过美国洛克菲勒基金会和卡内基和平基金会董事长。[③]

美国私人基金会通过对美国各类教育机构的捐赠，间接地影响了美国的教育。美国私人基金会是美国教育领域的积极出资者，据美国基金会中心1985 年对四百多家大中型基金会的调查，1982 年和1984 年这些基金会资助各类教育事业的项目分别为8316 项和9887 项，分别占项目总数的30.6% 和29.1%；这两年的赞助金额分别为6.34 亿美元和5.78 亿美元，分别占资助

---

① 胡文涛：《冷战结束前私人基金会与美国文化外交》，《太平洋学报》2008 年第3 期。

② 资中筠、陈乐民：《冷眼向洋：百年风云启示录》（上册），生活·读书·新知三联书店2000 年版，第222 页。

③ 资中筠：《财富的归宿：美国现代公益基金会述评》（增订本），生活·读书·新知三联书店2011 年版，第42—43 页。

总额的 42.5% 和 35.1%。① 私人基金会虽然捐赠高等教育的领域各不相同，捐赠形式各有千秋，但最突出的共同点是把教育事业放在其创办目的的第一位。私人基金会捐赠给美国整个高等教育注入了新的血液和活力，推动其不断向前发展。

美国私人基金会捐赠高等教育也遵循一整套严密的运作程序与严格的规章制度。首先，由高等院校向基金会提出申请，然后由私人基金会下设的专门机构来受理，如果该申请符合要求，基金会就会派遣相关专家进行实地考察和核实。基金会专家组进入高校调查审核时，他们要调查学校或者项目是否与申请的实际情况符合，是否值得基金会捐助以及能否达到基金会所预期的结果等。经过专家组成员的严格核实后就可以进入下一个阶段：将申请提交基金会董事会讨论，这些担任基金会董事会的成员中，虽然其职业各不相同，但其中有一半人具有哈佛、耶鲁、普林斯顿等大学的学位，他们都受过良好的文化熏陶与正规大学的教育。其中有不少人在担任基金会重要领导职务之前或之后都担任过大学校长或负责过重要项目的研究工作，他们了解、熟悉高等教育，能够敏锐地抓住高等教育的特点以及存在的问题。经过董事会的研究后，最后确定捐赠与否，如通过则给予申请高校于人力、物力和财力上的资助。最后在项目的实施过程中基金会也要进行相应的监督。②

有了私人基金会资金的注入，美国大学得到了迅速的发展，如美国大学中研究型大学的比重开始增多，美国在社会科学和自然科学上的研究逐渐繁荣，成为世界学术研究的中心。以福特基金会与社会科学领域为例，"二战"后，福特基金会成为对社会科学界支持最多的私人基金会之一。"在第二次世界大战结束之后的十多年中，仅福特基金会一家就捐资 6000 多万美元用来扶持那些经过自己选择的、由于种种原因政府不予支持的社会科学研究项目，其中向哈佛大学就捐赠了 1400 万美元、向芝加哥大学捐赠了 1000 万美元、向斯坦福大学捐赠了 300 万美元。"③

---

① 凌远宏：《私人基金会在美国教育上的角色和作用研究》，硕士学位论文，福建师范大学，2008年，第 20 页。

② 刘愈：《美国私人基金会捐赠高等教育的研究》，硕士学位论文，华中师范大学，2008 年，第 14—18 页。

③ 同上书，第 21 页。

（三）基金会与中央情报局的合作

冷战时期，由于美国官方与东方政治的隔离，各类私人基金会在美国的对外交往中扮演了重要的角色，美国许多重大的对外文化交流活动都活跃着私人基金会的影子，甚至有"影子内阁"的称号。[①] 由于冷战的需要，美国政府与私人基金会保持着密切的联系，使之成为对外交往、向外输出文化、价值观念的先锋。战后，出于文化渗透的目的，中央情报局极力把"非官方"的团体有系统地组织起来成为一个网络，形成一支非官方的文化冷战部队。这些团体包括慈善性质的基金会、公司企业以及其他机构和个人。这些机构和个人与中央情报局密切合作，提供掩护，并为中央情报局的秘密活动提供经费来源。[②] 美国政府认为要把大宗的资金投入中央情报局项目而又不至于引起接受者对资金的来源产生怀疑，利用慈善性基金会是最便利的方式。[③] 从20世纪50年代开始，中央情报局正式大规模地打入基金会领域。据统计，在1963—1966年，共有164个基金会为至少700个项目提供了资助，其中至少有106个基金会的资金部分或全部来自中央情报局的资金。更重要的是，这164个基金会在这个时期资助的国际活动，几乎有一半用的是中央情报局的资金。[④] 中央情报局对基金会的渗透之深，以至于凡是美国的慈善机构或文化机构，只要它们的文件上常有"自由的"或"私人的"字样，那必定是中央情报局的外围机构。[⑤]

以福特基金会为例，美国福特基金会成立于1936年，但真正发挥作用是在1953年改组之后。[⑥] 福特基金会的文化政策设计者们完全是依据美国政

---

① 资中筠：《财富的归宿：美国现代公益基金会述评》（增订本），生活·读书·新知三联书店2011年版，第43页。

② 弗朗西斯·斯托纳·桑德斯：《文化"冷战"与中央情报局》，曹大鹏译，国际文化出版公司2002年版，第142页。

③ 同上书，第148页。

④ 同上。

⑤ 同上书，第150页。

⑥ 资中筠：《财富的归宿：美国现代公益基金会述评》（增订本），生活·读书·新知三联书店2011年版，第95页。

治上的重要任务来制定其文化政策的。① "二战"后，美国政府为了做自由世界的领袖，认为必须研究和了解苏联。通过美国国会的立法和参众两院的推动，美国政府正式由中央情报局和联邦调查局与福特基金会、洛克菲勒基金会、卡内基基金会联手，大批拨款，提供赞助，在各大名校建立区域研究的机构。在1953—1966年十三年的时间里，福特基金会给了美国34所著名的大学2.7亿美元。1966年中情局的一份研究报告强调，"货真价实"的基金会②，如福特、洛克菲勒和卡内基基金会等是"最好的，也是最不易被怀疑的资助掩护机构"。福特基金会的董事、官员大多与中情局关系密切，有些根本就是特工人员。麦克洛伊担任该会董事长时，曾为数十名中情局特工提供掩护身份，并设立一个管理部门，专门处理与中情局的关系。③ 在中央情报局的要求下，福特基金会成立了专门的"东欧基金"，用于对东欧文化活动拨款。受福特基金会资助的这类外围组织中，比较有名的包括：如被称为"文化的北大西洋公约组织"的"文化自由代表大会""当代艺术研究所""国际文化出版计划委员会"等。1957年4月，福特基金会拨款50万美元成立了一个专门的机构，用于资助美国与波兰之间的学生和教授的学术交流，以及资助波兰一些大学和图书馆的建设等。④ 从某种角度来说，福特基金会简直就是美国政府在对外文化交流和宣传领域里的延伸。⑤ 此外，洛克菲勒基金会和美国政府之间相互交汇的程度甚至超过了福特基金会。约翰·福斯特·杜勒斯和迪安·腊斯克都是从洛克菲勒基金会的董事长的岗位上转到国务院担任国务卿职务的。

　　另外，美国中央情报局也主动染指了很多由私人基金会捐助或开展的项目，并利用这些项目为掩护来开展自己的冷战工作。中央情报局利用慈善基金会开展自己的工作具体过程可分为四步。第一步，中央情报局从政府拿到资金。在如何使用这笔资金的问题上中央情报局享有很大的自主权，几乎不

　　① 弗朗西斯·斯托纳·桑德斯：《文化冷战与中央情报局》，曹大鹏译，国际文化出版公司2002年版，第154页。

　　② 同上书，第149页。

　　③ （http：//bbs1. people. com. cn/postDetail. do？ id＝969268）

　　④ 杨友孙：《美国外交及其在波兰的应用》，《世界历史》2006年第4期。

　　⑤ James Petras. Financing and Manufacturing "Dissent " in America : The Ford Foundation and the CIA . （http：//globalresearch. ca/articles/PET209A. html）

会受到什么监督。第二步，这些资金被转交给不同的基金会。有资料显示，有几十家基金会曾经接受过这种资金，但是，它们都是一些名不见经传的小型慈善基金会，好像没有哪一家著名的大型慈善基金会卷入其中。第三步，得到这种资金的基金会再将资金捐赠给第三方的机构。第四步，得到捐赠的机构再将资金分发给最终要支持的机构或活动项目，这些活动项目涉及拉美、非洲、中东等很多地方，最后拿到这笔资金的人包括律师、教师、记者、艺术家、作家、学生等在内的众多行业的人士。中央情报局之所以绕这么大的弯子才最终将资金交到接受者手中，其目的就是要借慈善基金会这张皮来掩盖资金的真正来源，使其资金更容易被接受，当然也具有更大的欺骗性。在 20 世纪 50 年代和 20 世纪 60 年代，福特基金会"有选择性地资助那些反左派的团体，专注于攻击美国的'敌人'的侵犯人权行为，并使自己疏远那些反帝国主义的人权组织和人权团体"，① 积极配合美国政府尤其是中央情报局的文化宣传战略。

同时，中央情报局也可以直接从基金会中使用资金来进行文化冷战。在 20 世纪 50 年代担任福特基金会董事长的约翰·麦克洛伊就公开主张福特基金会与中央情报局合作。他认为，与中央情报局的协作是一个更好的选择，因此他还主持了一个三人委员会，直接处理中央情报局使用基金会资金的事务②。例如成立于 1948 年的专门用于文化冷战的刊物《月刊》，其最早的办刊经费在"马歇尔计划"中支出，后来改由中央情报局拨款，中间一度由福特基金会来支付。③

美国政府直接或间接地掌握着基金会的人事权。有人说过，在私人基金会工作的个人可以施加的影响力绝不亚于他在政府任职的影响力，没有人能阻止他施加这种影响。④ 对于那些在文化冷战中表现突出的人，中情局给他

---

① James Petras. *Financing and Manufacturing "Dissent" in America：The Ford Foundation and the CIA*.（http：//globalresearch. ca/articles/PET209A. html）

② *The Ford Foundation and the CIA*.（http：//open. salon. com/blog/stuartbramhall/2011/04/13/the_ ford_ foundation_ and_ the_ cia）

③ 弗朗西斯·斯托纳·桑德斯：《文化冷战与中央情报局》，曹大鹏译，国际文化出版公司 2002 年版，第 29 页。

④ 同上书，第 154 页。

们的奖赏就是让他们进入福特基金会或者洛克菲勒基金会的董事会。[①] 1953年，艾森豪威尔就任总统，杜勒斯估计自己在中央情报局的职位有可能不保，便寻求担任福特基金会的董事长。当然，最后杜勒斯仍担任中央情报局局长，而福特基金会董事长的职位则由约翰·麦克洛伊担任，而麦克洛伊曾担任助理陆军部长、世界银行总裁和驻德国高级专员，是美国政治集团中的重要人物之一。在基金会的高管当中，有不少人同时又是中情局的特工，如曾担任福特基金会人事部主任的沃尔德玛·尼尔森在基金会工作期间，就一直是中情局的特工。当然，如果有少数的基金会不配合中情局的工作，中情局便会在基金会基层中招募人员或安插他们选定的人进来，通过这种手段渗入基金会的组织当中。

中央情报局也会成立一些专门的基金会用来从事文化渗透的工作，当然这类基金会往往披着"私人""民间"之类的外套，使许多人分辨不出，往往就会被这些基金会利用。中情局如果想要成立一个基金会，就会在国内物色一位知名富翁，告知他中情局想要干什么，并要求保密，这样一个打着某位富豪名义的基金会就成立了。例如1952年中情局成立的法菲尔德基金会，其标榜为一个"非营利性的"法人组织。据该基金会出版的小册子介绍，"基金会是由一些美国个人组建成立的。这些人致力于维护自由世界的文化传统，并鼓励不断扩大艺术、文学和科学领域的交流"。[②] 但实际上基金会的主要作用就是洗钱，属于为文化渗透提供经费的一条通道，[③] 成为专门从事文化渗透机构的后援和掩护。

四　冷战期间美国对外文化交流活动

美国对苏东地区的文化交流有着十分明确的目的，正如赫鲁晓夫所说：美国希望的是游客、学者和学生的交流，他们的许多建议意在开放我们的边界，从而加强人员的往来。可以看出，美国是希望通过人员交流，向苏东地

---

① 弗朗西斯·斯托纳·桑德斯：《文化冷战与中央情报局》，曹大鹏译，国际文化出版公司2002年版，第153页。

② 同上书，第138页。

③ 同上书，第126页。

区的民众宣传西方的文化和价值观来达到文化渗透的目的。因此，以知识分子（精英阶层）为主体的人员交流成为美国对苏东地区进行文化渗透的重要手段，具体形式有举办学术讲座、学术会议、进行学术赞助、教育交流等。美国政府专门设立了国家安全教育基金，专门培养国家文化交流人才，到国外去宣传美国的文化和价值观，影响他国的学生和精英阶层。另外又吸引与培养外国留学生，对他们的意识形态、价值观念、思维方式施加影响，培养一批熟悉美国文化、接受认同美国文化和亲美文化的精英分子。同时，他们还特别重视在发展中国家和社会主义国家中培养亲西方的领导人，其重点是放在知识界和决策层。

　　开始于 1946 年的大型对外教育文化交流项目"富布赖特项目"，主要是提供资金和机会给世界各国的学生、专家和学者等群体到美国学习、访问和研究。让他们亲身体验美国的社会和文化，了解美国的政治制度和社会制度，试图让他们通过这种接触，对美国产生积极的感性和理性的体验。这样，这些精英回国之后就可以自觉或不自觉地传播美国文化，能够使美国文化更顺利地渗透和蔓延到他国。正如美国前国务院负责对外文化关系的助理国务卿威廉·本顿对培养外国留学生曾直言不讳地说："从长远看，培养外国留学生是一种最有前景的、一本万利的推销美国思想文化的有效方式"。①据统计，冷战期间来美访问讲学的苏联学者 90% 为科学家、工程师，而去苏联讲学的美国学者 90% 是人文社会科学领域的专家，从这一数据看，美苏两国开展文化交流的意图就非常明显了。苏联是想通过交流，从美国方面获得更为先进的技术和知识；而美国是想通过文化交流，面对面地把西方的政治制度和社会文化传授给苏联民众，引起他们对西方文化的兴趣和认同，从而从思想上颠覆共产主义理论，破坏共产党在苏东地区执政的基础。当然，在这些学者和学生的交流中，也会有少数间谍的渗入，同时，接受国也会在学生当中发展间谍，其中最早最有名的应该算是奥列格·卡卢金②了。

---

① 转引自《全球化视野下的软权力暨中国软权力探析》。（http://changsiyierliuyu. blog. sohu. com/ 89275158. html）。

② 奥列格·卡卢金，1958 年加入克格勃，同年作为第一批交流生进入哥伦比亚大学学习。后留在美国，以使馆秘书和记者的身份从事情报工作。回国后，负责克格勃的反间谍工作。1995 年移居美国。——笔者注

（一）学术教育交流

人们提到美国文化扩张，往往会想到美国大众文化，但除此之外，美国实际上一直在有意识地通过各种手段，特别是教育手段，向外国精英"兜售（sell）"美国的价值观和生活方式。无论是教会大学还是政府资助的各种文化交流项目，教育都被认为是用美国价值观和理想培养"世界未来领导人"的关键路径。在冷战时期的美国，"教育交流"这一术语包罗万象，以致成了美国文化关系的"同义词"。为了赢得"未来外国领导人"的心脑，美国政府督促美国各个大学尽量多接收外国留学生，虽然，这些大学有点人满为患。[①]

所以，在美国学术研究和教育的背后，活跃着美国政府的影子。美国在战后迅速取代英国，在全球大肆扩张影响力，并与苏联展开全面冷战和对抗。与有着传统优势的英、法、德等欧洲强国相比，无论在实践经验还是人力资源方面美国都准备不足。这在社会科学领域，在与苏联集团的意识形态斗争中，表现得尤为突出。因此，美国政府迫切需要美国的人文社会科学在学术上和教育上有所突破，与科学技术一样，成为全球的核心，并植入西方的意识形态和价值观用于对苏东地区进行文化渗透。战后美国一些政治家和学者都抱有这样的观点：文化和学术交流的影响远大于政治的宣传。乔治·凯南就说过，他个人认为文化交流很重要，作为改变一个国家给他人消极印象的方式，赢得了非常多的世界舆论的关注，"当然，我们必须要做的是向外部世界完全展示我们自己的文化生活，显示出我们重视文化生活的相关制度和举措，以及如何给予它鼓励和支持，如果这些印象能够强有力地成功传达给外国人，我个人愿意把剩余的所有政治宣传，换成通过文化交流来达到结果"。[②]

战后，美国政府开始实行一系列干预社会科学研究的举措，最初曾招致美国社会科学界的抵制。"二战"前，美国学者对官方赞助学术普遍持保留

① Liping Bu, *Making the World like Us: Education, Cultural Expansion, and the American Century*, Connecticut: Praeger, 2003, pp. 3 – 7.

② Yale Richmond, *Cultural Exchange and the Cold War* .. University Park: Pennsylvania State University Press, 2003, p. 123.

态度，他们从学术研究的角度出发，担心政府资金介入会改变学术研究的独立性与客观性。为改变这种状况，美国政府采取了多种措施：第一，由美国国务院等部门召集美国知名大学的校长或董事会成员开会，以项目资助或研究生培训的方式，增强各大学的"区域研究"力量，为美国政府培养社会科学方面的人才。最典型的要算是美国政府引导和提倡加强对苏联的研究了，很快美国许多大学和研究机构纷纷建立了专门研究苏联问题的部门，为美国政府制定对苏政策出谋划策。① 第二，利用政府和个人的影响力，动员美国的大公司、大财团和各种基金会出资赞助大学和研究机构的社会科学研究。福特基金会、洛克菲勒基金会一直在这一方面与美国政府保持着密切联系。由非官方的基金会和团体出面对社会科学家进行资助，在一定程度上减少了学者的抵触情绪。第三，美国政府、大学和研究机构会利用各种国际文化教育交流项目，邀请各国的人文社会科学领域的专家和学者到美国大学和研究机构任教或讲学，资助外国留学生到美国大学学习；同时又会派遣美国专家、教授到世界各国讲学或参加国际会议等，从而扩大美国人文社会科学在国际学术界的影响力，并取得学术研究上的领导权和话语权。比如 20 世纪 80 年代中期由美国学者提出的"全球化"概念，很快就被国际学术界所接受并采用，成为主流的研究方法和理论。美国"全球化"理论实际上是在为美国实现全球霸权，传播其所谓的"普世价值观"进行舆论动员。

在美国政府的行政干预和大量经费资助的影响下，美国的人文社会科学家们最终选择了同政府合作。这种合作主要表现在下面几个方面：学者们用自己的专业知识为美国政府各机构培训从事对外文化渗透与交流的雇员和专家；学术界逐渐建立了一整套的系统的学术理论，用来反击共产主义学说体系；部分学者甚至会利用学者的身份替政府从事无法以官方面目示人的各种冷战行动。总之，美国的人文社会科学家群体逐渐接受了政府对人文社会科学领域学术研究的干预，不仅按照美国的政策需求来从事与冷战相关的学术研究，同时还积极地创造一些自认为有用的知识产品和话语系统，为美国政府的冷战政策目标服务。

---

① ［美］伊多·奥伦：《美国和美国的敌人：美国的对手与美国政治学的形成》，唐小松、王义桅译，上海人民出版社 2004 年版，第 144 页。

最典型的当属"富布莱特"项目。"富布莱特"项目是一项由美国政府出资并主导的对外文化教育交流项目，该项目不仅促进了美国与其他国家的教育交流，同时也输出了美国的文化价值观和意识形态。1945 年，参议院议员威廉·富布赖特在美国国会上提出一项法案，呼吁美国政府应利用战争剩余的物资和资金用在教育、文化、科技等领域的交流，来促进美国与其他国家的关系。他总结了"二战"的经验和教训，认为各个国家和民族相互沟通、相互学习对人类和世界的发展是非常重要的。1946 年 8 月 1 日，杜鲁门总统签署了该法案，设立了"富布赖特"项目。成立以来，"富布赖特"项目促进了美国与其他国家的民众和政府的双边关系。在项目实行的几十年中，维持与他国在科技、文化等领域的良好交流的基本原则一直是"富布赖特"项目的核心使命。1961 年 8 月，在该项目实行十五周年之际，共有45000 多人，来自不同学科的学者、学生来到美国学习或被分别派到 44 个国家学习。至 1976 年 30 周年时，有 116000 多人参与了该项目。富布莱特由此被描述为"承担了自 1453 年君士坦丁堡灭亡①以来最大的且最有意义的全球学者交流"。而国务院称该项目为"国会所批准的最有价值的投资"。②这里所谓的"投资价值"无疑是从美国文化扩张和渗透的效果来说的。

美国国会负责监督"富布赖特"项目的实行，并具有最高决定权。项目设立了董事会，十二名董事会成员由美国总统直接任命。具体的业务管理和组织上由美国国务院和美国教育文化事务局负责，在国外则由当地的大使馆公共事务管理部门负责项目的实施和开展。

"富布莱特"项目所需资金最早由美国国会纳入政府预算和拨给，随后，由于资金的问题，以及为了让项目披上非官方的色彩，在美国政府的授意和协调下，福特基金会、洛克菲勒基金会和亚洲基金会与"富布赖特"项目进行了合作。如 1947 年，洛克菲勒基金会和福特基金会资助了"富布赖特"项目中的萨尔斯堡研讨会。这个研讨会是由一名在哈佛大学学习的奥地利研究生发起的，目的在于重新建立欧洲各国民众与美国民众之间的文化

---

① 指东罗马帝国的灭亡。——笔者注

② Randolph Wieck, *Ignorance Abroad : American Educational and Cultural Foreign Policy and the Office of Assistant Secretary of State* , Connecticut：Praeger, 1992, pp. 14 – 15.

思想交流。该研讨会设立各种专题，并请美国知名教授讲授，会议邀请了各国青年学生、教师和研究人员参加。由于研讨会效果明显，已经成为经常性的项目之一。

"富布莱特"项目最早的工作主要是派出美国学者①到国外任教、学术演讲和进行学术交流，资助国外学者②和研究生到美国的大学和研究机构学习和研究。很快，项目进一步扩大了自己的范围，大学生交流也被纳入资助的范围内。项目资助的学科专业主要集中在人文社会科学领域，如哲学、经济学、法学、政治学、社会学、民族学、教育学、心理学、新闻传播学、艺术学、历史学、管理学等。从上述资助学科看，该项目文化渗透和"洗脑"的动机一目了然。

到现在为止，"富布莱特"项目遍及全球，自成立以来，共与140多个国家展开了合作。为了更好地推广项目，董事会决定在中东、东亚、南亚、非洲等地的十几个国家和地区建立英语教学基地。20 世纪 50 年代，洛克菲勒基金会协助"富布赖特"项目在英国举行了一系列研讨会，主要由美国教授就"美国与大西洋共同体"这一题目给英国教授上课，然后再由这些英国教授回到各自任教的学校开设相关课程。这一系列研讨会进行了三年，第四年正式成立英国美国学会，洛克菲勒基金会继续予以资助包括选派留学生到美国学习等。洛克菲勒基金会还与富布赖特计划合作在智利建立美国研究所。1961 年，福特基金会与美国学术团体委员会合作，设立欧美交流项目，为期五年，内容包括欧洲学生来美国学习的奖学金、在欧洲各大学设立美国学中心以及向图书馆捐赠图书、文献、微缩胶卷等。③

美苏之间的"富布莱特"项目开展较晚，开始于1973 年，在项目基金的支持下，美苏学者开始到对方国家进行学术、教育交流。通过这一交流，美国学者开始了解苏联的学术、教育体制，通过与苏联学者和学生的深入接触，美国的富布莱特学者们逐渐了解苏联的社会制度和社会各个方面的情况。同时，苏联在美国进行交流的学者和学生们也了解了美国的大学教育制

---

① 称为"富布莱特"学者。——笔者注
② 称为"富布莱特"访问学者。——笔者注
③ 胡文涛：《美国文化外交及在中国的应用》，世界知识出版社 2008 年版，第224 页。

度，对美国的学术研究机制也有了新的认识。在戈尔巴乔夫主政后，美苏间的"富布莱特"项目开展得越来越频繁，1985 年美苏两国之间签署了《教育交流合作协议》，以政府间的协议形式保障了两国之间学术、教育交流的正常展开。在正常教育交流的同时，西方的文化价值理念对苏联的学者和学生们也产生了巨大的影响。在冷战后期，很多参与过"富布莱特"项目的苏联学者们成为持不同政见者，戈尔巴乔夫的改革在一定程度上就受到了这些学者的影响。从这个角度说，通过"富布莱特"项目的开展，美苏间的教育交流为美国政府在冷战中取得的"胜利"做出了一定的贡献。

"富布莱特"项目对于美国来说，让美国政府确立了文化外交的制度和政策。在"二战"结束后，美国的对外文化交流的设想虽然已经形成，但仍把它放在政治外交、经济外交和军事外交等制度之后，没有上升到国家战略的高度。通过"富布莱特"项目的实践，让美国政府认识到在对外交往中，文化也可以和其他手段一样，达到美国外交的目的，遂把文化外交纳入国家战略当中。另外，"富布莱特"项目让美国政府找到了一条进行文化外交和文化渗透的最好方法和渠道。通过资助，以双方学者、学生交流的形式，能够更好地对他国的知识分子产生影响，能够更有效地输出美国的意识形态和价值观念。综观战后的历史，以"富布莱特"项目为代表的一系列文化交流活动一直是美国文化外交最典型的方式，对美国文化外交起着不可估量的作用。

在 1958 年开始谈判前，按照艾森豪威尔的最初的设想，准备与苏联进行一万名大学生的交流。[1] 他还准备给时任苏联部长联席会议主席的布加宁写一封信提出这个要求。他甚至要求美国代表在谈判时，不用按照互惠的原则，只要苏联能够同意派出一万名大学生来美国就可以了。[2] 时任联邦调查局局长的胡佛也赞成总统这个建议，他认为那么多的苏联学生进入美国，肯定会带来一些问题，但这个建议无疑是积极的。但是在 1958 年谈判时，美国政府冷静了下来，他们认为苏联方面绝对不会同意这么大规模的交流计划，因此把这个数目压缩倒了 100 名。经过艰苦的讨价还价，最终苏联方面

---

[1]　Yale Richmond, *US-Soviet Cultural Exchanges*, 1958－1986. Boulder: Westview Press, 1987, p. 31.

[2]　来源于 http://www.unc.edu/depts/diplomat/item/2013/0105/ca/richmond_exchange.html。

同意在协议签订后前两年每年保持 20 名大学生交流的计划，以后再逐渐增加，但最多不能超过 50 名。后来在实际操作的时候，其实连整个水平都没有保持住。在研究生交流方面，苏联则大感兴趣，希望把交流的人员数定为大学生交流计划数的数十倍，以便让更多的研究生提高自己的学术水平并拿到学位。[1] 在这一点上，双方的意见基本一致，所以尽管在后来三十多年的时间里美苏关系忽好忽坏，但仍有数以千计的学生、学者来到对方国家访问和研究。其中，美国人数要稍多于苏联的人数。

在美国方面，大多数的交流项目由以下几个机构分别主管，其中包括国际交流与研究协会、[2] 美国学术团体委员会、社会科学研究委员会、校际委员会等。在美苏展开文化交流的初期，资金的来源就是一个中心的问题。有学者研究表明，1958 年一名美国青年学者在苏联一学年的花费要超过一万美元，[3] 这是一个很重的负担。此外，进入美国学习和研究的苏联人由于一时不能适应美国的环境和学习生活，迫切需要由美国方面提供一些辅导和帮助。因此美国的一些高校、研究机构、学术团体就联合起来，成立了上述机构，集中财力对学者和学生们进行资助和帮助，当然这些机构都受到美国政府和一些基金会的支持。[4] 根据美苏文化交流协议中的相关条款规定，交流的对象包括学生、青年教师和和专家学者。在签订 1958 年的协议之前，美苏之间就已经有学者的交流了。1956 年 2 月，在福特基金会的资助下，少数美国学者以旅行者[5]的身份对苏联进行了一个月的访问。一直到 20 世纪 50 年代末，大约有 75 个研究机构的 200 名分属于 15 个学科的美国学者对苏联进行了访问。[6] 协议签订后，美苏双方开始了官方的研究生和青年教师的交流，双方都把规模维持在 40—50 人的水平，时间一般为一到两个学期，主

---

① Yale Richmond, *Cultural Exchange and the Cold War*. University Park：Pennsylvania State University Press, 2003, p. 22.

② 其在 60 年代末接替了校际委员会的工作。——笔者注

③ Robert F. Byrnes. *Soviet-American Academic Exchanges*, 1958－1975. Bloomington：Indiana University Press, 1976, p. 86.

④ Ibid. , p. 59.

⑤ 只有用这种方式才能够获得签证。——笔者注

⑥ Yale Richmond. *Cultrual Exchange and the Cold War*. University Park：Pennsylvania State University Press, 2003, p. 23.

要是让他们在对方国家展开学术研究工作。从 1972 年开始，美苏间每年还有一个专门的教师交流计划，双方人数各为 6 人，交流时间为十周。专家学者的交流保持在十余人的规模上，时间一般为二至五个月。在一些学术团体的资助下，美苏两国间的博士后交流工作也开展了起来，一般每年交流的人数控制在美国人 15 名左右，苏联人 30 名左右。从 1975 年开始，美苏间建立了合作研究的项目，学科范围主要是人文和社会科学方面，双方人数约在80 人。

在很长一段时间里，双方的交流水平忽高忽低。由于双方的出发点不同，苏联希望的是得到美国的技术，而美国人却热衷于人文社会科学领域的交流。因此，这种不同的交流动机阻碍了美苏双方交流持续健康的发展。一旦美国对苏联的人数作出限制，按照对等原则，苏联也会减少美国人的数目，反之也是如此。另外，由于两国文化背景、社会制度的不同，一部分人对进入他国学习和研究不是非常感兴趣，这也是造成交流受阻的原因之一。尤其是美国的学生和学者，由于条件的限制，比如在苏联住房的问题、旅行方面的限制、查阅资料的不便，都会让他们望而却步。比如查阅资料的问题，在苏联的美国学生和学者们往往要等上很长一段时间才能得到自己需要的资料，这就影响了他们研究工作的进度，很有可能就会让其他的同行抢了先机。再如旅行的问题，苏联对外国人在苏联的旅行有着非常严格的规定，美国的学生和学者在苏联学习期间未经允许，不能离开自己学习和生活的地方超过四十公里，[1] 大约有 20% 的加盟共和国是不准让外国人进入的。另外，苏联方面对于在苏联的美国学者的研究方向和内容也做了限制，比如研究俄国历史的美国学者是不能研究 1917 年以后的苏联和苏共的历史的，只能研究 1917 年以前的俄国历史和文化。[2] 这些原因都造成很多美国学生和学者不愿意交换到苏联学习和工作。

美国政府最感兴趣的人文社会科学领域的交流也开展了起来，但是这项工作和其他的交流活动相比较，并不是为大家所熟知，其主要的实行者和组

---

① Yale Richmond, *Cultural Exchange and the Cold War* . University Park：Pennsylvania State University Press，2003，p. 26.

② Yale Richmond, *US-Soviet Cultural Exchanges*，1958－1986. Boulder：Westview Press，1987，p. 36.

织者是在美国学术团体委员会下设的美苏委员会。在这个机构成立之前，两
国的学者交流主要是通过其他机构的资助，以个人的名义到他国进行学术研
究和交流。但是这样一来，学者们和他们所在的大学或研究机构就发现，由
于缺乏政府层面的组织和协调，美苏两国的学者们在他国从事自己的学术研
究就非常困难，这一点对美国学者来说印象尤为深刻。为了解决这个问题，
在 20 世纪 70 年代中叶，经过两国的协商，决定设立这个机构，其主要工作
就是专门负责和促进美苏两国人文社会科学领域学者们的联系和交流，主要
方式有举办学术会议和资助双方的合作研究。委员会由美苏双方共同管理，
双方各推举一个人来担任主席，美国方面一般由美国学术团体委员会的董事
长兼任，苏联方面则由国内资深的学者担任，如苏联科学院的院士。① 委员
会的成员均为两国著名的学者。委员会一般两年召开一次联席会议，第一次
会议在 1975 年举行，一直到 90 年代初期都定期召开了会议。委员会的资助
主要集中在以下领域："国际关系、社会学、政治学、心理学、哲学和地理
学等学科。"以地理学为例，委员会下设有地理学分会，成员维持在一百人
的规模，由美苏两国的地理学家担任，两国的人数基本一致。这些会员平时
一般都保持着学术联系。

　　有学者统计，从 1958 年至 1975 年，大约有三千名美国和西欧的研究生
和学者到苏联学习和访问过，同样约有三千名苏联研究生和学者到美国和西
欧学习访问过。形成对比的是，仅在 1974 年至 1975 年就有十五万名外国学
者和学生在美国学习访问，而同一时间，在苏联学习交流的西方学生和学者
仅有二百余人。② 从这些数据来看，美苏间的学术教育交流规模不是很大。
但尽管如此，这种交流活动还是有一定成效的。尤其对美国来说，在某种程
度上还是达到了他们的目标，当然这个目标的实现是一个综合因素的结果。
通过交流活动，苏联的"精英"们对美国社会和美国民众有了更多的认知
和了解，尽管当时仍处在冷战的阴影之下。苏联的知识分子中研究美国和西
方社会文化的人数逐渐增加，这说明了美国等西方国家在苏联学者们的研究

---

① Yale Richmond, *Cultural Exchange and the Cold War*. University Park：Pennsylvania State University
Press，2003，p.77.

② Robert F. Byrnes, *Soviet-American Academic Exchanges*，1958 - 1975. Bloomington：Indiana University
Press 1976，p.231.

领域中开始占有了一席之地。其中学者型官员、曾在美国访学的亚历山大·雅科夫列夫被认为对苏联剧变负有重大责任。

亚历山大·雅科夫列夫，历史学博士，苏联科学院院士，曾在戈尔巴乔夫时期任苏共中央宣传部长、政治局委员和总统顾问等重要职务，是苏联改革运动中的重要人物，被称作为"苏联改革的设计师"、"公开性之父"，在苏联解体中起着非常重要的作用。西方学者认为，如果没有雅科夫列夫的影响，许多事情（指 20 世纪 80 年代中后期导致苏联解体的一系列改革）的发展将变得十分困难。[①]

雅科夫列夫出生在伏尔加河上的一个小村庄的农民家庭，从小雅科夫列夫就与其他的苏联青年人不同，他的阅读非常广泛，思想也比较开放。"二战"期间加入红军，曾在列宁格勒保卫战中身受重伤，1944 年成为一名联共党员。战后进入大学学习，先后毕业于雅罗斯拉夫师范学院和苏共中央社会科学院，获得历史学博士学位。1953 年进入苏共中央宣传部工作。1958年，根据苏联和美国的协定，美苏决定派研究生到对方国家的大学学习，雅科夫列夫作为首批四名研究生交流计划中的一名，进入美国哥伦比亚大学学习，学习期限为一年。在哥伦比亚大学学习期间，雅科夫列夫主修美国现代历史和政治，同时他也对苏联和美国的不同做了深入的思考。在美国的组织下，这些苏联学生到美国各地进行参观访问和交流，对美国社会有了一个新的认识。回国后，雅科夫列夫先后在几个党刊和党报担任主编工作。1972年，已是苏共中央委员、中央宣传部第一副部长的雅科夫列夫做出了一个很大胆的举动，他发表文章对苏联的俄罗斯主义和斯大林主义提出了批评和反思，这一举动让他被降职到苏联驻加拿大大使的职位上待了整整十年。但是这十年，让雅科夫列夫更深刻地认识了西方社会和政治制度，形成了自己今后的一系列政治主张。戈尔巴乔夫上任后，雅科夫列夫开始受到重用，成为党内主管意识形态工作的负责人，是戈尔巴乔夫的首席智囊，同时也是苏共高层领导中彻底否定共产主义的代表人物。他认为，按照美国人的做法，创

---

① Yale Richmond, *Cultural Exchange and the Cold Wa*, University Park：Pennsylvania State University Press，p. 27.

建多党制或者最好是两党制是当时苏联摆脱困境的出路。①

在戈尔巴乔夫上任伊始，雅科夫列夫就利用宣传部长的身份上书戈尔巴乔夫，提出了民主性、公开化、多党制、总统制等一系列全面的政治改革建议。雅科夫列夫还利用自己主管意识形态工作的便利，开始四处作报告、发表讲话或撰写文章，鼓吹民主化和公开性，彻底否定社会主义制度。此外，他还安排一些自由派人士出任一些报刊主编，作为自己在思想领域鼓吹的帮手。然后，他"将自己改造后的思想以较为明显的方式灌输给媒体记者和主编们，其目的是让这些人在随后自己写的成千上万篇文章、广播电视节目中复制这些思想"。事实上，大众媒介在苏联"改革"中起到了巨大的作用。②在雅科夫列夫的努力下，苏联媒体和苏联民众对社会主义制度产生了怀疑，把社会主义制度当成了极权主义，导致苏共下台和苏联解体的组织基础和思想基础就这样由雅科夫列夫们建立了起来。

雅科夫列夫是苏共中央领导人，属于最高统治者的一员，是上层的典型代表，尤其是作为主管意识形态的中央宣传部部长，其反共言论无疑扰乱了苏联的意识形态工作，一大批持不同政见的知识分子粉墨登场，纷纷发表自由化言论，"反斯大林主义、贬损苏维埃时代，甚至采用讽刺手法捧杀列宁"，等等，历史出现虚无主义，最终导致苏联社会主义信仰动摇。③知识分子中最典型的代表是尤里·阿法纳西耶夫。

阿法纳西耶夫，著名历史学家，原全苏国家档案历史学院院长，后被称为叶利钦的亲密战友。作为一名历史学家，阿法纳西耶夫撰写和编写了多部学术著作，对苏共的历史和大清洗等做了深入的研究和宣传。阿法纳西耶夫出生在一个普通的修理工家庭，早年是一名坚定的共产主义者，毕业于莫斯科大学。大学毕业后不久，就在莫斯科的一个高校共青团组织做书记。整个20 世纪 70 年代和 20 世纪 80 年代初，阿法纳西耶夫在苏共的党刊《共产党人》从事编辑工作。在这期间，阿法纳西耶夫曾几次被交流至法国学习和从事学术研究，他在法国先后呆了三年半，成为一名精通西方历史文化的学

---

① ［俄］亚·舍维亚金：《苏联灭亡之谜》，李锦霞等译，东方出版社 2011 年版，第 305 页。

② 同上书，第 302 页。

③ ［俄］В．А．利西奇金、π．А．谢列平：《第三次世界大战：信息心理战》，社会科学文献出版社 2003 年版，第 201 页。

者。在法国，他第一次读到了苏联逃亡者和持不同政见者的书籍，并深受影响，从此改变了自己的观点。①

1986 年，时任全苏国家档案历史学院院长的阿法纳西耶夫在一次公开演讲中，第一次激烈地批评了斯大林主义，对苏联和苏共的历史提出了怀疑。他要求苏共中央公开斯大林时代的档案以让苏联民众能够了解历史的真相。他利用自己担任全苏国家档案历史学院院长的便利，组织一批学者和记者，以口述历史的方式，采访了许多当时受政治迫害的受害人，并把它拍成电影在苏联上映，以所谓"还原真实的历史"。这一举动在苏联民众中引起了很大的反响，这从某种程度上动摇了苏共执政的合法性。阿法纳西耶夫对以往教条化的教材和学术著作提出了极其尖锐的批评，他指出在苏联历史研究已经僵化和教条化，有关苏联和苏共历史的研究更是处处禁区，严重阻碍了历史学的发展。他要求历史学家们要敢于闯入禁区，揭露那些历史上被掩盖的真相。阿法纳西耶夫甚至还激进地提出，苏联的历史，就是一部封建极权统治的历史。② 阿法纳西耶夫的观点和思想对当时苏联理论界，尤其历史学界产生了深刻的影响。大批带有反共言论和抹黑苏联共产党的著作得以出版，让苏联知识分子和普通民众对社会主义制度产生了极大的厌恶感，为苏共的垮台埋下了伏笔。

在一些党的领导人和知识分子的鼓吹和推波助澜下，苏联终于走上解体的不归之路。这其中虽然有苏联等国自身体制和失误的原因，但也不能否认西方尤其是美国对苏东地区的以文化渗透为特征的和平演变战略在其中也立下了汗马功劳。

（二）1959 年美苏国家展览交流

1957 年，苏联和美国双方均同意在对方国家举行展览作为一种文化的交流，增进了解。由于苏联对出境旅行有很严格的限制，在苏联进行展览就成为苏联民众直接接触美国的一种，甚至可以说是唯一的一种重要的方式。

① Yale Richmond, *Cultural Exchange and the Cold War.* University Park：Pennsylvania State University Press, p. 38.

② 来源于 http://ukrainianweek.com/World/42178。

艾森豪威尔深知美苏民众直接交往的潜在价值，因此对两国的展览极力支持。1958 年 9 月美苏举行双边谈判，制定展览协议草案，认为国家展览应该致力于展示科学、技术和文化的发展，但细节仍需进一步讨论。艾森豪威尔认为这是一个难得的机会，他认为应该抓住这一次机会在莫斯科完全展示美国的文化，美国驻莫斯科大使馆大使对此次国家展览也抱很大的热情。经过艰难的多轮谈判，双方于 12 月 29 日达成协议。根据协议的规定，两国同意立即展开展览的交流。

美苏两国的展览分为两种类型，一种是信息展览，由两国政府进行；另一种是艺术展览，由两国的博物馆展出。国家展览，称之为"主题"展览，围绕一个主题，目的是展示国家的成就。对于美国来说，就是要反映较优越的市民生活水平，如丰富的消费品、美国人的日常生活方式和生活状态等，实际上这间接展出的是美国市场经济和民主政治的优势；苏联展出的主要是自己如何从一个落后的农业国变成一个超级大国的成就，包括苏联的工业能力、喷气机、自动化的拖拉机等一系列重工业产品和机器。[1]

美国国家展览总负责人麦克莱伦认为，美国的目的是利用这次机会对苏联进行宣传和渗透，以此来增加苏联民众对美国社会的认识，从而反击苏联长期以来对美国等西方社会的歪曲和攻击。为了实现这一目标，展览会主题被确定为"选择和表达的自由"。美国的展览将强调把"物品和思想的自由作为美国文化和经济成就的根源"。[2] 美国人认为，与其在文化宣传上的大费口舌，还不如让苏联民众亲眼看到美国发达、进步的一面来得实在和有效果。苏联人在首届展览后也意识到了这一点，因此在后来新的文化协议谈判中，要求删去国家展览的要求。但美国政府在这一点上丝毫不让步，甚至以退出协议的谈判相威胁，迫使苏联方面让步。[3] 从这一点来看，双方对国家展览这种方式的交流还是十分看重的，都忌惮对方在自己国家的展示，但又

---

① Yale Richmond, *Cultural Exchange and the Cold War*. University Park: Pennsylvania State University Press, 2003, p. 133.

② Jeffrey Trask, *Displaying American Abundance Abroad: The Misinterpretation of the 1959 American National Exhibition in Moscow*. (http://history.barnard.edu/sites/default/files/inline/jakavobics-thesis.pdf).

③ Yale Richmond, *Cultural Exchange and the Cold War*. University Park: Pennsylvania State University Press, 2003, p. 133.

都想利用展览来展示自己国家比对方更先进、更优越。

　　按照协议规定，国家展览一般是一年一次。从 1959—1991 年，美国新闻署在苏联举办了 23 次展览，其中规模最大的是首届展览会，下面对这次的展览会做一较为详细的论述。

　　1959 年 7 月，美国国家展览在莫斯科的索科尔尼基公园开幕。7 月 25 日，展览正式向公众开放。展览期间，总共约有 270 万苏联人参观了展览。[①] 展览按照下面几个专题来展示：美国的土地和人民、美国人的住宅，美国的工程技术、美国的农业、美国的消费、美国的教育、美国的空间技术、美国的旅游、美剧等。这些专题被放置在三个不同的展区：圆顶展区、玻璃展览厅和露天展区。圆顶展区所用的建筑材料为铝合金，80 英尺高，结构看似简单，但建筑物的结构却涉及复杂的力学原理，完全体现了美国在建筑学上的创意和实力。这一展区主要展出的有关美国科学研究、农业、教育、工程、医学和社会科学上的成就。在展区的入口，有 IBM 公司设计的电子导游图，并置以俄语配音。这个展馆内的展品均配以详细的说明书，同时也设有和参观者互动的环节。比如在教育方面的展览，对美国国民教育做了全面的介绍，包括美国的成人教育，以此来证明美国教育的进步和成功。科技方面，包括人造卫星等，都有模型的展出，并把为美国科技进步做出贡献的科学家和诺贝尔奖获得者的照片挂在展厅，底下配以俄文的介绍。玻璃展览馆在整个展览中是最有特色的，通过玻璃，参观者可以全方位地了解展览品。展厅分为文化、轻工业、家庭和休闲四个展区，后两者是最全面的。比如美国公寓1∶1的模型，里面包括典型的美国式的椅子、灯、桌、沙发、床单、冰箱、洗碗机、洗衣机和烘干机等电器。参展的还有孩子们的玩具、休闲运动的用具，如电视机、钓鱼竿、滑雪板、曲棍球、溜冰鞋等。最令人难忘的是惠而浦公司设计的"奇妙的厨房"的展示，著名的"厨房辩论"就发生于此。露天展区主要是和参观者互动的地方，包括一些表演、游艺等，并给参观者提供具有美国特色的食物和饮料的品尝，许多苏联人就是在这里第一次喝到美国的可口可乐。虽然受到苏联当局的干扰，但苏联民众的热情却十

---

① Robert F. Byrnes. *Soviet-American Academic Exchanges*, 1958 – 1975, Bloomington：Indiana University Press, 1976, p. 58.

分高涨。导游丹·史洛宾在日记中写道，"展馆外排着长长的队伍，要想得到参观的机会，你得排上好几个小时的队"。① 展览开始的第一周内，每天约有五万至七万人参观展览，远远超出了售出的五万张门票的数量。在7月25日至9月4日为期六周的展览中，参观展览的苏联人数量是同一时间美国公民参观苏联展览的近三倍。

美国十分看重这次展览，由美国新闻署负责并拟定计划。美国政府规定每个展位要有20名导游（也可称为讲解员），这些导游主要在美国大学生中挑选，其中一些导游还受邀到白宫接受指导，并受到了总统的接见。当时年仅二十岁的导游丹·史洛宾②在日记中写道，在出发前，美国新闻署署长艾伦亲自就展览的一些细节和策略对他们做了说明和解释，并挑选了75名导游来到白宫，受到了艾森豪威尔的接见。③ 展览的导游来自美国的许多大学，如哈佛大学、耶鲁大学、哥伦比亚大学、密歇根大学和普林斯顿大学等。这些导游的学科背景也比较广泛，当然最常见的就是学习和苏联相关专业的学生，如有关苏联（俄罗斯）历史、文学和语言等，其他的还有心理学、物理学、生物化学、药学、法律、文学等专业的学生。正是有了这些导游，展览才能够成功地举办。

同样，1959年7月25日至8月10日苏联在美国也举行了展览，大约有一百万美国民众参观了苏联的国家展览。苏联的展览以其巨大的工业潜力为核心内容，以喷气式飞机、拖拉机、卡车、汽车等重工业成就以及国家农场为主来展示。展览中展示的一些消费品引起了美国人的关注，并在美国媒体上做了一些相关的报道。随团的苏联记者很快就在国内发表报道说，"俄国的流行样式出现在美国报纸的头版"。但是，美国的媒体随即展开了反击，宣称展览中展出的商品并不能代表苏联真正普及了这些东西。有趣的是，同一时间，在报道美国国家展览时，苏联媒体不约而同地也使用上了美国同行们的这一手段。

---

① Dan Slobin. *Excerpts from a 1959 journal：U. S. Exhibition in Moscow.* （http：//ihd. berkeley. edu/1959_ Slobin_ US_ Exhibition_ Moscow. pdf）.

② 丹·史洛宾，出生在美国的俄罗斯裔犹太人，当时是宾夕法尼亚大学的在校生。——笔者注

③ Dan Slobin. *Excerpts from a 1959 journal：U. S. Exhibition in Moscow.* （http：//ihd. berkeley. edu/1959_ Slobin_ US_ Exhibition_ Moscow. pdf）.

在展览期间，美国和苏联在美国国家展览上展开了一场激烈的宣传战，尤其是苏联方面，为了减弱美国国家展览在苏联民众中产生的影响，使用了多种手段。通过分析这个宣传战的案例，我们可以或多或少地看到美苏文化冷战、宣传战的影子和特点。在美国展览开幕前夕，苏共中央在干部群众中发动了一场反对西方文化入侵的运动，借以增强苏联民众对美国文化的抵抗力。同时，苏联也采取了一系列措施和手段来破坏展览，这项工作主要由时任苏联外交部长的葛罗米柯和文化事务部长的朱可夫来负责。在苏共领导人看来，美国国家展览在某种程度上是一场文化入侵，因此在美国国家展览在苏联举行的同时，苏共中央发布了一系列命令来反击美国利用莫斯科展览对美国的文化方式进行广泛的宣传。首先，对准备参观展览的民众进行劝阻和注射"预防针"。向他们介绍美国社会存在的缺点，如种族问题、失业等，并与苏联社会相比较，进一步强调苏联社会的优越性。在展览开幕前的一周内，苏联政府集中国内众多媒体发动反宣传运动。苏共中央要求所有的媒体以及媒体的工作人员要开足马力，在展览期间以各种形式的新闻报道来揭露美国等西方国家所谓的虚假的繁荣，对西方国家存在的社会问题进行曝光和批判。同时，苏共中央要求政府的各个部门在莫斯科大力开展文化活动，吸引苏联民众前去参观，以达到减少参观美国展览的观众人数。

在美国展览会开幕当天，即7月25日，苏联方面抵制美国国家展览的宣传达到了高潮。由于美国所展出的大多是涉及普通人生活和工作的消费品，苏联媒体就对此进行专门的攻击，在报刊和广播上宣扬在现实的美国社会大多数人是享用不起这些消费品的观点，宣称这些展览品只有富人才能够得到，批评展览只展出美国生活优越的一面，而对现实存在的贫富不均、失业等问题视而不见。除此之外，苏联当局还采取了以下的一系列干扰措施：对展览期间的印刷品进行监控。苏联对美国在展览期间向苏联民众发放的报纸、书刊采取管制措施，不允许美国工作人员在展览馆以外传播和发放这些书报，并要求美国收回带有反苏内容的出版物，不允许将这些书籍发给苏联民众。苏联方面还控制和限制门票的发放的工作。在整个展览会期间，展会门票的发放完全由苏联方面控制，苏联政府只把门票发给那些对党忠贞不贰的党员和干部，一般的民众很难进入场馆参观。展览期间，苏联的一些部门也在莫斯科举办了多个展览会，向苏联民众派送食品和礼物，甚至还有一些在当时苏联算是属于紧缺的物质，以此来分流参观美国展览的人数。最后是限制苏联民众参观展览。在展会维持秩序的苏联警察名义上是为了保障展览顺利的进行，实际上还要对那些表现不太中规中矩的苏联参观者进行监控，甚至是恐吓；对那些在外排队买票的苏联人，他们会进行劝阻或是鼓动去参观苏联国内的展览。总之，在美国国家展览进行期间，苏联方面确实利用了一些手段，或明或暗地发动了一场抵制美国展览及其影响的行动，这也恰恰说明了国家展览这种文化交流形式具有重大的影响力。

美国政府认为在莫斯科的国家展览是"迄今为止美国在社会主义国家发动的一次规模最大、最为成功的心理战行动"，它宣传了美国的文化和美国人的生活方式和生活品质，尤其是通过导游与苏联民众交流的行动而"改善了美国的形象"。这次展览也给美国提供了一个很好的机会，用来反击苏联方面一直以来宣称的社会主义制度将超过和埋葬资本主义制度的论调。有学者认为"展览使整整一代苏联人与西方尤其与美国接触，这些人是美国所做的最有效的投资之一"。[1] 展览会的总导演麦克莱伦就说过，"我们已经证明了我们比他们更好，他们是毫无价值的"。[2] 经过这次展览，苏共的领导人从中得到了一个教训，即国家展览对民众会产生一定的影响力，甚至会改变他们原来的观点。因此，苏联方面对于展览的态度也随之改变，他们希望减少协议中规定的展览的次数，使得展览谈判成为文化交流协议中最困难的部分。[3] 最后美苏双方约定，不再在对方国家内举办类似1959年美国国家展览这样规模的展览，而是改为小型的展览，最终文化协议中的展览交流部分以此为妥协画上了句号。

在美国国家展览期间，前往苏联出席展览会的时任美国副总统的尼克松与赫鲁晓夫发生了争论，争论发生在一座美式别墅的厨房展台，史称"厨房辩论"。这场辩论当时引起了世界各大媒体和美苏两国民众的关注和讨论，在东西方文化交流史上有着巨大的影响，甚至于尼克松后来在撰写自己的回

① Yale Richmond, *Cultural Exchange and the Cold War*. University Park：Pennsylvania State University Press, 2003, p. 133.

② Jeffrey Trask, . *Displaying American Abundance Abroad：The Misinterpretation of the 1959American National Exhibition in Moscow*. （http：//history. barnard. edu/sites/default/files/inline/jakavobics-thesis. pdf）

③ Yale Richmond, *US-Soviet Cultural Exchanges*, 1958 – 1986. Boulder：Westview Press, 1987, p. 27.

忆录时，单辟一节详细记录了当时的情况。

　　事件的导火索可以说是在展览不久前的美国国会通过的一项谴责苏联入侵东欧和奴役东欧人民的决议，这件事情导致了赫鲁晓夫对美国的不满。在尼克松和赫鲁晓夫的展会前夕的会晤中，赫鲁晓夫表达了自己的这种不满，认为美国这样的行为和战争挑衅没有多大区别。[①] 当时在美苏军备竞赛上，苏联在 1957 年发射了人类历史上的第一颗人造卫星，因此苏联人认为在军事上美国已经落在苏联的后面。尼克松也深知这一点，因此在引导赫鲁晓夫参观展览时，有意地把参观的重点放在彩电、洗衣机等家用电器上。在一个厨房展台前，两人发生了辩论。赫鲁晓夫对参展的美国的新技术和新电器进行了反驳，并宣布，苏联将在今后的几年中，将会拥有这些技术和机器。赫鲁晓夫认为在美国别墅、电器等商品是需要购买的，不是人人可以享受得到，而今后在苏联，只要你是苏联公民，你就会享有这一切。赫鲁晓夫还认为一个国家的发展看重的是技术，而不是展览会上美国所展示出来的那些奢侈品，苏联只是把重点放在真正的重要的事情上面，强调的是实用性。[②]

　　参观结束后，尼克松提议把刚才的辩论录像（由展出的美国最新的彩色电视录像机录制）在美苏两国播出，赫鲁晓夫也同意了这一点。7 月 25 日，美国的三大电视网转播了这段辩论的录像。这时，苏联向美国提出了抗议，威胁说要撤回准备在苏联播出录像带的决定，直到他们自己愿意播放为止。[③] 7 月 27 日，辩论在莫斯科电视台播出，但苏联方面对辩论做了剪辑，只播出了其中的一部分。

　　"厨房辩论"播出后，西方新闻媒体迅速做出反应，纽约时报称它是"一次文化交流，但也反映了两国之间存在的分歧和鸿沟"。[④] 实际上，这场辩论的核心就是社会主义制度和资本主义制度孰优孰劣的争论，双方都认为自己在这场争论中取胜。"厨房辩论"在某种程度上体现了美苏在文化冷战中的立场和观点。

　　文化协议签订后，美苏两国各类的文化交流都开展了起来，但是很奇怪

①　理查德·尼克松：《尼克松回忆录》（上），董乐山等译，世界知识出版社 2000 年版，第 250 页。
②　来源于 http://www.history.com/this-day-in-history/nixon-and-khrushchev-have-kitchen-debate。
③　来源于 http://en.wikipedia.org/wik/Kitchen_Debate。
④　同上。

的是，虽然艺术展览的规模不会太大，操作起来也没有什么难度，但两国间的艺术展览交流却迟迟没有下文。其中的原因毋庸置疑，苏联深知美国是把艺术展览和交流作为文化冷战利器，苏联的领导人也深知艺术对于民众思想的影响力是巨大的，[①] 这就直接阻止了两国间艺术展览的交流。20 世纪 70 年代，随着美苏关系的缓和，在两国博物馆的努力下，尤其是美国的一些博物馆，如纽约博物馆、华盛顿国家艺术画廊等，两国的博物馆之间的艺术展览交流才有所行动。到了 20 世纪 80 年代前半期，这种交流活动又一度中止，但两国间的博物馆同行们却没有停止交流。戈尔巴乔夫主政后，艺术展览的交流又开始恢复。1986 年 2 月 3 日，美苏两国在列宁格勒签署了一份新的协议，其中就包括一项纽约艺术画廊馆藏的法国印象派画家的画作在苏联展出的决议。[②]

　　相反，由于俄罗斯民族艺术在世界艺术史上曾经有着巨大的影响力和优秀而独特的传统，一直以来，国际社会，包括西方国家对苏联的艺术展览是热度不减，这一点是美国艺术不能比拟的。由于冷战的关系，从 20 世纪 70 年代末起，苏联才开始在西方国家举办了多个艺术展览，如 1979 年在西德举办了"苏联非官方艺术[③]二十年回顾展"，1984 年分别在美国和法国举办了"苏联非官方艺术二十五年回顾展"。这些重要的展览使苏联的"非官方"艺术在西方受到瞩目，苏联的传统艺术、现代艺术、前卫艺术和先锋艺术在西方社会产生了巨大的影响，苏联艺术家们的作品也受到了国家收藏家们的青睐和追捧，成为了各大拍卖会的常客和宠儿，奠定了这些艺术家们的市场地位和艺术影响力。[④]

---

①　苏联在斯大林时期对艺术家们进行了大规模的迫害，斯大林去世后，在很长的一段时间内，苏联艺术家们仍受到一定的束缚和控制。——笔者注

②　Yale Richmond, *US-Soviet Cultural Exchanges*, 1958 – 1986. Boulder: Westview Press, 1987, p. 29.

③　斯大林去世后，由一批苏联艺术家发起的一场颠覆性的实验性的地下创作。——笔者注

④　典型的艺术家如伊利亚·卡巴科夫，俄罗斯唯一一位在世的进入世上最昂贵的 1000 位画家榜的艺术家。——笔者注

后　语

在国际关系中，"文化扩张"主要指一国将其传统价值观传播或强加给其他国家，以达到"不战而屈人之兵"的目的。[①] 历史上许多国家都不同程度地以自己的文化观念影响着国际关系，但是，在当下，没有一个国家能像美国那样，把文化扩张和渗透作为外交战略的组成部分，在对外关系中极力推行"文化帝国主义"。而且，从苏东剧变和当前世界"美国化"程度看，文化作为一种另类武器，在社会控制和外交上具有更隐蔽更大的杀伤力。

文化是政治变革的前提。所以美国把观念的输出作为"和平演变"促进世界民主化进程的重要手段。[②]

受"西方中心论"或"美国中心论"的意志支配，美国学者和官员均相信，"二战"后西方国家内部的和平稳定得益于民主制度。在他们看来，西方民主制度普及之时就是世界和平之时。特纳于1942年给美国政府制定"文化外交"方针时就指出，战后美国对外文化工作的政策目标，必须能够引导未来的政治斗争朝"民主"的方向发展。美国文化扩张的途径含媒体宣传、教育文化交流、影视剧、跨国公司等传播活动。从内容上讲，主要是传播美国的政治文化和大众文化，目的是通过政治文化的传播，让被扩张者了解美国的民主制度，而借助大众文化的传播，宣传美国的优越的生活条件和自由的价值观念，以便在发展中国家的民众中培养一种"媚外"的"集体无意识"。美国的最终目的就是想通过文化的扩张和渗透以达到其"敌对国"和平演变、不战而屈人之兵的目的。

美国文化扩张和渗透之所以如此"成功"，笔者认为，有以下几个

---

① 王晓德：《美国文化与外交》，世界知识出版社2000年版，第213页。
② 孙大廷：《美国教育战略的霸权向度》，博士学位论文，吉林大学，2008年，第139页。

原因。

一　美国强大的"硬实力"支持

根据历史上一些国家和地区的文化影响力看，"软实力"不一定与"硬实力"成正比。"征服者被征服"事实上也是人类文化史上一条重要历史规律。古罗马人靠武力征服了希腊半岛，但尚武的罗马人却很快迷上了内秀的希腊文化，不少希腊战俘被请到家里，成了罗马人的家庭教师，以致于在古罗马时期出现了一股文化上的"希腊热"。希腊神话又一次"话出"了"希腊奇迹"。"言必称希腊"成为后来西方文化史上一道"独特的"风景。历史上，北方的游牧民族南下征服农耕民族，但最终却结束了他们的游牧部落生活，定居下来，建立了封建专制王朝，实际上，从生活方式和社会管理方面被农耕文明征服了，如西方古代的日耳曼民族、中国古代的蒙古族和满族的历史皆为如此。但是，这样的历史只会发生在传播技术落后的封闭时代。

随着近代以来地区间交流的日益频繁，封闭式自我发展变成不可能的时候，文化的扩张与被扩张就直接与各自国家的"硬实力"密不可分了。小小的不列颠岛最终发展成了在全球各地都有殖民地的"日不落大英帝国"，其根本优势是英国最早发动工业革命，创造了繁荣而先进的近代物质文明，盎格鲁 – 撒克逊人充分利用其强大的"硬实力"，在全球实行经济扩张和军事占领的同时，也把他们的文化传播到世界各地。

"二战"以来，美国成为了世界最强大的经济大国和军事强国，而美国文化又与英国文化同宗，无论是在其本土还是海外，美国文化扩张和渗透的根本内容还是以盎格鲁 – 撒克逊人的文化精神为主。所以，美国文化扩张能如此短期内实现世界性规模，多少与"日不落大英帝国"为它做好了有关铺垫，至少从英语语言传播和基督教的传播来讲是如此。① 如今英语成为国际"信息自由流通"的最重要语言，美国凭借其强大的"硬实力"和科学

① 美国对外政策在申明美国利益的同时，一直强调美英之间价值观的一致，迫使英国"和平地接受了以前任何对手凭武力都拿不到的东西"，默契"配合"美国的外交政策。参见［美］沃尔特·拉塞尔·米德《美国外交政策及其如何影响了世界》，曹化银译，中信出版社2003年版，第8页。

技术，"近水楼台"就掌控了国际话语权。

美国对外文化扩张的基本特点是刚柔相济、公私结合。作为一个高度私有化的国家，美国的海外扩张主要由跨国公司和民间组织执行，但战略规划是由政府制定的。正如王晓德所言："美国大众文化扩张在多数情况下属于非政府部门所为和受巨额利润所驱动，但在实际操作中受到政府的支持，尤其在对外宣传方面已与美国外交不可解脱地联系在一起。"①

不容否认，在解决饱经"第二次世界大战"破坏的国家经济复苏乃至基本生计上，美国的外贸起到了重要的且可能是至关重要的作用，因为美国是当时世界市场最大的商品供应国。1947年，美国出口占世界总出口1/3，1948年1/4，1949年1/5。这些数据显示美国的出口额似乎逐年下降，但恰恰证明马歇尔计划对欧洲的经济复苏起到了"强心针"的作用。马歇尔计划实现了美国对西欧各国的"门户开放"，被莱恩称为"经济帝国主义"，但同时，西欧也成为最早接受大规模"美国化"的地区。在20世纪50年代和20世纪60年代，美国"史无前例地"主导了英国和欧洲大陆的经济。欧洲根本没必要亲自到美国去体验"美国式"行事方式。美国的生活趣味和态度已经风靡欧洲，其影响力"无法逃避"。欧洲的经济和社会生活都被"美国化"了。② 正如阿伦·密尔沃德所言，为了确保西欧的内部政治环境有利于"门户开放"利益，美国必须以马歇尔计划为经济杠杆来促成西欧在自由政治价值上达成共识。该援助计划反映了美国决策者们的信念，即"价值应该跟随援助前进，就像过去几个世纪里贸易应当跟随国旗前进那样，而这些美国人的价值将对欧洲国家的政治发展产生有利于美国的深刻影响"。③ 由此，马歇尔计划的目的是要西欧共享美国的政治、经济、社会和文化价值，防止美国在意识形态上成为一个"孤家寡人"。从当时政治形势看，美国确实达到了阻止共产党在某些欧洲国家上台执政的目的。并且，西欧的迅速崛起成为美国对抗苏联的一个重要棋子。尤其是后来西欧的繁华和

① 王晓德：《美国文化与外交》，世界知识出版社2000年版，第219页。

② Richard Pells, *Not Like Us*: *How Europeans Have Loved*, *Hated*, *and Transformed American Culture since World War* II, New York: Basic Books, 1997, p.188.

③ 转引自［美］克里斯托弗·莱恩《和平的幻想：1940年以来的美国大战略》，孙建中译，上海人民出版社2009年版，第132、142页。

苏东的落后形成鲜明对照，促使大量苏东地区人投奔到西欧，并成为西方重要的反共力量。

美国的"援助"不仅左右了西欧的政治发展，同样也影响了欧洲的大众文化潮流。意大利时装在"二战"后的演变即可见一斑。

意大利时装是该国文化品牌，其纺织业以高质量闻名于世。受"二战"影响，意大利的纺织工业基本停产。战后在美国的重建援助下恢复生产，但由于国内购买力有限，米兰、佛罗伦萨和罗马的设计师们及服装推销商们开始瞄准美国市场。一开始，意大利服装设计师们"小心翼翼避免美国化"，保持高质量且具有贵族风格的意大利时尚，但最终为了打垮昂贵的巴黎时装，且为了迎合美国消费者的口味，开始改变传统意大利风格，设计休闲、舒适的服装，到 20 世纪 60 年代，他们"已经开启了蓝色牛仔裤和 T 恤衫的时代"。随着意大利人购买力的增强，该国年轻人越来越对意大利厂商生产的出口到美国的美国样式服装感兴趣。结果是，"一开始意大利厂商试图征服美国的消费市场，到最后是美国的样式改变了意大利消费者的品味"。①"出口转内销"无意中成就了美国大众文化的扩张与渗透。

以下数据更能充分说明战后美国超强的经济实力。1947 年，美国公司持有或者控制了已知世界石油总储量的 50%。同一年，美国的汽车产量是英法德三国总产量的 8 倍。4 年后，美国生产出 700 万辆轿车，而苏联只有 6.5 万千辆。"二战"刚结束时，美国是世界上最大的煤钢生产者和消费者。1948 年，通用汽车公司的查尔斯·威尔逊吹嘘道，美国只有世界 6% 的面积和 7% 的人口，却拥有世界 46% 的电力、48% 的收音机、54% 的电话和 92% 的现代浴缸。急需战后重建的国家不可能忽略这样一个明显的事实：1948 年，美国生产的商品和服务设施占世界总量 40% 多，工业产量几乎占一半。杜鲁门总统一言以蔽之："我们是世界经济的巨人。"②

众所周知，美国是一个民主社会，但更是一个商业社会。商业社会与农业社会比较，最大的特点就是扩张。对外扩张一直是美国的历史经验，但在

---

① ［美］韩德：《美利坚独步天下：美国是如何获得和动用它的世界优势的》，马荣久等译，上海人民出版社 2011 年版，第 198—199 页。

② Thomas G. Paterson, *Meeting the Communist Threat：Truman to Reagan*, New York：Oxford University Press, 1988, p. 22.

不同时期，美国会根据自身物质基础和实力以及国际环境制定不同的外交政策，采取不同的外交行动，从而较好地维护了美国的利益。建国初期，面对强大的欧洲，美国主要奉行孤立主义外交政策，但随着国力的逐渐增强，美国面对强大的"神圣同盟"，1823年提出"门罗宣言"，对外宣布"美洲是美洲人的美洲"，从而把拉丁美洲视为自己的势力范围。19世纪90年代，美国工业产值升至世界第一，在完成"大陆帝国"建设后，美国对外扩张主义盛行，开始追求世界霸权的理想。1898年发动"美西战争"，并强行要求中国对其"门户开放"，美国势力开始涉足亚洲。20世纪两次世界大战严重削弱了世界其他列强的实力，国际权力重心突然集中到美国身上，国际环境变得有利于美国在全球范围内推行霸权。[①] 美国外交政策开始由孤立主义转向国际主义，对外扩张成为"二战"后美国对外关系的主线。尤其是敏感而特殊的冷战语境使得文化扩张成为美国不容质疑的"战争"武器。正如亨廷顿所言，物质上的成功使得某种文化和意识形态富有吸引力，而经济或军事失败导致自我怀疑或者信任危机。[②]

坎贝尔认为，美国的帝国行为是温和的、小心翼翼的，而且是在力所能及的范围之内。[③] 从美国不同时期不同的外交政策这点来看，此论有一定的道理。

美国"门户开放"战略原本是以经济扩张为主，但这种情况在美国对苏联等国家的外交活动中不断被美国企业家们强化。结果，并非因为拥有原子弹才使得美国对苏联强硬，而是因为美国把原子弹作为它实行"门户开放"战略的最后保障，以此确保美国在实现世界霸权的征途中走得更快更远。[④]

不可否认，"二战"结束以来海外驻军最多的国家是美国。冷战时期，

① ［美］克里斯托弗·莱恩：《和平的幻想：1940年以来的美国大战略》，孙建中译，上海人民出版社2009年版，"译序"第2—3页。

② 转引自刘颖《相互依赖、软权力与美国霸权：小约瑟夫·奈的世界政治思想研究》，中国社会科学出版社2010年版，第168页。

③ A. E. Campbell, edited, *Expansion and Imperialism*, New York: Harper & Row, Publishers, 1970, p. 182.

④ William Appleman Williams, *The Tragedy of American Diplomacy*, New York: W. W. Norton & Company, 2009, p. 229.

美国在世界各地的军事基地曾高达 5000 个，其中海外基地占一半。作为"硬实力"的主要元素，这些海外军事基地在某种程度上为美国"文化扩张"提供了硬性支持。有学者认为，这么多美军驻扎海外，至少"推动了美国英语的海外传播"。美国国防部是六个承担海外英语教学任务的美国政府部门之一。① 而且，美国有一个国防语言学院，专门负责培训海外驻军的外语，要求美军们不仅要熟悉所驻扎国的语言，还要熟悉该国的政治、历史、文化，并须主修一些"跨文化交流"方面的课程。② 某种意义上，驻外美军也承担了一种"文化交流使者"的角色，他们在驻扎国的形象往往代表了美国的国家形象。更不用说，美国军事基地驻扎海外，本身就是对所驻扎国的一种主权侵犯，也是一种"文化霸权"行为。

二　自"古"以来的"美国梦想"推动

"美国梦"有两层含义。一是个人的"美国梦"。地广人稀的北美大陆曾经为欧洲移民的发展成长提供了无限的机会，该块大陆被称为"机会之地（Land of Opportunity）"。任何人在这里不受出身影响，机会均等，只要努力就可以"从穷小子变成大阔佬"。这是美国个人主义精神的最佳写照，也是个人"美国梦"的本质内容。通过个人勤奋努力，从社会最底层发展到社会最上层的偶像人物在美国主要有两位：一是政界的林肯总统；二是企业界的卡耐基。③ 美国由此被托克维尔描绘为一个"例外的（exceptional）"社会，是一个平等的"无阶级的国家"。他认为，美国人"比在世界上任何地方，比在历史上有记录的任何时代，都显得在财产和学识方面更近乎平等，换句话说，在力量上更近乎平等"。④ 当然，1963 年 8 月 28 日，美国黑人领袖马丁·路德·金面对 25 多万民众发表"I Have a Dream"，梦想黑人能与

---

① Robert Phillipson, *Linguistic Imperialism*（语言领域的帝国主义），上海外语教育出版社 2000 年版，第 158 页。

② 李宏涛：《军人外语能力：军事软实力的重要构建》，《海军工程大学学报》（综合版）2010 年第 2 期。

③ 肖华锋：《舆论监督与社会进步：美国黑幕揭发运动研究》，上海三联书店 2007 年版，第 29 页。

④ ［法］托克维尔：《论美国的民主》（上卷），董果良译，商务印书馆 1988 年版，第 52—60 页。

白人和平而平等地相处，这既是对美国种族歧视的讽刺，但也代表了黑人民族的"美国梦"。二是作为一个国家的"美国梦"。当 1630 年温斯洛普率领1000 名基督徒来到北美时，他如布道般说道："我们必须考虑我们将会成为一座山巅之城，全世界所有人的眼睛都会注视着我们。如果我们在实现这一伟大事业的工作中欺骗了我们的上帝而使上帝不再帮助我们的话，我们将会成为全世界的笑柄。"此后，"山巅之城"的梦想随即成为美国人的整体梦想。整个美国人都认为他们是上帝的"选民"，"机会之地"同时也是"应允之地（the Promised Land）"。美国人不仅有责任在北美大陆建立一座世界"示范之城"，而且还负有"天命"要把他们的"先进文化"传播到全世界其他地方。他们将自己构想成"自由的灯塔"，其独一无二的力量能够将世界其他国家带入永恒的、和平与繁荣的文明世界。① 由于一直受"山巅之城"梦想的影响，美利坚民族是一个目光注视全球的民族，充当世界领袖是美国历届领导人所追求的梦想。

以上所述实际上就是支持美国扩张的精神主张"天定命运说"。"天定命运说"也有两层含义，通俗来讲，有新旧之分，但核心内容是扩张。旧"天定命运说"主要是为美国本土大陆扩张提供理论支撑。该理论正式提出是在 1845 年约翰·L. 奥沙利文针对当时美国兼并得克萨斯的行为而刊文阐述的："……这种要求的权利来源于我们的天定命运，它允许我们扩展领土，并拥有上帝给我们的整个大陆，以进行我们的自由和联邦自治政府这一伟大的实验。"② 表面看，奥沙利文是在为美国兼并得克萨斯提供"神"的外衣，但实际上是对美国立国以来整个大陆扩张进行理论总结。在"天定命运说"的支持者看来，美国就等于北美。美国扩张的政治理论基础是共和主义和联邦主义。共和主义的精神实质是民主与自由，而联邦主义强调中央和地方分权，侧重地方自治。美国主要就是依靠这两大政治理论来实践管理一个庞大的帝国。由此，杰斐逊都感叹孟德斯鸠的共和理论有瑕疵，因为孟德斯鸠认为共和制只适合于小的城邦，而美国通过实验，在广袤的大陆国家照样成功

① ［英］大卫·哈维：《新帝国主义》，初立忠、沈晓雷译，社会科学文献出版社 2009 年版，第47 页。

② 转引自蔡伟《天定命运论》，《外交学院学报》1996 年第 2 期。

运行了共和制度。

"天定命运说"还非常肯定地认为"上帝就是站在美国一边",而非"谦虚地"认为"美国只是加入了上帝的兵团"。由此,美国人向来自信美国是世界上"最进步的社会"。①

时至19世纪下半叶,美国经济腾飞发展,其社会从农业社会过渡到了工业社会,到了1894年,美国的工业总产值跃至世界第一,关键是此时的美国已完成对大陆领土的扩张占领。按当时的时髦语言,传统意义上的"边疆消失了"。而"边疆"在美国起着"安全阀"的作用,"边疆消失了"意味着美国的安全保障消失了。为了保护正在日益膨胀的美国经济,拓展海外市场成为当时大多数美国人的想法。美国陷入了"通过扩张而获取安全的帝国迷思(myth)"当中。②"新天定命运说"应运而生。

"新天定命运说"融种族优越论、社会达尔文主义、边疆学说和海权论为一体。③ 如前述,温斯洛普一登上北美大陆,他们就会认为自己是受上帝召唤来此建立"山巅之城"的。美国人从此一直自以为是"上帝的选民",盎格鲁-撒克逊人是世界上最优秀的人种,他们的文化是世界上最先进的文化,其他民族的文化都是"落后而野蛮的","上帝已亲自挑选由他们去改造世界"。④ 而英国学者斯宾塞提出的社会达尔文主义理论在19世纪末的美国得到无限膨胀,似乎他的"自然选择"和"优胜劣汰"的论点进一步说明了美国人是世界最优秀的民族,美国的"盎格鲁-撒克逊人注定将在全球起主导作用,世界各国的组织机构、文化传统和语言,甚至世界人民的血统都将由这个民族所支配"。1893年,年轻历史学家特纳提出其著名的"边疆学说",原本是讨论边疆在美国历史中的作用,但他认为,美国的"边疆"是移动的。在美国大陆扩张完成后,"美国势必将继续要求一个更加广阔的领域,以便发泄他们旺盛的精力"。同时期的美国史学泰斗布鲁克斯·亚当

---

① William Appleman Williams, *The Tragedy of American Diplomacy*, New York: W. W. Norton & Company, 2009, p. 60.

② [美]杰克·斯奈德:《帝国的迷思:国内政治与对外扩张》,于铁军等译,北京大学出版社2007年版,第一章。

③ 喻冰峰:《"新天定命运"论与美国海外扩张》,《衡阳师范学院学报》2011年第2期。

④ William Appleman Williams, *The Tragedy of American Diplomacy*, New York: W. W. Norton & Company, 2009, p. 60.

斯引经据典,在其著作里断言:"到 19 世纪末,美国将成为世界文明的中心。美国应抓住这一机会向海外扩张,尤其是向亚洲和太平洋地区扩张。""海权论"者艾尔弗雷德·马汉则从西方海军史角度论证海军在海外扩张中的重要性,并认为,对美国海上权利有战略意义的要地有两处:一是太平洋中的一些岛屿,比如夏威夷群岛等;二是中美洲的巴拿马地峡。其中最重要的是夏威夷岛,因为一旦控制了夏威夷,不仅可以抗衡英国在太平洋的势力,而且还可以把它作为向中国前进的跳板。马汉的著作一度成为美国军方和政府官员的重要读物。① 最终,美国不仅占领了夏威夷,而且还并吞了菲律宾,扩张中国近在咫尺了。

毫无疑问,"新天定命运说"的根本内容就是鼓吹美国海外扩张。"美国的价值观使美国人一直自认为有义务向全世界推广他们的价值","如果全世界真心想要和平,就需要接纳美国的道德处方"。② 随着他们传统观念的发展,美国人越来越确信未来是他们的,民主政治将传遍全球。③ 尤其是"二战"的胜利,更加使得美国人认为民主的力量无穷,是民主战胜了专制。

由此,国家层面的"美国梦"就是在全世界按照美国模式来建立一个自由、民主、平等且和平的"门户开放"世界。

美国政府一直在从事宣传和加强美国在海外文化扩张活动的工作。④ 以"文化"为武器进行海外扩张和渗透逐渐成为美国实现"美国梦"的重要手段,尤其是"二战"以后。"文化"的内涵丰富,一旦把它作为对外扩张的武器,实际上就是一颗"糖衣炮弹",具有超越政治、经济和军事力量的杀伤力。正如早在 1938 年,美国国务院美洲司的理查德·帕蒂所言:"政治渗透带有强制接受的烙印,经济渗透被谴责为自私和强制,只有文化合作才意味着思想交流和无拘无束。"⑤ 文化扩张更有欺骗性和隐蔽性。

———————————

① 喻冰峰:《"新天定命运"论与美国海外扩张》,《衡阳师范学院学报》2011 年第 2 期。

② 〔美〕亨利·基辛格:《大外交》,顾淑馨、林添贵译,海南出版社 2012 年版,第 2—3 页。

③ 董秀丽等:《外交的文化阐释:美国卷》,知识产权出版社 2012 年版,第 92 页。

④ 〔美〕杰里尔·A. 罗赛蒂:《美国对外政策的政治学》,周启朋、傅耀祖等译,世界知识出版社 2005 年版,第 236—239 页。

⑤ 转引自王晓德《美国文化与外交》,世界知识出版社 2000 年版,第 214 页。

从美国思想和美国理想的传播来讲，美国的外交政策一直受到三个理念的支配：一是解决问题的根本出发点是一种帮助他人的热情、慷慨和人道主义的冲动。二是民族自决原则。确保每一个社会有权确定自己的发展目标并通过自认为合适的途径实现之。这两大理念互为关联，某种程度上，互为补充。"二战"后美国对西欧各国的援助，某种程度上贯彻了这两大原则并取得了较为理想的"美国化"效果。但是，第三个理念出现悖论，反映了美国文化扩张的企图。许多美国人认为，其他民族不可能真正解决自身问题并改善他们的生活，除非他们是完全按照美国的模式进行的。正如"二战"结束时美国国务卿艾奇逊所言："我们愿意帮助那些相信我们生活方式的人继续按照他们所喜欢的生活方式生活。"由此可以看出，美国的援助并非如其所言"热情、慷慨和人道主义"，而明显是带有文化扩张和渗透的性质。最终许多国家和社会感觉到美国的"援助"政策使他们丧失了他们的经济、政治甚至文化心理上的独立性，这些国家的人民感觉到正在受伤害而非得到帮助。这还很有可能导致这些国家最终对美国实施政治和经济报复。[1] 这或许正是威廉·威廉斯以"美国外交的悲剧"为题探讨美国外交史的原因。马歇尔计划原本包括对苏东地区的援助，但正因为苏联实行的是计划经济体制，绝不接受美国式自由市场体制，最后结果是不可能获得马歇尔计划的援助。如今看来，若苏东地区当时接受了马歇尔计划的援助，苏东各国被"和平演变"的历史肯定会提前。

如今，好莱坞电影、流行音乐、文化形态甚至所有的政治运动，比如公民权利领域的运动，都成为其他国家仿效美国的对象，[2] 这些国家遍布全球，既有美国的"敌人"也有美国的盟友。美国外交政策学者沃尔特·拉塞尔·米德认为，由于美国在"二战"中损失最小，获益最大，它"在众多国家，甚至世界上最富有、最有活力和知识最先进的国家中确立了不容挑战的地位"。因为美国外交的成功，美国"不仅赢得了冷战，而且向全世界

---

① William Appleman Williams, *The Tragedy of American Diplomacy*, New York: W. W. Norton & Company, 2009, pp. 13 – 16.

② ［英］大卫·哈维：《新帝国主义》，初立忠、沈晓雷译，社会科学文献出版社 2009 年版，第47 页。

传播其语言、文化和工业产品。美元成为国际金融中介，美国的语言成为世界商用通用语言，美国大众文化和美国消费品主导着世界媒体和世界市场。美国不仅是唯一的全球性大国，而且它的价值观也已渗入全球共识，在它的主导下，这个星球上第一个真正的全球性文明正以前所未有的程度快速形成"。①

仅因为冷战的结束，美国人如此自信和高调，我们可以理解，毕竟在整个冷战时期，从制度上讲，美国人把共产主义视为敌人，从国家层面讲，苏联是美国最大的对手。但最终苏东制度剧变，国家解体，这无疑使美国人又一次认为是民主的胜利。但不可逆转的是，世界文化永远是多元的。美国将会继续为了它的全球霸权的"美国梦"，寻找新的对手予以文化扩张和渗透，如今的美国"对手"不仅仅是共产主义制度了，还包括以宗教为主的与美国不同的文明圈。以政治意识形态和经济意识形态为主线来界定的冷战冲突将逐渐演变成"文明的冲突"为主。可见，文化在塑造全球政治中的作用越来越重要了。②

三　美国外交中的"树敌"策略刺激

这里所说的"树敌"并非通常所说的带有贬义的树敌含义，而是指寻求"竞争对手"的意思，更具体一点，可以理解为我们平常所说的"危机意识"或"忧患意识"。一个国家无论再强大，都不能高枕无忧，自以为是"天国"或"老大帝国"，天下人都要向你朝拜，为你进贡，结果是"开放的国度"也会变成"闭关锁国"。清帝国的灭亡便是如此。美国是个"好战的"国家，在整个国家成长过程中一直在寻求战争敌人或竞争对手。美国政府往往通过夸大对手实力，制造"威胁论"，从而能够达到美国国内舆论一

---

① ［美］沃尔特·拉塞尔·米德：《美国外交政策及其如何影响了世界》，曹化银译，中信出版社2003年版，第9页。

② 塞缪尔·亨廷顿：《文明的冲突与世界秩序的重建》，周琪等译，新华出版社2002年版。中文版"序言"第1—2页。

致对外，"同仇敌忾"的奇效。① 正如"冷战时期美国对外广播宣传"这一章里所论述的，杜鲁门政府要求国会增加对外宣传费用，国会总是予以"刁难"，但助理国务卿巴雷特把"宣传"换成"心理战"，随即获得国会支持，并赢得大量拨款。美国国会议员们的"好战"心理可见一斑。冷战时期（除朝鲜战争的新闻报道外），美国不存在政府公开对新闻媒介进行检查的制度，但思想的一致性却存在于整个美国社会之中。而在 20 世纪 50 年代和 20 世纪 60 年代大部分时间里，反对苏联共产主义的亲美民主资本主义的思潮扭曲了美国大众媒介对世界事务和美国对外政策的观察和解释。对越南战争的爆发，新闻媒介"顺从地表达了美国政府关于越战的立场并支持这场战争的美国化"。② 在当时政府渲染的反共背景下，许多新闻记者和学者认为"不太尖锐地质疑政府某项政策不仅符合实际而且还是爱国的表现"。③

在大陆扩张过程中，印第安人、英国、法国、西班牙和墨西哥，还有美国南方的黑奴制等先后成为美国要攻克的"敌人"，在攻克这些"敌人"之后建立了一个国土广袤的大陆帝国，但美国人并不满足于此，他们认为国内市场无法满足美国经济的发展，传统"边疆"的消失意味着美国发展的"极限"。为此，从 19 世纪末 20 世纪初开始寻找新的"敌人"。西班牙、德国、日本、苏联等，依次被确定为 20 世纪美国要颠覆的主要"敌人"。此时的美国不仅仅是为了简单的经济市场，而是为了实现它的全球霸权野心而在一一清除对手，扫除障碍。美国在"树敌"的过程中不可避免地侵犯了其他国或其他民族的主权，但对美国自身的发展却是充满活力。所以，美国的外交政策总是充满攻击性，要么通过武力战胜"敌人"，要么通过舆论"妖魔化"对手，人为制造"威胁论"。

美国是个意识形态性超强的国家，早期移民大多为了个人的信仰自由，

---

① 亨廷顿认为，美国历史上唯有第二次世界大战是一次"善战（perfect war）"，而其他各次战争都是"憾战（imperfect war）"，因为其他战争总有因为一部分人不满意而反对之，包括冷战时期苏联对美国的威胁，也一直有争议。见［美］塞缪尔·亨廷顿《失衡的承诺》，周端译，东方出版社 2005 年版，第 262—264 页。

② ［美］杰里尔·A. 罗赛蒂：《美国对外政策的政治学》，周启朋、傅耀祖等译，世界知识出版社 2005 年版，第 491 页。

③ Ralph B. Levering, *The Public and American Foreign Policy* (1918–1978), New York: William Morrow and Company, INC., 1978, p. 94.

冒险来到北美，其反叛性和抗争性可见一斑。18世纪70年代，美国人率先对其宗主国英国进行挑战，第一次把意识形态抗争引入近代政治。"1776年，是意识形态，而不是种族、语言或宗教，成了（美国）国民身份的试金石。美国人心目中的英国敌人形象也成了近代历史上第一次出现的意识形态敌人的形象。"①

美国是一个扩张的社会，而扩张的主要表现是永远在寻找"敌人"和"竞争对手"。这种社会心理反映在美国对外关系上，往往是采取一种强势的进攻性外交政策，"敌我意识"特别强烈。这种情况在冷战时期尤甚。

美国人先后把与自己体制不同的国家作为"国家敌人"，且不惜以"保护民主"为由而诉诸战争，如德意志帝国、日本帝国、纳粹德国等，冷战时期各社会主义国家变成美国的主要"敌人"。② 而如今，只要是"威权主义（authoritarianism）"和"极权主义（totalitarianism）"国家都被视作它的"敌人"。自"二战"以来，美国人往往把"任何与共产主义有关的事件几乎必然视为危机，一种对其基本价值观可怕的和根本性的威胁"。为了破除这种"威胁"，美国人早就认识到，光凭"硬实力"是解决不了问题的。威尔逊曾说："布尔什维克主要是思想上的侵略，你不能靠军队击败思想。"③

所以，美国学者贝克维茨认为："战后时期几乎每一项重要的美国对外政策决定，都是对觉察到的或明显的共产主义威胁所作的反应。"④ 对共产主义的反感和恐惧在许多美国人心目中根深蒂固。共产主义被看成是所有美国民主信条的对立面。⑤冷战时期美国人就是在这样一个双方敌对的世界肩负"保卫民主的社会秩序的"。从20世纪50年代美国国内荒唐而疯狂且极端反共的"忠诚"运动和"麦卡锡主义"就可以看出美国人的"树敌"策略，导致20世纪50年代美国社会各阶层人士都或多或少参与了与共产主义

① ［美］塞缪尔·亨廷顿：《美国国家特性面临的挑战》，程克雄译，新华出版社2005年版，第42页。

② 详见［美］伊多·奥伦《美国和美国的敌人：美国的对手与美国政治学的形成》，唐小松、王义桅译，上海人民出版社2004年版。

③ 王晓德：《美国文化与外交》，世界知识出版社2000年版，第218页。

④ 转引自董秀丽《外交的文化阐释：美国卷》，知识产权出版社2012年版，第93页。

⑤ 同上书，第92页。

的对抗。①

　　事实上，冷战的紧张局势是美国人为造成的，某种程度上，是美国决策者们为了获取国内乃至国际舆论的支持，故意制造并夸大"敌我"之间的矛盾与冲突。

　　譬如，尽管美国"门户开放"的野心与冷战毫无关系，但如果没有苏联和共产主义"威胁"的话，美国决策者们在推行其政策方面能否获得国会和民众的支持尚不得而知。当杜鲁门政府的高官们试图通过大力宣扬美国如何可以从创立一个庞大的一体化西欧市场中获取大量经济利益这种方式向国会兜售马歇尔计划时，并没有达到预期目标，而真正打动国会的语言是"共产主义威胁"。冷战考量最终还是成为美国战略"门户开放"基础的一部分。②

　　实际上，苏联社会主义政权一建立，就成为美国的"敌人"。1917年俄国革命成功，美国人开始认为"共产主义不仅仅是一种理论，而且是一个不容忽视的国家政权"。由此出现了美国历史上第一次以"美国化"为名的"赤色恐怖"，疯狂迫害共产党嫌疑分子。③而共产主义发展到20世纪50年代，让美国人感觉到，它已经不是简单的政权了，而是成为美国强大的"劲敌"。④时任美国联邦调查局局长J.埃德加·胡佛对众议院非美活动调查委员会说："实际上，共产主义并不是一个政治党派。它是一种生活方式——一种邪恶的、有害的生活方式。"⑤尤其是1949年末和1950年初一系列大事件的发生更使美国感觉到"苏联的威胁正在急剧加强"，如蒋介石政府的垮台、中华人民共和国的成立、苏联原子弹的爆炸、德国民主共和国（东德）

---

①　于群：《新冷战史研究：美国的心理宣传战和情报战》，上海三联书店2009年版，第128—129页。

②　[美]克里斯托弗·莱恩：《和平的幻想：1940年以来的美国大战略》，孙建中译，上海人民出版社2009年版，第142页。

③　[美]艾伦·布林克利：《美国史（1492—1997）》（英文第10版），邵旭东译，海南出版社2009年版，第669页。

④　详见第一章第三节"'美国化'运动：官方推广"。

⑤　[美]梅尔文·P. 莱弗勒：《人心之争：美国、苏联与冷战》，孙闵欣等译，华东师范大学出版社2012年版，第59页。

的成立和中苏友好条约的签订等。①

　　甚至在"二战"结束前，许多美国人就把斯大林与希特勒进行比较，认为斯大林也是个暴君和扩张主义分子。美国决策者们根本"没有努力去与斯大林达成和解"，并且在 1945 年 4 月 25 日旧金山联合国成立大会上，诸如艾夫里尔·哈里曼②这样的美国高官居然公开表示在苏联和西方大国之间存在"不可调和的分歧"。③

　　NSC68 号文件被认为是美国推行其冷战战略的蓝图。之所以如此，是因为该文件明白无误地确定苏联为美国最大的敌人。虽然该文件的基本精神是以贯彻美国的"遏制"战略为主，但其对苏联乃至对整个共产主义的"敌对"意识已上升到非常全面且非常强硬的层面。正文里有关煽动性的对立修辞语比比皆是，如："自由"对"奴役"、"民主"对"独裁"、"宽容"对"强制"、"多样性"对"统一性"，这些无非强调美苏之间意识形态的根本对立。④ 美国政府的"有限遏制"战略提升到了"全面遏制"战略。但事实上，该文件是在"妖魔化"苏联，人为渲染资本主义和社会主义之间的意识形态对立，制造美苏之间的"敌对"矛盾，从而加剧冷战的紧张局势。

　　甚至"遏制战略之父"凯南都认为，NSC68 号文件并没有准确描述苏联的现状，美国自己"紧张兮兮的感觉完全是自找的"。⑤ 凯南并不相信苏联会发动世界革命，以凯南的观点，马克思列宁主义思想并不是一个支持"无限扩张的"思想，苏联入侵西欧是不可能的，因为苏联要控制其东欧卫星国都有困难。⑥ 凯南是位"苏联通"，他知晓以斯大林为首的苏联领导人只对苏联本国的发展感兴趣，斯大林最终追求的是一位"俄国沙皇"地位，

---

　　① Thomas G. Paterson, *Meeting the Communist Threat*: *Truman to Reagan*, New York: Oxford University Press, 1988, p. 52.

　　② 曾在罗斯福和杜鲁门执政期间先后担任美国驻苏联大使、驻英国大使、商务部部长、马歇尔计划欧洲署署长、纽约州州长等职务。——笔者注

　　③ William Appleman Williams, *The Tragedy of American Diplomacy*, New York: W. W. Norton & Company, 2009, p. 230.

　　④ 郭又新：《穿越"铁幕"：美国对"苏东国家"的冷战宣传（1945—1963）》，博士学位论文，东北师范大学，2003 年，第 28 页。

　　⑤ Thomas G. Paterson, *Meeting the Communist Threat*: *Truman to Reagan*, New York: Oxford University Press, 1988, p. 52.

　　⑥ John Lewis Gaddis, *The United States and the Origins of the Cold War*: 1941 - 1947, New York: Columbia University Press, 1972, pp. 322 - 323.

他"一心想着要保卫苏联安全，监管世界革命力量……只要与西方合作能够促进其家园的重建，并能控制德、日的东山再起"，他就准备好"冷却革命同志的热情，有时甚至背叛他们"。[①] 凯南认为，斯大林是个稳健派，实际上怕冒苏联力量过分扩张的危险。[②] 早在 1943 年 11 月，罗斯福总统的私人特使乔治·帕特里克·J. 赫尔利告诉蒋介石，斯大林已经不再支持苏联以外的共产主义活动了。[③]

所以，大多数美国学者认为，NSC68 号文件是一部漏洞百出，甚至不成熟的文件。它凭空捏造出一个子虚乌有的"共产主义庞然大物"，并随意夸大共产主义实力。但事实是，以保罗·尼采为首的文件起草者们之所以这样做，是为了迎合时任总统杜鲁门的态度。1950 年 8 月 8 日，杜鲁门在国会特别咨文中这样描述："今天，我们面临的最尖锐的威胁是国际范围内的共产主义运动，其受一个中心（指苏联）指导，并致力于推翻整个世界的民主体制。"[④] 作为冷战的始作俑者之一，杜鲁门总统一味夸大苏联的威胁，目的在于赢得国内舆论对其政府外交政策的支持并能获得国会拨款。所以，他到处把苏联人描绘为"无情的、世界范围的侵略者，与这样的人谈判毫无意义"。某种程度上，是因为杜鲁门对苏联威胁的夸大，美国历届政府一直采取全球干预主义外交政策。[⑤]

在把苏联及它所代表的共产主义制度确定为美国最大的"敌人"之后，美国一系列反共反苏的内外政策和机构相继出台和成立。从 20 世纪 50 年代开始，美国强化了"国家安全部门"。美国的军队和情报机构急剧扩张，国家安全部门将众多的私立机构也纳入了其中范围，包括美国重要的学术机构。一些重要的研究性大学的大部分活动经费开始依赖于联邦资助，有时超过 50%。一些学术权威和众多国家安全机构建立了密切的关系。苏联研究

---

① ［美］梅尔文·P. 莱弗勒：《人心之争：美国、苏联与冷战》，孙闵欣等译，华东师范大学出版社 2012 年版，第 56—57 页。

② 于群：《新冷战史研究：美国的心理宣传战和情报战》，上海三联书店 2009 年版，第 22 页。

③ John Lewis Gaddis, *The United States and the Origins of the Cold War*: 1941 – 1947, New York: Columbia University Press, 1972, p. 9.

④ 于群：《新冷战史研究：美国的心理宣传战和情报战》，上海三联书店 2009 年版，第 130 页。

⑤ Thomas G. Paterson, *Meeting the Communist Threat*: *Truman to Reagan*, New York: Oxford University Press, 1988, pp. 52 – 53.

一度成为重点研究领域，哥伦比亚大学、哈佛大学、伯克莱分校及其他著名大学先后成立了苏联研究中心。在 20 世纪 50 年代，苏联学开始成为一门学科了。主要原因是美国政府为对付苏联这个"敌人"，需要大量的苏联专家。① 有学者"将苏联描绘成一个控制对象"，认为苏联共产党"通过灌输、宣传、机构控制和集体恐怖来压制社会"。这实际上是"现代极权主义的重头戏"，与法西斯和纳粹政权毫无二致。②

围绕美国国家安全战略，美国政府对全美各大学术研究机构给予了特别慷慨的研究资助，使得美国的社会科学研究在 20 世纪五六十年代迎来了"第二个春天"。③ 但该时期的社会科学研究基本上是与美国冷战国家安全战略紧密结合，积极配合美国"和平演变"战略，尤其是"对美国的心理宣传战略起到了非常独特而重要的作用"。但，与之相应的是，接受了美国政府国家安全观念的社会科学家也日益模糊了"学术"与"宣传"之间的界限，成为功利的"目的至上的主义者"。他们的冷战思维对整个冷战走向的影响持久而深远。④

之后，整个冷战时期，虽然美国承认不可能与苏联发生正面对抗，但它还是抓住一切机会来遏制并削弱苏联，甚至不惜巨大成本支持阿富汗的"圣战者"组织和伊斯兰原教旨主义者来对抗苏联。结果是，搬起石头砸自己的脚。在美国看来，共产党所控制的领土每增加一寸都意味着对美国的巨大威胁。1949 年中华人民共和国成立，居然在美国朝野和学界就"谁丢失了中国"引发了激烈争论，⑤ 美国人似乎一直把当时的中国看成是他们的了。

冷战后约瑟夫·奈的"软实力"理论和亨廷顿的"文明冲突论"依然

① Yale Richmond, *US-Soviet Cultural Exchanges*, 1958－1986. Boulder: Westview Press, 1987, pp. 7－8.

② ［美］伊多·奥伦：《美国和美国的敌人：美国的对手与美国政治学的形成》，唐小松、王义桅译，上海人民出版社 2004 年版，第 142—146 页。

③ 笔者认为，美国社会科学研究"第一个春天"是在 19 世纪末 20 世纪初，美国大部分社会科学学会均成立于该时期，为了解决美国社会发展问题，学者们纷纷出版了许多名垂青史的鸿篇巨著，他们都成为美国各大社会科学的奠基者。不容否认，当时涌现出如特纳、亚当斯、马汉等鼓吹美国海外扩张的"御用"学者。

④ 于群：《新冷战史研究：美国的心理宣传战和情报战》，上海三联书店 2009 年版，第 128—149 页。

⑤ ［英］大卫·哈维：《新帝国主义》，初立忠、沈晓雷译，社会科学文献出版社 2009 年版，第 44 页。

在为美国的国家安全战略服务。随着文化元素在国际关系中的地位进一步上升，美国更加重视"软实力"，试图以自己的文化价值观来确定世界的发展方向。RFE/RL 电台委员会副主席本·瓦滕伯格自豪地宣称："今天只有美国的民主文化才有基础，只有美国人才拥有使命意识。……我们在历史上是最强有力的文化主义帝国。"①

当然，今天美国的"敌人"不仅仅是共产主义了，按照"文明冲突论"，只要不同于美国价值观的其他文明圈都有可能是美国心目中的"敌人"，自然会成为美国计划攻克的新目标。我们完全可以怀疑，亨廷顿作为一名具有浓厚民族主义情节的御用学者，他在美国"和平演变"苏东社会主义阵营"成功"之后又及时抛出"文明冲突论"，无非在为美国"门户开放"大战略寻找新的扩张和颠覆对象，并制造舆论铺垫。

作为艾森豪威尔政府的国务卿，约翰·杜勒斯是美国冷战"和平演变"战略的主要制定者和执行者。反共主义是其对外政策思想的核心内容。② 在"扶蒋反共"政策彻底失败后，杜勒斯将社会主义中国视为美国在亚洲主要颠覆的对象。他于 1957 年 6 月 28 日在旧金山狮子俱乐部国际协会上讲话时说道，"中国牌子"的共产主义比"苏联牌子"的共产主义"威胁更大"，因为苏联无论在欧洲还是亚洲，其影响都没有中国在亚洲的影响大。③ 当时有"十条诫令"被定为中央情报局"行事手册"之中国部分，基本贯彻了约翰·杜勒斯的"和平演变"思想。④ 该"行事手册"起草于 1951 年，之后随着中美关系的不断变化，内容也不断修正，尤其是在苏东剧变后，美国中央情报局对具体内容作出了巨大的调整。"十条诫令"具体内容如下：⑤

　　1. 尽量用物质引诱和败坏他们的青年，鼓励他们藐视、轻视并进一步公开反对他们原来所受的思想教育，特别是共产主义教育。为他们

---

① 转引自王晓德《美国文化与外交》，世界知识出版社 2000 年版，第 215 页。
② 陆航：《杜勒斯与 50 年代美国对华政策》，《世界历史》1989 年第 4 期。
③ 转引自陆航《杜勒斯与 50 年代美国对华政策》，《世界历史》1989 年第 4 期。
④ 被称为美国中央情报局之父的艾伦·杜勒斯是约翰·杜勒斯的亲弟弟，他在整个艾森豪威尔和肯尼迪政府时期为中情局建立了完整的情报体系。他借助中情局的情报优势，暗地里积极配合了他兄弟的"和平演变"战略。——笔者注
⑤ 《中情局对付中国的〈十条诫令〉》，《参考消息》2001 年 7 月 24 日第 15 版。

制造对色情产生兴趣的机会，进而鼓励他们进行性的滥交。让他们不以肤浅、虚荣为耻。一定要毁掉他们一再强调的刻苦耐劳精神。

2. 一定要尽一切可能做好宣传工作，包括电影、书籍、电视、无线电波和新式的宗教传布。只要让他们向往我们的衣、食、住、行、娱乐和教育的方式，就是成功的一半。

3. 一定要把他们青年的注意力从以政府为中心的传统引开来。让他们的头脑集中于体育表演、色情书籍、享乐、游戏、犯罪性的电影，以及宗教迷信。

4. 时常制造一些无事之事，让他们的人民公开讲座。这样就在他们的潜意识中种下了分裂的种子。特别要在他们的少数民族里找好机会，分裂他们的感情，在他们之间制造新仇旧恨。

5. 要不断制造新闻，丑化他们的领导人。我们的记者应该找机会采访他们，然后利用他们自己的言辞来攻击他们自己。

6. 在任何情况下都要传扬民主。一有机会，不管是大型小型，有形无形，就要抓紧发动民主运动。无论在什么场合，什么情况下，我们都要不断对他们（政府）要求民主和人权。只要我们每一个人都不断地说同样的话，他们的人民就一定会相信我们说的是真理。我们抓住一个人是一个人，我们占住一个地盘是一个地盘，一定要不择手段。

7. 要尽量鼓励他们（政府）花费，鼓励他们向我们借贷。这样我们就有十足的把握来摧毁他们的信用，使他们的货币贬值，发生通货膨胀。只要他们对物价失去控制，他们在人民心目中就会完全垮台。

8. 要以我们的经济和技术优势，有形无形地打击他们的工业。只要他们的工业在不知不觉中瘫痪下去，我们就可以鼓励社会动乱。不过我们表面上必须非常慈善地去帮助和援助他们，这样他们（政府）就显得疲软。一个疲软的政府，就会带来更大的动乱。

9. 要利用所有的资源，甚至举手投足，一言一笑，来破坏他们的传统价值。我们要利用一切来毁灭他们的道德人心。摧毁他们自尊自信的钥匙，就是尽量打击他们刻苦耐劳的精神。

10. 暗地运送各种武器，装备他们的一切敌人，以及可能成为他们敌人的人们。

从上述"十条诫令"可以看出美国企图"和平演变"中国的动机和手段。其手段包含大众文化、消费主义、大众媒体宣传、"人权外交"、破坏传统文化、"妖魔化"等，在中国对外开放以来，可能每一位中国人都接触过类似生活场景，且都已经司空见惯、习以为常了，可谁会想到，这些都是在 20 世纪 50 年代初美国就开始确定的"和平演变"方略呢！

杜勒斯是美国"和平演变"战略的缔造者，他提出了所谓的"解放政策"，鼓吹"必须时刻记住"对社会主义制度下"被奴役的人民的解放问题"，主张用"和平的方法"达到这一目的。"解放并不就是解放战争。解放可以用战争以外的方法达到……""解放通常是来自内部的（1954 年 11 月 29 日）。"杜勒斯顽固坚持敌视中国的立场，认为"中国共产主义是一个致命的危险"，并攻击中国共产主义"是一种要消逝的现象"，宣称美国的"责任"是"尽一切可能使这种现象消逝"。先从外交上不承认中国共产党，反对中国加入联合国，反对中国加入经济贸易组织等断绝与中国交流，目的是"加速这种消逝的过程"，但是，如果恢复交流、承认中国共产党政权、同意中国加入联合国等行动"能够促进这种消逝"，"我们的政策是随时可以调整以适应不断变化的形势的要求（1957 年 6 月 28 日）"，目的是"用和平的方法使全中国得到自由（1958 年 10 月 24 日）"。而且，杜勒斯的"和平演变"战略是"长期并持久的"。1957 年 7 月 2 日，他说，社会主义国家领导人"如果他继续要有孩子的话，而他们又有孩子的孩子，他的后代将获得自由"。[①] 从上述可以看出，杜勒斯在不同的时间不同的场合均发表了相同的话题：为"和平演变"中国可以不择手段，且把希望寄托在中国第三、四代领导人身上。

1994 年，美国在《国际广播法》等法规文件中，把中国、朝鲜、伊拉克等国家作为意识形态攻击的主要对象。1997 年，"美国之音"台长杰弗里·科恩明确指出，"美国之音"六大任务是：（1）"对抗共产党和极权国家"；（2）鼓吹美国式的新闻自由；（3）输出美国的价值观；（4）提供广泛

的学习机会；（5）向全球解释美国的政策；（6）为美国的文化、贸易、旅游等提供服务。① 从科恩的言语中可以看出，虽然冷战已经"结束"，但"美国之音"颠覆社会主义和全球性输出美国文化的企图依然如故。

正如此，当传播学大师麦克卢汉提出"媒介即信息"的著名论断时，我们得注意这样一个事实：美国是一个意识形态超强的国家，而且它已经基本掌控了当下国际制信息权，美国媒体通过"议程设置"制造"共识"，只是为美国的外交大战略服务的。正如俄罗斯学者谢·卡拉－穆尔扎在研究苏联解体的深层次原因后得出一条重要结论：今天的大众传媒不是信息，而是意识形态工具。② 穆尔扎认为，苏联的灭亡并非因为其经济和军事原因，而是输在文化统治和意识操纵上。西方国家"摧毁苏联体制是改革年代中通过破坏国家政权及其意识形态环节的文化统治进行的"。③

人们容易相信美国的大众文化产品代表着"美国世纪"全球唯一最有向心力的文化力量，但在世界许多地方，美国文化产品也被认为是 20 世纪"潜在的最具破坏性的离心的文化力量"。④ 为了应对美国文化咄咄逼人的态势，法国政府通过规定电视台播放比例，大力宣传本国文化、资助本国影视制作业、加强与欧盟国家文化合作等"来防守反击"，限制美国文化的渗透和影响。在国际舞台上，法国政府首创"文化例外"和"文化特殊"的原则，坚决反对把所有的文化问题（包括文化事业和文化产业问题）纳入世界贸易组织体系。⑤

经济是全球的，但文化是多元的。对自身传统文化的自觉和自信本身也是一个国家文化"软实力"的重要元素。

---

① 郭可：《当代对外传播》，复旦大学出版社 2003 年版，第 161 页。

② ［俄］谢·卡拉－穆尔扎：《论意识操纵》（下），徐昌翰等译，社会科学文献出版社 2004 年版，第 986 页。

③ ［俄］谢·卡拉－穆尔扎：《论意识操纵》（上），徐昌翰等译，社会科学文献出版社 2004 年版，第 408—409 页。

④ Reinhold Wagnleitner and Elaine Tyler May, et., *"Here, There and Everywhere": the Foreign Politics of American Popular Culture*, Hanover: University Press of New England, 2000, p. 1.

⑤ 沈壮海：《软实力，真实力》，人民出版社 2008 年版，第 19 页。

参考书目(含论文)

一 英文部分

1. Bernard Bailyn, et. , *The Great Republic: A History of the American People* (third edition) , volume 2, Lexington: D. C. Heath and Company, 1985.

2. Laura A. Belmonte, *Selling the American Way: U. S. Propaganda and the Cold War*, Philadelphia: University of Pennsylvania Press, 2008.

3. Richard J. Barnet and John Cavanagh, *Global Dreams: Imperial Corporations and the New World Order*, New York: Simon & Schuster, 1994.

4. Robert M. Crunden, *A Brief History of American Culture*, New York, 1994.

5. Allen F. Davis and Harold D. Woodman, et. , *Conflict & Consensus in Modern American History* (eighth edition), Lexington: D. C. Heath and Company, 1992.

6. Richard Dawkins, *The Selfish Gene*, New York: Oxford University Press Inc, 2006.

7. Peter Duignan and L. H. Gann, *The USA and the New Europe: 1945 – 1993*, Oxford: Blackwell Publishers, 1994.

8. Clement Eaton, *Henry Clay and the Art of American Politics*, Boston: Little, Brown, 1957.

9. Niall Ferguson, *Colossus: the Rise and Fall of American Empire*, London: Penguin Books, 2004.

10. Joseph Michael Gratale, Geir Lundestad. The Rise and Decline of the American "Empire": Power and its Limits in Comparative Perspective, *European Journal of American Studies* [Online], Reviews 2012 – 2, document 4, On-

line since 14 November 2012, connection on 10 July 2013. URL.

11. Fitzhugh Green, *American Propaganda Abroad*, New York: Praeger, 1988.

12. Alexander Hamilton, James Madison and John Jay, *The Federalist Papers*, New York: New American Library of World Literature, Inc. 1961.

13. Walter L. Hixson, *Parting the Curtain: Propaganda, Culture and the Cold War* (1945 – 1961), Basingstoke: Macmillan, 1997.

14. Edward T. Hall, *The Silent Language*, New York: Anchor Books, 1990.

15. Paul Kennedy, "The Next American Century?" *World Policy Journal*, Vol. 16, No. 1, Spring 1999.

16. Geir Lundestad, *The United States and Western Europe Since 1945: From "Empire" by Invitation to Transatlantic Drift*, New York: Oxford University Press, Inc. , 2003.

17. Christopher Lasch, *The New Radicalism in America* (1889 – 1963): *the Intellectual as a Social Type*. New York: Knopf, 1965.

18. Edmund Morris, *The Rise of Theodore Roosevelt*, New York, 1979.

19. Ernest R. May, edited, *American Cold War Strategy: Interpreting NSC68*, Boston: Bedford Books of ST. Martin's Press. 1993.

20. Joshua Muravchik, *Exporting Democracy: Fulfilling America's Destiny*, Washington D. C. : the AEI Press, 1992.

21. George E. Pozzetta, et. , *Americanization, Social Control and Philanthropy*, New York: Garland Publishing, Inc. , 1991.

22. William Preston Jr. , Edward S. Herman and Herbert I. Schiller, *Hope & Folly: the United States and UNESCO* (1945 – 1985), Minneapolis: University of Minnesota Press, 1989.

23. Richard Pells, *Not Like Us: How Europeans Have Loved, Hated, and Transformed American Culture since World War* II , New York: Basic Books, 1997.

24. Thomas G. Paterson, *Meeting the Communist Threat: Truman to Reagan*, New York: Oxford University Press, 1988.

25. Arch Puddington, *Broadcasting Freedom: The Cold War Triumph of Radio Free Europe and Radio Liberty*, Lexington: University Press of Kentucky, 2000.

26. Yale Richmond, *Cultural Exchange & the Cold War : Raising the Iron Curtain* , University Park: Pennsylvania State University Press, 2003.

27. Herbert I. Schiller, *Mass Communication and American Empire* (second edition) , San Francisco: Westview Press, 1992.

28. Tony Smith, *America's Mission: the United States and the Worldwide Struggle for Democracy in the Twentieth Century.* New Jersey: Princeton University Press, 1994.

29. Edward W. Said , *Culture and Imperialism* , New York: Alfred A. Knopf, Inc. , 1993.

30. L. S. Stavrianos, *The World to* 1500: *a Global History*, Prentice-Hall , Inc. , Englewood Cliffs, N. J. , 1970.

31. Robert Phillipson, *Linguistic Imperialism*, 上海外语教育出版社 2000 年版。

32. William Appleman Williams, *The Tragedy of American Diplomacy*, New York: W. W. Norton & Company, 2009.

33. Ralph Willett, *The Americanization of Germany*, 1945 – 1949, London: Routleedge, 1989.

34. Kenneth W. Thompson, et. , *Institutions for Projecting American Values Abroad*, New York: University Press of America, 1983.

35. Philip Zelikow, " The Transformation of National Security: Five Redefinitions," *National Interest*, 71 (Spring 2003) .

36. Alvin A. Snyder, *Warriors of Disinformation: American Propaganda, Soviet Lies, and the Winning of the Cold War*, New York: Arcade Publishing, 1995.

37. Enrico Augelli and Craig Murphy, *America's Quest for Supremacy and the Third World: a Gramscian Analysis*, London: Pinter Publishers, 1988.

38. John J. Miller, *The Unmaking of Americans: How Multiculturalism Has Undermined the Assimilation Ethic*, New York: the Free Press, 1998.

39. Leon V. Sigal, *Reporters and Officials: the Organization and Politics of Newsmaking*, Lexington: D. C. Heath and Company, 1973.

40. Rob Kroes, *Europeans and American Mass Culture*, Chicago: University of Illinois Press, 1996.

41. Horace M. Kallen, *Culture and Democracy in the United States*, New Brunswick: Transaction Publishers, 1998.

42. Jeffery T. Checkel, *Ideas and International Political Change*,: *Soviet/Russian Behavior and the End of the Cold War*, New Haven: Yale University Press, 1997.

43. Donald R. Shanor, *Behind the Lines : the Private War against Soviet Censorship*, New York: St. Martin's Press, 1985.

44. Robert A. Packenham, *Liberal America and the Third World : Political Development Ideas in Foreign Aid and Social Science*, New Jersey: Princeton University Press, 1973.

45. Scott Shane, *Dismantling Utopia : How Information Ended the Soviet Union*, Chicago: Ivan R. Dee, 1994.

46. Nicholas Eberstadt, *Foreign Aid and American Purpose*, Washington D. C. : American Enterprise Institute, 1988.

47. John Lewis Gaddis, *The United States and the Origins of the Cold War*: 1941 – 1947, New York: Columbia University Press, 1972.

48. Phil Melling and Jon Roper, et. , *Americanisation and the Transformation of World Cultures*: *Melting Pot or Cultural Chernobyl?*, Lewiston: the Edwin Mellen Press, 1996.

49. Robert T. Holt and Robert W. van de Velde, *Strategic Psychological Operations and American Foreign Policy*, Chicago: the University of Chicago Press, 1960.

50. Ragnhild Fiebig-von Hase and Ursula Lehmkuhl, et. , *Enemy Images in American History*, Providence: Berghahn Books, 1997.

51. John F. Neville, *The Press, the Rosenbergs, and the Cold War*, Connecticut: Praeger Publishers, 1995.

52. Herbert I. Schiller, *Information Inequality*: *the Deepening Social Crisis in America*, New Yoek: Routledge, 1996.

53. Margaret A. Blanchard, *Revolutionary Sparks*: *Freedom of Expression in Modern America*, New York: Oxford University Press, 1992.

54. Rob Kroes, *Them and Us*: *Questions of Citizenship in a Globalizing World*,

Chicago: University of Illinois Press, 2000.

55. Robert F. Byrnes, *U. S. Policy Toward Eastern Europe and the Soviet Union*: *Selected Essays* (1956 – 1988), Boulder: Westview Press, 1989.

56. Ralph B. Levering, *The Public and American Foreign Policy* (1918 – 1978), New York: William Morrow and Company, INC. , 1978.

57. James W. Ceaser, *Reconstructing America*: *the Symbol of America in Modern Thought*, New Haven: Yale University Press, 1997.

58. Richard Alba and Victor Nee, *Remaking the American Mainstream*: *Assimilation and Contemporary Immigration*, Cambridge: Harvard University Press, 2003.

59. David Wise and Thomas B. Ross, *The Invisible Government*, New York: Bantam Books, 1964.

60. Bernadete Beserra, *Brazilian Immigrants in the United States* : *Cultural Imperialism and Social Class*, New York: LEB Scholarly Publishing LLC, 2003.

61. Noah Pickus, *True Faith and Allegiance*: *Immigration and American Civic Nationalism*, Princeton: Princeton University Press, 2005.

62. Edward H. Berman, *The Ideology of Philanthropy* , Albany: State University of New York Press, 1983.

63. Stephen J. Whitfield, *The Culture of the Cold War*, Baltimore: The Johns Hopkins University Press, 1996.

64. Nancy E. Bernhard, *U. S. Television News and Cold War Propaganda*: 1947 – 1960, Cambridge: Cambridge University Press, 1999.

65. Alexander Stephan, *Americanization and Anti-Americanization*: *the German Encounter with American Culture after* 1945, New York: Berghahn Books, 2005.

66. Colin S. Cavell, *Exporting "Made-in-America" Democracy*: *the National Endowment for Democracy & U. S. Foreign Policy*, New York: University Press of America, 2002.

67. Herbert I. Schiller, *Culture, INC.* : *the Corporate Takeover of Public Expression*, New York: Oxford University Press, 1989.

68. James L. Tyson, *Target America*: *the Influence of Communist Propaganda on*

U. S. Media, Chicago: Regnery Gateway, 1981.

69. Abraham F. Lowenthal, et. , *Exporting Democracy: the United States and Latin America*, Baltimore: the Johns Hopkins University Press, 1991.

70. Shawn J. Parry-Giles, *the Rhetorical Presidency, Propaganda, and the Cold War: 1945 – 1955*, Connecticut: Praeger, 2002.

71. Kaarle Nordenstreng and Herbert I. Schiller, et. , *Beyond National Sovereignty: International Communication in the* 1990s, New Jersey: Ablex Publishing Corporation, 1993.

72. Jongsuk Chay, *Culture and International Relations*, New York: Praeger, 1990.

73. Brett Gary, *The Nervous Liberals : Propaganda Anxieties from World War I to the Cold War* , New York: Columbia University Press, 1999.

74. Walter Lafeber, *America, Russia, and the Cold War: 1945 – 2000* (ninth edition), Boston: McGraw-Hill, 2002.

75. Frank A. Ninkovich, *The Diplomacy of Ideas: U. S. Foreign Policy and Cultural Relations* (1938 – 1950), Chicago: Imprint Publications, 1995.

76. Richard J. Barnet and John Cavanagh, *Global Dreams: Imperial Corporations and the New World Order*, New York: Simon & Schuster, 1994.

77. Robert Freeman Smith, et. , *The United States and Latin American Sphere of Influence* (*Volume* Ⅱ)*; Era of Good Neighbors, Cold Warriors, and Hairshirts* (1930 – 1982), Florida: Robert E. Krieger Publishing Company, 1983.

78. Allen C. Hansen, *Public Diplomacy in the Computer Age* (second edition), New York: Praeger, 1989.

79. David Slater and Peter J. Taylor, *The American Century: Consensus and Coercion in the Projection of American Power*, Oxfod: Blackwell Publishers, 1999.

80. Randolph Wieck, *Ignorance Abroad: American Educational and Cultural Foreign Policy and the Office of Assistant Secretary of State*, Connecticut: Praeger, 1992.

81. Peter Duignan and L. H. Gann, *The Rebirth of the West: the Americanization of the Democratic World* (1945 – 1958), Cambridge: Blackwell, 1992.

82. Liping Bu, *Making the World like Us: Education, Cultural Expansion, and the*

American Century, Connecticut: Praeger, 2003.

83. Nicholas J. Cull, *The Cold War and the United States Information Agency: American Propaganda and Public Deplomacy* (1945 – 1989), Cambridge: Cambridge University Prss, 2008.

84. Michael H. Hunt, *Ideology and U. S. Foreign Policy*, New Haven: Yale University Press, 1987.

85. Herbert I. Schiller, *Living in Number One Country: Reflections from a critic of American Empire*, New York: Seven Stories Press, 2000.

86. Reinhold Wagnleitner and Elaine Tyler May, et. , *"Here, There and Everywhere": the Foreign Politics of American Popular Culture*, Hanover: University Press of New England, 2000.

87. Michael Nelson, *War of the Black Heavens: the Battles of Western Broadcasting in the Cold War*, London and Washington D. C. : Brassey's, 1997.

88. John Board Whitton, *Propaganda and the Cold War: a Princeton University Symposium*, Washington D. C: Public Affairs Press. , 1963.

89. James Critchlow, *Radio Hole-in-the Head/Radio Liberty: An Insider's Story of Cold War Broadcasting*, Washington D. C. : American University Press, 1995.

90. Sig Mickelson, *America's Other Voice: the Story of Radio Free Europe and Radio Liberty*, New York: Praeger, 1983.

91. Scott Lucas, *Freedom's War: The American Crusade against the Soviet Union*, New York: New York University Press, 1999.

92. K. R. M. Short , *Western Broadcasting over the Iron Curtain* , London: Croom Helm, 1986.

93. Glenn G. Sparks, *Media Effects Research: a Basic Overview* (影印版)，北京大学出版社 2004 年版。

94. Soley, L. C. & Nichols, J. S. *Clandestine Radio Broadcasting: a Study of Revolutionary and Counterrevolutionary Electronic Communication.* New York: Praeger, 1987.

95. J. Hale, *Radio Power: Propaganda and International Broadcasting.* Philadel-

phia：Temple University Press，1975.

96. Elizabeth Vihlen，*Jammin' on the Champs-Elysees Jazz，France，and the 1950s*，Hampshire：University Press of New England，2000.

97. Yale Richmond，*US-Soviet Cultural Exchanges*，1958 – 1986，Boulder：Westview Press，1987.

二　中文部分（含译著）

1. ［美］爱德华·S. 赫尔曼、诺姆·乔姆斯基：《制造共识：大众传媒的政治经济学》，邵红松译，北京大学出版社 2011 年版。

2. ［美］艾伦·布林克利：《美国史（1492—1997）》（英文第 10 版），邵旭东译，海南出版社 2009 年版。

3. ［美］爱德华·W. 萨义德：《文化与帝国主义》，李琨译，三联书店 2003 年版。

4. ［法］阿芒·马拉特：《世界传播与文化霸权》，陈卫星译，中央编译出版社 2005 年版。

5. ［俄］B·A. 利西奇金、π. A. 谢列平：《第三次世界大战：信息心理战》，徐昌翰译，社会科学文献出版社 2003 年版。

6. ［英］保罗·约翰逊：《美国人的历史》（下册），秦传安译，中央编译出版社 2010 年版。

7. ［美］保罗·肯尼迪：《大国的兴衰》，王宝存等译，求实出版社 1988 年版。

8. ［美］伦德尔·卡尔德：《融资美国梦：消费信贷文化史》，严忠志译，世纪出版集团 上海人民出版社 2007 年版。

9. 毕波编写：《美国之音透视》，青岛出版社 1991 年版。

10. ［英］大卫·哈维：《新帝国主义》，初立忠、沈晓雷译，社会科学文献出版社 2009 年版。

11. 白建才：《"第三种选择"：冷战期间美国对外隐蔽行动战略研究》，人民出版社 2012 年版。

12. 薄旭：《曾有这样一个黄金时代》，《世界知识》2009 年第 14 期。

13. ［美］查尔斯·A. 比尔德、玛丽·R. 比尔德：《美国文明的兴起》（下册），许亚芬译，商务印书馆 2012 年版。

14. 蔡翠红：《美国国家安全信息战略》，学林出版社 2009 年版。

15. 陈婧瑾：《"米老鼠"成功的中国之旅》，《东南传播》2012 年第 2 期。

16. 陈靖瑾：《米老鼠从美国到中国——基于文化产业的分析》，上海交通大学 2011 年硕士学位论文。

17. 蔡伟：《天定命运论》，《外交学院学报》1996 年第 2 期。

18. 陈晓萍：《中国人，通过电视译制片看世界》，《中国新闻周刊》2008 年第 16 期。

19. ［英］达雅·屠苏：《国际传播：延续与变革》，董关鹏译，新华出版社 2004 年版。

20. ［美］戴维·哈伯斯塔姆：《媒介与权势：谁掌管美国》（上、下卷），尹向泽译，国际文化出版公司 2006 年版。

21. ［美］丹尼尔·布尔斯廷：《美国人：开拓历程》，生活·读书·新知 三联书店出版社 1993 年版。

22. 陈犀禾：《跨文化视野中的影视艺术》，学林出版社 2003 年版。

23. ［美］丹尼尔·达扬：《经典电影的指导符码》，陈犀禾译，《当代电影》1987 年第 4 期。

24. ［英］大卫·普特南：《不宣而战：好莱坞 VS 全世界》，李欣、盛希等译，中国电影出版社 2001 年版。

25. 戴问天：《为什么是英语?》，东方出版社 2003 年版。

26. 丁韶彬：《大国对外援助——社会交换论视角》，社会科学文献出版社 2010 年版。

27. 丁一凡：《美国批判：自由帝国扩张的悖论》，北京大学出版社 2006 年版。

28. 董秀丽：《外交的文化阐释：美国卷》，知识产权出版社 2012 年版。

29. ［美］福克讷：《美国经济史》（上、下卷），王锟译，商务印书馆 1989 年版。

30. ［美］弗兰克·宁柯维奇：《美国对外文化关系的历史轨迹》，《编译参考》1991 年第 8 期。

31. ［法］弗雷德里克·马特尔：《主流：谁将打赢全球文化战争》，刘成富等译，商务印书馆 2012 年版。

32. ［美］弗雷德里克·刘易斯·艾伦：《大繁荣时代：1919—1931》，秦传安、姚杰译，新世界出版社 2009 年版。

33. ［美］弗雷德里克·刘易斯·艾伦：《大转型时代：1900—1950》，秦传安、姚杰译，新世界出版社 2009 年版。

34. ［英］弗朗西斯·斯托纳·桑德斯：《文化冷战与中央情报局》，曹大鹏译，国际文化出版公司 2002 年版。

35. ［法］弗雷德里克·马特尔：《论美国的文化——在本土与全球之间双向运行的文化体制》，周莽译，商务印书馆 2013 年版。

36. ［美］戴维·S. 梅森：《美国世纪的终结》，倪乐雄、孙运峰等译，上海辞书出版社 2009 年版。

37. 樊树志：《国史十六讲》，中华书局 2006 年版。

38. ［法］让-诺埃尔·让纳内：《西方媒介史》，段惠敏译，广西师范大学出版社 2005 年版。

39. 郭又新：《穿越"铁幕"：美国对"苏东国家"的冷战宣传（1945—1963）》，博士学位论文，东北师范大学，2003 年。

40. 郭又新：《东西方文化交流与艾森豪威尔政府的"冷战"宣传攻势》，《俄罗斯研究》2007 年第 2 期。

41. 郭可：《当代对外传播》，复旦大学出版社 2003 年版。

42. 甘圆圆：《米老鼠的形象策略转变》，《电影新作》2008 年第 5 期。

43. 谷淞：《好莱坞营销》，中国广播电视出版社 2007 年版。

44. 《关贸总协定有关电影的内容》，《电影通讯》1993 年第 3 期。

45. ［美］斯蒂芬·M. 沃尔特：《驯服美国权力：对美国首要地位的全球回应》，郭盛、王颖译，上海世纪出版集团 2008 年版。

46. 辜晓进：《美国传媒体制》，南方日报出版社 2006 年版。

47. 关世杰：《国际传播学》，北京大学出版社 2004 年版。

48. ［美］哈里·罗西兹克：《中央情报局的秘密活动》，奋然译，群众出版社 1979 年版。

49. ［美］亨利·基辛格：《大外交》，顾淑馨、林添贵译，海南出版社 2012

年版。

50. ［美］韩德：《美利坚独步天下：美国是如何获得和动用它的世界优势的》，马荣久等译，上海人民出版社 2011 年版。

51. ［美］汉斯·摩根索著，肯尼迪·汤普森修订：《国家间政治：寻求权力与和平的斗争》（英文影印版），北京大学出版社 2005 年版。

52. ［美］哈里·杜鲁门：《杜鲁门回忆录》（下卷），李石译，东方出版社 2007 年版。

53. 韩少功：《马桥词典》，《小说界》1996 年第 2 期。

54. 惠敏：《当代美国大众文化的历史解读》，齐鲁书社 2009 年版。

55. 韩克敌：《美国与苏联解体》，经济管理出版社 2011 年版。

56. 韩召颖：《输出美国：美国新闻署与美国公众外交》，天津人民出版社 2000 年版。

57. 黄兆群：《熔炉理论与美国民族同化》，《山东师大学报》（社会科学版）1990 年第 2 期。

58. 梁碧莹：《近代中美文化交流研究》，中山大学出版社 2009 年版。

59. 胡耀亭：《从自由欧洲电台到自由亚洲电台》，《中国广播电视学刊》1994 年第 4 期。

60. 胡辉：《好莱坞的狼性：好莱坞全球化策略之分析》，《理论与创作》2003 年第 2 期。

61. 胡文涛：《冷战结束前私人基金会与美国文化外交》，《太平洋学报》2008 年第 3 期。

62. 胡文涛：《美国文化外交及在中国的应用》，世界知识出版社 2008 年版。

63. 哈威·费舍：《好莱坞帝国的没落》，王颖、黄淳译，旅游教育出版社 2010 年版。

64. 姜守明：《牛仔裤：当代美国"粗文化"现象解析》，《学海》2003 年第 1 期。

65. ［美］杰里尔·A. 罗赛蒂：《美国对外政策的政治学》，周启朋、傅耀祖等译，世界知识出版社 2005 年版。

66. ［美］杰里·本特利、赫伯特·齐格勒：《新全球史》（第三版）下册，魏凤莲等译，北京大学出版社 2007 年版。

67. ［美］克里斯托弗·莱恩：《和平的幻想：1940 年以来的美国大战略》，孙建中译，上海人民出版社 2009 年版。

68. ［美］罗伯特·卡根：《美国缔造的世界》，刘若楠译，社会科学文献出版社 2013 年版。

69. ［美］罗伯特·卡根：《危险的国家：美国从起源到 20 世纪初的世界地位》（上、下册），袁胜育等译，社会科学文献出版社 2011 年版。

70. 金民卿：《文化全球化与中国大众文化》，人民出版社 2004 年版。

71. 李怀亮、刘悦笛：《文化巨无霸：当代美国文化产业研究》，广东人民出版社 2005 年版。

72. 李国庆：《美国第三次三 K 党运动的大众传媒方略》，《史学集刊》2009 年第 4 期。

73. 李剑林：《美国文化霸权建立轨迹考察》，《长沙理工大学学报》（社会科学版）2007 年第 3 期。

74. 李希光、周庆安：《软力量与全球传播》，清华大学出版社 2005 年版。

75. 李智：《文化外交：一种传播学的解读》，北京大学出版社 2005 年版。

76. 赖德勒等：《丑陋的美国人》，朱安等译，光明日报出版社 1988 年版。

77. 刘国柱：《美国文化的新边疆：冷战时期的和平队研究》，中国社会科学出版社 2005 年版。

78. 刘光耀：《西德 1948 年的货币和经济改革》，《外交评论》（外交学院学报）1992 年第 1 期。

79. 刘洪潮：《西方和平演变社会主义国家的战略、策略、手法》，湖北人民出版社 1989 年版。

80. 刘建华：《美国跨国公司与"民主输出"研究》，博士学位论文，复旦大学，2007 年。

81. 刘金质：《冷战史》（全三册），世界知识出版社 2003 年版。

82. 刘青：《试论新美利坚帝国史研究的兴起》，《世界历史》2011 年第 5 期。

83. 刘绪贻、杨生茂：《美国通史》（第 3、6 卷），人民出版社 2002 年版。

84. 刘颖：《相互依赖、软权力与美国霸权：小约瑟夫·奈的世界政治思想研究》，中国社会科学出版社 2010 年版。

85. 刘愈：《美国私人基金会捐赠高等教育的研究》，华中师范大学 2008 年硕士学位论文。

86. ［美］阿尔·西尔弗曼：《黄金时代：美国书业风云录》，叶新等译，机械工业出版社 2010 年版。

87. 罗艳华等：《美国输出民主的历史与现实》，世界知识出版社 2009 年版。

88. ［美］罗伯特·福特纳：《国际传播：全球都市的历史、冲突及控制》，刘利群译，华夏出版社 2000 年版。

89. ［法］路易·阿尔都塞：《意识形态和意识形态国家机器（研究笔记）》，李讯译，《当代电影》1987 年第 3、4 期。

90. ［法］路易·阿尔都塞：《保卫马克思》，顾良译，商务印书馆 1984 年版。

91. ［美］杰克·斯奈德：《帝国的迷思：国内政治与对外扩张》，于铁军等译，北京大学出版社 2007 年版。

92. ［西班牙］拉斐：《风云突变的时代：一个西班牙记者眼中的俄罗斯》，傅石球译，复旦大学出版社 2006 年版。

93. 蓝爱国：《好莱坞制造：娱乐艺术的力量》，宁夏人民出版社 2007 年版。

94. ［美］理查德·尼克松：《尼克松回忆录》（上），董乐山等译，世界知识出版社 2000 年版。

95. ［美］理查德·尼克松：《1999：不战而胜》，谭朝洁等译，中国人民公安大学出版社 1988 年版。

96. ［美］尼克松：《真正的战争》，常铮译，新华出版社 1980 年版。

97. ［美］德瑞克·李波厄特：《50 年伤痕：美国的冷战历史观与世界》（上、下册），郭学堂等译，生活·读书·新知三联书店 2012 年版。

98. 刘笑盈、何兰：《国际传播史》，中国传媒大学出版社 2011 年版。

99. 林克：《美国和平演变战略的提出及毛泽东的评论》，《湖南党史月刊》1991 年第 10 期。

100. 李洋：《欧洲电影扶持政策及其分析》，《电影艺术》2010 年第 1 期。

101. 李伯祥：《米老鼠与唐老鸭》，《电影评介》1987 年第 4 期。

102. 《米老鼠让梦想照进现实》，《半岛晨报》2008 年 12 月 29 日 B10 版。

103. 廖慧：《中国牛仔裤风云录》，《社会观察》2008 年第 9 期。

104. 刘永涛：《文化外交：战后美国对外文化战略透视》，《复旦学报》2001 年第 3 期。

105. 路红霞：《冷战期间美苏文化交流研究综述》，《沧桑》2009 年第 5 期。

106. 凌远宏：《私人基金会在美国教育上的角色和作用研究》，福建师范大学 2008 年硕士学位论文。

107. ［美］大卫·斯通：《美国传媒史》，刘琛等译，上海人民出版社 2010 年版。

108. ［英］詹姆斯·卡伦：《媒体与权力》，史安斌、董关鹏译，清华大学出版社 2006 年版。

109. 李宏涛：《军人外语能力：军事软实力的重要构建》，《海军工程大学学报》（综合版）2010 年第 2 期。

110. ［美］R. R. 帕尔默等：《两次世界大战：西方的没落》，陈少衡等译，世界图书出版公司 2011 年版。

111. 陆航：《杜勒斯与 50 年代美国对华政策》，《世界历史》1989 年第 4 期。

112. ［澳］理查德·麦特白：《好莱坞电影：美国电影工业发展史》，吴菁等译，华夏出版社 2012 年版。

113. 崔丕：《冷战时期美国对外政策史探微》，中华书局 2002 年版。

114. 门洪华：《霸权之翼：美国国际制度战略》，北京大学出版社 2005 年版。

115. ［加拿大］马修·弗雷泽：《软实力：美国电影、流行乐、电视和快餐的全球统治》，刘满贵等译，新华出版社 2006 年版。

116. ［美］梅尔文·P. 莱弗勒：《人心之争：美国、苏联与冷战》，孙闵欣等译，华东师范大学出版社 2012 年版。

117. ［美］莫里斯·佐洛托夫：《唐老鸭迎来五十华诞》，《世界博览》1984 年第 8 期。

118. ［英］弗雷德里克·泰勒：《柏林墙：1961. 8. 13—1989. 11. 9》，刘强译，重庆出版社 2009 年版。

119. 明安香：《美国：超级传媒帝国》，社会科学文献出版社 2005 年版。

120. ［美］迈克尔·埃默里等：《美国新闻史：大众传播媒介解释史》，展江等译，中国人民大学出版社 2004 年版。

121. ［美］诺姆·乔姆斯基：《霸权还是生存：美国对全球政治的追求》，张鲲译，上海译文出版社 2006 年版。

122. ［德］妮科勒·施莱等：《美国的战争：一个好战国家的编年史》，生活·读书·新知三联书店 2006 年版。

123. ［美］迈克·亚达斯、彼得·斯蒂恩、斯图亚特·史瓦兹：《喧嚣时代：20 世纪全球史》，生活·读书·新知三联书店 2005 年版。

124. 彭凤玲：《心理战：争夺心灵与思想的战争》，陕西人民出版社 2009 年版。

125. 且东编著：《一个超级美国的诞生》，中国友谊出版公司 2006 年版。

126. ［法］让—路易·博德里：《基本电影机器的意识形态效果》，李讯译，《当代电影》1989 年第 5 期。

127. ［美］塞缪尔·亨廷顿：《美国国家特性面临的挑战》，程克雄译，新华出版社 2005 年版。

128. ［美］塞缪尔·亨廷顿：《文明的冲突与世界秩序的重建》，周琪等译，新华出版社 2002 年版。

129. ［美］塞缪尔·亨廷顿：《失衡的承诺》，周端译，东方出版社 2005 年版。

130. ［美］亨利·基辛格：《大外交》，顾淑馨、林添贵译，海南出版社 2012 年版。

131. 孙大廷：《美国教育战略的霸权向度》，博士学位论文，吉林大学，2008 年。

132. 孙英春：《大众文化：全球传播的范式》，中国传媒大学出版社 2005 年版。

133. 孙有中等：《美国文化产业》，外语教学与研究出版社 2007 年版。

134. 时殷弘：《激变战略和解放政策：冷战初期美国政府对苏联东欧内部状况的政策》，《世界历史》1995 年第 3 期。

135. 苏北：《美加文化战祭出新法宝》，《中华读书报》1998 年 8 月 5 日第 13 版。

136. 卜正珉：《公众外交：软性国力、理论与策略》，允晨文化实业股份有限公司 2009 年版。

137. 沈壮海：《软实力，真实力》，人民出版社 2008 年版

138. ［法］托克维尔：《论美国的民主》（上、下卷），董果良译，商务印书馆 1988 年版。

139. ［美］塔德·肖尔茨：《和平的幻想：尼克松外交内幕》（上、下册），李道庸等译，商务印书馆 1982 年版。

140. ［美］唐纳德·怀特：《美国的兴盛与衰落》，徐朝友等译，江苏人民出版社 2002 年版。

141. ［英］汤林森：《文化帝国主义》，冯建三译，上海人民出版社 1999 年版。

142. ［英］尼尔·弗格森：《帝国》，中信出版社 2012 年版。

143. ［美］托马斯·迪巴科：《美国造：美国企业的进取和创新精神》，戴彬译，生活·读书·新知三联书店 1989 年版。

144. 陶莹：《跨国公司与美国》，《历史教学》2003 年第 4 期。

145. ［美］托马斯·沙茨：《好莱坞类型电影》，冯欣译，上海人民出版社 2009 年版。

146. 周琪：《美国人权外交政策》，上海人民出版社 2001 年版。

147. ［德］乌尔里希·贝克等：《全球的美国？——全球化的文化后果》，刘倩等译，河南大学出版社 2012 年版。

148. ［美］沃尔特·拉斐伯、理查德·波伦堡、南希·沃洛奇：《美国世纪：1890 年代以来的美国史》（英文第 5 版），黄磷译，海南出版社 2008 年版。

149. ［美］R·R. 帕尔默、乔·科尔顿、劳埃德·克莱默：《冷战到全球化：意识形态的终结？》，世界图书出版公司 2011 年版。

150. ［美］沃尔特·拉塞尔·米德：《美国外交政策及其如何影响了世界》，曹化银译，中信出版社 2003 年版。

151. ［挪］文安立：《全球冷战：美苏对第三世界的干涉与当代世界的形成》，牛可等译，世界图书出版公司 2012 年版。

152. ［美］沃尔特·拉费贝尔：《美国、俄国和冷战（1945—2006）》，牛可等译，世界图书出版社 2011 年版。

153. 玛雅主编：《美国的逻辑：意识形态与内政外交》，中国经济出版社

2011 年版。

154. 汪婧：《美国杜鲁门政府对意大利的政策研究》，陕西师范大学 2009 年博士学位论文。

155. 王立诚：《美国文化渗透与近代中国教育：沪江大学的历史》，复旦大学出版社 2001 年版。

156. 王玮、戴超武：《美国外交思想史：1775—2005》，人民出版社 2007 年版。

157. 王晓德：《文化的帝国：20 世纪全球"美国化"研究》（上、下册），中国社会科学出版社 2011 年版。

158. 王晓德：《美国文化与外交》，世界知识出版社 2000 年版。

159. 王晓德：《"美国世纪"命题及影响》，《当代世界与社会主义》2007 年第 2 期。

160. 王晓德：《"文化帝国主义"命题源流考》，《学海》2009 年第 2 期。

161. 王晓德：《好莱坞与美国现代生活的传播》，《安徽史学》2008 年第 3 期。

162. 王晓德：《美国大众文化的全球扩张及其实质》，《世界经济与政治》2004 年第 4 期。

163. 王晓德：《从好莱坞影片透视美国文化价值观》，《历史教学问题》2011 年第 6 期。

164. 王晓德、张晓芒主编：《历史与现实：世界文化多元化研究》，天津人民出版社 2007 年版。

165. 王莹：《20 世纪初美国政府强制同化移民政策的形成与实施》，《东北师大学报》（哲学社会科学版）2008 年第 2 期。

166. 王立新：《意识形态与美国外交政策：以 20 世纪美国对华政策为个案的研究》，北京大学出版社 2007 年版。

167. 刘明福：《中国梦》，中华书局（香港）有限公司 2010 年版。

168. ［美］克莱·G. 瑞恩：《道德自负的美国：民主的危机与霸权的图谋》，上海人民出版社 2008 年版。

169. ［美］乔治·索罗斯：《美国的霸权泡沫：纠正对美国权力的滥用》，燕清等译，商务印书馆 2004 年版。

170. ［美］弗雷德里克·刘易斯·艾伦：《浮华时代：美国20世纪20年代简史》，上海财经大学出版社2008年版。

171. 丁韶彬：《大国对外援助：社会交换视角》，社会科学文献出版社2010年版。

172. 邢悦：《文化如何影响对外政策：以美国为个案的研究》，北京大学出版社2011年版。

173. 刘国平：《美国民主制度输出》，社会科学文献出版社2006年版。

174. ［美］埃里克·方纳等：《新美国历史》，齐文颖、林江等译，北京师范大学出版社1998年版。

175. 蔡文鹏：《信仰危机与苏联的命运》，北京：社会科学文献出版社2012年版。

176. ［法］阿芒·马特拉：《传播的世界化》，朱振明译，中国传媒大学出版社2007年版。

177. 王明风：《试析迈克尔·杰克逊的表演风格及其对流行音乐的影响》，《中州大学学报》（哲学社会科学版）2009年第6期。

178. 王惊涛：《人民需要轻音乐和抒情歌曲—音代会部分代表座谈散记》，《北京音乐报》1979年12月1日第4版。

179. ［英］科林·斯巴克斯：《全球化、社会发展与大众媒体》，社会科学文献出版社2009年版。

180. 王龙：《江山何处奏管弦——从美国历史反思中国面临的"娱乐至死"》，《随笔》2012年第5期。

181. 赵可金：《公共外交的理论与实践》，上海辞书出版社2007年版。

182. 吴晓芳：《流行音乐的中国之路》，《世界知识》2009年第14期。

183. 肖华锋、邓晓伟：《从"文化帝国主义"看美国文化扩张》，《江西师范大学学报》（哲学社会科学版）2006年第1期。

184. 肖华锋：《舆论监督与社会进步：美国黑幕揭发运动研究》，上海三联书店2007年版。

185. 肖华锋：《试论19世纪上半叶美国交通建设》，《山东师大学报》（社会科学版）1992年第2期。

186. 熊志勇等：《美国的崛起和问鼎之路：美国应对挑战的分析》，时事出版社 2013 年版。

187. ［美］兹比格涅夫·布热津斯基：《战略远见：美国与全球权力危机》，新华出版社 2012 年版。

188. ［俄］谢·卡拉－穆尔扎：《论意识操纵》（上），徐昌翰等译，社会科学文献出版社 2004 年版。

189. ［俄］谢·卡拉－穆尔扎：《论意识操纵》（下），徐昌翰等译，社会科学文献出版社 2004 年版。

190. 赵景芳：《美国战略文化研究》，时事出版社 2009 年版。

191. 杨金梅：《文化帝国主义与军事帝国主义》，《马克思主义与现实》1999 年第 4 期。

192. 杨友孙：《波兰社会主义演变中的美国因素》，博士学位论文，外交学院，2004 年。

193. 于群：《“特洛伊计划”——美国冷战心理宣传战略探微》，《东北师大学报》（哲学社会科学版）2007 年第 2 期。

194. 于群主编：《新冷战史研究：美国的心理宣传战和情报战》，上海三联书店 2009 年版。

195. 于群主编：《美国国家安全与冷战战略》，中国社会科学出版社 2006 年版。

196. ［美］约瑟夫·S. 奈著，约瑟夫·S. 奈、门洪华编：《硬实力与软实力》，门洪华译，北京大学出版社 2005 年版。

197. 杨玉圣：《学术批评丛稿》，辽宁大学出版社 1998 年版。

198. 尹鸿、萧志伟：《好莱坞的全球化策略与中国电影的发展》，《当代电影》2001 年第 4 期。

199. ［美］伊多·奥伦：《美国和美国的敌人：美国的对手与美国政治学的形成》，唐小松、王义桅译，上海人民出版社 2004 年版。

200. 喻冰峰：《“新天定命运”论与美国海外扩张》，《衡阳师范学院学报》（哲学社会科学版）2011 年第 2 期。

201. ［美］雅各布·尼德曼：《美国理想：一部文明的历史》，王聪译，华夏出版社 2004 年版。

202. 杨友孙：《美国外交及其在波兰的应用》，《世界历史》2006 年第 4 期。

203. 杨亚清：《不能忘却的记忆》，《世界知识》2009 年第 14 期。

204. ［美］约翰·费斯克：《美国牛仔裤》，宋伟杰译，《电影艺术》2000 年第 2 期。

205. ［加拿大］马耀邦：《美国的衰落：新自由主义的穷途末路》，林小芳 等译，当代中国出版社 2010 年版。

206. ［加拿大］马耀邦：《美国批判：美国主导的全球化混乱》，李冬梅译，当代中国出版社 2010 年版。

207. ［英］约翰·汤林森：《全球化与文化》，郭英剑译，南京大学出版社 2002 年版。

208. ［美］查尔斯·库普乾：《美国时代的终结：美国外交政策与 21 世纪的地缘政治》，潘忠岐译，上海人民出版社 2004 年版。

209. ［美］查尔斯·约翰逊：《帝国的悲哀：黩武主义、保密与共和国的终结》，任晓等译，上海人民出版社 2005 年版。

210. 秦亚青：《霸权体系与国际冲突：美国在国际武装冲突中的支持行（1945—1988）》，上海人民出版社 2008 年版。

211. ［俄］亚·舍维亚金：《苏联灭亡之谜》，李锦霞等译，东方出版社 2011 年版。

212. 赵鸿燕、林媛：《媒体外交在美国的表现和作用》，《现代传播》2008 年第 2 期。

213. 赵凤岚：《麦卡锡主义探源》，《湘潭师范学院学报》1995 年第 2 期。

214. 詹园媛：《"美语热"在中国：对美国文化霸权的思考》，四川大学 2006 年硕士学位论文。

215. 张骥、刘中民等：《文化与当代国际政治》，人民出版社 2003 年版。

216. 张友伦、陆镜生：《美国工人运动史》，天津人民出版社 1993 年版。

217. 周建明、王成至主编：《美国国家安全战略解密文献选编（1945—1972）》（第一册），社会科学文献出版社 2010 年版。

218. 周建明、王成至主编：《美国国家安全战略解密文献选编（1945—1972）》（第三册），社会科学文献出版社 2010 年版。

219. 资中筠：《二十世纪后半叶世界舞台上的美国——〈美国战后外交史：从杜鲁门到里根〉》，《美国研究》1993 年第 2 期。

220. 资中筠：《20世纪的美国》，生活·读书·新知三联书店2007年版。

221. 资中筠：《财富的归宿：美国现代公益基金会述评》（增订本），生活·读书·新知三联书店2011年版。

222. 资中筠、陈乐民主编：《冷眼向洋：百年风云启示录》（上册），生活·读书·新知三联书店2000年版。

223. 赵强：《舆论失控：苏联解体的催化剂》，《求是》2010年第21期。

224. 张朝龙：《舆论战中的"捧杀"策略：以20世纪80年代后期美国对苏联的舆论战为例》，《军事记者》2009年第4期。

225. 牛军主编：《冷战时期的美苏关系》，北京大学出版社2006年版。

226. 詹华：《当时流行牛仔裤》，《西江月》2009年第9期。

227. 张颐武：《迈克尔·杰克逊 回首一个年代的启示》，《东西南北》2009年第8期。

228. 张宏毅等：《意识形态与美国对苏联和中国的政策》，人民出版社2011年版。

229. 周黎明：《好莱坞启示录》（第二版），复旦大学出版社2010年版。

230. 郑保国：《美利坚霸权透析》，国家行政学院出版社、中央编译出版社2011年版。

231. 张晓霞：《从进攻性的心理战到渐进的文化渗透》，《南京大学学报》（哲学社会科学版）2004年第5期。

232. 张世鹏编译：《全球化与美国霸权》，北京大学出版社2004年版。

233. 吴瑛：《文化对外传播：理论与战略》，上海交通大学出版社2009年版。

234. 刘伟胜：《文化霸权概论》，河北人民出版社2002年版。

235. 龚铁鹰：《软权力的系统分析》，天津人民出版社2008年版。

236. ［英］戴维·英格利斯：《文化与日常生活》，张秋月、周雷亚译，中央编译出版社2010年版。

鸣　谢

　　一项研究成果的出笼，总是凝结了许多人的智慧和力量。本书的研究过程和出版也不例外。首先，感谢著名历史学者、中国社会科学院世界历史研究所于沛教授。我原本计划在美国黑幕揭发运动研究的基础上继续深入研究美国舆论监督问题，但是于沛老师高瞻远瞩，在十年前就建议我研究美国文化扩张与渗透问题。为结合我历史学博士和新闻传播学博士后的研修背景，经过我和于沛老师反复商量，就拟定了"冷战时期美国文化扩张与渗透"这样一个在十年前赋有前瞻性的课题，并于2006年国家社科基金立项。其次，感谢国家哲学社会科学规划办公室和江西省社科规划办公室有关领导。课题刚刚立项，我即从江西师范大学调到南昌航空大学工作，并担任文法学院院长，教学、科研和行政交织在一起，严重耽搁了课题的顺利进行。是规划办领导给予了我充足的时间完成了课题研究。同时，感谢各位结项报告的盲审专家给了本成果优秀的评价。再次，感谢我同事雍青、刘琴和胡浩宇三位博士，在我力不从心的情况下，他们积极响应我的邀请，各自认真完成了自己的研究任务，以致本课题宏观研究和微观研究浑然一体。在现在工科管理模式下，我必须特别声明，若今后本书获得任何荣誉，这三位作者不分先后，都是第二作者。最后，感谢我妻子卢秀兰女士和女儿肖若瑜，是她们给了我一个温馨和谐的家庭环境让我安心愉快地完成了本课题的研究。当然，我最应该感谢的是在研究和写作过程中所参阅的所有文献作者，尤其是福建师范大学王晓德教授系列成果，给了我许多学术的启迪。还要感谢本书的责任编辑吴丽平女士，是她以伯乐的智慧欣赏本书稿的质量才让我充满勇气答应出版本书。还要感谢谁呢？不用说，那是我现在效力的南昌航空大学科技处的各位领导，他们为本课题结题和出版总是不遗余力地给予了大力的支持！

肖华锋

2016 年 10 月 1 日